KB038849

KCA 한국상담학회 상담학 총서 01

2판

상담학 개론

Introduction to Counseling

김규식 · 고기홍 · 김계현 · 김성회 · 김인규 · 박상규 · 최숙경 공저

학지사

2판 발간사

2013년 상담학 총서가 출간된 후 어느덧 5년이라는 시간이 흘렀다. 1판 발간 당시에는 상담학 전체를 아우르는 상담학 총서 발간에 대한 필요성을 절감하며 한국상담학회 제6대 김성회 회장과 양명숙 학술위원장이 주축이 되어 학술위원회에서 13권의 총서를 발간하기로 하고 대표 저자 선생님들과 여러 간사의 헌신적인 노력으로 상담학 총서를 출간하였다. 이를 계기로 상담학 총서는 상담의 이론뿐 아니라 상담의 실제 그리고 반드시 알아야 할 상담학 연구 등 다양한 영역의 내용을 포괄하여 상담학이 독립된 학문으로 자리 잡을 수 있도록 기초를 다졌다. 이러한 첫걸음은 상담학에 대한 독자의 균형 있고 폭넓은 이해를 도와 상담학의 정체성을 확립하는 디딤돌이 되었다.

이번에 발간되는 상담학 총서는 앞서 출간된『상담학 개론』『상담철학과 윤리』『상담이론과 실제』『집단상담』『부부 및 가족 상담』『진로상담』『학습상담』『인간발달과 상담』『성격의 이해와 상담』『정신건강과 상담』『심리검사와 상담』『상담연구방법론』『상담 수퍼비전의 이론과 실제』의 개정판과 이번에 새롭게 추가된『중독상담학 개론』『생애개발상담』으로 구성되어 있다. 이처럼 여러 영역을 아우르는 총서는 상담학을 접하는 다양한 수요자의 특성과 전문성에 맞추어 활용될 수 있다는 장점이 있다. 각각의 총서는 상담학을 처음 공부하는 학부생들에게는 상담의 이론적 기틀 정립에 도움을 주고 있으며, 대학원생들에게는 인간을 보다 깊이 이해하고 상담학의 체계적인 연구 방법을 배울 수 있도록 한다. 또한 전문 상담자들에게는 상담의 현장에서 부딪힐 수 있는 다양한 어려움과 문제점을 해결할 수 있도록 구체적인 방안을 제공하는 실용서로 자리매김하고 있다. 이처럼 상담학 총서의 발간은 상담학의 학문적 기틀 마련과 전문 상담자의 전문성 향상이라는 학문과 실용의 두 가지 역할을 포괄하고 있어 상담학의 발전에 크게 기여하였다고 자부한다.

최근 우리 사회는 말로 표현하기 힘든 여러 가지 사건과 사고로 심리적인 어려움을 겪었고, 소통과 치유의 필요성은 날로 커지고 있다. 이에 따라 상담자의 전문성 향상에 대한 목소리가 높아지고 있으나, 이러한 때에도 많은 상담자는 아직도 상담기법만 빨리 익히면 성숙한 상담자로 성장할 수 있을 것이라 생각하여 기법 배우기에만 치중하는 아쉬움이 있다. 오랜 시간과 정성으로 빚어 낸 전통 장의 깊은 맛을 손쉽게 사 먹을 수 있는 시중의 장맛이 따라갈 수 없듯이, 전문 상담자로서의 전문성을 갖추기 위해서는 힘든 상담자의 여정을 견뎌 내는 시간이 필요하다. 선배 상담자들의 진득한 구도자적 모습을 그리며 성숙한 상담자가 되기 위해 노력하는 많은 분께 상담학 총서가 든든한 버팀목이 되었으면 한다.

1판의 경우 시작이 있어야 발전이 있다는 책무성을 가지고 어려운 난관을 이겨 내며 2년여의 노력 끝에 출판하였지만 좀 더 다듬어야 할 필요성이 제기되고 있었다. 이에 쉽지 않은 일이지만 편집위원들과 다시 뜻을 모아 각각의 총서에서 시대적 요구를 반영하고 새롭게 다듬어야 할 부분을 수정하며 개정판을 준비하였다. 개정되는 상담학 총서는 기다림이 빚는 우리의 장맛처럼 깊이 있는 내용을 담기 위해 많은 정성과 애정으로 준비하였다. 그러나 아직 미흡한 점이 다소 있을 수 있음을 양해 바란다. 부디 이 책이 상담을 사랑하는 의욕적인 상담학도들의 지적 · 기술적 호기심을 채워 줄 뿐 아니라 고통에서 벗어나 치유를 이루어야 하는 모든 사람에게 하나의 빛이 되기를 기원한다.

바쁜 일정 중에서도 함께 참여해 주신 여러 편집위원과 간사님들 그리고 상담학 총서의 출판을 맡아 주시고 물심양면으로 지원해 주신 학지사 김진환 사장님과 최임배 부사장님을 비롯하여 더 좋은 책이 될 수 있도록 그 많은 저자에게 일일이 전화와 문자로 또는 이메일로 꼼꼼한 확인을 마다하지 않은 학지사 직원 여러분께도 진심으로 감사를 전한다.

2018년 7월

한국상담학회 제9대 회장 천성문

1판 발간사

대화와 상호작용을 통해 도움을 주고받는 것이 상담이라고 정의한다면, 상담은 인류의 시작과 함께 시작되었다고 볼 수 있다. 그러나 우리나라에서 현대적 개념의 상담이 시작된 것은 1952년 미국 교육사절단이 정신위생이론을 소개한 이후부터라고 할 수 있을 것이다. 1953년 대한교육연합회 내부기관으로 중앙교육연구소가 설립되었고, 이 기관의 생활지도연구실을 중심으로 가이던스, 카운슬링, 심리검사가 소개되면서 상담에 대한 관심이 대단히 높아졌다.

상담에 대한 이러한 관심은 주로 교육학과나 심리학과를 중심으로 시작되어 그 밖의 분야까지 확산되었다. 1961년 중등학교 교도교사 100여 명이 '전국 중등학교 카운슬러 연구회'를 창립하였고, 이 연구회가 발전하여 1963년의 '한국카운슬러협회' 창립으로 이어졌다. 그리고 심리학회에서 1964년에 창립한 임상심리분과회의 명칭을 1974년에 '임상 및 상담심리분과회'로 변경하면서 상담심리가 그 이름을 드러냈다. 상담학이 교육학이나 심리학 등 특정 학문의 하위 학문으로 머물러 있는 한 발전이 어렵다는 공감대 아래, 2000년에 그 당시 이미 학회 활동을 하고 있던 대학상담학회, 집단상담학회, 진로상담학회 등이 주축이 되어 상담학의 독립화와 전문화 및 대중화를 목표로 한국상담학회를 창립하게 되었다.

현재 한국상담학회의 회원만 1만 4,000명이 넘는 등 상담의 대중화는 급물살을 타고 있다. 이러한 추세와 더불어 많은 대학에서 상담학과를 신설하고 있고, 전문상담사를 모집하는 기관도 늘어나고 있다. 그러나 아직도 상담학을 독립된 학문으로 인정하지 않는 사람들이 많고, 전문상담사들이 수혜자들의 요구 수준을 완전히 충족시키지 못하고 있다는 지적이 있다. 이러한 문제에 대해 한국상담학회에서는 수련 시간을 늘리고 전문상담사의 전문적 수준을 높이는 등 전문상담사의 자격관리를 철저히 함은 물론 상담학의 이론적 틀을 확고히 하려는 노력을 여러 방면에서 계속해 왔다.

그 노력 중 하나가 상담학 총서 발간이다. 우리나라에 상담학이 도입된 지 60년이 넘었고, 최초의 상담 관련 학회인 한국카운슬러협회가 창립된 지 50년이 다 되었지만 어느 기관이나 학회에서도 상담학 전체를 아우르는 총서를 내지 못한 것에 대해 전문상담사들의 아쉬움이 컸다. 상담학 총서 발간에 대한 필요성은 제4대 회장인 김형태 한남대학교 총장께서 제의하였으나, 학회 내의 여러 사정상 그동안 이루어지지 못하고 있던 차에 본인이 회장직을 맡으면서 학술위원회에 상담학 총서의 발간을 적극적으로 요구했다.

이에 따라 양명숙 학술위원장이 주축이 되어 학술위원회에서 13권의 총서를 발간하기로 하고 운영위원회의 위임을 받아 준비에 들어갔다. 가급적 많은 회원이 참가할 수 있도록 하기 위해 자발적 참여자를 모집하였고, 이들이 중심이 되어 저서별로 대표 저자를 선정하고 그 대표 저자가 중심이 되어 집필진을 변경 또는 추가하여 최종 집필진을 완성한 후 약 2년간에 걸쳐 상담학 총서의 발간을 추진했다. 그 사이 13권 각각의 대표 저자들이 여러 번의 회의를 했고, 저자들이 교체되는 등의 많은 어려움도 있었다. 그러나 양명숙 학술위원장을 비롯하여 학술위원이자 총서 각 권의 대표 저자인 고홍월, 김규식, 김동민, 김봉환, 김현아, 유영권, 이동훈, 이수연, 이재규, 임은미, 정성란, 한재희 교수와 여러 간사의 헌신적인 노력으로 상담학 총서를 출간하게 되었다. 이에 관련된 모든 분께 감사드린다.

상담학 총서 중 일부는 이전에 같은 제목으로 출판되었던 것도 있지만 처음

출판되는 책들도 있다. 처음 시도된 분야도 있고, 다수의 저자가 참여하다 보니 일관성 등에서 부족함도 있을 것이다. 그러나 시작이 있어야 발전이 있기에 시작을 하였다. 이후 독자들의 조언을 통해 더 나은 책으로 거듭나기를 기대한다. 이번 상담학 총서 발간은 상담학의 발전을 위한 하나의 초석이 될 것으로 확신한다.

끝으로, 상담학 총서의 출판을 맡아 주시고 물심양면으로 지원해 주신 학지사 김진환 사장님과 최임배 전무님을 비롯하여 더 좋은 책이 될 수 있도록 그 많은 저자에게 일일이 전화로 문자로 또는 메일을 통해 꼼꼼하게 확인하는 것을 마다하지 않은 학지사 직원 여러분께 진심으로 감사드린다.

2013년 2월

한국상담학회 제6대 회장 김성회

2판 머리말

『상담학 개론』의 개정판이 나왔다. 초판이 나오는 과정은 치열하고 길었다. 당시 한국상담학회 학술위원들은 상담학 개론의 집필방향을 설정하고 장과 절의 제목을 검토하며, 그 속에 담아야 할 내용들에 대해 신중한 의견을 교환하여, 각 분야의 전문가로 집필진을 구성하였다. 『상담학 개론』 초판은 상담학 총서 13권 중에 첫 번째 책으로 한국 상담학의 위상을 정립하고 상담의 학문적 틀을 확립하는 중요한 역할을 한다고 보았기 때문이었다.

개정판은 기본적으로 초판의 형식 및 체제를 유지하되 저자들이 초판에 대한 독자들의 다양한 피드백을 참고하여 수정 · 보완한 결과물이다. 개정판은 초판처럼 총 7부로 구성되어 있는데, 다음과 같은 의도를 가지고 구성하였다.

첫째, 한국 상담학의 학문적 정체성을 자리매김하는 일이다. 이를 위해 상담의 학문적 배경을 다루고 역사적 발전과정을 정리하였다. 서구의 상담학의 발전과정을 알아보는 것도 중요하지만 한국에서 상담학의 과거와 미래를 살펴보는 것은 한국 상담학의 현재의 자리매김을 위해 필요한 작업이기 때문이다(제1장과 제2장).

둘째, 상담전공자라면 꼭 알아야 할 주요 상담이론들(제5장과 제6장)과 심리평가 및 다양한 심리검사(제9장과 제10장)를 비교적 상세하게 다루고자 하였다. 이는 상담학도들이 시대가 빨리 변하고 새로운 이론들과 심리검사들이 쏟아져 나오는 시대에 반드시 익혀야 할 것을 놓치고 엉뚱한 것을 붙잡는 일이 없도록 돕기 위함이다.

셋째, 상담학을 구성하는 요소들(제3장과 제4장)과 그 전문 영역(제7장)을 구분하되, 상담학을 구성하는 요소로 상담이론과 접근, 방법과 도구, 상담대상, 상담내용, 상담현장, 상담기반을 포함시켰다. 그리고 상담학의 전문 영역으로는 상담활동, 자문활동, 평가와 연구, 검사 · 사정 · 진단으로 구분하여 설명하였다. 이는 상담학이 유사 학문과의 경계선을 확보하고 상담학의 자기 정체성 확립을 위해 필요한 작업이기 때문이다.

넷째, 상담학의 연구에서는 연구주제(제11장)와 연구방법(제12장)을 중심으로 다루었다. 연구주제에서는 상담과정 연구, 상담 효과성 연구 등을 다루었고, 연구방법에서는 측정과 연구, 연구의 설계, 분석과 추론, 질적 연구 등을 다루었다.

다섯째, 상담학의 실천 분야를 세분화하여 제안하고자 하였다. 먼저 상담현장을 그 전문성(speciality)에 따라 6개의 분야로 구분하여 살펴보았으며(제8장), 상담이 이루어지는 현장(제13장과 제14장)을 국가차원과 민간차원으로 나누고 상담자의 행정적 업무를 전문 상담자의 역할과 자원봉사자의 역할로 구분하였다.

강의와 연구로 바쁜 일정 가운데 개정판 집필에 적극적으로 동참해 주신 저자들에게 감사의 마음을 전한다. 5년 전 한국상담학회 제6대 회장으로 상담학 총서의 큰 작업을 시작하셨던 김성회 박사님과 당시 학술위원장으로 많은 수고를 해 주신 양명숙 박사님, 그리고 개정판의 집필을 격려하고 지지해 주신 한국상담학회 학술위원회에게 깊은 감사를 드린다. 또한 학지사의 김진환 사장님과 이 책의 편집을 위해 수고해 주신 편집부 안정민 님에게도 감사의 말씀을 드린다.

2019년 6월
대표 저자 김규식

1판 머리말

어두운 밤 망망대해를 항해하는 선박에게 등대가 밝혀 주는 한 줄기 빛은 참 소중한 것이다. 이는 선박의 안전한 항해와 선원들의 생명이 직결되어 있기 때문이다. 상담학 개론도 이 등대와 같은 역할을 한다고 생각한다. 대학의 학부와 대학원 과정에서 여러 과목을 이수하고 수련과정을 겪으면서도 '상담학이 무엇인가?' '어디까지가 상담에 포함되는 것일까?'하며 막연해 하는 이들에게 길라잡이를 하는 것이 상담학 개론일 것이다. 그래서 상담자 교육과정이나 자격검정에 상담학 개론이라는 과목이 포함되어 있다.

이 책의 집필과정에서 한국상담학회의 학술위원들은 여러 차례 늦은 밤까지 회의를 가졌다. 책의 장과 절 제목을 검토하고, 그 속에 담길 내용들에 대해 신중한 의견을 교환하여 그 분야의 전문가로 상담학 개론의 집필진들을 구성하였다. 학술위원들과 집필진들이 추구했던 것은 상담학 개론이라는 숲을 구성하는 나무 한 그루와 풀 한 포기의 색깔과 모양 그리고 냄새를 너무 상세하게 그려 내기보다는 비행기를 타고 하늘에서 보듯이 숲의 전경을 개략적으로 묘사하면서도 상담학을 구성하는 요소들을 빠짐없이 넣는 것이었다. 이는 상담학 개론이라는 큰 숲을 보고 나서 본격적으로 숲속으로 들어가면 거대한 숲을 구성하는 나무와 꽃과 풀의 그윽함과 향기로움을 나머지 12권의 상담학 총서를 통해 깊게 음미할 수 있기 때문이다.

이 책은 총 7부로 구성되어 있다.

제1부 '상담학의 기초'에서는 인간과 상담학, 상담학의 학문적 배경, 서구 상담학의 발전, 우리나라 상담학의 발전을 과거부터 현재까지 개관한 후 상담학의 미래를 전망하는 것으로 기본적인 주제를 다루고자 하였다.

제2부 '상담학의 요소'에서는 상담일반 영역, 상담이론 및 접근 영역, 상담방법 및 도구 영역, 상담대상 영역, 상담내용 영역, 상담현장 영역, 상담기반 영역으로 나누어 그 내용들을 다루고자 하였다.

제3부 '상담학의 주요 이론'에서는 상담을 공부하는 사람이라면 꼭 알아야 할 이론들을 중심으로 그 이론을 개관하고 상담실제에 적용하였다. 정신역동적 상담, 분석심리학, 개인심리학, 실존주의 상담, 인간중심적 상담, 게슈탈트 상담, 인지정서행동 상담, 교류분석 상담, 현실상담, 자아초월심리학 등을 중심으로 다루고자 하였다.

제4부 '상담학의 영역과 전문분야'에서는 상담학의 영역을 상담활동, 자문활동, 평가와 연구, 검사 · 사정 · 진단으로 구분하고 그 설명을 하였다. 그리고 장을 달리하여 현장상담에서 전문성을 가지고 활동할 수 있는 영역을 진로상담, 결혼 · 부부 · 가족상담, 아동 · 청소년 상담, 정신건강 상담, 장애우 상담으로 나누어 살펴보았다. 물론 이외에도 많은 전문영역이 있을 수 있겠지만 상담학 개론 수준에서 보편적으로 알아야 할 영역을 주로 다룬 것이다. 그리고 미래에 각광받을 수 있는 상담분야에 대한 예측을 하였다.

제5부 '상담학의 도구'에서는 먼저 심리평가의 이해, 면담, 심리검사의 요건, 심리검사의 분류, 지능검사, 학습능력검사들을 중심으로 다루었다. 그리고 장을 달리하여 성향검사를 다루었는데, 다면적 인성검사 2, BGT 검사, 문장완성검사, 인물화 검사, 주제통각검사, 로르샤하 검사, 홀랜드 진로 및 적성 탐색검사, 인터넷 활용 및 기타 심리검사 등이 그 내용으로 담겨 있다.

제6부 '상담학의 연구'에서는 연구주제와 연구방법을 중심으로 다루고자 하였다. 연구주제에서는 상담과정 연구, 상담 효과성 연구 등을 다루었고, 연구방

법에서는 측정과 연구, 연구의 설계, 분석과 추론, 질적 연구 등을 다루었다.

제7부 '상담학과 현장'에서는 행정적인 업무와 관련하여 상담자가 알아야 할 부분들을 중심으로 살펴보았다. 상담과 현장에서는 국가 정책 차원의 상담기관과 민간 차원의 상담기관으로 나누었고, 상담과 행정에서는 전문 상담자의 역할, 상담자원봉사자 운영을 주제로 다루었다.

상담학 개론이 곱게 단장을 하고 첫 외출을 하기까지 많은 도움을 주신 분들께 진심으로 감사드린다. 무엇보다 한국 상담학의 위상을 정립하신 한국상담학회 김성회 회장님과 상담학 총서의 출판을 위해 앞장서서 수고하신 양명숙 학술위원장님께 감사를 표한다. 그리고 한국상담학회 학술위원들의 창의적이고 도전적인 아이디어와 집필진들의 헌신과 수고가 있었음을 고백하고 이에 감사 드린다. 또 이 책의 출판을 위해 수고해 주신 학지사의 김진환 사장님과 편집을 담당한 박혜미 선생님에게도 진심으로 감사의 인사를 전한다.

2013년 4월

대표 저자 김규식

차례

제2부 상담학의 요소

제3부 상담학의 주요 이론

제4부 상담학의 영역과 전문분야

제5부 상담학의 도구

제6부 상담학의 연구

제7부 상담학과 현장

제1부
상담학의 기초

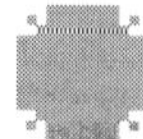

제1장
상담학의 역사와 발전

김성회

이 장에서는 상담학 전반에 대한 발전과정을 살펴볼 것이다. 상담학의 구체적인 발전과정을 살펴보기 전에 인간과 상담학과의 관계를 먼저 생각해 보고자 한다. 그리고 상담학 발전의 배경, 서구 상담학의 발전과정 및 우리나라 상담학의 발전과정에 대해서 살펴볼 것이다. 상담학의 역사를 살펴보는 것은 상담학이 시작에서부터 최근까지 어떻게 발전되어 왔는지를 이해하기 위함이며, 나아가 현재 상담학이 처한 상황을 이해하고 미래의 상담학을 예측하는 데 필요한 도움을 얻기 위함이다. 즉, 현재와 미래의 근간이 되는 상담학의 역사와 발전과정을 재조명함으로써 상담학이 성장한 발자취와 미래의 전망에 대해서 알아보기 위함이다.

1. 인간과 상담학의 발전

상담에 대해 생각해 보기 전에 먼저 자연 현상 중 한 가지를 살펴보자. 자연은 늘 사람에게 많은 것을 일깨워 주고 있다. 그중에서도 '사람을 포함하여 자연에 있는 사물이나 자연에서 일어나는 현상은 모두가 상호작용한다.'는 사실이다. 이러한 상호작용을 잘 살펴보면 그 안에는 특정 사물이나 현상의 기능을 더 확대시키는 것도 있고 축소시키는 것도 있다. 다른 말로 하면, 자연에 있는 모든 사물이나 자연에서 일어나는 현상은 관련된 것들 간에 서로 도움을 주기도 하고 피해를 주기도 한다는 것이다.

여기에 있는 구체적인 한 사람을 중심으로 그 자신과 다른 사람 또는 사물이나 현상과의 관계를 본다면, 그 사람은 다른 사람 또는 사물이나 현상에서 영향을 받지 않을 수 없음은 물론 영향을 주지 않을 수도 없다. 그 개인이 주변 공간(사람, 문화, 자연)과 상호작용하면서 경험하는 것 중에는 개인적으로 즐거워서 계속 상호작용하고 싶은 대상도 있고 불쾌하여 바로 피하고 싶은 대상도 있다.

그러나 사람은 아무리 노력해도 공간과 상호작용하는 중에 피하고 싶은 것을 모두 피할 수 없고 원하는 것을 모두 얻을 수도 없다. 대부분의 사람은 이러한 경험을 자주 한다. 따라서 인간이 어려움 또는 고통 없이 살아간다는 것은 거의 불가능하다. 어쩌면 사람은 인류의 시작과 더불어 주변 공간과의 상호작용 중 경험하는 어려움을 줄이기 위해 주변 사람의 도움을 받아 왔다고 볼 수 있다.

상담의 의미는 학자에 따라 많이 다르게 정의되고 있다. 그러나 많은 상담학자는 다음과 같은 세 가지를 상담의 정의에 포함시키고 있다. 첫째, 정신적으로 도움을 필요로 하는 내담자가 있다. 둘째, 그 내담자를 도울 수 있는 전문적 자질을 갖춘 전문상담사가 있다. 셋째, 내담자와 전문상담사의 상호작용 과정을 통해 내담자가 도움을 받는다는 것이다.

내담자의 문제와 전문상담사와의 관계에서 가장 절박했던 것 중 하나는 전문상담사가 어떤 내담자에게 도움을 줄 수 있겠는지, 도움을 줄 수 있다면 어떤 능력을 가진 사람이 도움을 줄 수 있겠는지에 대한 것이었다. 농경사회나 비교적 변화가 적고 생활이 단순하던 시대의 사람들은 부모나 교사 또는 이웃, 나아가 종교지도자나 사회적으로 덕망 있는 성현들의 도움으로 대부분의 어려움을 극복할 수 있었다. 그러나 개인과 사회의 변화로 내담자가 필요로 하는 도움이 상식 수준을 넘어서는 경우가 많아지게 되었다. 그에 따라 현실생활이 어려울 정도의 심각한 정신적인 문제를 가진 사람뿐만 아니라, 대하는 사람(부모, 형제자매, 친구, 직장 선후배나 상사 등)이나 그 개인이 속한 조직(가정, 유치원, 학교, 군, 직장 등)의 문화 또는 그가 관계하는 자연물(물, 산 등)이나 현상(천둥, 번개 등) 또는 동물(개, 뱀 등)과의 관계에서 조화롭게 대처하지 못하는 사람들의 수가 늘어나게 되었다. 또한 내담자의 문제도 현실생활이 어려운 정신적인 문제뿐만 아니라 적응, 자기계발, 정신건강 증진 및 예방에까지 확대되었다. 이러한 일련의 과정은 인간의 정신건강을 전문적으로 도와줄 수 있는 전문상담사를 요구하기에 이르렀다.

이상에서 살펴본 바와 같이, 사람들은 일생 동안 자연을 포함한 자신 이외의 사물이나 사람 또는 현상들과 상호작용해야 한다. 그 상호작용 중에는 개인에게 도움이 되는 것도 있고, 피해를 주기 때문에 고통스러워서 피하고 싶은 것도 있다. 사회가 복잡하기 전에는 주변 사람들이나 성현들의 도움으로 이러한 어려움의 대부분이 해결될 수 있었다. 그러나 사회가 복잡해지고 개인의 욕구 수준이 높아짐에 따라 전문상담사가 필요하게 되었다. 더 나아가 전문상담사의 전문성을 증진시킴은 물론 어떻게 하면 내담자를 더 효과적으로 도울 수 있을지와 관련된 전문적 학문분야, 즉 상담학이 발달하게 되었다. 상담학이 과학적인 학문으로 발전하기 시작한 것은 그리 오래되지 않는다. 따라서 상담학의 발전 과정을 이해하게 되면 상담학의 현 위치 및 상담학의 미래를 보다 정확히 예측할 수 있을 것이다.

2. 상담학의 학문적 배경

상담학은 철학, 심리학, 정신의학, 교육학, 복지학 등의 영향을 받아 발전하였다. 여기서는 이와 같은 상담학의 발전 배경을 밝힌 연구(이형득, 1992; Glanz, 1974; Neukrug, 2007)를 중심으로 좀더 구체적으로 살펴보고자 한다.

1) 상담학의 철학적 배경

철학은 모든 학문의 바탕이다. 그 때문에 인문과학이나 사회과학은 물론 자연과학을 포함한 모든 학문이 철학의 영향을 받았다고 볼 수 있다. 상담학도 사회과학에 속하기 때문에 당연히 철학의 영향을 받았다. 특히 상담학은 사람의 정신적인 면을 주로 다루는데, 철학도 주 대상이 사람이고 그중에서도 사람의 정신세계에 많은 관심을 가지고 있기 때문에 상담학은 철학을 그 배경으로 하지 않을 수 없다.

상담학에서 중요하게 다루고 있는 상담이론에서는 인간관이 아주 중요하다. 이 인간관에 따라 상담의 목표나 과정 및 기술이 정해지기 때문이다. 예를 들어, 사람은 환경에 의해 반응하는 존재라고 보면, 상담의 목표는 내담자가 원하는 반응(상담목표 행동)이 일어나도록 환경을 변화시키는 것이 될 것이다. 이와는 달리 사람은 자신의 문제를 스스로 해결할 수 있고 나아가 자신의 잠재력도 스스로 계발해 갈 수 있는 능력을 가지고 있다고 본다면, 상담의 목표는 내담자의 그러한 능력을 방해하는 요소를 줄이거나 그 능력을 촉진하는 요소를 신장하는 것이 될 것이다.

철학의 많은 이론이 상담학에 영향을 미치고 있지만, 그중에서도 실증주의와 실존주의, 진보주의 및 동양철학의 영향이 크다. 먼저 실증주의는 상담학을 과학으로 발전시킬 수 있는 기초가 된다. 상담이 독립된 학문으로 인정을 받기 어려웠던 점은 실증적인 자료가 부족했기 때문이다. 과학적 방법을 통해 얻은 객관적이고 실증적인 자료를 근거로 상담효과가 입증된다면, 상담효과의 타당성은 보다 확고해질 수 있다는 이유에서 실증주의는 상담학에 많은 영향을 주었다.

실존주의는 그 바탕을 현재 개인이 경험하는 주관적 세계에 기초한다. 실존주의에서는 개인이 주체적으로 삶을 선택하고 책임지는 가운데 자신의 본질을 형성해 갈 수 있음을 강조한다. 이러한 실존주의 철학은 실존주의 상담이론에는 물론 인간중심 상담이론 등 주관성을 강조하는 많은 상담이론에 영향을 미쳤다.

진보주의는 실용주의나 도구주의로 일컬어지기도 한다. 진보주의는 보편적인 진리가 있다는 가정보다는 구체적이고 독특한 경험을 강조한다. 진보주의에서는 진리가 무엇인지보다는 유용성이 얼마나 있는지에 관심을 가진다. 이 때문에 과거보다는 현재와 미래를 강조한다. 따라서 행동주의 상담이론이 진보주의에 기초하였다고 볼 수 있다.

동양철학은 종교적 배경을 가지고 있다. 즉, 불교와 도교 및 유교가 상담이론에 영향을 미쳤다는 점이다. 동양의 종교는 절대자에게 완전히 의지하기보다는 자기수양을 통해 스스로 그 종교가 정한 경지에 이를 것을 강조한다. 이러한 자기수양의 강조는 상담의 궁극적 목표이기도 하다. 즉, 상담은 내담자가 전문상담사의 도움을 받아 스스로 자기조절을 할 수 있는 능력을 갖추어 가는 자기수양의 과정이며, 이러한 자기수양을 통해 스스로 자신이 정한 목표나 자아실현을 할 수 있도록 하는 것이 궁극적 목표이기 때문이다. 이러한 동양철학은 상담 중에서도 인간의 고통은 마음, 즉 대상이나 경험을 어떻게 받아들이는지와 관련되어 있다고 보는 인지를 강조하는 상담이론에 직접 또는 간접적으로 영향을 미쳤다. 최근 우리나라에서 개발되고 있는 많은 상담이론은 이러한 동양철학을 그 배경으로 하고 있다.

비록 특정 철학이 특정 상담이론에 더 큰 영향을 미친 점은 있지만 정도의 차이일 뿐 모든 상담이론은 여러 철학적 배경을 함께 가지고 있다. 모든 상담이론은 인간을 대상으로 하기 때문에 인간을 어떻게 보는지와 관련된 인간관을 갖지 않을 수 없고, 이 인간관은 철학적 배경에서 도출할 수밖에 없기 때문에 어떤 상담이론을 이해하려면 그 철학적 배경에 대한 이해가 아주 중요하다.

2) 상담학의 심리학적 배경

상담학이 심리학적 배경을 가지고 있음을 부정하는 전문상담사는 거의 없을 것이다. 철학이 인간관에 큰 영향을 주었다면 심리학은 인간의 발달, 특히 문제 행동의 발달이나 상담의 과정과 기법에 많은 영향을 주었다. 심리학의 많은 분야가 상담학에 영향을 미쳤지만 그중에서도 학습심리학, 발달심리학, 사회심리학이 큰 영향을 미쳤다.

학습심리학은 행동의 변화에 관심이 있다. 상담도 내담자가 원하는 행동을 습득하고 원하지 않는 행동을 소거하려 한다는 점에서 학습심리학과 같은 목표를 가진다. 대부분의 학습이론이 상담에 영향을 미쳤지만, 특히 고전적 조건형성 이론, 조작적 조건형성 이론, 사회학습 이론이 직접 또는 간접적으로 상담이론 개발에 큰 영향을 미쳤다.

발달심리학은 임신에서 사망에 이르는 전 과정에 걸쳐 인간의 신체적 · 심리적 변화를 다루는 학문이다. 발달심리학자에 의하면, 인간은 일생 동안 질적으로 다른 몇 단계를 거치며, 각 단계에는 성취해야 할 발달과업이 있다. 상담학에서는 내담자의 발달단계가 어느 수준에 있는지를 파악하고 그를 이해해 주며 그 단계에 맞는 발달과업을 성취할 수 있도록 내담자를 돕는다는 측면에서 발달심리학에 계속 관심을 가지고 있다.

사회심리학은 개인이 속한 환경, 더 구체적으로 말하면 그가 대하는 소집단이나 공동체의 문화가 그 개인에게 심리적 영향을 미칠 수 있음에 초점을 둔다. 예를 들면, 또래나 학교 또는 군 생활문화 등은 그 개인에게 아주 큰 영향을 미칠 수 있다. 상담학에서는 내담자가 주어진 문화에서 경험하는 심리적 상태를 보다 잘 이해하고 이 환경을 극복할 수 있도록 돕는 데 관심을 가지고 있기 때문에 계속 사회심리학에 관심을 가지고 있다.

학습심리학과 발달심리학 및 사회심리학과 더불어 성격심리학도 큰 영향을 미쳤다. 또한 지능이나 성격 등 심리적 특성을 측정하려는 심리측정 분야도 상담학에 많은 영향을 미쳤다. 내담자를 잘 도와주기 위해서는 내담자 이해가 아주 중요한데, 내담자를 객관적으로 이해하는 한 방법으로 심리검사가 많은 도움이 되었다.

3) 상담학의 정신의학적 배경

인간의 정신건강에 대한 과학적 관심은 정신과 의사들에 의해서도 제기되었다. 정신의학의 발달은 정신적으로 힘든 사람들을 도우려 했다는 점에서 상담과 밀접하게 관련되어 있다. 따라서 정신의학의 발전과정에 대한 이해는 상담학 발전의 이해에도 밀접하게 관련되기 때문에 간단히 살펴보기로 한다.

1700년대 후반까지 정신질환은 귀신들림 또는 신비하고 치료할 수 없는 것으로 인식되었으나 점차 정신질환을 이해하고 치료하는 새로운 접근이 나타났다. 1800년대는 정신질환에 대한 이해, 진단, 치료에 큰 진전이 있었는데, 크레펠린(Emil Kraepelin, 1856~1926)은 최초로 정신질환을 분류하였고, 재닛(Pierre Janet, 1859~1947)과 샤르코(Jean Martin Charcot, 1825~1893)는 심리적 상태와 장애의 관계에 대해 연구하였다.

미국의 경우를 보면 의사이자 사회개혁가인 러쉬(Benjamin Rush, 1746~1813)는 정신의학의 선구자로서 정신병에 대한 인간적 치료를 호소하였다. 1773년에 버지니아(Virginia) 주에 공립정신병원이 설립되었다. 미국정신의학회(American Psychiatric Association: APA)의 선구자들은 정신병과 진단, 치료의 향상을 꾀하였고 정신병원에 대한 기준을 구체화했다. 1950년대와 1960년대 이후에는 향정신의약품의 확산과 정신과 의사들의 역할이 강조됨에 따라 정신적 질환에 대해 정신생리학의 탐색이 확산되었고, 1950년대에 미국정신의학회는 『정신병의 진단과 관련된 정신질환의 진단 및 통계 편람(Diagnostic and Statistical Manual of Mental Disorders: DSM)-I』을 개발하였다.

정신질환이 부분적으로 생물학적인 원인에 의해 촉발 또는 유지된다는 연구들이 많이 나오면서 약물을 사용할 수 있는 정신과 의사들의 역할이 중요시되고 있다. 그러나 내담자를 약물에 의존하게 만든다는 문제점도 대두되고 있다.

정신의학은 근본적으로 인간의 정신문제를 다룬다는 점에서는 상담과 별 차이가 없다. 초기에는 정신의학에서 정신분석 등의 심리학적 접근을 많이 활용하였으나 최근에는 약물에 의존하는 경향이 높아지고 있다. 정신의학이 약물의 취급을 중요시하고 상담은 면접을 중요시한다는 측면에서는 차이가 있지만 정신의학과 상담학이 근본적으로는 인간의 정신건강에 큰 관심을 가지고 있다는 점에서 정신의학과 상담학은 많은 영향을 주고받아 왔다.

4) 상담학의 교육학적 배경

교육학은 인간의 지적 발달과 동시에 덕(德)과 체(體)를 강조한다. 이 중 덕은 상담과 밀접히 관련되어 있다. 사실 학교교육은 수업과 생활지도로 크게 나누어 볼 수 있는데, 상담학은 생활지도를 모체로 발전하였다. 그래서 교육학은 상담학의 기초 학문으로 확고한 위치를 차지하고 있다. 뿐만 아니라 최근 상담의 개념이 성장과 발달을 촉진하는 방향으로 확장됨에 따라 전문상담사의 역할도 교육과 훈련에 많은 비중을 두기 시작함으로써 교육학은 상담학의 기초학문으로 그 중요성을 더하게 되었다.

상담학의 방향을 결정하는 데 기초가 될 수 있는 교육학의 내용은 크게 지적 발달을 돕는 교육, 사회생활의 준비를 위한 교육, 자아실현을 위한 교육으로 볼 수 있다. 상담학에서는 교육학에서 강조하는 교육과 훈련을 통해 모든 내담자의 지적발달, 나아가 학습을 효과적으로 수행할 수 있도록 도울 수 있으며, 교우관계를 포함한 대인관계를 증진하도록 하고 자신에게 적절한 진로를 선택하도록 도울 수 있다. 또한 자신의 내적 특성, 특히 자아실현의 가능성을 확인하고 자아실현을 할 수 있도록 도울 수 있다. 따라서 전문상담사는 자신의 교육관을 확립하는 동시에 그것을 자신의 상담활동에 어떻게 적용할지에 대해 계속 관심을 가질 필요가 있다는 점에서 상담학자들은 교육학에 계속 관심을 가질 필요가 있다.

5) 상담학의 복지학적 배경

상담이 도움을 필요로 하는 사람을 돕는 활동이라는 관점에서 보면 복지학이 일찍부터 상담의 어떤 영역을 실천해 왔다고도 볼 수 있다. 복지학이 어떻게 발전되어 왔는지를 아는 것은 어려운 사람을 도우려는 인간의 노력이 어떻게 발전되어 왔는지와 관련이 많기 때문에 간단히 살펴보기로 한다. 복지학은 '사회사업(social work)'이라는 용어로 빈곤을 원조하려는 노력에서 그 출발점을 찾을 수 있다. 1500년대에 영국에서는 빈곤층을 돕기 위한 법률이 제정되었고, 빈곤층을 위해 교회에서는 모금운동을 펼쳤다. 이후 그러한 활동은 자원봉사의 토대가 되었고 종교집단을 중심으로 자선사업단이 조직되었다. 1800년대에는 도시인구의 급증으로 인해 하류층이 증가하면서 이들을 원조하기 위한 보다 전문화된 기구가 조직되었다. 이들 조직체가 중심이 되어 빈곤층을 방문하고, 아이들을 교육시키고, 경제적 조언과 지원을 제공하였다.

사회복지운동가들은 양질의 서비스를 제공하기 위해 정치인들을 설득하였고, 사회운동가인 애덤스(Jane Addams, 1860~1935)에 의해 사회복지기관이 설립되었다. 20세기에 들어서면서 사회사업 프로그램이 부상하였으며, 이후 30년 동안 사회사업 분야는 정신적 · 육체적 · 사회적으로 문제가 있는 사람의 내력, 환경 등을 조사하여 정상생활로 복귀시키려는 케이스워크(case work) 사업, 사회집단 사업, 공동체 사업을 실시하였다.

1940년대에는 사회의 역동성에 대한 이해와 가족구조가 개인의 정신적 측면에 아주 중요하다는 점이 부각되었다. 이 때문에 사회사업가들은 사회적 체제와 가족 체제를 고려한 사업과 프로그램 개발에 큰 관심을 가지게 되었다. 오늘날 사회사업가들은 사회사업의 근간이 되는 병원에서부터 정신건강 센터, 빈곤층을 위한 기관 등에서 다양한 사회적 서비스를 제공하고 있다.

이처럼 복지학은 빈곤층을 물질적으로 도우려는 목적으로 출발하였다고 볼 수 있으나 빈곤층의 가족을 방문하는 가운데 자녀들과 대화를 나누게 되었고 이들의 정신적 문제에도 관심을 가지게 되었다. 이 과정에서 비록 전문성이 약하기는 하지만 사회사업가들은 빈곤층 가족의 정신적 어려움을 돕는 활동을 하게 되었을 것이다. 특히 빈곤층 가족의 방문은 가족구조를 포함한 사회적 구조가 개인의 정신건강에 아주 중요한 영향을 미칠 수 있음을 발견하는 계기가 되었다. 상담, 특히 가족상담이나 조직 개발에서 강조하고 있는 체제이론은 복지학의 영향을 많이 받았다고 볼 수 있다.

3. 서구 상담학의 발전

현재 우리가 생각하는 상담학은 서구에서 1800년대 말에 시작되었다고 볼 수 있다. 유럽과 미국을 중심으로 발전한 상담학의 발전과정을 1800년대 이전, 1900년대 전반 및 후반, 2000년대 전반으로 나누어 몇몇 학자(Cushman, 1992; Gibson & Mitchell, 1981; Neukrug, 2007)가 밝힌 내용을 중심으로 살펴보기로 한다.

1) 1800년대 이전

상담학의 학문적 배경에서 살펴본 바와 같이, 1700년대에도 정신건강에 관심이 있었지만 1800년대에 들어서 오늘날 우리가 말하는 상담학이 태동되었다고 볼 수 있다. 1800년대에 일어난 많은 개혁 운동은 상담학 발전에 영향을 미쳤는데, 사회사업가, 정신과 의사, 교육학자들은 보다 인간적이고 현대적 방식으로 사람들을 돕고자 하였으며 상담학은 그들의 이념과 기본적 전제를 받아들임으로써 개혁 운동의 열매를 맺게 되었다.

1800년대 말에는 미국에서 상담학의 시작이라고 할 수 있는 직업지도(vocational guidance)운동이 시작되었다. 이 운동은 유럽과 미국에서 일어난 실험실 과학의 발달과 결합되면서 상담학의 발전에 큰 영향을 미쳤다. 즉, 이 시기에 개인차를 확인하기 위한 방법으로 비네(Alfred Binet, 1857~1911)가 지능검사를 개발하는 등 여러 종류의 검사가 개발되었고 이러한 검사들은 직업지도에 많이 활용되었다. 이는 상담과 관련된 전문영역의 시작을 알리는 계기가 되었고, 직업지도는 상담전문직과 관련된 일자리를 만드는 중요한 요소가 되었다.

19세기 말 프로이트(Sigmund Freud, 1856~1939)의 정신분석 이론은 인간을 보는 새로운 방식을 일깨웠고 프로이트와 그의 제자들이 사용한 원초아, 자아, 초자아, 무의식, 심리성적 발달 등과 같은 용어는 상담학 발전에 많은 영향을 미쳤다.

2) 1900년대 전반

20세기 초에는 다양한 분야에서 변화가 일어났다. 빈곤층의 복지에 관심이 많았던 복지사는 빈곤 퇴치와 교육 쇄신을 요구하였으며, 정신과 의사들은 정신질환을 치료하는 방법에 대해 변화를 시도하였다. 1900년대 초에는 직업지도에 대한 최초의 포괄적 접근을 시도한 시기라고 할 수 있다. 미국의 직업지도운동에 가장 큰 영향을 미친 사람은 파슨스(Frank Parsons, 1854~1908)다. 그는 직업상담소를 설립하여 사람들이 직업을 선택하고, 취업을 준비하고, 필요한 경력을 쌓도록 도왔다. 그의 영향으로 1913년에 국가직업지도학회(National Vocational Guidance Association: NVGA)가 설립되었다. 이 학회는 나중에 미국 취업 및 생활지도학회(American personnel and Guidance Association: APGA) 및 현재의 미국상담학회(American Counseling Association: ACA)로 발전하였다. 국가직업지도학회(NVGA)의 설립으로 직업지도운동이 정착되었으며 직업교육이 강화되어 미국의 실업자들에게 직업소개소를 찾게 하는 등으로 취업을 도왔으며 이러한 직업상담은 곧 상담의 모든 영역에 영향을 미쳤다. 국가직업지도학회 이외에도 1945년에 미국결혼 및 가족상담학회(American Association of Marriage and Family Counseling: AAMFC)가 창립되었고, 1940년대에 미국심리학회 제17분과에 상담심리학회(Society of Counseling Psychology: SCP)가 창립되었다. 이러한 일련의 과정을 통해 미국 상담학자들은 과학적으로 상담학을 연구할 수 있는 기초를 마련하게 되었다.

파슨스는 직업지도에 검사를 사용할 것을 강력히 주장하였고, 그에 따라 검사의 개발과 사용이 확대되었다. 제1차 세계대전 때 장병들의 능력에 맞게 병과를 배정하는 데 필요한 자료를 얻기 위해 군 알파검사(Army Alpha Test)를 개발하여 사용하였다. 군에서의 성공적인 검사 사용으로 인해 유사한 검사들이 개발되었다. 20세기 중반에는 지능, 적성, 성격, 흥미 등을 측정하는 다양한 검사가 개발되어 직업지도뿐만 아니라 모든 상담장면에서 사용되었다. 제1차 세계대전이 끝난 후, 심리학자들은 참전으로 인한 심리적 문제를 가진 장병들을 도와주기 위해 단기적인 상담 프로그램을 개발하였고 정신건강과 관련된 상담을 점차 확대시켜 나갔다.

1940년대에 들어서 상담학에서 새로운 시도가 있었다. 즉, 간단한 정보 제공 등의 직업지도에만 국한하거나 개인의 과거 내면세계에 집중하는 프로이트의 정신분석과는 다른 차원에서 체계적인 상담이론을 윌리엄슨(Edmund Griffith Williamson, 1900~1979)이 개발하였기 때문이다. 그는 프로이트의 정신분석과는 달리 개인의 이성을 강조했고, 전문상담사의 지시적 기법이 효과적이라는 상담이론을 개발하였다. 또한 프로이트가 무의식을, 윌리엄슨이 이성을 지나치게 강조한 점을 비판하면서 내담자에게 초점을 둔 비지시적인 면을 강조한 상담이론이 로저스(Carl Ransom Rogers, 1902~1987)에 의해 개발되었다. 이 이론은 비지시적 상담, 내담자중심상담, 인간중심상담 등으로 그 명칭을 바꾼 데에서도 알 수 있듯이 내담자에게 지시를 하는 것보다는 내담자가 스스로 자신의 문제를 발견하여 해결하도록 돕고, 이성보다는 감성을 더 소중하게 여기며 근본적으로 인간을 믿고 존중하는 것이 내담자를 더 잘 도울 수 있다고 보았다. 로저스의 비지시적 상담은 정신분석보다 내담자에게 더 인간적이고, 정직하며, 실용적인 접근으로 인식되어 갔다. 로저스의 저서 『상담과 심리치료(Counseling and Psychotherapy; 1942)』는 인본주의적 상담과 교육 등 광범위한 영역에 걸쳐 개인의 자유와 자율의 중요성을 크게 부각시켰다. 이러한 그의 영향력은 『내담자중심치료(Client-Centered Therapy; 1951)』 등의 저서가 출판되면서 2000년대 후반까지도 계속되었다.

3) 1900년대 후반

1950년대 상담 분야에 가장 큰 영향을 미친 사건은 1957년 스푸트니크(소련에서 발사한 최초의 인공위성) 발사일 것이다. 러시아의 인공위성 발사로 인해 충격에 휩싸인 미국은 1958년 「국가방위교육법(National Defence Education: NDEA)」을 제정하였다. 그에 따라 중고등학생들 중 과학자가 될 수 있는 학생들을 선별할 수 있는 능력을 가진 전문상담사를 선발하여 훈련하기 시작했다. 그 결과, 1950년대 후반과 1960년대에 중등학교 전문상담교사가 증가하였고 1964년에는 초등학교에도 전문상담교사를 배정하게 되었다.

전문상담교사의 증가 외에 1950년대에는 최초로 정규직 대학전문상담사가 활동하게 되었다. 전문상담사가 대학에서 상담을 하게 됨으로써 대학생들에게 인본주의적이고 발달적 접근을 적용하여 상담하는 대학상담센터가 확산되었다. 학교뿐만 아니라 지역의 기관에도 전문상담사가 활동하게 되었다. 특히 이 시기는 제2차 세계대전이 있었던 시기이기 때문에 심각한 심리적 상처를 입은 사람들이 많았다. 그래서 이들의 정신적 어려움을 다루는 기관이 늘어났고, 이러한 기관에서 상담하는 전문상담사의 수도 증가하게 되었다.

1950년대 전반기까지는 프로이트의 정신분석, 윌리엄슨의 지시적 상담(현재의 특성·요인적 상담)과 로저스의 내담자중심상담(현재의 인간중심상담)이 주를 이루었으나 1950년대 후반에서 1960년대에 들어서 상담과 관련된 새롭고 혁신적인 이론이 개발되었다. 즉, 상호제지 이론(Wolpe, 1958), 합리적·정서적·행동적 상담(Ellis & Harper, 1961), 현실적 상담(Glasser, 1961), 실존주의 상담(Frankl, 1963; May, 1950), 행동주의 상담(Krumboltz, 1966), 사회학습이론(Bandura, 1965) 등이 있다.

미국의 36대 대통령 존슨(Lyndon B. Johnson; 1908~1973)은 대통령의 위대한 사회(Great Society)의 건설과 관련된 사업의 일환으로 1963년에 지역사회정신건강센터(Community Mental Health Center: CMHC)를 설립하였다. 전국의 약 600여 개 센터에서는 심한 정서장애가 있는 사람은 물론 적응상의 어려움을 겪고 있는 주민에게까지 아주 적은 비용을 받거나 무료로 상담을 해 주었다.

1964년 「국가방위교육법」 개정으로 초등학교에서 대학까지 각 학교에 근무하는 전문상담사들에 대한 교육이 확대되었다. 그 결과, 1967년까지 약 20,000명의 전문상담사가 교육을 받았다. 그 이외에도 「초 · 중등교육법」 「헤드 스타트(head start)」 등과 관련된 여러 법률에 근거하여 상담과 관련된 직종이 늘어났다. 또한 사회가 상담을 하나의 직종으로 이해하고 인정함에 따라 전문상담사의 활동 범위도 계속 확대되었다. 더불어 전문상담사들이 사회의 다양한 분야에서 일하게 됨으로써 상담윤리 문제가 대두되었다. 그 결과, 1961년에 미국 취업 및 생활지도학회에서 전문상담사의 윤리기준을 제시하였다.

1970년대에는 상담과 관련된 법들이 많이 제정되었다. 환자 본인의 의사와는 무관하게 정신질환자를 정신과에 입원시키는 것은 부당하다면서 도널드슨(K. Donaldson)이 플로리다 주립병원장 오코너(Dr. J. B. O'Connor)를 고소한 사건에 대해 1975년 미국 연방 대법원이 본인의 의사와 관계없이 개인을 강제로 정신과에 입원시킬 수 없다는 판결을 내림으로써 수만 명의 환자들이 병원에서 퇴원하게 되었다. 이는 자신이나 타인을 해칠 가능성이 없는 사람을 강제로 입원시키는 등의 강제조치를 취해서는 안 된다는 점을 천명한 것으로 볼 수 있다. 같은 해에 의회가 이전의 「지역사회 정신건강센터 법안(Community Mental Health Centers Act)」을 강화한 법안(내용의 예를 들면, 자문과 교육, 중독 상담 등)을 통과시켰다.

1970년대에는 장애인을 위한 법률도 마련되었다. 이러한 법률로 인해 장애인을 사회에 복귀시킬 수 있는 재활전문상담사의 수요가 증가하게 되었고, 전문상담교사의 역할도 확대되었다. 그 한 예로 1973년의 「재활 법률(Rehabilitation Act)」은 하던 일을 계속하거나 새로운 일자리를 구하기 어려울 정도의 신체적 또는 정신적 장애가 있는 성인이 직업재활 서비스와 상담을 받을 수 있도록 했다. 1975년 「모든 장애아동을 위한 교육법률(Education for All Handicapped Children Act)」 제정으로 학습 지진 아동이 최소한의 환경에서 교육을 받을 권리를 보장받게 되었다. 이에 따라 전문상담사들은 학습 지진아 선별 등과 관련된 팀에 꼭 필요한 일원으로 인정받게 되었다.

1970년대에는 상담을 공부하는 학생을 훈련하는 데 있어 많은 변화가 있었다. 그 당시 다른 상담이론보다 우위를 차지하고 있던 인본주의 상담을 바탕으로 한 단기상담 기술 훈련(microcounseling skills training)이 활발하게 이루어졌다. 이를 통해 상담을 공부하는 학생들은 행동 변화, 경청, 공감적 이해와 같은 기본적인 상담기술을 비교적 단기간에 배울 수 있게 되었고, 이러한 훈련이 상담에 긍정적 영향을 미치는 것으로 밝혀졌다.

1970년대에는 상담분야의 전문성을 증진시키려는 노력이 많았다. 예를 들면, 1970년대 초에 전문상담사 교육자와 수퍼바이저학회(Association of Counselor Educators and Supervisors: ACES)가 마스터 수준(master's level)의 상담프로그램 기준을 마련했다. 1973년에 재활교육위원회(Council on Rehabilitation Education: CORE)와 1979년에 국가공인 정신건강전문상담사 아카데미(National Academy for Certified Mental Health Counselor: NACMHC)에서 자격증을 발급함에 따라 국가에서 자격에 대한 검증을 시작하게 되었다. 1976년에는 버지니아(Virginia) 주가 상담 면허증을 발급하는 첫 번째 주가 되었다.

1970년대의 상담과 관련된 여러 법률 제정은 상담분야의 다양화를 가져왔고 그로 인해 많은 전문상담사가 정신건강, 사회복귀, 학교 등의 기관에서 근무하게 됨으로써 다양한 분야에서 상담이 정착할 수 있게 되었다. 이러한 다양화의 결과로 미국 취업 및 생활지도학회(APGA)는 회원이 40,000여 명에 달하게 되었고, 여러 분과학회도 설립했다. 즉, 다문화상담과 발달학회(Association for Multicultural Counseling and Development: AMCD, 1972), 영성, 윤리, 종교가치상담학회(Association of Spiritual, Ethical, and Religious Value In Counseling: ASERVIC, 1974), 집단상담전문가학회(Association for Specialists in Group Work: ASGW, 1973), 국제중독 및 범죄자 전문상담사학회(International Association of Addictions and Offender Counselors: IAAOC, 1972), 미국정신건강 전문상담사학회(American Mental Health Counselors Association: AMHCA, 1978) 등이 1970년대에 창립되었다.

1980년대와 1990년대에도 전문성 강화와 상담분야의 확장 및 다양화가 계속

되었다. 전문상담사는 정신건강과 관련된 거의 모든 기관과 대학 및 초·중·고등학교에서 상담을 하게 되었다. 또한 전문상담사들은 물질남용 문제를 다루는 기관, 노인들이 있는 기관, 기업체에서도 상담을 하게 되었다. 전문상담사가 전문직으로 자리를 잡아 가면서 전문상담사의 훈련과 공인 기준에 대한 요구가 커져 갔다. 그에 따라 1981년 상담 및 관련 교육프로그램 인가위원회(Council for Accreditation of Counseling and Related Educational Program: CACREP)에서 상담 전문직에 대한 기준을 마련하였다. 미국의 경우 상담 및 관련 교육프로그램 인가위원회(CACREP)는 지역사회상담, 학교상담, 대학상담, 정신건강상담, 진로상담, 노인상담, 학사지도(student affairs), 결혼·부부·가족상담/치료에 대한 마스터 프로그램(master's program)을 인가하고 있다.

1980년대와 1990년대에는 여러 형태의 전문상담사 자격증 발급이 시도되었다. 1982년 미국 취업 및 생활지도학회(APGA)는 전문상담사 국가공인위원회(National Board for Certified Counselors: NBCC)를 설립하고 최초로 전문상담사 시험을 시행하였다. 1994년에는 미국상담학회(ACA) 분과학회인 국제결혼 및 가족전문상담사학회(International Association of Marriage and Family Counselors: IAMFC)는 가족전문상담사에게 자격증을 수여하기 시작했다. 또한 이 기간 동안 전문상담사에게 상담 면허증을 주는 주가 많이 늘어났다.

1980년대와 1990년대에 상담에서 가장 큰 변화가 있었던 분야는 다문화상담이다. 이러한 새로운 분야에 대한 강조는 몇 가지 중요한 일이 있었기 때문이다. 먼저 상담 및 관련 교육프로그램 인가위원회(CACREP)의 요구와 관련이 있다고 볼 수 있다. 상담 및 관련 교육프로그램 인가위원회에서 인증을 받은 모든 대학원의 교육과정에 다문화상담을 포함시키도록 하였기 때문이다. 또한 다문화상담에 대한 저서들이 많이 출간된 점과 1991년에는 다문화상담 훈련프로그램을 수행할 수 있는 능력에 대해 다문화상담과 발달학회의 공인을 받는 제도가 도입되었기 때문이다.

1990년대에는 상담윤리가 더욱 강조되었다. 1980년대까지만 하더라도 상담학 교재에 상담윤리 문제를 거의 다루지 않았다. 그러나 1990년대에 들어서는 다방면에서 상담윤리 문제를 교재에서 다루었다. 더 나아가 상담 수퍼비전, 상담 관련 수업, 온라인 상담에까지 상담윤리를 포함하여 다루고 있다. 이러한 추세에 따라 1990년대에 미국상담학회는 온라인 상담과 관련된 내용을 포함하여 상담윤리강령을 개정하였다. 미국상담학회 분과학회였던 미국대학상담학회(American College Personnel Association: ACPA)가 1992년에 미국상담학회로부터 탈퇴했다. 1990년대 후반기에 미국정신건강 전문상담사학회와 미국학교상담학회(American School Counselor Association: ASCA)도 미국상담학회로부터 탈퇴하려고 했다.

1980년대와 1990년대에 있었던 변화는 상담 관련 학회에 새로운 변화를 이끌었다. 1983년에 창립한 미국 취업 및 생활지도학회가 미국 상담 및 발달학회(American Association for Counseling and Development: AACD)로 명칭이 바뀌었고, 1992년에는 다시 미국상담학회로 명칭이 바뀌었다. 1980년대와 1990년대에 미국상담학회에 많은 분과학회가 창립되었다. 즉, 전문상담사 및 교육자학회(Association for Counselors and Educators in Government: ACEG, 1978), 성인발달과 노화학회(Association for Adult Development and Aging: AADA, 1986), 미국대학상담학회(American College Counseling Association: ACCA, 1991), 동성애 및 양성애상담학회(Association for Gay, Lesbian and Bisexual Issues in Counseling: AGLBIC, 1997)와 같은 새로운 분과학회가 설립되었다. 비슷한 시기에 사회정의전문상담사학회(Counselor for Social Justice: CSJ, 1999)가 창립되었다. 2000년까지 미국상담학회에는 55,000여 명의 회원들이 활동하고 있고 500여 개에 가까운 전문상담사 훈련 프로그램을 운영하고 있으며 17개 분과학회와 1개의 지부가 있다.

4) 2000년대 전반

21세기 초에는 1980년대와 1990년대의 일부 이슈가 계속 강조되었다. 특히 상담분야에서 전문직에 대한 인식이 중요시되었다. 국가공인전문상담사(National

Certified Counselors: NCCs)가 많이 늘어났는데, 이 시기에 미국의 국가공인전문상담사 자격증 소지자는 약 36,000명을 넘어섰다. 전문상담사 국가공인위원회(NBCC)는 임상 정신건강 상담, 학교상담, 중독상담 분야에서 하위영역별 전문상담사자격증을 발급하였다. 48개 주(州)에서 상담 면허증을 발급하였다. 각 주에서 발급하는 상담 면허증을 가지고 있는 전문상담사는 140,000명을 넘어섰다.

2001년 상담 및 관련 교육프로그램 인가위원회가 새로운 인가기준을 제시했고, 앞으로도 계속 그 기준을 높여 갈 가능성이 크다. 이러한 인가기준은 전문상담사의 전문성을 높이려는 데 중점을 두고 있다. 미국의 경우 전문상담사 교육프로그램이 크게 증가하고 있는데, 새로 개발된 프로그램은 모두 상담 및 관련 교육프로그램 인가위원회의 새로운 기준에 따라 인가를 받아야 할 것이다. 2005년에 미국상담학회가 새로운 윤리강령을 발표했다. 21세기에는 다문화 이슈가 강조됨으로써 다문화상담이 점점 더 주목받고 있다. 다문화상담 프로그램 또한 다문화적 이슈를 포함할 수밖에 없기 때문에 다양성에 대한 관심이 계속 높아질 것이다. 전문상담사훈련방식과 상담과정에 대한 이해, 세상을 이해하는 방식조차도 앞으로는 다문화의 영향을 받을 것이다.

2000년 이후에는 전문상담사 훈련이나 교육에서 새로운 관심이 일어나고 있다. 즉, 수련생의 발달적 욕구가 중요하다는 점이다. 발달적 견해에서 보면 수련생의 나이, 경험, 노출 수준 등에 따라 보다 적절한 수련생을 선정해야 하고 발달적 수준에 따라 다른 교수방법이 제공되어야 할 것이라는 가정이다. 만약 이러한 가정이 경험적으로 검증된다면 앞으로 전문상담사 교육에 큰 변화가 올 것이다.

4. 우리나라 상담학의 발전

오늘날 우리가 말하는 상담학의 의미에서 보면 우리나라의 상담학은 해방 이후부터 시작되었다고 볼 수 있다. 그러나 상담학이 정신적으로 도움을 필요로 하는 사람들에게 도움을 준다는 측면에서 보면 오래전부터 상담활동은 있었다고 볼 수 있다. 그래서 여기서는 우리나라에서 일상생활에서의 적응이나 정신적으로 어려운 사람들에게 도움을 주기 위한 활동이 어떻게 이루어져 왔는지를 살펴보는 가운데 우리나라의 상담학 발전과정을 살펴보고자 한다. 이를 위해 1800년대 이전, 1900년대 전반, 1900년대 후반, 2000년대 전반으로 나누어 살펴볼 것이다(김성회, 2010; 손종현, 1993; 이혜성, 1996; 최광만, 1993).

1) 1800년대 이전

1800년대 이전에 지적교육을 제외한 일상생활에서 경험하는 정신적인 어려움은 종교 지도자나 성현 및 주변의 어른들에게 의존하여 해결할 수밖에 없었다. 신라나 고려시대에는 주로 불교, 조선시대에는 유교에 의존하는 바가 컸다. 일반인들은 마을에서 학문이나 인품 면에서 추앙을 받는 문장(門長) 어른께 도움을 받았고 간단한 문제는 가족이나 집안 어른들에게 도움을 받았다. 그리고 해결이 어려우면 굿 등의 토속신앙을 통해 문제를 해결해 보려고 했다. 그러나 이러한 도움도 주로 어른들이 받을 수 있는 것이었고 청소년을 포함한 미성년자들은 독자적으로 어떤 도움을 받기 어려웠다. 아마 선배나 친구들에게는 도움을 받았을 것으로 본다. 따라서 청소년을 포함한 미성년자들은 종교나 사회 및 부모가 정한 기준에 따라 행동하는 것을 강요받는 교육이나 훈련이 있었을 뿐이라고 볼 수 있다.

1800년대 이전의 우리나라 청소년 지도는 문화가 아주 중요한 역할을 했다. 조선시대의 경우, 많은 자연부락이 같은 성씨를 가진 집성촌을 이루고 있었고 각 부락마다 향약 등 자체 규약이 있었다. 이 규약 중 일부는 이성문제 등 중대한 잘못이 있을 경우 마을에서 살지 못하게 하거나 족보에서 가족 전체의 이름을 삭제하기도 했다. 어른들의 영향력은 아주 컸으며 동네의 모든 어른은 어떤 청소년에 대해서도 잘못을 지적했고 그에 대해 청소년들이 어떤 이의를 달거나 거부한다는 것은 거의 불가능했다. 한 청소년이 잘못하면 이를 본 어른은 그 청소년의 문제행동을 그 자리에서 지적할 뿐만 아니라 그 청소년의 부모에게도 알렸다. 그래서 청소년들이 잘못된 행동을 하면 그 동네에서 낙인이 찍히고 많은 불이익을 당할 수밖에 없었다. 이러한 일련의 내용들은 개인보다 집단을 더 중요하게 보는 것으로 개인의 생활에 지대한 영향을 미쳤다. 또한 생활공간이 좁고 대중매체가 없던 시기라 자기 동네에서 일어나는 정보 이외에는 정보를 접할 기회가 거의 없었다. 이 때문에 청소년을 포함한 대부분의 사람은 자신의 개별성을 신장시키기보다는 가족을 포함한 집단의 이익에 더 관심을 가질 수밖에 없었고 그가 속한 지역의 문화가 그의 행동지침으로 확고한 자리를 가지게 했다.

1800년대 이전에는 개인의 성장보다 가족을 포함한 집단의 가치가 삶에서 중요한 가치로 자리매김하였다. 그에 따라 개인을 그 방향으로 성장시키려는 경향이 있었다. 이 때문에 내담자의 자발성이 무시되었다는 지적이 있을 수 있지만, 그 방법이 현 시대에 주는 시사점은 많다. 첫째, 내담자의 내면적 변화가 스스로 일어나도록 많은 노력을 했다는 점이다. 예를 들면, 내담자가 스스로의 행동을 돌아보는 내면적 성찰을 하도록 하여 매 맞는 등의 벌을 받는 사실을 수용하게 한 후 벌을 주었다는 점이다. 둘째, 내담자의 행동을 고치기 위해 인간적 교육에 중점을 두었다는 점이다. 현재 우리는 청소년 문제를 포함한 많은 사회적 문제에 벌칙을 엄격히 정하는 등의 제도를 통해 해결하려고 한다. 물론 1800년대 이전의 사회는 단순하다는 이유도 있겠지만 기본적으로 인간의 행동은 벌을 통해서보다는 어른들의 모범이나 인격적 교육을 통해 변화가 가능하다고 보았다. 즉, 어른들이 자기수양을 위해 많은 노력을 했고, 이를 바탕으로 청소년 등 다른 사람을 지도 또는 상담하려고 했다는 점이다. 이는 우리 조상들이 수신제가(修身齊家)를 중요한 덕목으로 삼은 데에서도 알 수 있다. 셋째, 감정적으로나 교육자(전문상담사) 자신의 이익을 위해 상대를 대하지 않았다는 점이다. 서당에서 교육을 하던 훈장(訓長)의 경우를 보더라도 제자를 감정적으로 훈육하지 않았다. 체벌하는 매조차도 아주 소중하게 다루었고 체벌을 할 때에도 절차를 복잡하게 했다(예를 들면, "~에 있는 매를 가져 오너라." "~에 올라서라." "종아리가 보이도록 바지를 올려라." "무엇을 잘못했는지를 말해 봐라." "몇대를 맞으면 되겠는가?" "앞으로는 어떻게 할 것인가?"). 이렇게 절차를 복잡하게 한 이유는 여러 가지가 있겠지만 훈장이 자신의 분노를 스스로 다스리는 시간을 갖기 위함도 있다는 점을 잊어서는 안 될 것이다. 넷째, 사람에 대한 사랑이 많았다는 것이다. 비록 내담자(주로 청소년)보다는 전문상담사(어른)의 입장에 더 초점을 둔 지도나 상담을 했지만, 상대(내담자)를 사랑하는 마음은 지금보다 적지 않았다는 점이다. 같은 동네의 어른들이 그 문화에 부적절한 행동을 한 청소년을 꾸짖는 것은 어른의 권위를 세우려는 점보다는 진심으로 그 청소년을 걱정하는 경우도 많았다는 점이다.

이상에서 살펴본 바와 같이, 우리나라 교육에 일본의 영향이 미치기 전까지는 개인의 고유성을 개발하고 자아를 실현하려는 측면보다는 사회가 정한 규범 등을 잘 준수하도록 하는 목적을 위한 교육 또는 생활지도가 이루어졌다. 그 방법은 인격과 덕으로 시범을 보여 청소년이 보고 따르도록 하거나 청소년이 스스로 자신의 문제행동을 알도록 하여 깊이 반성토록 한 후 자신의 행동을 고쳐 나가도록 한 것이다. 간혹 체벌을 하기도 했지만, 생활지도를 할 때 가급적 생활지도를 하는 사람의 감정이 개입되지 않도록 했고 그 밑바닥에는 해당 청소년이 그 체벌을 최대한 수용할 수 있도록 한 후에 체벌하려 했다는 점에서는 현재의 우리에게 주는 시사점이 크다.

2) 1900년대 전반

상담의 시작이 청소년의 직업 및 생활지도와 직결되어 있다는 점에서 보면 상담은 학교 생활지도에서 그 출발점을 찾을 수 있다. 일제가 우리나라를 완전히 강점하기 전인 1880년대 후반부터 이미 우리나라는 일본의 직접적 또는 간접적 영향을 받아 왔다. 특히 1904년 한일의정서 조인과 1905년 조선 통감부 설치부터는 거의 직접적인 영향을 받았다고 볼 수 있다. 그러나 일제강점기의 생활지도와 관련된 내용은 거의 찾기 어렵다.

일본은 1911년 제1차, 1922년 제2차, 1938년 제3차 및 1943년 제4차 조선교육령을 발표하였다. 제1차에서는 각급학교나 서당 등의 규칙이 주를 이루었고, 제2차에서는 1919년 3월 이후 일어난 민족운동을 회유하기 위한 문화정책이 중요한 부분을 차지했으나 근본적으로 바뀐 것은 없었다. 제3차에서는 우리 국민을 중일전쟁에 끌어들이기 위한 황민화교육에 강조점을 두었다. 제4차에서는 태평양 전쟁에서 이기기 위해 우리나라의 인적 · 물적 자원을 총 동원하기 위한 내용이 주를 이루었다.

일제강점기의 학생 지도는 그 기본이 훈육이다. 조선시대에는 유교적 정신을 청소년들에게 내면화시키는 것이었다면, 일제강점기에는 학교에서 정한 규칙을 무조건 따르도록 하는 훈육이었다. 그중에서도 학생들이 반일 감정을 가지지 않고 친일 감정을 가지도록 하는 것과 일본을 위해 기꺼이 전쟁터로 자원하도록 하는 지도가 주를 이루었다고 볼 수 있다. 각 학교에서는 훈육협의회를 두고 학생의 모든 행동을 철저히 감시 · 감독했다. 진학지도나 금주 및 금연지도를 위한 특강이 이루어진 것으로 보면 학생들의 진학에 대한 관심과 일상생활에 대한 관심을 보이기도 했지만 이러한 내용은 학생들을 위한 것이었다기보다는 우리 국민을 위한다는 명분 아래 영구적으로 우리나라를 강점하려는 의도에서 이루어진 것으로 볼 수 있다.

이상에서 살펴본 바와 같이, 약 50년에 가까운 일제강점기 동안 학생이나 일반인은 정신적으로 심한 고통을 겪었지만, 학생들조차도 이러한 고통에 대해 도움을 요청할 기회나 방법이 거의 없었다. 중요한 것은 그러한 분위기가 해방 이후에도 학교나 일반 사회에서 계속 유지되었다는 점이다. 특히 학교에서의 훈육과 관련된 학생지도 방법은 새로운 학생지도 방법을 정착시키는 데 많은 저항을 보이게 했다고 볼 수 있다.

3) 1900년대 후반

한국에서의 체계적이고 과학적인 상담이 도입된 현장은 학교다. 해방 이후 학교현장에서 학생문제를 해결하기 위해 교칙을 일방적으로 적용 · 처벌하는 훈육의 인식에서 서서히 벗어나게 된 계기는 학교교육에 상담이 도입되면서부터다. 구체적으로 어떤 과정을 거치면서 상담이 학교교육 활동의 일환으로 시행되게 되었는지, 그 영향은 어떠하였는지에 대해서 분명하게 밝혀지지는 않고 있다. 일제강점기에 강조되던 교과목이 폐지되고 교과교육 방식이 아동의 흥미와 생활을 중심으로 재조직되었을 뿐만 아니라 아동의 경험을 토대로 하는 학습이 소개된 것은 해방 이후다. 그래서 학생들의 문제를 학생의 입장에서 새롭게 접근해야 한다는 생활지도관은 해방 직후에 그 씨앗이 뿌려졌다고 할 수 있다.

우리나라에서 본격적으로 상담에 대한 논의가 시작된 것은 1950년대 미국교육사절단이 활동하면서부터라고 할 수 있다. 먼저 1950년대의 상담이 도입되는 상황을 구체적으로 살펴보고자 한다.

피바디대학사절단을 포함하여 미국교육사절단은 1952년부터 1962년 사이 총 4차에 걸쳐 내한하여 한국의 교육을 지원하였다. 내한한 미국 교육사절단의 주체와 파견목적이 달랐지만 이들의 활동은 교사재교육, 교사양성교육, 교육연구활동, 교육과정 개정 등에 영향을 미쳤다. 미국교육사절단은 이러한 일을 수행하기 위해 그 당시의 문교부 및 중앙교육연구소와 공동으로 각종 강습회, 워크숍, 강연회 등을 개최하였는데, 그 과정에서 생활지도, 상담, 각종 심리검사방법 등이 소개되었다.

먼저 제1차 미국교육사절단은 1952년 10월부터 1953년 6월까지 국내에 체류하면서 교육연구협의회를 개최하여 교육철학을 비롯해서 교육행정학, 교육방법 및 정신위생에 이르기까지 다양한 내용을 소개하였는데, 이 중 '정신위생'은 상담학에 시사하는 바가 컸다. 정신위생은 정신적 장애가 있는 사람을 죄악시해서 일반인과 격리 · 수용하기보다는 이들에게 일정한 조치를 취해야 한다는 인식을 가지게 했다. 또한 표면적으로 그러한 병리현상이 나타나지 않는 정상인의 경우에도 그들의 정신건강 상태에 관심을 기울여야 한다는 내용을 포함하는 것이어서 주목을 받았다.

미국에서 정신위생운동은 이미 1920년대에 시작되어 당시 확산되고 있었던 직업지도와 함께 상담의 발전에 상당한 영향을 미치고 있었다. 이런 점에서 본다면 정신위생이 우리나라에 소개된 시기를 우리나라 상담의 출발점으로 보아도 무리가 없을 것이다.

다음으로 제2차 미국교육사절단은 1953년 9월에 내한하여 이후 9개월 동안 활동하면서 제1차 미국교육사절단과 마찬가지로 교육이론, 교과학습, 교사양성 등을 지원하는 과정에서 생활지도에 관한 연구협의회를 개최하였는데, 미국 교육사절단 6명 중에 상담전공자가 포함되어 있다는 점에서 상담에 대한 이해가 깊어지는 계기가 되었다. 그 이후에 내한한 제3차 미국교육사절단(1954년 9월~1955년 6월), 피바디대학사절단(1955년 8월~1962년 6월) 등도 상담에 대한 소개, 각종 심리검사에 대한 지원활동을 하였다.

우리나라 상담학의 발전에 중앙교육연구소의 기여도가 크다. 중앙교육연구소의 설립에는 미국교육사절단이 활동하기 직전에 한국에 와 있었던 유네스코-운크라(UNESCO-UNKRA) 교육계획사절단의 영향이 크게 작용하였다. 이 사절단은 1952년 10월에 내한하여 한국의 교육을 재건하는 데 필요한 원조계획을 세울 수 있도록 기초자료를 조사하고, 교육 실태를 확인하는 일을 하였으며, 교육연구기관의 필요성을 제시하였다. 이에 교육계는 대한교육연합회의 내부 기관으로 중앙교육연구소를 설립하게 되었고, 1953년 3월 9일에 부산 영도의 영선초등(국민)학교 교실을 빌려 개소하였다.

중앙교육연구소의 초기 조직 중 조사연구부는 1961년 7월에 다섯 개의 연구실로 조직되었다. 이 중 생활지도 연구실에 생활지도부와 인간발달부가 소속되었다. 이로써 생활지도가 독립된 영역을 가지게 되었다.

우리나라에서 최초로 전문상담교사를 양성하는 강습회에 대한 언급은 1957년도 서울특별시 교육위원회 교육정책요강에 나타나 있다. 이 요강의 제6항에 "중학교, 고등학교에 카운슬러(counselor) 제도를 둔다."라고 되어 있다. 이 규정이 1958년부터 구체화되어 교도교사(지금의 전문상담교사) 제도 실시방침이 나왔고, 6월에 교도교사양성계획추진 관계기관대표자협의회를 개최하였으며, 7월에는 제1차 교도교사양성강습회를 개최하게 되었다. 같은 해 10월 24일부터 다음해인 1959년 1월 30일까지 중학교 교사 30명을 대상으로 제2차 교도교사양성강습회를 개최하였고, 1959년에 다시 제3차 강습회를 개최하여 41명의 교도교사를 양성하였다. 서울특별시 교육위원회의 교도교사양성강습회는 1961년 12월 31일까지 총 5회 실시되어 170여 명의 교도교사를 배출하였고, 이들은 이후 우리나라 상담을 활성화하는 데 중추적인 역할을 수행하였다.

서울특별시 교육위원회가 교도교사양성강습회를 시작한 지 1개월 후에는 문교부와 중앙교육연구소 공동주관으로 제1기 전기 고등학교 생활지도 담당자 연수회가 개최되었다. 이는 학생들의 생활지도를 전문적으로 감당할 수 있는 생활지도 담당교사를 양성하는 것으로서, 이에 필요한 이론과 기술을 익혀서 학생들의 학교생활을 잘 지도할 수 있는 자질을 함양하는 것이었다.

이후 제2기 고등학교 생활지도 담당교사 연수회가 개최되었는데, 1958년부터 시작된 교도교사양성강습회 및 연수회를 통하여 1961년까지 260여 명의 교도교사가 배출되었다. 그러나 이들은 효과적으로 상담을 할 수 있는 객관적인 상황이나 주체적인 역량이 부족한 상태였다. 또한 상담이나 생활지도라는 개념이 불명확하여 문제 학생을 상담하는 데 한계가 나타났다. 그러나 상담에 대한 전문가 양성이 가지는 의의는 결코 무시할 수 없었다. 즉, 실제로 상담을 할 수 있는 전문상담사가 현실적으로 양성되었고, 그들이 학교에 배치됨으로써 학생을 이해하는 관점, 전체 교육을 바라보는 관점에 근본적인 전환을 촉진하게 되었다. 이러한 교도교사 양성과정은 교도교사가 전문적인 자질을 갖추어야 한다는 점을 인식하는 데 기여했고 1960년대에 교도교사자격제도와 교도주임제도를 실현하는 밑거름이 되었다.

한국의 상담 발전 역사에 획기적인 영향을 미친 것은 4·19 학생혁명이었다. 이를 계기로 학생지도에 관한 활발한 연구들이 이어졌고, 1962년 12월에는 우리나라 최초로 서울대학교와 경북대학교 등에 학생지도연구소가 설립되었다. 서울대학교에서 1963년부터 상담과 임상의 전문요원을 훈련할 목적으로 인턴제도를 실시하였으며, 한국카운슬러협회 출범을 도와 학교교육 현장의 교도교사 양성에 공헌하였다. 이때 인턴에 참여한 많은 사람이 각 대학의 학생지도연구소에서 중요한 역할을 했다. 서울대학교와 경북대학교의 학생지도연구소를 필두로 유사한 기능의 연구소가 전국 각 대학에 설치되면서 이 연구소에 상담 및 임상분야의 교육학 및 심리학 전공자들이 대거 충원되면서 각 대학마다 상담 관련 전문연구지(예를 들어, 학생지도연구)도 발간되었다. 그 당시 학생지도연구소는 아시아재단(The Asia Foundation)의 지원을 받아 시설을 보완하고 심리검사 등도 개발하였다. 대학의 학생지도연구소 설립은 상담학의 영역을 개척하는 데 큰 기여를 했으며, 한국 상담 발전의 학문적 터전을 마련했다는 점에서 획기적인 일로 평가된다.

1961년에는 중고등학교 교도교사 100명이 '전국 중고등학교 카운슬러 연구협의회'를 설립하였고, 1962년에는 400여 명이 '카운슬링의 회고와 전망'이라는 주제로 모임을 가졌다. 이러한 모임을 기초로 하여 1963년 12월에 한국 최초의 상담과 생활지도 관련 학회인 한국카운슬러협회가 창립되었다. 이를 통해 비로소 상담 관련 전문가와 교육자들이 공식적으로 전국 단위의 학술적인 모임을 가질 수 있는 공간이 마련되었다. 한국카운슬러협회는 전국적인 조직을 갖추고 해마다 연차대회를 개최하여 중고등학교 교도교사들에게 생활지도 원리와 실제를 전파하고 학교현장에서의 연구결과를 발표할 기회를 제공하였다. 한국카운슬러협회가 학교상담을 중심으로 상담과 관련된 전문성을 높이기 위한 다양한 활동을 전개함으로써 우리나라 상담 발전에 중추적인 역할을 하게 되었다.

1964년에는 새로 제정된 공무원법에 중고등학교 교도교사 자격 규정이 포함되면서 전담 교도교사제가 시행되었다. 자격 규정의 시행은 240시간의 교도교사 자격 강습이 전국적으로 확대되는 기폭제 역할을 하였으며, 한국카운슬러협회와 함께 교도교사 자격제도는 생활지도운동이 정착되는 데 기여하였다.

1968년 9월에는 '행동과학연구소'가 창립되었다. 전문인력의 훈련 및 연구활동을 하면서 『행동과학연구』라는 학술지를 연간으로 간행하였다. 행동과학연구소는 교육학과 심리학 관련 연구를 할 수 있는 연구소로서 많은 학자들의 연구기관이 되었고, 이들이 수행한 주요 프로젝트는 산업 및 조직, 발달, 상담 등 다양한 분야에 영향을 미쳤으며 심리검사의 개발과 활용 등으로 상담 관련 분야의 발전에 크게 기여하였다.

우리나라에서 상담과 관련된 용어는 1952년 한기언의 석사학위 논문에 향도(嚮導, guidance)라는 용어를 사용한 것에서 찾을 수 있다(이혜성, 1996). 이 시기는 제1차 미국교육사절단의 내한과 일치하는 시기다. 이러한 점에서 본다면 일제가 우리나라를 강점하고 있던 시대에도 대학에서는 생활지도와 관련된 내용에 대해 강의를 한 것으로 볼 수 있다. 우리나라에서 상담과 관련된 저서의 출판은 1960년대 초부터 시작되었다(예를 들면, 이영덕, 정원식, 1962; 전찬화, 1963).

집단상담과 관련된 논문발표나 실제로 집단상담을 실시한 것은 1970년대부터로 보인다(이상로, 이형득, 1971; 이형득, 1973). 특히 1978년부터 대구 · 경북 지역을 중심으로 이루어진 자기성장 집단상담은 그때까지만 해도 상담을 부정적으로 보거나 문제 있는 사람만이 상담을 받는다는 인식이 컸는데, 이를 완전히 불식시키는 계기를 마련하였다. 일반 시민은 물론 몇몇 기업체에서는 거의 전 사원에게 집단상딤을 경험하게 했다는 점에서 집단상담은 우리나라 상담학 발전에 큰 기여를 했다고 볼 수 있다(이형득 외, 2002).

1970년대는 전문상담사가 전문직을 확립하기 위한 노력기라고 볼 수 있다. 1960년대 중반부터 침체되었던 중고등학교 상담활동에 대한 비판의 움직임은 상담 관련자들의 전문성에 대한 반성의 계기를 만들어 주었으며, 상담을 전문직으로 확립해야 한다는 필요성을 절감하게 만들었다. 1968년부터 일기 시작한 교도교사의 법적 지위 확보를 위한 노력은 상담 불필요론, 무용론에 대한 반발이자 동시에 반성이었다. 교도교사의 전문성과 법적 지위에 대한 논란은 시대적 · 상황적 이유도 있지만, 인간(내담자)중심상담 이론 등을 학교현장에 적용하는 데 어려움이 있었던 것도 한 원인이 되었다.

1970년대에 들어서는 각종 형태의 연수와 워크숍을 통해 비지시적 상담방법 외에 정신분석과 행동주의 상담 등 다양한 상담이론이 소개되었다. 즉, 이 시기를 기점으로 많은 연수회에서 인본주의, 정신분석, 행동주의와 관련된 상담이론이나 기법을 소개하였고 T집단, 감수성훈련과 같은 집단상담 프로그램이 실시되면서 상담활동이 활발하게 전개되었다.

1970년을 전후하여 경북대학교 등의 교육대학원에 상담심리 관련 전공이 개설된 것도 우리나라 상담학 발전에 큰 기여를 하였다. 초중등 2급 정교사 자격증을 가진 1993년도 입학생부터는 상담교사(2급) 자격증을 받을 수 있게 되었고, 1999년도 입학생부터는 1급 전문상담교사 자격증을 받을 수 있게 되었다. 2006년부터는 학부에서 이수한 학점을 포함하여 일정 학점 이상의 상담 관련 학점을 취득하면 2급 전문상담사 자격증을 취득할 수 있게 되었다. 이들은 비록 학교현장에서 영어나 수학 등 교과목 수업을 하였지만 담임으로서 학생을 보는 관점이 달라졌고 학교의 생활지도 분위기를 바꾸는 데 큰 기여를 하였다. 2010년 이후 이들 중 많은 사람은 진로상담교사나 전문상담교사로 과목을 변경하여 학교에서 근무하고 있다.

1973년에는 「교육법 시행령」을 개정하여 18학급 이상의 중등학교에 교도주임을 둔다는 조항이 신설됨으로써 학교업무에서 교도교사의 전문성이 공식적으로 인정받게 되었다. 또한 1973년 2월 12일 한국심리학회에서는 전문가 자격규정에 의해 제1회 임상심리전문가 및 상담심리전문가 자격시험을 실시하였다. 이때부터 자격심사를 거쳐서 임상심리전문가와 상담심리전문가가 배출되기 시작하였고, 이때까지의 정회원은 36명이었다.

1974년부터 석박사 학위를 지닌 교육학자와 심리학자의 수가 급속히 증가하면서 상담 전공 교수와 상담학 전공 학생들의 수가 늘어나기 시작했다. 이 시기에 학생들의 진로교육에 관한 관심이 높아지기 시작하면서 각종 진로지도와 관련된 상담 프로그램이 개발되었고 상담 관련 연구도 활발해지게 되었다.

1980년대는 상담의 확산기로서 이 시기에 우리 사회는 정치, 경제, 사회, 문화 등 모든 면에서 큰 변화를 맞게 되었고, 변화는 여러 분야에서 상담의 저변 확대를 가져왔다. 이 시기에 상담에 대한 사회적 요청으로 1981년에 사랑의 전화, 1983년에 한국청소년연맹 상담실, 1984년 YMCA 청소년 성교육 상담센터와 한국여성개발원 상담실이 설치되어 상담학자들의 전문적 연구와 연수가 활발하였다. 1986년 12월에 교육법 시행령이 개정되어 교도주임교사의 임용 기준이 완화되었고, 서울시 교육위원회에서 학생상담 자원봉사자를 선발하여 학교현장에 파견함으로써 학교상담이 활성화될 수 있는 여건을 조성하였으며 1988년까지 전국으로 확대되었다.

또한 1980년대는 심리학회의 발전이 더욱 가시화되었다. 특히 1986년에는 기존의 임상 및 상담심리분과회가 임상심리분과회와 상담심리 및 심리치료분과로 분리되고 1987년 상담심리 및 심리치료학회로 개칭되면서 상담 분야가 보다 독립된 전문 영역을 가지게 되었다. 이로써 상담심리학은 심리검사를 활용한 진단적 영역보다는 심리적 부적응과 심리치료 및 예방 분야에 중점을 둔 영역으로 그 성격이 분명해졌다. 상담과 심리치료에 대한 관심이 높아지면서 전국의 대학에서는 심리학과를 개설하는 학교가 대폭 증가하였고 교육학과에서도 상담심리전공을 두어 고급 상담인력을 양성하였다. 한국상담심리학회는 상담심리사 1급 1,452명, 2급 5,180명(2018년 9월 기준)으로 많은 상담심리사를 양성하였고, 이들 중 상당수의 상담심리사는 상담 기관에서 상담을 하고 있다. 또한 한국상담심리학회는『한국상담심리학회지: 상담 및 심리치료』를 1988년부터 발간하고 있다.

1990년대는 상담의 전문성이 확립되는 시기였다. 1990년「청소년 기본법」이 통과되어 중앙에 한국청소년상담원 그리고 시군구에 청소년 상담실을 설립할 수 있는 근거를 마련하였다. 1993년 재단법인 청소년 대화의 광장이 설립되어 한국청소년상담원의 창립 시까지 그 기능과 역할을 대신 수행하였으며, 전국에 산재해 있는 청소년 상담실에 상담기법의 보급, 상담기관 연계망의 구축, 청소년 상담실 관계자 회의 등을 통해 상담활동의 전문성을 지향하는 다양한 통로를 모색하였다.

상담심리 및 심리치료학회에서는 각 지역마다 분회를 설치하여 사례발표를 시도하였고, 꾸준한 연수회를 통하여 양질의 상담심리사를 배출하였다. 학회의 규모가 커지고 내실을 기하면서 학회의 활동을 국내무대에서 국제무대로까지 확대하였다. 그에 따라 국제 규모의 학술대회가 1990년과 1996년에 개최되었다. 그리고 1996년에 상담심리 및 심리치료학회의 명칭이 상담 및 심리치료학회로 변경되었고, 2003년에는 한국상담심리학회로 명칭이 바뀌었다. 그 사이 총 회원 수는 대폭 증가하였다.

한편, 1997~1998년의 외환위기로 인한 실업문제의 대두로 인해 직업능력의 개발, 직업 탐색과 발견, 취업 등의 영역에서 진로상담이 크게 활성화되었다. 그리고 직장 내 스트레스로 인한 정신건강 문제가 대두되고, 노동환경의 악화와 과도한 노동시간 문제 등으로 신체건강 문제가 산업재해로 인정받게 되면서 기업체가 근로자의 정신건강에 관심을 가지면서 기업상담이 부상하였다.

또한 1998년 전문상담교사 양성제도에 관한 시행령이 통과되면서 전국의 각 교육대학원에서는 1999년 3월부터 1년 과정의 전문상담교사 양성교육을 시작하였다. 2009년까지 시행된 이 제도를 통해 양성된 전문상담교사는 2000년도 이후에 급속히 요구된 전문상담교사 수급에 큰 기여를 하였다.

4) 2000년대 전반

이 시기는 전문성의 확산기로, 2000년에 한국상담학회가 창립되었다. 창립 당시 한국카운슬러협회와 상담 및 심리치료학회가 있었으나 한국카운슬러협회는 회원들이 주로 중고등학교 상담 관련 교사들이어서 학술지 발간을 포함한 학회운영이 전문적인 학회로 인정받기에는 부족함이 있었다. 한편, 상담 및 심리치료학회는 모학회가 심리학회이므로 심리적 문제에 더 강조점이 주어질 수 밖에 없었다. 또한 그 당시에는 심리적으로 문제가 있는 개인에 대한 심리치료에서 정신적으로 건강한 정상인의 예방과 발달로 상담의 의미가 확대되고 있었다. 이러한 측면에서 본다면 심리적 측면을 강조하는 심리학회 산하에서는 상담학의 전문성과 독립화 및 상담의 대중화가 어려웠다.

한국카운슬러협회와 상담 및 심리치료학회의 부족한 점에 대한 보완과 상담의 강조점이 예방과 발달 및 정신건강 증진으로 확대되면서 대학상담학회와 집단상담학회 및 진로상담학회는 한국상담을 새로운 차원으로 발전할 수 있도록 해야 한다는 시대적 요구에 따라 한국상담학회로 통합하여 한국상담학회를 발족하였다.

한국상담학회는 상담학의 독립화를 위해 노력한 결과, 창립 당시에는 8개(운영, 학술 및 교육연수, 자격관리, 기획, 학회지 편집, 연차대회, 국제교류, 특별) 위원회가 주축이 되어 학회를 운영했지만 2019년 1월 기준 14개 상임위원회와 9개 특별위원회로 늘어났다. 창립총회는 3개 분과(대학, 집단, 진로) 학회와 1개(아동 · 청소년) 연구회가 모체가 되었으나 2019년 1월에는 14개(대학, 집단, 진로, 아동 · 청소년, 학교, 초월영성, 부부 · 가족, NLP, 군 · 경 · 소방, 교정, 심리치료, 기업, 중독, 생애개발)으로 늘어났다. 2001년 3월 3일 대구경북상담학회의 창립 이후 현재는 전국의 모든 지역(대구 · 경북, 대전 · 세종 · 충청, 제주, 부산 · 울산 · 경남, 전북, 광주 · 전남, 서울 · 경기 · 인천, 강원, 국제지역)에 지역학회가 창립되었다. 한국상담학회는 1990년에 『대학상담연구(大學相談硏究)』, 1993년에 『발달상담연구(發達相談硏究)』, 1996년에 『한국진로상담학회지(韓國進路相談學會誌)』를 각각 창간하였고, 이러한 학술지들이 2000년도에 『상담학연구 제1권 1호』(통권 24호)로 통합되어 발간되었다. 2016년도에는 국제학술지 『JAPC(Journal of Asia Pacific Counseling)』를 창간하여 연 2회(2월, 8월) 발간하고 있으며, 상담실무현장의 실제 사례연구를 촉진시키기 위해 2016년에 『상담학 연구: 사례 및 실제』가 창간되어 연 2회(6월, 12월) 발간되고 있다. 상담학 연구는 2005년부터 한국학술진흥재단의 등재지로 선정되었다.

한국상담학회는 상담의 전문화를 위한 방안으로 전문가로서의 전문적 자질을 갖춘 자격 있는 전문상담사가 상담을 할 수 있도록 전문상담사 자격시험제도를 엄격히 시행하고 교육과정과 상담교육훈련을 표준화하여 학회에서 발행한 자격증에 대한 신뢰를 높였다. 전문상담사의 인간적 자질과 관련하여 2002년 8월 윤리위원회가 신설되었고, 2003년 8월 학회 윤리강령이 총회에서 확정되었으며 2011년 12월에 개정되었다. 상담의 대중화를 위해 한국상담학회는 예방과 발달 및 정신건강 증진에 많은 관심을 보였다. 25,000여 명의 회원과 7,395명의 전문상담사(1급 1,401명, 2급 5,994명, 2019년 3월 한국상담학회 홈페이지 기준)가 한국상담학회 회원으로 활동하고 있다는 사실에서도 알 수 있는 바와 같이 2000년을 지나면서 상담이 대중화되기 시작했고, 앞으로 그 속도는 더욱 빨라질 것으로 본다.

2000년대에 들어서 상담이 보다 강조되고 관련 국가자격증도 늘어나게 되었다. 한국상담 및 심리치료학회가 2003년에 한국상담심리학회로 그 명칭을 변경하면서 심리치료를 강조하던 이미지를 탈피하고 상담에 큰 무게를 두기 시작했다. 우리나라에는 상담과 관련하여 현재 세 종류의 국가자격증이 발급되고 있다. 직업상담사 자격증이 국가자격증으로 발급되었다. 이에 따라 많은 직업상담사가 고용노동부 산하 기관 등에서 일자리를 가지게 되었다. 청소년상담사자격증도 국가에서 발급하게 되었다. 그 결과, 많은 청소년상담사가 청소년 관련 상담기관에서 일하게 되었다. 전문상담교사 자격증도 국가자격증이다. 현재 많은 전문상담교사가 학교 현장에서 근무하고 있으며, 그 수는 앞으로 점점 더 늘어날 것으로 기대된다.

전문상담사를 고용하는 기관도 늘어나고 있다. 국방부에서는 병사들의 자살을 예방하고 병사들이 안정된 병영생활을 할 수 있도록 도와주기 위해 '병영생활전문상담관'을 선발하여 군부대에 배치하기 시작했다. 오늘날 노동자의 인권이 신장되면서 대기업을 중심으로 상담활동이 활성화되고 있다. 많은 기업이 기업체 내에 상담소를 설치하거나 외부 상담기관에 위탁하여 상담활동을 하고 있다.

이상에서 보는 바와 같이, 사회의 다양한 영역에서 전문적인 상담의 중요성이 더욱 강조되고 있다. 이러한 추세에 따라 전문상담사의 수요도 급증하고 있다. 여러 정황으로 볼 때 상담학은 앞으로 전문성을 확보하고 대중화의 폭을 넓혀 갈 것으로 기대된다.

제2장
상담학의 전망과 과제

김성회

상담은 사람을 상대로 한다. 그래서 상담학은 사람의 변화에는 물론 그 사람이 속한 사회의 변화에도 관심이 많다. 우리가 속해 있는 사회는 정치, 경제, 문화 등이 상호작용하면서 끊임없이 변화하고 있다. 모든 변화에는 혼란과 갈등 및 고통이 수반된다. 그 변화의 폭이 클수록, 그 속도가 빠를수록 개인이 겪는 고통도 커진다. 상담은 가급적 많은 사람이 변화에 잘 적응하여 정신적으로 더욱 건강하게 살아가도록 도우려고 한다. 그래서 이 장에서는 앞으로도 사회, 가족역동, 학교문화 및 과학이 어떻게 변화하고 발달할지, 그리고 그에 따라 상담 관련 학회나 전문상담사가 어떻게 대처해야 할지를 알아본 후 상담학이 더욱 발전하기 위해서 해결해야 할 과제에 대해서도 살펴보고자 한다.

1. 사회 변화와 상담

1) 인권의 신장과 상담

우리나라는 해방 후 급속한 경제성장을 이룩하였다. 1985년에는 1인당 국민 소득이 약 2,000달러, 1995년에는 약 11,000달러이던 것이 2017년에는 약 30,000달러가 되었다. 수치상으로는 32년만에 15배 이상 성장하였다(통계청 홈페이지, http://kostat.go.kr, 2017). 해외여행자 수도 2003년에는 약 880만 정도였으나 2017년에는 약 2,700만 정도로 늘어났다(한국관광공사 홈페이지, http://www.visitkorea.or.kr, 2018). 무역 규모도 2017년에 약 1조 달러로 세계 10위권 이내다(통계청 홈페이지, 2017). 성장률은 다소 낮아질 수 있으나 경제적 발전은 지속될 것이고 2020년을 전후하여 1인당 국민 소득이 3만 달러를 넘어설 것이다. 경제성장은 인간의 욕구 수준을 변화시킨다. 인간은 생물학적인 욕구와 안전의 욕구가 어느 정도 해결되면 어디엔가 소속되어 사랑을 느끼고 자존심을 갖고 살고 싶어 하며 자아실현을 하려고 한다(Hjelle & Ziegler, 1981). 의식주의 해결 문제로 크게 고통 받는 국민은 많이 줄어들었다. 이제 많은 국민은 경제력을 기반으로 신체건강과 마찬가지로 정신건강에도 많은 관심을 가지기 시작했다.

또한 경제성장은 국민의 욕구 수준을 높였고 많은 정치적 변화도 이끌어 냈으며, 그 결과 국민의 자유와 인권도 크게 신장되었다. 2001년에는 모든 개인이 가지는 불가침의 기본적 인권을 보호·증진하여 인간으로서의 존엄과 가치를 구현하고 민주적 기본질서를 확립하기 위해 독립적인 국가기구로 국가인권위원회가 설립되기도 하였다(국가인권위원회 홈페이지, http://www.humanrights.go.kr). 국가인권위원회의 설립은 국민의 인권의식을 더욱 높이는 계기가 되었다. 국민의 인권신장은 앞으로 양성평등과 사회적 약자에 대한 관심을 계속 높여 복지사회로 나아가는 기본 이념이 될 것이다.

경제성장과 함께 인권이 신장되면 대부분의 국민은 자신의 욕구 수준을 높이려고 할 것이다. 개인이 자신의 욕구 수준을 높여서 이를 달성하려고 하면 주변 사람이나 그가 속한 조직과 갈등을 경험할 가능성이 커진다. 개인 간이나 개인과 조직의 문화 간 갈등을 조화롭게 잘 해결하지 못하면 최소한 어느 한쪽은 많은 스트레스를 받을 수밖에 없고 자기계발도 방해받게 될 것이다.

현재까지의 추세로 본다면, 앞으로 여성과 아동의 인권이 더욱 신장될 것이다. 그에 따라 가족 구성원 간의 갈등이 이전보다 표면화될 가능성이 높다. 이러한 가족 구성원 간의 갈등은 사회문제로까지 이어질 수 있다. 가족관계에서뿐만 아니라 학교, 회사, 공공기관, 군에서도 지금과는 다른 새로운 관계문화를 요구할 것이다. 다시 말해, 주어진 직위나 권위만으로는 지도나 통제 및 업무 추진이 어렵게 될 것이라는 점이다. 근무기관의 노동조건이나 노동시간 및 최저임금을 포함한 삶의 조건과 관련된 문제에서도 갈등이 심화될 것이다. 개인이 학교나 사회생활에서 경험하는 갈등을 초기에 잘 해결하지 못하면 학교나 직장을 그만 두거나 군부대에서 탈영하는 등의 문제를 일으킬 수 있고 심하면 자살에 이를 수도 있다.

이미 그 심각성이 크게 부각되어 국가에서도 최근 여러 기관을 설립하여 이러한 문제를 줄이기 위해 많은 노력을 하고 있다. 대표적인 예로, 일반 청소년을 주 대상으로 하는 여성가족부의 한국청소년상담복지개발원, 초·중·고등학생을 주 대상으로 하는 교육부의 Wee 센터, 청소년의 범죄예방과 재범을 줄이는 데 초점을 둔 법무부의 보호관찰제도, 지역의 여러 기관이나 자원봉사자를 상담센터와 연계하여 위기청소년 지원 사업을 벌이는 CYS-Net 등이 있다. 또한 국가의 지원으로 다문화 가정, 에이즈 감염자, 중독자, 근로자를 위한 상담기관이 신설되고 있는 추세이며 앞으로 국민의 필요와 요구에 따라 필요한 상담기관이 계속 신설될 것이다. 이들 기관의 기능은 더욱 확대될 것이고 그에 따라 많은 전문상담사를 필요로 하게 될 것이다.

기업체에서도 상담에 대한 관심이 높아지고 있다. 삼성과 LG 및 현대 등 대기업을 선두로 현재 많은 기업체에 기업전문상담사를 두고 있다. 앞으로 더 많은 기업체가 기업전문상담사를 둘 것으로 예상된다. 생산성 향상과 목표달성만을 중시했던 기업풍토는 시대가 변화함에 따라 직원의 행복추구 욕구와 복지에도 관심을 두기 시작했다. 중요한 것은 기업임직원이 기업의 생산성을 향상시키는 데 정신건강이 중요한 역할을 할 수 있다고 인식하게 되었다는 점이다. 몇몇 기업체에서는 노동자의 정신건강이 가정생활의 안정과도 밀접하게 관련되어 있다고 보고 노동자의 가족에게도 상담의 기회를 제공하고 있다. 기업전문상담사는 상담에서의 비밀유지 등 상담윤리강령도 잘 준수해야 함과 동시에 회사 측의 욕구도 충족시켜야 하며 기업체 내 상담문화의 정착이라는 과제도 안고 있다. 이와 같이 여러 어려움이 따를지라도 기업체에서의 상담은 기업전문상담사의 전문성을 높이고 상담학의 전문성 영역을 확장하는 데 크게 기여할 것으로 본다.

2005년부터 국방부는 병영생활전문상담관을 배치하여 군인의 정신건강 예방과 증진을 위해 노력하고 있다. 특히 병영생활전문상담관은 새로운 병영문화에 적응하기 어려운 병사에 대한 정신적 지지, 상급자와 하급자 및 동기와의 갈등이나 폭력 예방, 정신적으로나 신체적으로 적응이 불가능하다고 생각하여 무기력해진 병사의 자살 예방과 관련된 상담을 통해 그 전문성을 확대해 가고 있다. 현재 근무하는 병영생활전문상담관의 성과에 따라 여건이 바뀔 수도 있지만 병영생활전문상담관의 수요는 늘어날 것으로 전망된다.

복지기관에서의 상담도 더욱 활발해질 것이다. 현재 사회복지기관, 아동복지기관, 노인복지기관, 부녀복지기관 등에서 상담이 이루어지고 있으나 주로 사회복지사가 상담을 하고 있다. 보다 전문성이 높은 전문상담사가 이러한 기관에 배치되어 내담자에게 질 높은 상담을 할 수 있도록 상담에 관계하는 모든 사람이 함께 노력해야 할 것이다.

종교기관에서도 오래전부터 성직자에 의해 일종의 상담이 이루어져 왔다. 특히 가톨릭과 기독교에서는 예비 신랑과 신부 및 부부 등을 대상으로 필요한 교육 프로그램을 실시해 오고 있다. 최근에는 신학대학원이나 불교대학원에 상담 전공학과가 설치되고 있어 많은 성직자가 대학원에서 상담을 배우고 있다. 앞으로 보다 전문성이 높은 상담이 종교기관에서 이루어질 것으로 본다. 특히 석박사 학위를 소지한 성직자 전문상담사에 의해 상담이 이루어지기 시작하면 신앙과 상담이 어느 정도 분리될 수 있어 내담자에게는 더 큰 도움이 될 수 있을 것이다. 또한 종교인들은 종교단체에서 이루어지고 있는 상담 중 전문상담사가 아닌 사람이 하는 상담과 전문상담사가 하는 상담을 구분할 수 있게 될 것이다.

전문상담사는 비록 많은 어려움을 겪을지라도 자기계발에 관심을 가지는 국민이 늘어난다는 점을 잊어서는 안 된다. 앞으로 국민은 자기계발을 위해 자신의 성능(지능, 적성, 창의성, 체력 등)과 성향(성격, 흥미, 태도, 가치 등) 및 유전적 요인(정신건강과 관련된 요인, 신체질환과 관련된 요인)을 보다 정확히 이해하려는 욕구가 강해질 것이다. 이들의 욕구충족을 위해 전문상담사는 보다 타당도와 신뢰도 및 실용성이 높은 검사를 개발하고 이를 활용할 수 있는 능력을 갖추어야 할 것이다. 또한 전문상담사는 개인상담이나 집단상담 등을 통해서 내담자를 도와줌은 물론 자기 자신의 성능이나 성향을 보다 정확히 이해하고 수용하고 계발할 수 있도록 노력해야 한다.

국민 소득이 증가하면 신체건강 예방만큼 정신건강 예방에도 많은 사람이 관심을 가질 것이다. 이에 따라 상담 관련 학회에서는 예방상담 분야를 발전시키고 나아가 학회의 한 분과로 정신건강예방학회를 창립해야 할 것이다. 더 나아가 전문상담사는 많은 사람이 직업을 통한 자아실현을 넘어선 자기 충만 또는 정신적 평안을 갈구할 것이라는 점을 예상하고 있어야 한다. 즉, 많은 사람은 몸과 마음, 사람에 따라서는 영적 세계까지 통합된 존재로 어떤 시간과 공간에 처해도 몸과 마음이 편안하고, 경우에 따라서는 희열을 느낄 수 있는 조화로운 상태를 갈구할 것이라는 점이다. 전문상담사는 이러한 기대에 부응할 수 있는 전문성을 가지기 위해 계속 노력해야 할 것이다.

2) 다문화사회와 상담

경제 발전과 정치적 안정으로 개인의 욕구가 다양하게 분출되기 시작하면서 사회는 급속하게 변하고 있다. 특히 다양성이 확대되면서 사회가 복잡해지고 과학기술 등의 발달로 그 변화의 속도도 빨라지게 되자 이에 적응하지 못하는 사람이 크게 늘어나고 있다. 그 예로 사회 변화에 잘 적응하지 못하는 빈곤층, 노년층 등 사회적 약자는 이전보다 정서적으로 더 힘들게 되었다. 맞벌이 부모를 둔 자녀나 경제적으로 여유가 있더라도 자녀와 함께 살지 못하고 있는 독거노인 및 결혼보다 자아실현에 관심이 더 많아 결혼 시기를 연장하거나 결혼을 완전히 포기하고 혼자 살아가고 있는 독신자 등은 정서적으로 많은 도움을 필요로 하고 있다. 그러나 이들은 자신의 고민을 함께 나눌 상대도 거의 없다. 이들의 문화는 이제 우리 사회에서 새로운 문화를 형성해 가고 있다. 우리는 앞으로 새롭고 다양한 문화가 공존하는 시대에 살게 될 것이다.

과학의 발달 등으로 공간의 개념이 좁아지면서 국가 간의 영향력도 커지게 되었다. 세계의 어느 나라도 이제 국제 흐름에서 벗어나기 어렵게 되었다. 특정 국가의 금융위기나 국가부채 문제는 바로 우리나라 경제에 영향을 준다. 이와 같이 특정 국가의 정치나 경제 등을 포함한 어떤 변화는 거의 모든 분야에 걸쳐 우리나라에 영향을 미친다. 물론 우리나라의 정치나 경제 등의 변화도 여러 나라에 영향을 미친다. 우리나라가 국제 사회에서 차지하는 비중이 점점 커져 감에 따라 많은 분야에서 국제 교류가 이루어지고 있다. 조기유학자, 탈북자, 중국 등의 외국인 국내 대학 입학자, 국제결혼에 따른 외국인의 한국국적 취득자, 불법체류자, 외국인 노동자 등이 늘어나면서 앞으로 우리 사회는 많은 변화가 일어날 것으로 보인다. 이제 우리는 단일민족이라는 인식도 바꾸어야 할 상황에 왔다. 우리는 다문화시대에 살고 있고 이 문화에 적응해야 한다.

다문화사회에서의 문제는 문화의 차이에 의해 사람이 차별 받을 가능성이 있다는 것이다. 따라서 다문화상담은 현존하는 모든 문화를 그 독특성에 비추어 동등하게 다루고자 하는 의미를 내포하고 있다. 다문화상담의 기원은 1960년대 초 북미사회에서 백인의 흑인에 대한 인종차별에서 비롯되었다(Neukrug, 2007). 흑인은 백인의 문화 기준에 의해서가 아니고 흑인 자신의 문화 기준에 따라 이해 받고 평가 받기를 원했다. 전통적 상담도 유럽 계통의 백인을 위한 것으로, 그 외의 민족이나 인종에게는 맞지 않을 수도 있다는 비판적 관점이 1960년대 말에 제기되었다. 효과적인 상담을 위해서는 내담자의 문화에 대한 충분한 고려가 전제되어야 한다는 주장이 나왔고, 이에 따라 다문화상담이 대두되었다. 이와 같이 다문화상담은 인종과 민족성에 따른 문화적 차이에 대한 논의에서부터 시작되었지만 이후에는 동일한 인종과 민족 집단 내부에서도 다양한 하위문화가 존재하고 있고, 그 각각의 문화 집단에 속해 있는 사람일지라도 주관적인 경험이나 가치관이 다를 수 있다는 관점으로도 발전되었다. 즉, 다문화의 의미에는 민족이나 인종뿐만 아니라 종교, 성 정체성, 사회경제적 지위, 심리적 성숙도, 인종적 · 민족적 정체성, 장애 여부, 실직, 빈곤, 미혼모, 에이즈, 비만, 왜소(矮小), 출신 지역 등이 포함될 수 있다는 것이다. 특히 전문상담사와 내담자의 문화가 각기 다를 때 나타날 수 있는 문제점의 극복이 아주 중요하다고 보았다. 이러한 점에 비추어 보면 우리는 인종 간 차이와 같은 인종 내 차이가 함께 공존하는 다문화 사회에 살고 있다. 따라서 전문상담사는 다문화상담에 관심을 가지지 않을 수 없는 시대를 살아가지 않을 수 없을 것이다.

앞으로 우리 문화는 그 다양성이 더욱 심화될 것이다. 앞에서도 언급한 바와 같이 우리 사회에는 빈부의 격차 등에 따른 다양한 문화가 있고 각 문화 내에서도 빈부의 격차가 점점 커지는 것 등의 질적인 면에서도 차이가 심화되고 있다. 가족 내에도 문화의 차이가 나타날 것이다. 벌써 아버지와 딸의 대화가 어려운 가족이 있다. 사용하는 문자나 언어 자체가 달라서 서로 이해가 잘되지 않는 경우가 있기 때문이다. 앞으로 학교나 직장 등 거의 모든 곳에서 외국인과 상대할 기회가 늘어나고 외국인과 결혼한 가정도 늘어날 것이다. 게다가 외국인과 결혼하여 태어난 자녀가 늘어나고 이들이 나이가 들어감에 따라 사회와 국가에 기여하는 정도도 높아질 것이다. 따라서 전문상담사는 다양한 문화적 배경을 가진 사람과 상담을 하지 않을 수 없는 환경에 처하게 될 것이다.

이러한 다문화사회에서는 전문상담사가 다문화상담에 대한 전문성을 높이려는 노력을 하지 않을 수 없다. 전문상담사는 다양한 영역에서 다문화상담과 관련된 전문성을 높여야겠지만 특히 다음과 같은 몇 가지에 관심을 가져야 할 것이다.

첫째, 내담자의 문화와 전문상담사 자신의 문화 간에 윤리적으로 차이가 나는 내용을 잘 알고 있어야 한다. 전문상담사 자신의 문화에서는 충분히 수용되는 내용도 내담자 문화에서는 수용이 어려운 것도 많기 때문이다. 예를 들면 우리 문화에서는 남편이 손님과 대화를 하고 있는 동안 아내 혼자 음식을 준비하는 것을 당연하게 여기지만, 한국인과 결혼한 중국인은 그 상황을 받아들이기 어렵기 때문이다.

둘째, 내담자의 문화에서 전통적으로 하고 있는 상담 또는 지도 방법을 잘 알고 있어야 한다. 동양인은 교육이나 훈계 등에 대해 저항이 적지만 유럽인은 그 반대일 수 있기 때문이다. 따라서 내담자의 문화에 따라 그가 이해 받았다고 느끼거나 자신을 개방하고 싶도록 하는 상담 또는 대화 기법에 대해 잘 알고 있어야 한다.

셋째, 보다 효과적인 편견예방프로그램을 연구 · 개발해야 한다. 편견을 가질 수 있는 부분과 이에 대처할 수 있는 능력을 기를 수 있는 프로그램을 개발하여 모든 전문상담사가 몸에 익힐 수 있도록 해야 한다.

넷째, 사람들 사이의 다양성에 대한 이해를 위한 교육도 계속 이루어져야 한다. 세대 간, 지역 간, 직업 간, 사회적 · 경제적 계층 간 등에서 나타나는 차이를 계속 확인하고 이를 상담에 잘 활용할 수 있도록 해야 한다.

다섯째, 다문화적인 관점에서 상담할 수 있는 다문화전문상담사를 많이 양성해야 한다. 이를 위해 선행되어야 할 것은 내담자를 문화의 특성에 따라 몇 개의 문화권으로 나누어 가장 많은 사람이 속한 문화권의 내담자를 대상으로 한 다문화전문상담사를 양성하고 점차 소수의 문화권 내담자에게까지 그 범위를 확대해 가야 할 것이다.

여섯째, 검사 사용에 유의해야 한다. 전문상담사는 검사를 사용할 때, 모집단을 누구로 하여 검사를 제작하였는지를 잘 알고 사용해야 한다. 특히 표본으로 사용한 대상자가 피검자의 문화와 같은 문화에 속하는지를 확인해야 한다. 만약 피검자가 검사의 모집단과 다른 문화에 속할 경우에는 검사를 실시하지 않아야 할 것이고, 혹 검사를 실시하였다면 해석 시 유의해야 할 것이다.

일곱째, 앞으로 전문상담사는 다문화에 대한 이해의 폭을 넓혀야 함은 물론 약자의 인권을 옹호하기 위한 여러 활동도 해야 할 것이다. 또한 노인층 등 정서적으로 외로울 수 있는 사람이 정신적으로 보다 건강하게 살아갈 수 있는 제도를 마련하기 위해 정부나 지역행정기관의 해당자를 자문하는 활동에도 많은 관심을 가져야 할 것이다. 더 나아가 관련 학회에서는 이들의 정신건강을 예방하고 증진시킬 수 있는 다양한 프로그램을 개발하고 이 프로그램을 실시할 수 있는 전문상담사 양성에도 많은 관심을 가져야 할 것이다.

2. 가족역동의 변화와 상담

1) 여성의 사회 진출과 상담

앞으로 많은 사람이 자신의 존엄성을 지키고 자기계발을 통해 행복을 추구하려는 경향성이 높아질 것이라는 점을 앞에서 밝혔다. 이렇게 되면 될수록 가족 등 공동체의 가치보다 개인의 가치를 더 소중하게 여길 가능성도 점점 더 높아질 것이다. 이에 따라 많은 여성은 전통적인 여성의 가치와는 다른 가치를 지향할 가능성이 크다. 우리나라 여성의 중요한 가치는 자녀양육과 식사준비 및 청소와 같은 집안일이었다. 여성의 역할에 대한 중요한 덕목 중에는 '현모양처(賢母良妻)'나 '삼종지의(三從之義)'가 있었다. 이 말에서 알 수 있듯이, 여성은 자신보다 자녀와 남편 및 남성과 관련지어 삶의 가치를 결정했다. 즉, 여성의 독자적 삶보다는 부모로서의 역할과 아내로서의 역할 및 남자를 따르는 삶, 즉 결혼하기 전에는 아버지, 결혼한 후에는 남편, 남편이 죽으면 아들을 따르는 삶을 바람직한 것으로 보았다. 그러나 여성에 대한 이러한 덕목은 이제 거의 사라져 가고 있다.

이제는 남녀 모두가 자신의 존엄성을 찾고 자기계발을 위해 노력하려는 욕구가 강해졌고 앞으로는 더욱 그럴 것이다. 그동안 이 욕구가 크게 억압되었던 여성일수록 그 욕구는 더 강하게 나타날 것이다. 여성은 '직업을 가지지 않는 것이

미덕이다'라고 생각하던 시대에서 '여성은 직업을 가져야 하며 그렇지 못하면 무능하다는 증거다'라는 인식으로 바뀌었다. 그래서 많은 여성이 더욱 적극적으로 직업을 가지려고 하며, 남성도 여성이 직업을 가지는 것을 긍정적으로 보는 경향으로 변해가고 있다.

오늘날 많은 여성은 경제적인 필요성에 의해 취업하기보다는 자기계발을 위해 취업하고 있다. 그에 따라 전문직 분야에서도 많은 여성이 일하고 있다. 이미 교사는 물론 행정공무원, 의사, 판사, 검사, 변호사, 교수 등 많은 전문직에 여성이 근무하고 있으며 그 범위를 확대해 가고 있다. 뿐만 아니라 각 전문직에서 근무하는 여성의 비율도 계속 높아지고 있다. 나이가 든 여성도 집에서 손자나 손녀를 양육하려고 하기보다는 교양교육 등 자기계발을 위해 시간을 활용하려고 한다.

여성의 사회 진출은 이전과 다른 가족역동을 가져오고 있다. 먼저 자녀양육과 관련하여 부부 간 역동에 많은 변화가 일어나고 있다. 자녀양육을 위해 국가나 사회가 많은 지원을 한다 해도 직장여성이 겪는 어려움은 아주 크다. 그 어려움 중 하나는 자녀양육과 관련된 남편과 시댁의 협조문제다. 현재는 여러 면에서 많이 바뀌었지만 아직까지 '집안일은 여성이 해야 한다'는 가부장적 입장에서 완전히 벗어나지 못한 남편이나 시댁 문화가 공존하고 있기 때문이다. 다른 하나는 남편이 자녀양육과 집안일을 함께하려 해도 일찍 출근하고 늦게 퇴근할 수밖에 없는 회사문화와 사회문화에서 남편이 완전히 자유로울 수 없기 때문이다. 이와 같이 사회적 · 문화적 여건으로 부부간에는 자녀양육 문제와 집안일로 많은 갈등을 경험하고 있다. 부부가 이러한 문제를 잘 다루지 못하면 심각한 문제로 이어질 수 있다.

많은 여성의 사회 진출로 인해 한 명의 자녀만 두거나 자녀를 두지 않을 가능성이 높아지고 있다. 2011년 통계청 자료에 의하면 한 명의 여성이 낳는 자녀 수가 2000년에는 1.47명이었고, 2018년에는 0.98명으로 줄었다. 곧 한 부모 한 자녀 이하 시대가 올 가능성이 커지고 있다. 한 자녀라도 부모가 직장 등의 문제로 자녀를 직접 양육하지 못할 가능성이 크다. 이렇게 되면 부모는 자녀에 대해

미안함과 죄책감을 가질 가능성이 있다. 한 자녀일 경우에는 '꼭 잘 키워야 한다'는 생각에 집착할 가능성도 있다. 이러한 이유 등으로 최근 많은 부모는 자녀가 원하는 것을 거의 다 들어주거나 자녀를 가족의 최상위에 위치시키면서 공주나 왕자처럼 키우고 있다. 앞으로도 이러할 가능성은 점점 더 커질 것이다. 문제는 이렇게 자란 자녀는 자기 통제력이 약하게 된다는 점이다. 자기 통제력이 약하기 때문에 지나치게 부모에게 의존하게 되고 부모가 이를 거부하면 강력한 분노를 나타내는 등으로 부모를 공격할 수 있다. 이러한 행동은 학교생활에서는 물론 성인이 되어서도 부모와의 상호작용과 모든 대인관계에 영향을 미칠 수 있다. 또한 자녀가 없는 부부의 경우에는 부부간 갈등을 감소시킬 수 있는 장치가 적기 때문에 아주 많은 노력을 하지 않으면 혼인 관계를 유지하는 데 어려움이 있다.

여성의 사회 진출은 다른 측면에서 자녀의 정서적 발달에 악영향을 줄 수 있다. 부모가 옆에서 계속적이고 안정적으로 자녀를 돌보지 못할 경우에 여러 가지 문제가 발생할 수 있기 때문이다. 자녀양육에서 중요한 것 중 하나는 최대한 자녀가 신체적으로 위험을 느끼지 않고 자라야 한다. 모든 생명체의 중요한 과업 중 하나는 자신을 안전하게 보호하는 것이다. 어린 자녀의 경우에는 자기보호 기능이 약하기 때문에 어머니에게 절대적으로 생존을 의존해야 한다. 그러나 어머니가 계속 옆에서 수유를 포함한 안정된 환경을 제공하지 못하면 자녀는 생존의 위험을 경험하게 될 가능성이 높아진다. 이러한 경험과 관련된 자녀의 불안을 적절히 줄이지 못하거나 자녀가 자주 그러한 불안을 경험하게 되면 특성불안이나 상황불안으로 이어지고 심하면 정서발달에 큰 지장을 줄 수도 있다.

여성의 사회 진출은 여성을 경제적으로 독립할 수 있게 한다. 아내의 경제적 독립은 결혼을 안정적으로 유지하기 어렵게 만드는 중요한 이유 중 하나가 될 수 있다. 이는 다른 말로 하면 배우자에게 존중받지 못하거나 사랑과 안정감을 느끼지 못하면 결혼관계를 유지하려는 노력을 줄일 가능성을 높인다는 것이다. 또한 여성의 사회 진출이 늘어남에 따라 아내와 남편 모두 배우자의 정서적 지지와 가정의 안락함을 통해 직장의 스트레스를 줄이고 싶은 욕구를 충족시키지 못할 가능성이 커진다. 두 사람 모두 직장과 육아 및 가사노동의 역할 갈등 때문에 상대를 배려할 여유가 적어지기 때문이다. 이렇게 되면 아내와 남편은 퇴근과 함께 직장에서보다 더 많은 스트레스를 받을 가능성이 커진다. 따라서 작은 문제에도 서로에게 민감하게 되고, 그 결과 배려와 사랑의 마음이 줄어들고 심한 갈등으로 이어질 수 있다.

여성의 사회 진출은 가족역동에 큰 영향을 미친다. 이에 따라 전문상담사는 자녀가 정서적 안정을 유지할 수 있도록 부모와 자녀를 교육하고 훈련할 수 있는 전문성을 갖추어야 할 것이다. 현재 많은 자녀가 어린이집에서 시간을 보낸다는 점을 감안해서 국가는 어린이집을 포함하여 어린이를 보호하고 교육하는 기관에 근무하는 사람이 어린이들의 정서적 안정에 필요한 교육을 받을 수 있도록 해야 할 것이다. 더 나아가 전문상담사나 상담 관련 학회에서는 어린이나 청소년의 정서발달 및 상담에 필요한 교육이나 훈련자료를 개발해야 할 것이다. 또한 상담 관련 학회에서는 아동과 청소년을 교육하고 있는 모든 종사자의 자격조건에 어린이와 청소년의 정서발달을 지도하고 상담할 수 있는 내용을 포함시키도록 노력해야 할 것이다. 가능하면 이러한 일련의 과정에 대해 제도적 장치를 마련하도록 전력을 다해야 할 것이다. 또한 전문상담사는 취업한 여성 중에 정당한 대우를 받지 못하는 여성도 있다는 데 관심을 가져야 하며 이들의 전문성을 키우거나 정당한 대우를 받을 수 있도록 여성의 진로와 관련된 상담에도 관심을 가져야 한다. 나아가 전문상담사는 여성의 고용과 관련된 법을 잘 이해해서 여성의 편에서 이들의 권리를 옹호하고 이익을 대변해 줄 수 있도록 준비해야 할 것이다.

2) 이혼과 상담

이혼은 가족역동에 큰 영향을 미칠 수 있다. 통계청 자료에 의하면 2013년에 약 32만 9천 1백 건의 혼인이 있었다. 이는 하루에 약 900건의 혼인이 이루어지는 셈이다. 이혼 건수는 약 11만 4천 3백 건이다. 이는 하루에 약 300건의 이혼이 이루어지는 셈이다. 간단히 말해서, 매일 결혼하는 부부의 1/3에 해당하는 수의 부부가 이혼을 한다는 것이다. 2000년 이후를 보면 2003년을 정점(166,617건)으로 이혼 건수는 완만하지만 줄어들고 있다. 그러나 이혼 사유에서 변화가 있다. 2000년 이후의 통계를 보면 이혼 이유로 배우자 부정, 정신적 · 육체적 학대, 가족 간 불화, 경제문제, 성격차이, 건강문제 등이 차지하는 비율에서는 큰 변화가 없었는데 기타의 비율에서는 14.7%(2000년)에서 22.3%(2011년)로 올라갔다. 이는 부부간에 사소한 문제로도 이혼하는 경향이 높아진다는 것을 의미한다. 한 예로 결혼한 직장여성의 경우, 결혼생활이 자신의 자유로운 직장생활을 방해하거나 자기계발에 지장을 준다고 생각하면 이혼을 고려할 수도 있다는 것이다.

문제는 한 부부가 이혼할 때까지 원가족 및 현가족이 겪는 정신적 고통은 가족 각자가 스스로 해결하기 어려운 수준이라는 점이다. 특히 어린 자녀의 경우에는 부모가 이혼하기 전까지 서로 비난하고, 욕하고, 소리 지르고, 기물을 파손하고, 신체적 폭력을 행사하는 것을 보고 듣는 과정에서 심한 불안이나 공포를 경험했을 가능성이 크다. 더 큰 문제는 부모가 자녀에게도 직접 신체적 폭행 등 가해 행동을 했을 가능성도 크다는 점이다. 또한 아직도 우리 문화에서는 이혼하기까지는 물론 이혼 이후에도 이혼 부부의 부모를 포함한 원가족도 심한 스트레스를 받는다는 사실이다. 가장 큰 문제는 이혼으로 인해 자녀가 한부모나 조부모 또는 새아버지나 새어머니와 함께 살게 되거나 심하면 보호시설에서 자랄 수도 있다는 점이다. 이혼을 하는 본인은 물론 원가족과 현가족 모두에게 정신적으로나 물질적으로 큰 피해를 준다는 점에서 이혼과 관련된 전문상담사의 전문성은 매우 중요하다고 볼 수 있다.

전문상담사는 부모의 이혼으로 인해 자녀가 부모로부터 직간접적으로 받은 정서문제를 가족상담 등을 통하여 해결할 수 있는 전문성을 길러야 한다. 특히 전 가족을 대상으로 가족상담을 할 수 있는 능력과 가족 중 몇 사람의 변화를 통해 가족 전체의 문제를 해결하고 가족이 더 생산적인 방향으로 나아가도록 가족역동을 바꿀 수 있는 능력도 갖추어야 할 것이다. 또한 전문상담사는 한부모 자녀, 조부모 자녀, 재혼가정 자녀 등 부모가 이혼 후 새로운 가족과 함께 살고 있는 자녀를 효과적으로 상담할 수 있는 전문성도 길러야 할 것이다.

이혼과 관련된 문제를 최소화하기 위해서 전문상담사는 상담 관련 학회를 중심으로 몇 가지 제도를 마련하도록 노력해야 한다.

첫째, 결혼하기 전에 일정 시간의 교육을 받고 결혼을 하도록 하는 것이다. 그 내용과 시간 등 필요한 사항은 상담 관련 학회에서 도움을 주어야 할 것이다. 학회에는 이와 같은 교육을 위한 전문상담사를 양성해야 한다.

둘째, 결혼 후 임신을 하게 되면 부부가 필요한 교육을 받는 제도를 마련해야 한다. 여러 가지 내용이 포함되어야 하겠지만, 자녀의 정서적 발달을 잘 지도할 수 있는 내용을 꼭 포함하도록 해야 한다. 특히 자녀가 정서적으로 불안해지는 경우와 그 불안을 해소시키는 방법 및 그러한 불안이 앞으로 자녀의 삶에 어떤 영향을 미치게 되는지를 잘 알 수 있도록 해야 한다.

셋째, 이혼 전에 자녀를 포함한 전 가족이 상담을 받도록 제도화하는 것이다. 이 제도는 지금도 일부 시행되고 있지만 부부 또는 자녀가 함께 상담을 받도록 하지는 않고 있다. 가족이 함께 상담을 받아야 하는 이유는 부모에게서 공포나 위협을 경험한 자녀의 문제는 부모와 직접 해결할 때 후유증이 가장 줄어들기 때문이다. 이혼가족에 대한 상담은 고도의 전문성을 요구하기 때문에 전문상담사 자격요건을 최상위급으로 규정해야 할 것이다.

넷째, 부부가 이혼을 하든 하지 않든 이혼 소송을 제기한 부부의 자녀에 대해서는 일정 기간 상담을 받도록 제도화해야 한다. 이혼 소송에 이를 때까지 자녀가 경험한 정신적 스트레스를 그때 잘 다루어 주지 못하면 자녀는 자기계발을 이루어 나가기 어렵고 나중에 핵폭탄이 되어 자녀 자신에게는 물론이고 타인에게도 큰 피해를 줄 가능성이 높기 때문이다.

3) 가족 구조의 변화와 상담

개인의 욕구 변화가 그대로 가족 구성원 간의 관계에도 반영되고 있다. 먼저 대가족에서 핵가족으로 가족 구조가 바뀌었다. 이는 가족에 대한 생각, 즉 '가족이 함께 살아야 한다'가 '개인의 발전을 위해서는 함께 살지 않는 것이 더 좋을 수 있다'로 바뀐 것이다. 그래서 대부분의 가족은 부모님을 모시지 않고 부부 중심으로 살고 있다. 부부 중심의 가족이 되었다고 해도 가족 전체가 함께 시간을 보내기는 어려운 여건으로 변하고 있다. 즉, 부부가 각자의 직장을 따라 옮겨가기 때문에 가족이 늘 함께 있지 못하는 경우가 많아졌다. 부부가 함께 있더라도 자녀가 학업을 위해 장기간 부모와 떨어져 있는 경우도 많아졌다. 그 대표적인 예가 자녀의 기숙사 생활이나 유학이다. '기러기 아빠'도 한 예가 될 수 있다. 또한 전 가족의 거주지가 같다고 해도 가족 구성원 모두가 자기계발을 위해, 즉 부부는 자신의 직장 일로, 자녀는 학업 때문에 가족 전체가 함께 시간을 가지기가 대단히 어려워지고 있다. 이러한 추세는 앞으로 더욱 심해질 것이다. 이렇게 공간적 거리가 멀어지면 멀어질수록 심리적 거리도 그만큼 더 멀어지기 때문에 이러한 현상은 앞으로 가족역동에 큰 영향을 미치게 될 것이다.

가족이 각자의 자기계발을 위해 함께할 시간이 적은 것 이외에도 사회의 변화에 따라 몇 가지 현상이 가족역동에 영향을 줄 것이다. 즉, 부모나 본인이 이혼한 가족, 가족 중 결혼하지 않았거나 이혼하고 원가족과 함께 살고 있는 가족, 유산제도가 바뀌면서 부모를 모시는 일이나 유산 배분으로 인한 가족 간 갈등이 심화된 가족, 부모에 대한 병간호 시 직장을 가진 가족과 직장이 없는 가족 간 갈등이 심화되는 가족이 증가함으로 인해 가족역동에 큰 변화를 가져왔고 앞으로도 계속해서 영향을 미칠 것으로 본다.

사회의 변화 등에 따라 가족의 역동이 많이 변하고 있다. 이제까지 상담학에서도 가족역동에 관심이 많았지만 가족역동에 영향을 줄 수 있는 새로운 사실이나 현상이 많이 발견되고 있다. 전문상담사는 이러한 변화에 수동적으로 대처해서는 안 될 것이다. 가족역동의 변화 추이를 예측하고 대처하는 등 능동적으로 임해야 할 것이다. 얼마 되지 않아 많은 가정에서는 피아노나 영어 또는 수학 과외 교사처럼 자녀의 생활지도와 부부갈등 해결 및 가족 전체의 정신건강을 위해 가정방문 전문상담사를 필요로 할 것이다. 상담 관련 학회와 전문상담사는 이에 대비해야 한다.

3. 학교문화의 변화와 상담

1) 학교문화의 변화

사회와 가족 및 학교는 상호작용하면서 변한다고 볼 수 있다. 그런데 미래에는 이러한 변화가 급속하게 일어날 가능성이 크다. 먼저 가족역동의 변화가 학교문화에 미칠 수 있는 영향에 대해 살펴보기로 한다. 앞의 가족역동에서 말한 바와 같이 맞벌이 등의 이유로 많은 부부가 한 자녀만 둘 가능성이 커지고 있다. 그로 인해 대부분의 자녀는 공주나 왕자로 성장한 후 학교에 입학하게 될 것이다. 교사가 이렇게 성장한 학생을 지도하는 데에는 어려움이 많다. 이들은 부모에게 의존하는 면이 강해서 학교에서도 스스로 자기 문제를 해결하지 못하는 경우가 많고 자기가 원하는 대로 되지 않으면 교사가 받아들이기 어려운 행동을 통해 목적을 달성하려고 한다. 또한 이렇게 성장한 학생의 부모는 학교에 대해 큰 관심을 가지고 있어서 교사의 사소한 행동이나 특성(예를 들어, 여자 담임의 나이가 너무 많다)에 대해서도 학교 당국이나 관련된 기관에 문제를 제기하는 경우가 많다. 또한 자주 담임교사에게 전화해서 학생의 학교행동을 확인한다. 그러한 경우 담임은 그 학생을 지도하기가 어렵게 될 것이다.

이혼 가정이 늘어남에 따른 학교문화의 변화도 예상된다. 즉, 부모의 이혼으로 인해 한부모 학생, 조부모 학생, 새아버지 학생, 새어머니 학생, 보육원 학생이 많아질 것이라는 점이다. 부모의 이혼으로 인해 친부모 밑에서 정상적으로 성장하지 못한 학생 중에는 자아존중감이 낮아 학교생활이 어려운 경우가 있는가 하면, 부모의 이혼 과정에서 부모가 사용하는 언어적 또는 신체적 폭력에 익숙해 있는 학생은 힘을 통해 자신을 과시하려는 행동을 할 가능성이 크다. 문제는 이러한 학생 비율이 줄어들기 어렵다는 것이다.

부모의 적절한 양육을 받지 못하고 성장한 자녀가 학교에 입학하게 되면 학교생활에 많은 어려움을 겪게 된다. 많은 경우 이러한 어려움은 성인으로까지 이어져서 그 개인은 물론 사회에도 큰 피해를 줄 수 있다. 유치원이나 초등학교 때 학교에 잘 적응하지 못하게 되면 중학교나 고등학교에 가서 학업을 중단하게 되는 경우가 많다. 학업을 중단할 때까지 그 학생 자신은 물론 그 부모나 담임을 포함하여 학생지도와 관련된 교사가 겪는 스트레스 또한 이만 저만이 아닐 것이다. 학생은 질병, 집안사정, 품행, 부적응 등의 이유로 학업을 중단한다. 이 중 상담과 밀접하게 관련된 영역인 품행과 부적응의 비율이 해마다 증가하고 있다.

학교문화와 가족역동도 서로 큰 영향을 미칠 수 있다. 자녀 수가 적기 때문에 학교폭력이나 고등학교 또는 대학 진학문제는 가족역동에 큰 영향을 미친다. '학교폭력' '학교폭력으로 자퇴' '학교폭력 피해 학생 자실' 등의 내용이 보도될 때마다 직접 차를 운전하여 학생을 등하교시키려는 부모가 더 늘어나고 그에 따라 가족의 일상생활 등 가족역동이 바뀌게 된다. 또한 학부모는 바뀐 가족역동으로 인한 피해를 최소화하기 위해 학생지도와 관련하여 학교 당국에 많은 요구를 한다. 이에 따라 학교는 새로운 학교문화를 조성하려고 노력한다. 전문상담교사를 포함하여 학교에 전문상담사가 많이 늘어난 것도 직접 또는 간접적으로 학부모를 포함한 사회의 요구를 교육 당국이 받아들이려고 노력한 한 가지 예로 볼 수 있다.

사회의 변화도 학교문화에 많은 영향을 미친다. 앞으로 우리나라는 개인의 자유와 인권을 더욱 존중하는 방향으로 나아갈 것이다. 이렇게 되면 교사의 일방적 지도에 반기를 드는 학생이 늘어날 것이다. 10년 전에만 해도 막말이나 욕설 등으로 교사의 권위를 무시하는 학생은 매우 드물었다. 그러나 몇몇 교사가 학생과 학부모가 수용하기 어려운 체벌 등을 사용하여 학생을 지도하려다가 학생이 심한 부상을 입거나 자살하는 일까지 일어나고 대중매체가 이를 크게 부각하면서 교사를 존경하거나 교사의 권위를 존중하는 학생이 크게 줄어들게 되었다.

2012년 3월 이후 서울특별시 등 몇몇 시도 교육청에서는 '학생인권조례' 등을 제정하면서 교사의 학생지도는 더욱 새로운 국면을 맞게 되었다. 서울시교육청이 발표한 '서울학생인권조례'의 주요 내용을 보면, 학생은 집회권리, 체벌 및 언어적 폭력에서 자유로울 권리, 임신 · 출산 · 성적 지향 등의 이유로 차별받지 않을 권리, 복장 · 두발 등 용모에 있어 개성을 실현할 권리를 가지며, 휴대전화를 소지할 수 있고, 꼭 필요한 경우를 제외하고는 교사가 학생 동의 없이 학생의 소지품을 검사할 수 없도록 했다. 하지만 서울특별시 등 몇몇 시도 교육청이 별도로 공포한 학생인권조례에 이어 교육부에서 학교장이 제정 · 개정할 수 있도록 한 「초 · 중등교육법」 개정안이 2012년 3월에 발표되었다. 「초 · 중등교육법」에 따르면 학교장은 학생의 두발 · 복장 제한, 체벌 등을 통한 학생 규제 등의 내용을 학칙에 포함시킬 수 있다. 「초 · 중등교육법」이 상위 법률이기 때문에 학생인권조례가 무력화될 수 있다. 앞으로 학생인권조례와 「초 · 중등교육법」에 따라 학교장이 제정한 학칙이 대립할 것으로 예상된다. 중요한 것은 몇몇 지역교육청의 학생인권조례 제정 그 자체만으로도 교사의 방식이 이제까지의 비교적 적극적인 학생지도에서 소극적인 학생지도로 바뀌었다는 사실이다. 이는 다른 말로 하면 전문적인 상담을 통해서만 학생지도를 할 수밖에 없게 되었다는 점이다.

경제적 여유 등으로 학생의 사춘기가 빨라진 것도 학생지도의 새로운 틀을 요구하고 있다. 사춘기가 된다는 것은 학생의 자기보호 방법이 소극적인 데에서 적극적 또는 공격적으로 바뀌고 성에 대한 관심도 커진다는 것을 의미한다. 사춘기가 되면 체구가 커지고 그에 따라 체력이 강해지면서 부모나 교사의 언어적 지도에 무조건 순종하지 않게 된다. 뿐만 아니라 미숙하지만 자신의 의지에 따라 행동하려고 하기 때문에 부모나 교사는 물론 친구 사이에도 마찰을 빚는 경우가 많아지고 공격적으로 행동할 가능성도 높아진다. 또한 이전보다 더 어린 나이에 부적절한 이성교제를 하는 학생이 늘어나고 어리기 때문에 원하지 않는 임신 등의 문제를 수반할 가능성도 높아진다. 문제는 이 연령이 낮아져서 초등학교 고학년에서부터 이에 대한 지도를 할 필요가 있게 되었다는 점이다. 이는 초등학교에 전문상담교사를 빨리 배정해야 할 필요성을 제기하는 이유가 될 수 있다.

대중매체, 관련된 과학의 발달, 사회에 범람하는 음란물과 폭력물 또한 앞으로 학교문화에 큰 영향을 미칠 것으로 본다. 이제 전문상담교사를 포함한 교사는 초등학생일지라도 학생의 성적(性的) 지식이나 경험에 대해 어느 수준에서 대화를 해야 할지 가늠하기 어려운 상황에 처할 경우가 많을 것이다. 학생의 폭력도 더 잔인하고 교묘해질 가능성이 크다. 특히 교사는 특정 학생이 폭력을 행사했을 때 그 배경과 조직이 어디까지 미치고 있는지를 정확히 알고 그 학생을 지도하는 것이 어렵게 될 것이다. 한 학생의 폭력은 그 개인의 행동에 한한 경우도 있지만 학급 내 또는 학교 전체나 학교 외의 폭력조직과 관련되어 있을 수도 있기 때문이다. 이런 경우를 대비하여 전문상담교사는 필요한 교내외 사람이나 관련 기관과 밀접한 관련을 맺고 있어야 할 것이다. 또한 담임교사는 물론 전문상담교사는 학생이 이러한 음란물이나 폭력물 및 폭력단체와 접촉하지 않도록 지도해야 한다. 그보다 더 중요한 것은 학생이 외부의 유혹에서 자신을 통제할 수 있도록 하는 데 더 많은 관심을 가지고 상담을 할 수 있도록 준비해야 할 것이다.

2) 다문화사회와 학생상담

미국뿐만 아니라 우리나라의 학교 또한 점차 인구학적으로 다양화되어 가고 있다. 교육부가 초 · 중 · 고등학교의 다문화가정 학생 현황을 조사하여 발표한 결과에 의하면 2018년에는 전년(109,387명)보다 약 12%가 증가한 122,212명이 재학하고 있는 것으로 밝혀졌다. 전체 학생 대비 다문화가정 학생 비율은 0.7%이고, 전체 학생 수가 매년 20만 명 이상 감소하고 있는 점을 감안하면 2018년도 이후에는 계속 그 비율이 높아질 것으로 추정되고 농어촌으로 갈수록 그 비율은 크게 증가할 것이다. 뿐만 아니라 학급 내에는 다양한 배경을 가진 학생이 함께 있어 전문상담교사는 물론 담임교사도 학생의 다양한 문화적 배경에 대한 이해가 절실하고 그에 따른 상담을 위해서도 많은 준비를 해야 할 것이다.

특히 전문상담교사는 담임교사나 교과목 지도교사가 학생의 문화를 고려하여 학생의 학습이나 생활을 지도할 수 있도록 준비시킬 수 있어야 할 것이다. 이를 위해서는 다음과 같은 몇 가지를 참고할 수 있다.

첫째, 문화적 차이에 의해 수업이나 학교생활에서 피해를 받는 학생이 없도록 노력해야 한다.

둘째, 언어를 구사하는 데 어려움이 있는 학생에 대해서는 다른 전문가의 도움을 받을 수 있도록 여러 방법을 강구해 본다.

셋째, 학교 전체나 학급 학생, 학부모 및 교사를 대상으로 다문화를 이해할 수 있는 교육프로그램을 개발하여 교육한다.

넷째, 문화적 차이로 고통 받는 학생에 대한 의견을 수집할 수 있는 방법을 마련하여 모든 학생과 학부모에게 알린다.

다섯째, 특정 문화에 속하는 학생을 상담할 수 있는 전문상담사를 거점별로 정해 두고 필요시 그 전문상담사에게 도움을 받을 수 있는 제도적 장치를 마련한다.

앞으로 학교에서 다문화상담을 더 필요로 할 것이다. 전문상담사는 학교장 등 관련 인사를 잘 자문하여 다문화사회에서 학교가 준비해야 할 것을 준비하도록 노력해야 한다. 또한 전문상담교사는 다문화상담을 할 수 있는 역량을 기르기 위해 최선을 다해야 할 것이다. 교육부를 포함한 정부기관에서는 전문상담교사 교육 시 다문화에 대한 교육과 다문화상담을 포함시키도록 해야 한다. 관련 학회에서도 다문화상담사 양성을 위해 전문적 지원을 할 수 있도록 준비를 해야 할 것이다.

3) 교직과목의 변화와 학교상담

전문상담교사에 의해 학교상담이 이루어진 것은 그리 오래되지 않았다. 미국 등과는 달리 학급담임제가 있는 우리나라 학교의 경우에는 담임교사에 의해 생활지도의 대부분이 이루어졌다. 2000년대 초반까지만 해도 생활지도의 89.1%가 담임에 의해 수행된다고 할 정도로 담임의 영향이 컸다(유은주, 2001). 따라서 교직과목에는 상담과 관련된 과목이 포함되어 왔다. 1980년 개정(교육부령 제459호)까지는 생활지도가 필수과목이었으나 1982년 개정(문교부령 제507호)부터는 선택과목으로 바뀌었고, 1983년 개정(문교부령 제519호)부터는 선택과목에서도 생활지도 과목 명칭이 완전히 빠져서 교육심리과목에 포함시켰다(권유정, 2004). 2010년 개정에서 생활지도 과목이 선택과목으로 다시 선정되었다. 또한 학교폭력이 심해지자 2012년도(교육부 공고 2012-315호)부터는 교직 선택과목인 생활지도 과목과는 별도로 교직소양과목에 학교폭력 예방과 관련된 '학교폭력 예방 및 대책'이 필수이수과목으로 추가되었다.

교직과목에서 '생활지도'가 비록 선택과목이기는 하나 학교현장에서 학생에 대한 생활지도가 어렵다는 점 때문에 많은 교직과정 이수 학생이 이 과목을 선택할 것으로 본다. 그러나 생활지도 과목을 담당하는 교수(강사)는 내용 선정에 많은 고민을 해야 할 것으로 본다. 졸업 후 교사로 발령받아 근무할 때 학교현장에서 바로 활용할 수 있는 내용을 가급적 많이 포함시키는 것이 아주 중요하기 때문이다. 상담 관련 학회 등에서 구체적 내용을 선정하고 관련된 자료까지 제공할 필요가 있다. '학교폭력 예방 및 대책' 과목도 관련 전공교수와 현직 교사 및 교육행정가와 협의하여 다른 교직과목과 중복되지 않는 내용과 실제로 초중등학교현장에서 필요한 내용을 선정하는 것이 아주 중요하다.

교직과정을 이수하는 학생이 교사자격증을 획득하기 위해 '생활지도' 영역의 과목이나 '학교폭력 예방 및 대책' 과목을 이수하는 것도 중요하지만 교사에게 상담 관련 재교육을 주기적으로 실시하는 것도 아주 중요하다. 재교육과정에서는 이론보다 실제에 중점을 두고 수련감독자에 의해 교육이 이루어져야만 교사에게 도움을 줄 수 있을 것이다.

4) 전문상담교사제도의 변화와 학교상담

2004년에 신설된 「초 · 중등교육법」(제19조 2항) 등의 법률에 따라 현재와 같이 상담만 전담하는 전문상담교사가 학교에 배치되게 되었다. 그러나 1950년대 후반부터 현재까지 이어 오면서 '교도교사' '진로상담교사' '교과 겸임 전문상담교사' '전문상담순회교사' '상담전담 전문상담교사'로 그 명칭을 달리했지만 학교에 상담을 맡은 교사가 있었다(김혜영, 2009).

학생을 대상으로 한 지도(guidance)가 상담학 발전의 주춧돌이 되었듯이, 학교는 상담활동이 가장 활발하게 이루어지는 곳이다. 학교상담은 학생생활과 관련된 제반문제에 관여할 뿐만 아니라 학생의 발달과정에서 비롯되는 과업을 다루기 때문에 그 범위가 넓다. 또한 요즘 심각한 사회문제로 대두되는 초 · 중 · 고등학생의 폭력은 어른의 범죄를 모방하고 있어 그 심각성이 더해가고 있다. 이 때문에 많은 초 · 중 · 고등학교에는 전문상담교사나 진로진학상담교사가 배치되어 있고, 지역교육청은 전문상담순회교사를 두기도 한다. 또한 학교에는 Wee Class를, 교육청 단위로는 Wee 센터를 설치하여 상담활동을 강화하고 있다.

문제는 현재 전문상담교사로 근무하고 있는 교사의 자질 문제다. 즉, 현재 전문상담교사 자격증을 소지한 전문상담교사 중 대부분이 1999년도부터 시작한 1년 기간의 양성기간을 통해 배출된 전문상담교사라는 점이다. 물론 교육대학원 상담 관련 전공을 졸업하고 전문상담교사 자격증을 획득한 전문상담교사도 있다. 문제는 이들도 모두 실습시간이 아주 적다는 점이다. 상담은 전문적 능력을 갖추어야 하는데, 이론뿐만 아니라 실제로 상담을 할 수 있는 능력도 아주 중요하다. 문제는 현재 2종의 사례연구와 20시간의 상담실습으로는 전문상담교사 자격을 취득한 이들이 전문성을 확보했다고 보기는 어렵다.

앞으로 전문상담교사의 이러한 약점을 근원적으로 개선하기 위해서는 교원자격검정령시행규칙을 변경해야 한다. 전문상담교사 수련 과정과는 달리 최근 학회를 중심으로 체계적인 전문상담사 수련이 이루어지고 있다. 한국상담학회에서는 2012년 전문상담사 자격검정제도를 개선하였는데, 1급은 A범주가 540시간, B범주는 720시간, 2급은 180시간의 수련을 받도록 하고 있다. 한국상담학회의 기준을 감안하면 전문상담교사의 수련시간은 매우 부족하기 때문에 하루 속히 제도적으로 개선되어야 할 것이다.

전문상담교사의 전문성을 높이기 위한 현실적인 방안으로는 전문상담교사에 대한 재교육, 특히 실제로 개인상담과 집단상담 및 심리검사 등에 대한 실습을 하도록 해야 할 것이다. 이러한 재교육이 여의치 않다면 전문상담기관(예를 들어, 한국상담학회 교육연수기관)의 수퍼바이저에게 개인상담, 집단상담, 심리검사 등에 대해 일정 시간 이상 수퍼비전을 받도록 조치할 필요가 있다. 이와 같은 일련의 과정을 통해 전문상담교사가 전문성을 확보하지 못하면 이전의 교도교사 등과 같이 학생이나 동료교사 및 학부모로부터 상담이 외면당할 수밖에 없다는 점을 전문상담사는 뼈저리게 알고 있어야 할 것이다.

5) 전문상담교사의 역할 변화와 상담

전문상담교사의 역할은 직접 내담자를 돕는 역할과 간접적으로 내담자를 돕는 역할이 있을 수 있다. 직접 내담자를 돕는 역할로는 내담자를 직접 또는 인터넷 매체 등을 활용하여 상담하는 상담면접, 내담자의 상담목표 달성에 도움이 되는 지적인 측면에 대한 교육, 내담자가 원하는 행동을 목표 수준까지 도달하도록 도와주기 위한 훈련 및 사회적으로 약한 내담자 편에서 내담자의 권리 등을 보호하기 위한 옹호활동 등이 있다. 간접적인 활동으로는 내담자와 자주 접촉하고 이들의 생활을 지도하는 데 관심이 많은 담임이나 교과목 교사 및 학교 행정가 등의 요구에 응하는 자문, 교내외의 이해 당사자 간의 갈등이나 문제에 대한 조정, 다른 전문상담사나 병원의 정신과 의사에게 내담자를 보내는 의뢰 및 내담자를 보호기관 등에 보내는 위탁 등의 활동이 있다. 그러나 많은 전문상담교사는 이제까지 상담실을 내방하는 내담자를 대상으로 한 상담면접, 심리검사의 실시와 해석 및 진로와 관련된 정보를 제공하는 데 주로 관심을 가졌다. 그러나 앞으로는 전통적으로 해 온 이러한 역할과 더불어 앞에서 밝힌 전문상담사의 다른 역할도 적극적으로 실시해야 할 것이다.

먼저 가급적 많은 학생에게 도움을 주면서도 예방상담이 이루어지도록 해야 할 것이다. 이를 위해 전문상담교사는 학교장 재량시간 등을 활용하여 학급에 들어가서 상담(학습상담 포함)과 관련된 교육을 해야 한다. 여기에는 다음과 같은 내용을 포함하면 좋을 것이다.

① 신체적 발달과정과 특징
② 정서적 발달과 감정 조절
③ 성격발달과 적응
④ 가족 및 친구의 이해와 대화기법
⑤ 자신의 지능, 적성, 창의성, 성격, 흥미 등과 관련된 자기이해 방법
⑥ 직종과 직장의 종류와 특징 및 직업세계에 대한 정보 수집과 활용 방법
⑦ 진로결정 등과 관련된 의사결정 방법
⑧ 자기주도적 학습 등 공부 방법
⑨ 자기 행동의 이해와 통제 방법
⑩ 학교 상담실 소개 및 이용 방법

이상의 내용 중에서도 학습상담 영역을 확대해야 할 것이다. 이제까지 많은 전문상담교사는 학생의 학습문제는 과목 담당교사나 담임교사의 몫으로 돌리고 있었다. 그러나 전문상담교사의 학교 내 입지를 더욱 공고히 하고 다른 교사나 학부모로부터 전문성에 대한 신뢰도를 높이기 위해서는 학생에 대한 학습상담에 적극적인 관심을 가지는 것이 대단히 중요하다. 이미 우리나라에도 학생의 학습상담을 위한 '학습클리닉센터'를 운영하고 있는 시도 교육청이 많다. 이 센터에서 근무하는 사람 중에는 전문상담사가 많다. 앞으로는 이 업무를 전문상담사가 주도적으로 할 수 있어야 한다. 특히 학업성취도가 낮은 학생의 학업성취도를 높이는 데 관심을 가져야 한다.

미국의 경우도 학생의 학습에 대한 관심으로 상담 영역이 크게 확장되었다. 미국에서 1990년대에 시작한 '학습의 표준(Standards Of Learning: SOL)'과 2002년 부시 대통령이 '아동 낙오 방지(No Child Left Behind: NCLB)' 법안을 제정한 것이 학교상담 확장에 큰 기여를 하였다(Neukrug, 2007). 두 가지 모두 학생의 학업성

적을 올리기 위한 일련의 조치들이다. 학교에서 학생의 학업성취도를 높이려면 교사가 잘 가르치는 것만으로는 부족하다. 왜냐하면 학생의 가족관계, 교우관계, 이성관계, 성격특성 및 심리상태 등은 학생의 학업성취도에 지대한 영향을 미치기 때문이다. 이제까지 많은 교사나 학교장 및 학부모는 학생의 이러한 측면을 간과했다. 미국은 물론 우리나라에서도 학업성취도가 낮은 학생 대부분은 가정이 빈곤하거나 부모가 이혼하는 등 가정적으로 문제가 있다. 또한 공부하는 방법이 적절하지 못한 경우, 부모의 압력이 심한 경우 등의 문제가 있는 학생이 많다. 이러한 학생에게는 정서적 안정이나 학습방법의 개선 없이는 학업성취도를 올리는 것이 거의 불가능하다. 전문상담교사가 모든 학생의 학업성취도를 올리기 위한 활동에 적극적으로 참여하고 이들의 노력으로 학생의 학업성취도가 더 올라가게 되면 전문상담교사는 학생의 심리적 영역에서, 일반교사는 학업지도에서 역량을 발휘하면서 한 팀으로 참여할 수 있게 되는데, 이는 전문상담교사의 역할을 확대하는 것일 뿐만 아니라 다른 교사나 행정가는 물론 학부모로부터 깊은 신뢰를 받을 수 있게 할 것이다.

전문상담교사는 앞으로 각종 상담프로그램을 실시할 수 있어야 한다. 즉, 학생이 필요로 하는 능력을 갖출 수 있도록 이들을 훈련할 수 있어야 한다. 현재 우리나라에는 교육부에서 제작한 상담프로그램을 포함하여 석사나 박사 논문에 나와 있는 상담프로그램, 또는 시도 교육청에서 자체 개발한 상담프로그램이 많다. 예를 들면, 소극적이거나 공격적인 학생을 위한 '주장훈련 프로그램', 대인관계에 어려움이 있는 학생을 대상으로 한 '대인관계 조화훈련 프로그램', 진로의 발달이나 성숙에 필요한 '진로발달 프로그램' 등 무수히 많은 프로그램이 있다. 전문상담교사는 본인이 직접 이 프로그램을 실시하거나 다른 전문상담사를 초청하여 실시할 수 있다. 이를 위해서는 필요한 시간을 내는 방법과 재정적 지원이 아주 중요하기 때문에 학교 행정가의 지원이 절대적으로 필요하다.

또한 전문상담교사는 간접적 역할을 더욱 확대해야 한다. 그중에서도 자문활동이 아주 중요하다. 왜냐하면 교칙 등 학생들의 학교생활과 관련된 어떤 문제에 대해 학교장이나 교사에게 도움을 주어 교칙을 바꾸는 등의 자문활동이 개개 학생을 대상으로 한 개인상담보다 더 많은 학생에게 도움을 줄 수 있기 때문이다. 전문상담교사의 교육활동 중 학습지도에서 강조한 바와 같이, 전문상담교사는 교사를 포함한 다른 전문가에게 도움을 주어 그들이 학생을 도울 수 있도록 할 수 있다. 예를 들면 학교장을 잘 자문하여 학칙을 고치거나, 학생지도에 필요한 시간을 배정 받는가 하면, 생활지도에 필요한 외부 강사를 초청하는 경비를 학교에서 지원 받도록 하는 등의 자문활동을 통해 학생에게 많은 도움을 줄 수 있다. 또한 담임이나 교과목 교사 및 학부모를 잘 자문하면 이들이 더 효과적으로 학생의 생활지도나 학업지도를 할 수 있게 될 것이다.

더 나아가 전문상담교사는 의뢰와 위탁 활동도 활발하게 할 수 있어야 한다. 앞으로 전문상담교사는 학급에 들어갈 기회가 있어 전체 학생을 관찰할 경우나 담임교사의 의뢰 등으로 상담이 필요하다고 생각되는 학생을 접하게 되면, 학교의 지원 등 여러 여건을 고려하여 그 학생에게 가장 도움을 줄 수 있는 전문가를 찾아 주는 것이 아주 중요하다. 경우에 따라서는 전문상담사가 아닌 전문가의 도움이 더 필요할 경우도 있다. 전문상담교사가 전교생을 대상으로 상담한다는 것은 거의 불가능하다. 학교상담의 효과를 극대화하기 위해서는 전문상담교사가 학생상담자원봉사자, 전문상담교사를 도와주는 전문상담사, 교사나 학부모 중 전문상담사 자격을 갖춘 자원봉사자 등 학생상담을 도와줄 수 있는 전문상담사를 최대한 확보하고 있어야 한다. 그리고 전문상담교사는 학생을 최초 면접한 후 자신이 상담을 해야 할지 다른 전문상담사에게 의뢰할지, 아니면 Wee 센터나 병원 등 다른 기관에 의뢰하는 것이 더 효과적일지 등을 결정해야 한다. 필요할 경우에는 학생을 위탁기관에 보낼 수 있는 준비도 하고 있어야 한다.

앞으로 교육, 훈련, 자문, 의뢰나 위탁과 같은 전문상담교사의 역할이 확대될 것이다. 이러한 역할의 확대를 통해 전문상담교사는 학생에게는 물론 다른 교사와 학교 행정가 및 학부모로부터 전문성을 더 신뢰 받게 될 것이고, 그와 더불어 전문상담교사는 보다 긍지와 자부심을 가지고 근무하는 가운데 자신은 물론 상담의 사회적 지위를 확고히 할 수 있게 될 것이다.

4. 과학의 발달과 상담

1) 정신의학의 발달

2000년대에 들어서 과학의 발달은 인간의 삶에 많은 변화를 가져오고 있다. 특히 유전자 지도(genetic map) 등에 대한 연구결과는 의학의 발달에도 많은 기여를 하고 있다. 이미 일부 당뇨병, 암, 심장병 등의 신체 질환은 물론 양극성장애, 정신분열, 우울, 불안 등의 정신질환도 일부 유전과 관련되어 있을 가능성을 밝히고 있다(Holloway, 2004). 앞으로 의사는 유전자 검사를 통해 유전적으로 심각한 질병이나 정신적 장애를 가진 사람을 확인할 수 있게 될 것이다. 많은 사람은 유전자 검사를 받으려 할 것이고, 그 결과에 따라 많은 고민을 하게 되는 경우도 있을 것이다. 중요한 것은 검사를 받기 전에도 받은 후에도 결정해야 할 일이 많다는 것이다.

많은 사람은 자신이 유전과 관련된 어떤 정신질환이나 그럴 가능성을 가지고 있는지를 알아보려고 할 때 그 결과가 두렵기 때문에 상담을 받을 가능성이 크다. 또한 유전자 검사를 받고 난 후, 유전자 관련 정신질환을 가졌거나 가질 가능성이 크다는 결과를 통보 받으면 내담자가 스스로 결정하고 수용해야 할 일이 너무나 많다. '결혼을 할 것인가?' '자녀를 가질 것인가?' '임신한 자녀를 낳을 것인가?' '누구에게 이 사실을 알릴 것인가?' '앞으로 어떻게 살아갈 것인가?' 등 개인적으로 힘든 결정이 너무나 많다.

앞으로 전문상담사는 이러한 문제 때문에 고민하는 내담자와 상담하는 절차에 대해 잘 알고 있어야 한다. 특히 앞으로 제정될 관련된 법적·윤리적 문제에 대해 잘 알고 있어야 한다. 충분한 지식과 아울러 이들을 상담할 수 있는 구체적이고 체계적인 상담 전략과 기법을 적용할 수 있는 능력도 익히고 있어야 할 것이다.

과학의 발달은 정신 의약품의 발달에도 큰 기여를 했다. 미국의 경우 1990년

대부터 뇌 기능을 이해하기 위한 국가재정이 지원되었다. 그 결과 정신질환의 생화학적 특성에 대한 연구가 많이 이루어졌으며 이는 다양한 정신질환을 치료하기 위한 의약품 생산으로 이어졌다. 비록 과학적인 절차에 따라 검증된 의약품을 사용한 것은 약 50년 정도밖에 되지 않지만, 최근 뇌 연구와 새로운 의약품의 발달은 정신질환자의 치료에 큰 효과를 가져왔다. 오늘날 새로운 의약품은 정신질환(우울, 불안, 주의력 결핍, 정서적 혼란, 치매 등) 치료에 효과적이고 앞으로 개발되는 의약품은 더욱 믿을 수 있을 것이라는 확신이 늘어가고 있다.

현재 미국의 경우에는 정신질환을 치료하기 위해 일부 또는 전적으로 의약품을 사용하고 있는데 우리나라도 그런 추세로 나아갈 것이다. 이러한 경우 전문상담사에게 미치는 영향도 크다는 점을 알고 있어야 한다. 앞으로 전문상담사와 정신과 의사의 도움을 동시에 받는 내담자가 늘어날 수 있다. 이에 대비해서 상담윤리나 법적 책임문제 등과 관련하여 잘 알고 있어야 한다. 물론 법적으로 문제가 없을 경우, 어떻게 하면 두 전문가가 상보적으로 협조하여 그 내담자를 더 효과적으로 도울 수 있을지에 대해 알고 있어야 할 것이다. 내담자를 효과적으로 도울 수 있기 위해서는 정신과에서 사용하는 의약품의 종류와 성능 등에 대한 정보도 가지고 있어야 한다. 이를 위해 전문상담사는 의약품과 관련한 교육을 지속적으로 받아야 할 것이다.

과학의 발달은 심리적 상태가 생리적 반응과 직접적인 연관이 있다는 점을 계속 밝히고 있다. 즉, 우리의 생각과 행동이 신체와 정서 상태에 관련이 있다는 것을 연구를 통해 밝히고 있다. 그 예로서 명상이나 인지의 변화가 스트레스 수준을 감소시키고, 스트레스 감소가 정신질환의 회복을 촉진시킨다는 연구결과가 있기 때문이다. 따라서 전문상담사는 앞으로 심리적인 면과 생리적 반응이 어떻게 관련지어 있는지에 대해서도 계속 관심을 가지고 관련된 정보를 수집하고, 필요하다면 교육도 받아야 할 것이다.

과학의 발달은 인간을 전체적으로 이해할 수 있는 틀을 만들어 가고 있다. 앞으로 과학은 넓게는 인간의 신체와 정신과의 관계, 더 구체적으로는 인지, 정서, 행동, 신체, 유전이 어떻게 상호작용하는지와 이들의 관계가 어떻게 상호작용할 때 그 개인에게 가장 도움이 되는지를 밝혀 낼 것이다. 만약 도움이 되지 않는 상호작용을 하고 있을 때에는 어떤 의약품이 도움이 될지를 밝혀 낼 것이고 결국 그 의약품도 개발할 것이다. 이러한 시대를 대비하여 전문상담사는 유전, 신체, 인지, 정서 및 행동 중 의약품에 의지하지 않고 인지와 정서 및 행동의 변화와 신체긴장을 줄일 수 있는 부분에서는 의사보다 더 우위에 있어야 한다. 이를 위해서는 상담학자의 많은 노력이 필요할 것이다.

2) 과학기술의 발달

과학의 발달은 기술의 발달로 이어지고 있다. 상담학도 이 기술의 발달에 따라 앞으로 많은 변화를 가져올 것이다. 그중에서도 면접상담을 포함하여 내담자와 전문상담사의 상호작용하는 방법과 상담 관련 자료 및 상담홍보 등에서 많은 변화가 일어날 것이다.

전통적으로 상담은 주로 면대면으로 이루어져 왔다. 그러나 최근에는 많이 변화되었다. 즉, 전화, E-메일, 모바일 등의 매체를 통해서도 이루어지고 있다. 앞으로는 화상 통화를 통해 면대면의 상담과 거의 같은 수준의 상담이 이루어질 것이다. 이렇게 되면 내담자가 상담실로 오가는 시간을 줄이는 등 많은 이점이 있다. 더 나아가 현재는 좀 어렵지만 동시통역기술이 발달하면 외국인과도 화상을 통해 상담할 수 있게 될 것이다.

상담 관련 자료 정리나 처리에도 많은 변화가 일어날 것이다. 종이를 사용하여 자료를 정리하거나 계산기를 사용하여 자료를 처리하는 비율이 많이 줄어들 것이다. 특히 녹음, 녹화, 심리검사 채점, 사례개념화, 축어록 정리, 수퍼비전 자료 교환, 상담 자료 교환, 웹에 기초한 포트폴리오 작성, 파일 다운로드, 자료의 데이터베이스화 등 많은 영역에서 이미 변화가 일어나고 있고 앞으로는 더 많은 변화가 일어날 것이다. 또한 각종 통계자료 처리 등 연구와 관련된 소프트웨어가 크게 발달할 것이다. 이러한 분야의 발달은 보다 객관적이고 신뢰할 수 있으며 타당한 연구결과를 도출하는 데 크게 기여할 것이다.

과학의 발달로 상담기관의 홍보가 크게 활성화될 것이다. 홈페이지를 통해서나 인터넷 망을 통해 전 세계로 동시에 홍보를 할 수 있기 때문이다. 앞으로 많은 상담기관에서는 보다 홍보 효과가 큰 홈페이지를 만들기 위해 많은 비용을 투자할 것이다.

기술의 발달은 상담학에도 변화를 가져올 것으로 확신한다. 물론 고도의 기술을 상담에 적용할 때 부정적인 면도 있을 것이다. 그러나 상담학의 발전을 위해서는 시대적 흐름을 따르지 않을 수 없다. 따라서 전문상담사는 전문상담사로서의 전문적인 자질과 인간적인 자질뿐만 아니라 현대 과학이 제공한 기술을 능률적으로 활용할 수 있는 능력을 갖추기 위해 계속 노력해야 할 것이다.

5. 상담학의 발전 과제

1) 전문상담사의 전문성

우리나라 상담학은 발전과정에서 침체기도 있었다. 이러한 침체기의 중요한 원인 중 하나는 상담 효과에 대해 내담자나 사회가 의문을 제기하였기 때문이다. 상담 효과에 대해서는 오래전부터 상담학 연구자들 간에 논쟁이 있어왔다(Eysenck, 1966). 그러나 최근에 들어서 상담불필요론을 제기하는 사람은 드물다. 전문상담사가 알아야 할 것은 (전문상담사가 내세우고 싶은 여러 이유가 있겠지만) 아직도 상담을 받고 나서 불만스러워하는 내담자나 보호자가 있다는 사실이다.

전문상담사의 전문성 확보는 앞으로 상담학의 발전을 위해 계속 발전시켜야 할 첫 번째 과제다. 현재 전문상담사 자격증은 국가에서 발급하는 3가지와 학회에서 발급하는 자격증이 있다. 국가에서 발급하는 자격증으로는 '전문상담교사'와 '청소년상담사' 및 '직업상담사'가 있다. 중등학교에는 '진로진학상담교사'도 있지만 이들은 기본적으로 국어와 수학과 같이 과목을 지도하는 교사이지 상담을 전문으로 하는 교사는 아니다. 학회 자격증으로는 한국상담학에서 발급하는 '전문상담사' 자격증과 한국상담심리학회에서 발급하는 '상담심리사' 자격증이 있다. 그 이외에도 많은 학회나 기관 또는 단체에서 발급하는 전문상담사 자격증이 있다. 학회나 기관 또는 단체 등에서 발급하는 전문상담사 자격증 중에는 전문성을 의심받을 수 있는 수준의 자격증도 있다. 이러한 문제점은 앞으로 학회를 중심으로 개선하려는 노력을 계속해야 할 것으로 본다.

자격증 개선 방향은 첫째, 국가자격증을 발급하는 방향으로 나아가야 할 것이다. 그 이유는 전문상담사의 활동이 아주 중요하기 때문이다. 물론 다른 직종도 그 나름의 중요성이 있겠지만 전문상담사에게 상담을 받는 내담자는 경우에 따라 아주 많은 사람에게 정신적으로나 물질적으로 큰 피해를 줄 수 있기 때문이다. 의사는 진료가 잘못되어도 그 환자 한 사람에게 주로 영향을 미친다. 그러나 상담이 잘못되면 그 내담자는 여러 사람에게 고통을 줄 수 있다. 정신적으로 건강하지 못한 사람은 자기 통제가 어렵기 때문에 총기 난동 사고나 대구 지하철 참사와 같은 대형 화재를 일으키는가 하면 자살을 하는 등으로 주변 사람에게까지 큰 피해를 줄 수 있다.

둘째, 자격증을 하나로 통일하는 방향으로 나아가야 할 것이다. 하나의 자격증으로 발급해야 하는 한 가지 이유는 여러 자격증이 공존하면 수혜자인 내담자에게 오해나 혼란을 줄 수 있기 때문이다. 많은 사람이 '투자상담'이나 '민원상담' 등과 같은 수준에서 상담을 이해할 수 있고 그 차이, 예를 들면 '전문상담교사' 자격증과 '청소년상담사' 자격증이 어떻게 다른지를 구별하기 어렵기 때문이다. 다른 이유는 상담 관련 자격증을 여러 개 발급하려면 발급하는 국가기관에서나 자격증을 취득하려는 전문상담사 모두에게 시간적으로나 경제적으로 큰 부담을 줄 수 있기 때문이다. 구체적 분야의 전문성과 관련된 전문상담사 자격증은 통합된 하나의 자격증을 발급한 후 관련된 법령 등을 통해 특정분야의 전문성을 살릴 수 있도록 규정하면 될 것으로 본다.

셋째, 전문상담사의 자격요건은 수련의 양과 질을 높이는 방향으로 강화되어야 할 것이다. 상담학은 과학이고 예술(art)이다. 상담학에서 과학을 강조하는 것은 상담학이 과학적 토대 위에 이론과 실제가 도출될 때 내담자를 가장 효과적으로 도울 수 있기 때문이다. 과학적 방법은 객관적이고 타당한 절차에 따라 오차를 최소화하기 위한 과정을 거친다. 다시 말하면, 상담학은 오차를 최소화할 수 있는 과학적 방법을 통해 상담이론과 실제를 도출하려고 한다는 것이다. 상담학은 과학적 측면뿐만 아니라 예술적 측면도 강조한다. 이는 전문상담사가 시간과 공간에 따라 능수능란하게 상담을 할 수 있어야 한다는 것을 의미한다. 우리가 어떤 일을 할 때 '어떻게 해야 하겠다'고 생각하고 그렇게 하면 능률적이지 못한 경우가 많다. 칼싸움을 할 때 상대방의 칼이 들어오는 것을 보고 어떻게 막아야 하겠다고 생각하고 그 칼을 막으려고 한다면 이미 늦은 것이다. 상담과정에서도 내담자의 말에 따라 어떻게 말해야 하겠다고 생각하고 말하면 대화의 흐름이 끊어지는 경우가 많다. 그래서 전문상담사는 어떤 상담기법을 아는 수준이 아니고 실제로 할 줄 알아야 하며, 할 수 있는 수준을 넘어서서 주어진 여건에 따라 가장 적절한 상담기법을 의도적 노력 없이 자동적으로 적용할 수 있게 되어야 한다.

전문상담사 급수에 따라 차이가 있겠지만, 현재 전문상담사들 중에는 비록 자격증은 가지고 있지만 내담자에게 만족을 줄 수 있는 수준에 미치지 못한 전문상담사도 있다. 따라서 앞으로는 전문상담사 본인은 물론 내담자도 전문상담사로 확신할 수 있는 수준에 이른 전문상담사에게만 자격증을 주는 방향으로 나아가야 할 것으로 본다. 또한 대화가 거의 불가능하여 약물에 의존하지 않으면 안 되는 내담자를 제외한 대부분의 내담자에게는 도움을 줄 수 있는 수준에 이른 전문상담사에게만 자격증을 발급하는 방향으로 나아가야 할 것이다. 이를 위해서는 수련기간 중에는 물론 자격 취득 이후에도 일정 기간을 주기로 계속 수련감독자에게 충분한 수련을 받을 수 있도록 하고 수련감독자도 자체 수련을 하도록 제도화해야 할 것이다.

앞에서 살펴본 바와 같이, 우리나라는 아직 전문상담사의 전문성과 관련된 국가자격증이 하나로 통합되지 못하고 있다. 따라서 앞으로 국가에서 자격증을 발급할지 아니면 상담 관련 학회나 단체에서 발급할지, 한 가지 자격증으로만 발급할지 아니면 전문영역별로 발급할지 등과 관련된 과제가 있다. 미국의 경우에는 현재의 우리나라와 같이 전문영역별로 발급하고 있으며 발급기관도 국가기관에서 발급하는 자격증과 학회에서 발급하는 자격증이 공존하고 있다. 어떤 형태로 발급하든 전문상담사가 보다 전문성을 높이는 방향과 내담자는 물론 많은 사람에게서 신뢰를 받을 수 있는 방향으로 나아가야 하며, 이 신뢰를 토대로 상담과 관련된 자격증을 국가가 법적으로 인정해 줄 수 있는 방향으로 나아가야 한다.

2) 전문상담사의 윤리의식 고취

(1) 전문상담교사의 윤리의식 고취

상담은 사람과 사람 사이에서 이루어지기 때문에 늘 윤리적 문제가 수반된다. 우리나라는 물론 미국을 포함한 많은 나라에서는 상담 관련 해당 학회나 기관에 전문상담사 윤리강령이 있다. 우리나라에도 한국상담학회를 포함한 대부분의 상담 관련 학회에 윤리강령이 있다. 윤리강령은 내담자를 보호하기 위한 기능도 있지만 전문상담사를 보호하는 기능도 함께 있다. 앞으로 윤리문제는 더욱 심각해질 것으로 본다.

현재 학생을 대상으로 상담하고 있는 학교나 Wee 센터에는 전문상담교사 자격증 소지자와 전문상담교사 자격증 미소지자인 전문상담사가 함께 상담을 맡고 있다. 학교상담에서의 중요한 윤리문제는 비밀유지다. 일반적으로 전문상담사(전문상담교사 포함)는 상담을 시작하면서 내담자의 사적인 정보는 내담자의 허락 없이 아무에게도 알리지 않을 것이라는 점을 내담자에게 강조한다. 물론 내담자나 제삼자에게 심각한 피해를 줄 수 있는 내용이나 법적으로 문제가 되면 비밀을 유지할 수 없다는 점 등 일반적으로 비밀을 지킬 수 없는 경우도 최초 면접에서 내담자에게 알리고 상담을 시작한다. 그러나 상담내용과 심리검사 결과 등과 관련된 비밀보장이 학교상담에서는 어려운 경우가 있다는 데 문제가 있다.

첫째는 학교당국이나 담임교사 등 학생지도와 관련된 사람이 상담결과나 심리검사 결과를 공식적으로 보고할 것을 요구하거나 개인적으로 알려 달라고 할 경우다.

둘째는 학부모가 직접 찾아오거나 전화로 상담내용이나 검사 결과를 알려 달라고 할 경우다.

셋째는 상담이 종결되지 않고 현재 상담을 계속하고 있는 학생이나 상담이 종결된 학생에 대해 징계를 받는 등의 이유로 상담내용을 알려 달라고 하는 경우다.

넷째는 내담자의 부정행위나 교칙 또는 법률을 위반한 내용을 전문상담사가 알게 되었을 경우, 관련 기관에 알려 주어야 할지의 문제다.

다섯째는 전문상담사가 녹음이나 녹화 또는 상담내용을 사례연구 등의 연구자료로 사용하려고 할 때, 내담자의 부모나 학교 당국 등 내담자 이외에 누구에게 더 허락을 받아야 하는가의 문제다.

여섯째는 전문상담사 자격증이 없는 상담사에 의해 윤리문제가 발생했을 때는 어떻게 다룰 것인가의 문제다.

일곱째는 자신이 자격증을 받은 학회나 기관의 윤리강령과 근무하는 학교의 규정 등이 다를 경우다.

이상과 같은 윤리문제는 학교에서 전문상담사 수가 늘어나고 있고, 무자격자가 전문상담사로서 근무하고 있으며, 학교에서 따돌림 등으로 심각한 일이 계속 일어나고 있는 현 시점에서 보면, 앞으로 많은 문제를 일으킬 것으로 예상된다. 학교당국과 상담 관련 학회 등에서는 이 문제에 대해 충분히 논의하여 내담자와 전문상담사 모두에게 도움이 되는 방향으로 구체적인 윤리강령을 정하고 각 시도의 교육감이나 학교장도 이에 따르겠다는 일련의 조치가 있어야 할 것이다. 이러한 윤리강령을 학교에 근무하는 전문상담사에게 충분히 교육하고 전문상담사는 이 윤리강령에 따라 상담을 한다면 많은 윤리문제가 해소될 것으로 본다. 기본적으로는 한국상담학회 등 학회의 윤리강령에 따라 구체적인 윤리지침이 정해지겠지만 윤리원칙(Kitchener, 1884)이나 윤리결정모형(Stadler, 1990) 및 학교사정 등을 충분히 고려하여 초 · 중 · 고등학교 및 대학교 상담윤리강령이나 윤리와 관련된 매뉴얼 등이 있어야 할 것이다.

모든 상담 특히 학교상담에서 비밀이 보장되는 것은 아주 중요하다. 상담에서 비밀이 보장되지 않으면 상담실에 자발적으로 찾아오는 내담자가 거의 없어질 것이다. 학교상담이 활성화되지 못한 중요한 이유 중 하나가 상담 중 말한 내용이 공개된다고 학생이 판단하였기 때문이다. 따라서 전문상담사는 학교 당국이나 학부모 및 내담자의 정보를 알려고 하는 사람에게 전문상담사가 내담자의 비밀을 보장해 주지 못하면 더 이상의 상담이 이루어지지 않는다는 점을 충분히 설득시킬 필요가 있다. 내담자에게도 비밀이 보장되는 것이 기본이며 비밀이 보장되지 않을 경우에는 내담자나 학부모 등 관련자의 동의를 받고 이루어진다는 점을 충분히 납득시킬 필요가 있다. 또한 내담자가 교칙이나 법률 등을 위반한 사실을 알게 되었을 경우에는 내담자 스스로 자수하도록 돕는 것도 중요한 상담 목표가 될 수 있다.

학교상담에서 앞으로 해결해야 할 다음 과제는 전문상담사의 대우문제다. 그중에서도 업무의 종류와 업무시간 및 승진과 관련된 문제다. 전문상담교사가 처음 학교에 배정된 전문상담순회교사의 경우는 교육청에서 장학사 행정보조원 역할을 할 뿐 상담은 하지 않는다는 전문상담사의 원성이 많았다. 지금은 많이 달라졌지만 각 시도 교육청이나 학교에서 정한 상담 관련 업무에 전문상담사가 몰입할 수 있도록 학교장이나 관련 기관장이 적극적으로 지원해 주어야 한다. 그렇지 않으면 상담교사가 근무하는 근본 목적이 사라지기 때문이다. 상담윤리는 전문상담사 보호를 위해서도 필요하기 때문에 이와 관련된 사항도 윤리강령이나 시행세칙에 포함시켜야 할 것이다.

전문상담사의 업무시간도 풀어야 할 과제다. 어떤 학교는 학생이 수업을 다 마친 후 상담을 해야 한다면서 퇴근시간 이후나 공휴일에도 상담을 하도록 강요하기도 한다. 또한 주당 상담시간이 너무 많은 문제도 있다. 교과목 담당교사는 같은 내용으로 여러 반을 수업하는 경우가 많고 주당 15시간 전후로 수업을 하는데 전문상담교사에게는 30시간 이상의 상담이 부여된다면 전문상담사는 효과적인 상담을 하거나 상담결과를 정리할 시간을 가지지 못한다. 이렇게 되면 전문상담사는 내담자의 문제에 대해 깊이 있게 연구하는 등 상담을 준비할 시간이 줄어들고 그에 따라 비전문적이고 형식적인 상담을 할 수밖에 없다. 수업은 한 번 잘 못해도 특정 학생에게 크게 영향을 미치지 않지만 상담은 한 번 잘하느냐 못하느냐에 따라 한 학생의 운명을 바꿀 수도 있고 관련된 여러 사람에게 치명적인 영향을 줄 수도 있는데 그에 대한 배려가 없다는 점이 문제다. 이와 관련된 사항에 대해서 법적·제도적 장치를 마련하고 윤리강령이나 시행세칙에도 이와 관련된 내용을 포함시킬 필요가 있다.

(2) 상담기관 전문상담사의 윤리의식 고취

현재 한국상담학회의 교육연수기관, 각 군부대나 기업체 또는 지역 상담기관에 전문상담사가 근무하고 있다. 이런 상담기관에 근무하는 전문상담사는 관련된 학회나 기관의 윤리강령을 잘 준수해야 한다. 이렇게 하는 것이 내담자는 물론 전문상담사와 상담기관을 보호하고 상담과 관련하여 발생하는 문제를 줄이기 위한 방안이 될 수 있다. 이들 상담기관이 처한 윤리적 문제는 학교상담과 공통되는 부분을 제외하면, 무자격자에 의한 상담, 상담관계의 오용, 상담 자료 보관과 공개, 전문상담사 훈련 등이다. 한국상담학회를 포함한 국내 몇몇 상담 관련 학회나 미국상담학회(ACA) 등에서는 이러한 영역의 일부에 대한 내용을 윤리강령에 포함시키고 있다.

지역상담기관에서 일어나는 윤리문제 중 앞으로도 계속 문제가 될 수 있는 것은 무자격자에 의한 상담이다. 우리나라는 아직 상담기관의 설치 등과 관련된 법률이 없기 때문에 지역상담기관의 전문상담사 자격에 대한 구체적 내용이 명시되어 있지 않다. 이 때문에 무자격자에 대한 상담이 이루어지고 이것이 사회적으로 문제가 될 수 있다는 점이다. 이 점에 대해서는 앞으로 한국상담학회 등 상담 관련 학회 등이 주축이 되어 상담기관의 설치와 운영에 대한 법률이 제정될 수 있도록 최선을 다해야 할 것이다.

지역상담기관에서 일어날 수 있는 윤리문제 중 다른 하나는 상담관계의 오용이다. 상담관계에서 알게 된 관계를 전문상담사의 개인 이익을 위해 사용한다면

이는 전문상담사 개인뿐만 아니라 상담영역 전체에 큰 악영향을 미치기 때문에 앞으로 해결해야 할 중요한 과제다. 이 과제 역시 앞에서 제시한 것과 같이 법 제정을 통해 가능하다. 그 이전에 상담 관련 학회와 각 지역상담기관에서는 자체 윤리강령이나 시행세칙을 제정하여 이를 해결하도록 노력해야 할 것이다.

학교를 포함한 모든 상담기관이 그렇지만 상담기관에서의 상담 관련 자료의 보관과 공개는 아주 중요한 문제다. 특히 과학기술의 발달은 정보의 수집, 보관 및 전달과 관련하여 해결해야 할 많은 과제를 제기하고 있다. 한국상담학회를 포함하여 국내외의 많은 상담 관련 학회나 상담기관에서는 이와 관련된 내용을 상담윤리강령에 포함시키고 있다. 그러나 큰 틀에서만 마련되어 있기 때문에 구체적인 사항은 앞으로 해당 상담기관에서 시행세칙을 만들어 실행해야 할 것이다.

전문상담사 훈련도 앞으로 해결해야 할 중요한 과제다. 한국상담학회의 경우에는 전문상담사 자격규정에 그와 관련된 내용을 포함시키고 있다. 그러나 수련감독 전문상담사가 어떤 절차에 따라 어느 수준까지 수퍼비전을 해야 하는지는 분명하지 않다. 이와 관련된 사항도 자격규정의 개선과 상담윤리강령이나 시행세칙 등의 보완을 통해 해결 방향을 제시해야 할 것이다.

3) 전문상담사의 법률적 문제

해방 이후 상담은 발전과 침체를 반복했다. 이렇게 된 이유 중 중요한 한 가지는 상담이 법적 근거를 확고히 가지지 못하고 있다는 점이다. 이에 따라 정신과 의사가 상담을 하면 합법적으로 진료비를 받고 환자는 보험혜택을 받지만 전문상담사가 한 상담은 그렇지 못하다. 이에 대해 좀 더 구체적으로 살펴보기로 한다.

많은 전문상담사는 자신이 하는 상담과 정신과 의사가 하는 상담이 어떻게 다른지에 대해 의문을 제기한다. 정신과 의사와 전문상담사는 모두 내담자(정신과는 환자)의 정신건강을 도와주는 활동을 한다. 그 방법에 있어 정신과 의사는 상담과 의약품을 사용하여 환자를 돕지만 전문상담사는 의약품의 도움 없이 내담자를 돕는다. 만약 내담자가 상담기관에서 전문상담사에게 상담을 받고 그의 정신적 문제를 극복하게 되었다면 병원에서 의사에게 치료를 받고 그의 정신적 문제를 극복한 경우보다 그 의미가 크다고 볼 수 있다. 좋은 의약품이 많이 개발되었다고는 하나 의약품을 복용한 많은 사람은 부작용을 보고하고 있기 때문이다. 또한 의약품을 사용하면 계속 약물에 의존할 가능성도 높기 때문이다. 이 때문에 의약품을 사용하지 않고 정신적으로 건강해진 내담자는 의약품을 사용한 내담자보다 더 만족스러워한다.

그러나 상담과 관련된 전문상담사의 권리와 의무는 법적으로 명확히 제시되어 있지 않다. 즉, 정신과 의사는 「의료법」에 따라 권리를 행사하고 책임을 지지만 전문상담사는 아직 확실한 책임과 권리를 국가에서 부여받지 못하고 있다. 「의료법」에는 의료인만이 의료행위를 할 수 있고, 의료인은 의사, 치과의사, 한의사, 조산사 및 간호사를 말하는 것으로 되어 있다. 여기에는 전문상담사가 포함되어 있지 않다.

전문상담사가 하는 상담이 의료행위인지 아닌지가 전문상담사와 정신과 의사 사이에 계속 논쟁이 되어 왔고 법적으로 문제가 된 경우도 있다. 많은 의사는 의료행위를 치료로 보고 의료인이 아닌 사람이 '치료'라는 용어를 사용하면 「의료법」을 위반한 것으로 간주하고 있다. 그래서 상담기관을 개소하면서 '치료'라는 용어를 사용하였다는 이유로 의사협회 등으로부터 강력한 항의를 받아 상담기관의 명칭을 바꾼 경우도 있다. 이 모두가 상담에 대해 법적으로 권리와 책임을 인정받지 못했기 때문이다. 따라서 앞으로 상담 관련 학회 등이 주축이 되어 상담과 관련된 법을 제정하기 위해 적극적으로 노력해야 할 것이다.

전문상담사 수가 늘어나고 그에 따라 상담활동이 활성화되면 될수록 상담과 관련된 법적인 문제도 늘어날 수 있다. 우리나라는 아직 전문상담사(전문상담교사, 청소년상담사, 직업상담사, 전문상담사, 상담심리사 등) 전체를 통합한 법적 장치가 마련되어 있지 않다. 이 때문에 전문상담사는 관련 자격증을 발급한 기관의 윤리강령과 시행세칙을 준수하면서 상담을 하고 있다. 그러나 윤리강령이 법적 효력을 가지는 것이 아니기 때문에 법적으로 문제가 제기되면 전문상담사는 보호 받기 어려울 수 있다. 그래서 전문상담사가 법적으로 보호 받을 수 있는 장치의 마련이 아주 중요하다.

상담을 의료행위로 본다면「의료법」에 전문상담사를 포함시키는 것도 전문상담사의 전문성을 국가로부터 인정받는 방법이 될 수 있을 것이다. 그러나 정신과에서「의료법」에 의해 의료행위를 하고 있기 때문에 전문상담사를 의료인으로「의료법」에 포함시키기는 현실적으로 어렵다고 본다. 따라서 전문상담사는 다른 각도에서 전문성을 국가에서 인정받도록 해야 할 것이다.

전문상담사는 의약품에 의존하지 않고 인간의 정서와 인지 및 행동을 변화시키고 신체긴장을 줄이는데 보다 관심을 둔다는 점에서 가칭 '상담법'을 새로 마련하는 것이 중요한 대안이 될 수 있다. 이 법에는 상담인의 의미를 명확히 규정하고 상담기관 및 상담활동의 영역도 포함해야 할 것이다. 이 법에 근거하여 전문상담사가 자격증을 받고 상담기관을 설립하며 상담활동을 할 수 있을 때 전문상담사는 그 기능을 극대화할 수 있고 보다 양질의 상담을 제공할 수 있게 될 것이다. 또한 이 법에 따라 상담보험제도 등도 이루어질 수 있을 것이다.

전문상담사는 상담법 등이 제정되어 전문상담사가 법적인 보호를 받을 수 있기 전까지는 관련된 현행 법률에 대해 잘 알고 있어야 한다. 또한 관련 학회의 윤리강령이나 시행세칙을 잘 알고, 그에 어긋나지 않도록 노력해야 한다. 학회의 윤리강령을 위반하면 법적인 제제에 앞서 학회에서 전문상담사 자격증 박탈을 포함한 불이익을 받을 수 있기 때문이다.

전문상담교사의 법적 지위문제도 앞으로 해결해야 할 과제다. 현재 전문상담교사는 승진의 기회가 없다. 학교에서 가장 중요한 학생의 인성을 지도하고 있는 전문상담교사가 국어나 영어와 같은 교과목 지도교사보다 학교를 운영하는 행정력 등이 부족하다고 보는 것이다. 또한 '진로진학상담교사'와 '전문상담교사'의 역할과 책임 및 권한에 대해서도 법적으로 명확히 규정되어야 할 것이다. 그렇지 않으면 같은 학교 내에서 많은 갈등이 일어날 수 있다.

현재 우리나라에는 무자격 전문상담사 등이 초등학교에서 상담 관련 업무를 보조하는 경우도 있지만 초등학교에 공식적으로 전문상담교사가 발령을 받아 근무하는 학교는 거의 없다. 미국의 경우에는 초등학교에도 전문상담교사가 배치되어 있다. 각 학교마다 전문상담교사 수에는 차이가 있지만 미국학교상담학회(ASCA)에서는 학생 250명당 1명의 전문상담교사를 배치하도록 권고하고 있고 각 주에서도 이에 상응하는 전문상담교사를 배정하기 위해 노력하고 있다(미국학교상담학회 홈페이지, http://schoolcounselor.org, 2003). 정치와 경제 및 사회적 변화에 따라 학생의 신체적 성장도 그 속도가 빨라지고 있다. 이에 따라 초등학생의 공격성이나 성문제 등이 계속 사회문제로 대두되고 있다. 더 중요한 것은 초등학교에서의 정신건강 상태가 중등학교는 물론 성인으로까지 이어질 수 있다는 점이다. 국가 재정이나 법률적인 문제 등으로 단기간에 전국 약 6,000개 초등학교(2012년 4월 교육부 통계자료 기준)에 전문상담교사를 배치하기는 어려울 것이다. 그러나 많은 사람이 정신건강, 나아가 자기계발에 관심이 많아지고 있고, 중고등학교 시기보다 초등학교 시기에 치료나 교정이 더 쉬우며, 그 효과도 오래 지속된다는 점에서 국가에서는 이에 대해 많은 관심을 가져야 할 것이다. 더욱이 국가적 차원에서 볼 때 정신건강 예방이 사회 범죄 등의 예방에 가장 도움이 되며 경비도 가장 적게 든다는 점과 많은 사람의 행복 증진에 가장 크게 기여할 수 있다는 점 등에서 하루속히 관련된 법률을 제정하여야 할 것이다.

4) 상담보험제도 실시

앞으로 사회가 복지사회로 나아가면 갈수록 정신건강과 관련된 사항에 대한 국민의 관심도 계속 높아질 것이다. 그러나 우리나라에는 정신과 의사가 있기 때문에 전문상담사의 상담에 대해 국가가 현재 의료보험과 같은 수준으로 상담비용의 일부를 부담해 주는 데에는 많은 어려움이 있다. 이와 관련된 문제는 앞으로 많은 논의와 법적·제도적 장치를 마련하여 해결해야 할 것이다. 상담 관련 학회와 전문상담사는 국민이 상담을 받을 경우 보험혜택을 받을 수 있도록 최선을 다해야 할 것이다. 상담보험에 대해서는 크게 세 가지 방향에서 생각해 볼 수 있다.

첫째, 국가에서 국민의 상담에 대해 현재 의료보험과 같은 형식으로 보험 혜택을 주는 소위 '상담보험제도'를 도입하는 것이다. 이러한 제도의 필요성은 우리나라 자살 인구가 하루에 50명을 전후한다는 점과 많은 청소년이 따돌림 등으로 큰 상처를 받는 데에서도 찾을 수 있다. 이들이 초기에 전문상담사를 찾아 상담을 한다면 많은 경우 좋아질 수 있다. 많은 청소년은 정신과에 가기 전에 전문상담사와의 상담을 통해 자살을 줄일 수 있다. 전문상담사가 상담해 본 결과, 의약품의 도움이 필요할 경우는 내담자를 설득하여 정신과 의사에게 의뢰하면 내담자도 그 필요성을 인식하기 때문에 부담이 적은 상태에서 의약품의 도움을 받을 수 있다. 아직까지 우리 문화에서 조금 우울하거나 친구에게 따돌림을 받았다고 바로 정신과를 찾는 사람은 극히 드물다는 점을 충분히 고려해야 한다.

상담보험제도를 도입하려면 상담보험 적용기준과 1회 상담시간 및 상담횟수가 아주 중요할 것이다. 현재 정신과 의사도 상담을 하고 상담 비용을 받을 수 있지만 정신과 의사는 주로 의약품 처방을 하고 있다. 이는 상담과 관련된 비용청구와 관련된 요건이 까다롭거나 상담비용이 정신과 의사의 요구 수준을 만족시키지 못하는 등의 문제가 있기 때문일 수도 있다. 앞으로 국가가 국민의 요구를 수용하여 상담보험제도를 실시한다면 캐나다 등의 제도를 참고할 수 있을 것이다. 국가가 일정 기준에 따라 전문상담기관을 지정하고 그 기관에서 필요한 사람이 상담할 수 있는 내용과 시간 및 횟수의 범위를 정하고 그에 따라 보험료를 지급하는 방법을 정하면 될 것으로 본다. 재정적인 문제 등으로 단기간에는 어렵겠지만 국민의 복지 차원에서는 어느 복지 정책보다 우선해야 할 것이다. 복지는 이제 삶의 질과 관련되고 삶의 질 중에서는 정신건강이 가장 중요하고 또한 행복은 정신적으로 건강해야만 누릴 수 있기 때문이다. 이 제도를 바로 실시하기 어렵다면 상담서비스 바우처제도를 조금씩 확대해 가는 방법도 있을 것이다. 전문상담사는 이에 대한 관심을 가지고 대정부 활동을 해야 한다.

다음으로 보험회사에서 상담보험상품을 개발하도록 하는 것이다. 그중 하나는 국민이 필요에 따라 상담을 받은 후 자신이 가입한 보험회사가 그 상담 비용을 지불하는 보험이다. 다른 하나는 전문상담사가 상담 중 발생한 문제와 관련하여 발생한 경비를 보험회사가 지불하는 보험이다. 미국의 경우에는 상담과 관련된 보험이 있다. 미국의 보험회사 자료에 의하면 정신건강 서비스는 20세기에 급증했고 아마도 21세기에도 그렇게 될 것으로 보고 있다. 미국의 경우 보험회사는 비용 절감을 위해 상담회기를 제한하였고, 많은 양의 서류를 요구했다. 이러한 점을 생각한다면 우리나라 전문상담사는 상담 관련 보험제도에 앞서 전문성을 확보하기 위해 많은 노력을 해야 할 것으로 본다. 전문상담사의 전문성이 확보되어야만 비싼 비용(보험료)을 지불하고도 상담을 받으려는 사람이 늘어날 것이기 때문이다.

우리나라의 경우, 멀지 않은 시기에 전문상담사를 위한 보험이 필요할 것으로 본다. 현재 우리나라에는 전문상담사 수가 급증하고 있다. 국가에서 발급한 전문상담교사, 청소년상담사, 직업상담사와 한국상담학회의 전문상담사, 한국상담심리학회의 상담심리사를 합하면 몇 천 명에 이르고 이들 중 현재 상담활동을 하고 있는 전문상담사도 많다. 그러나 이들이 법적으로 보호 받을 수 있는 장치가 거의 없는 것이 우리나라의 실정이다. 따라서 이들의 상담활동이 법적으로나 사회적으로 문제가 될 경우 이를 해결하기 위해서는 많은 경비가 필요할 것으로 본다. 상담 관련 학회 등에서는 보험회사와 제휴하여 전문상담사를 경제적으로 보호할 수 있는 보험제도를 개발하는 데 관심을 가져야 할 것이다.

이상에서 살펴본 바와 같이, 우리나라의 경우도 가까운 시기에 상담과 관련된 보험이나 그와 유사한 제도가 도입될 것이다. 앞으로 국민이 상담보호제도 등을 통해 아주 어린아이 때부터 상담서비스를 받을 수 있게 될 것이다. 이렇게 되면 국민의 정신건강이 심각한 상태로 발전하기 전에 예방 또는 치유가 가능해질 수 있다. 이는 해당 개인은 물론 국가적으로도 큰 도움이 된다. 한 개인이 정신적으로 건강하지 못하여 그 가족이나 사회에 끼치는 물질적 · 정신적 손실이 대단히 크다는 사실을 우리는 여러 번의 경험을 통해 잘 알고 있기 때문이다. 정신적으로 건강하지 못한 사람의 총기 난사, 방화, 살인, 성폭력 등으로 인해 얼마나 많은 국민이 직접 또는 간접적으로 피해를 입고 있으며 그 때문에 들어가는 직접적 · 간접적 사회비용이 얼마나 되는지는 추정하기 어려울 정도다. 따라서 전문상담사는 상담 관련 학회를 중심으로 입법 · 제도개선에 적극적으로 참여하여 상담보험제도가 하루 속히 시행될 수 있도록 최선을 다해 노력해야 할 것이다. 그러나 상담의 전문성이 확보되지 못하면 이러한 모든 것이 불가능해지기 때문에, 전문상담사는 인간적 자질과 전문적 자질을 함양하기 위해서도 최선을 다해야만 한다. 전문상담사는 국민과 국가로부터 전문성에 대해 높은 신뢰성을 확보해야 하며, 이를 위해 관련된 학회를 중심으로 계속 노력해야 할 것이다.

제2부
상담학의 요소

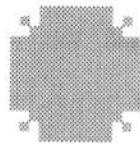

제3장
상담과 상담학

김인규

이 장에서는 상담의 의미를 살펴보고 이를 학문적으로 다루는 상담학의 구성과 기능에 대해 살펴본다. 우선 상담이라는 용어가 광범위하게 사용되고 있는 상황 속에서 상담과 유사 개념들과의 관계는 어떠한지, 일상생활 속에서의 상담과 전문적 행위로서의 상담이 어떻게 다른지, 전문적 상담의 개념을 구축하기 위해 학문적으로나 사회적 그리고 제도적으로 어떤 것이 필요한지 등을 알아본다. 다음으로 비교적 신생학문인 상담학의 구성이 어떠해야 하는지를 살펴보기 위해 기존의 상담학 구성에 관한 논의와 교육학, 심리학, 사회복지학 등의 인접 학문의 구조를 살펴보고 새로운 상담학의 체계와 구성요소를 제시한다.

1. 상담의 의미

상담활동은 오래전부터 일상생활 가운데 행해져 왔으나 전문적 활동으로서 또는 직업으로서의 상담은 서양에서는 20세기 들어 시작되었고, 우리나라에서는 1960년대부터 시작되었다고 할 수 있다. 서양에서는 상담의 의미에 대한 논의가 다시 필요하지 않을 정도로 학문적으로나 사회적으로 전문적 상담의 개념과 위상이 명확하지만, 우리나라에서는 일상적 활동으로서의 상담과 전문적 활동으로서의 상담이 명확하게 구분되어 있지 않을 뿐더러, 학문적으로나 사회적으로 상담의 개념과 위상이 명확하지 않은 상태다. 최근 여러 정부정책이나 다양한 상담교육기관에서 전문적 활동으로서의 상담을 다루고, 많은 사람이 상담에 관심을 갖게 되면서 일상적 활동으로서의 상담과 전문적 활동으로서의 상담의 구분이 매우 필요하게 되었다. 이에 우선 상담이라는 용어 사용의 현황에 대해 살펴보고, 전문 상담의 의미를 탐색해 본다.

1) 광범위한 '상담' 상황

현재 우리나라에는 '상담'이 넘쳐나고 있다. 청소년상담, 부부상담, 노인상담 등 다양한 사회적 이슈에 따라 상담을 이야기하고 있으며, 재무상담, 부동산상담, 의료상담, 피부미용상담 등 다양한 생활영역에서 상담이라는 용어를 사용하고 있다. 정부정책과 언론 프로그램 등에 상담 관련 내용들이 수시로 제시되고 있으며, 대학 및 각종 교육기관, 시설에서 다양한 상담교육 과정을 개설하여 많은 사람에게 상담을 교육하고 있다. 상담 관련 학회와 단체가 너무 다양하고 많아 정부의 정책 담당자들은 상담 관련 정책을 수립하고 시행하는 데 있어 혼란을 겪고 있을 정도다. 이런 광범위한 '상담' 상황은 다음과 같이 구분하여 이해할 수 있다.

(1) 일상적으로 일어나는 상담현상

우리는 일상생활 속에서 상담이라는 용어를 자주 사용한다. "나 좀 상담해 줘." "너 가서 상담 받아 보는 것이 좋겠어."라는 말을 쉽게 듣거나 말한다. 어려움이 생겼을 때 누군가에게 그 어려움을 호소하고 심리적 지지이든, 정보 제공이든, 자원 연계이든 어떠한 도움이라도 받게 되는 활동을 '상담'이라고 말하고 있다. 상담을 인격적인 만남을 통해 생활세계 곳곳에서 사람들의 바람직한 변화를 돕는 과정(박성희, 2001)으로 이해하기도 하는데, 이는 상담은 상담실 내에서만 일어나는 활동이 아니라 상담실 밖의 일상세계 속에 널려 있으며, 인류의 역사와 더불어 어느 곳에서나 있었던 현상이라는 것이다(pp. 7-29).

그러나 이렇게 상담을 이해하게 되면서 일상적 상담과 전문적 상담을 어떻게 구분할 것인가가 문제가 된다. 상담이 일상적 활동에만 머무르지 않고 사회적 제도로 확립되어 가는 과정에는 명확한 범주 설정이 필요하다. 마치 어머니가 체한 아이의 배를 쓰다듬어 주는 것도 일종의 일상적 의료행위이지만 전문의가 진단하고 약을 처방하는 전문 의료행위는 이와 구분된 활동으로 인식하고 정의하는 것이 필요한 것과 마찬가지다.

(2) 모든 생활영역에서 활용되는 상담활동

우리는 각종 영역에서 상담이라는 용어를 사용한다. 상담의 대상에 따라 아동상담, 청소년상담, 여성상담, 노인상담 등의 용어를 사용하기도 하고, 상담의 장면에 따라 학교상담, 군상담, 기업상담 등의 용어를 사용하기도 한다. 상담의 내용에 따라 연애상담, 진로상담, 학업상담, 비행상담, 중독상담, 부동산상담, 피부상담, 법률상담 등의 용어를 사용한다. 여러 정부부처도 앞다투어 정책에 상담을 반영하고 있다. 교육부의 학교상담정책/여성가족부의 청소년상담정책, 가정상담정책, 여성상담정책/보건복지부의 아동상담정책, 중독상담정책, 정신건강상담정책/경찰청의 비행상담정책/법무부의 교정상담 정책/고용노동부의 노동상담정책/국방부의 군상담정책 등 주요 부처마다 상담 관련 정책을 수립하고 수행하고 있다. 이와 같이 상담은 인간 삶의 모든 연령대, 모든 문제, 모든 장면에서 사용되는 용어라 할 수 있다.

김계현 등(2011)은 상담의 개념을 이해하는 가장 효과적인 방법은 상담이 실제로 수행되는 현장을 찾아가 그곳에서 상담활동을 직접 목격하는 것이라고 제안하기도 하였다. 이렇게 할 때 상담을 추상적인 수준으로 이해하는 것을 넘어서 상담의 진정한 모습을 직접 관찰할 수 있다는 것이다. 그는 상담이 실제로 이루어지는 현장으로 학교상담, 대학상담, 청소년기관 상담, 직업상담(취업지원 상담), 기업상담(산업상담, 직장인 상담), 복지기관 상담, 종교기관 상담, 사설개업상담, 정신과 상담 등을 제시하였다(pp. 19-24).

그러면 이 모든 것을 상담의 영역으로 이해할 것인가? 박성희(2001)는 상담을 심리상담, 성격상담, 가족상담 등 '상담의 전문성이 보다 강조되는 상담'과 건강상담, 세무상담, 의료상담 등 '과제 전문성이 보다 강조되는 상담'으로 구별하여 이해할 것을 제안하였다(pp. 278-280). 김계현 등(2011)은 상담전문가의 전문영역을 정확하게 구획하는 것은 무리이지만, 현재 보편적으로 인정하고 있는 상담의 영역으로 심리, 진로와 직업, 교육 및 학업, 발달과 장애, 결혼과 가정, 인간관계, 적응, 중독 · 비행 등 문제행동, 신앙 등을 제시하면서 이런 상담영역은 시대에 따라 조금씩 변화한다고 언급하였다(p. 17).

(3) 상담사의 자질에 대한 다양한 이해

이와 같이 인간 삶의 다양한 영역에서 일상적으로 상담활동이 이루어진다고 이해하게 됨으로써 필연적으로 전문상담사는 어떤 사람인가 또는 어떤 사람이어야 하는가에 대한 혼란이 생기게 되었다. '나이가 많은 사람' '타인의 이야기를 잘 들어 주는 사람' '그 분야에 대한 전문적 지식과 경험이 있는 사람' '삶에 대한 지혜와 통찰력이 있는 사람' '존경받을 만한 인격을 갖춘 사람' '인간 심리와 관계에 대한 전문적 지식과 변화조력 기술을 갖춘 사람' 등 다양한 상담사의 자질에 대한 이해가 있다.

이런 다양한 이해에 따라 전문상담사 양성 기관 및 프로그램에서 다양한 내용과 수준의 교육이 이루어지고 있다. 3~4시간 내외의 상담강의에서부터 시작하여 2~3일간의 워크숍, 100시간의 상담사 연수 등과 정식 학위과정으로서 대학, 대학원에 교육과정이 개설되어 운영되고 있다. 어느 과정을 이수해도 '상담'을 배웠다고 하며, '전문상담사'로 활동할 수 있다고 인정하여 자격증을 발급하는 경우가 많다. 이에 대한 제도적 관리가 되지 않는 현재의 상황은 상담의 대중화에는 기여하고 있으나, 상담의 전문성을 구축하지 못함으로 인해 결국 상담의 입지를 약화시킬 위험이 있다.

(4) 상담방법과 접근의 다양성

상담에서 활용하는 방법은 매우 다양하다. 일상적인 상담은 주로 일대일로 직접 만나서 대화의 방법을 사용하여 단회로 마치는 경우가 많은데, 많은 사람은 전문적 상담도 이와 같을 것으로 이해하는 경우가 많다. 그러나 상담은 인적 구성, 상담 도구, 상담 길이 등에서 매우 다양하게 이루어진다. 김계현 등(2011)은 상담의 인적 구성, 의사소통 경로, 상담의 시간적 길이 등 상담의 방법을 검토함으로써 상담을 이해할 수 있다고 보았다. 상담의 인적 구성으로는 개인상담, 집단상담, 부부/커플상담, 가족상담, 집단교육적 상담 등이 있고, 의사소통 경로로는 면접상담, 표현요법, 놀이치료, 전화상담, 전자통신 상담, 전자프로그램 상담 등이 있으며, 시간적 길이로는 단회상담, 단기상담, 장기상담 등이 있다(pp. 24-30).

김용태(2006)는 상담 방식과 수준에 따라 정보상담, 과학상담, 예술상담, 철학상담으로 구분할 수 있다고 제안하였다. 단순히 인간의 심리에 대해 정보를 제공받으려는 내담자들에게 정보 제공을 하는 활동에 머무는 상담은 정보상담이고, 기존의 심리치료 이론들이 가지고 있는 인간의 마음에 관한 과학적이고 체계적인 지식에 따라 제공되는 상담은 과학상담이며, 과학적 지식을 근거로 마음의 변화에 대처하는 상담은 예술상담이다. 또 가치 판단에 기초하여 내담자에게 방향성을 제공하는 상담은 철학상담이다. 과학상담은 정보상담을 포함하며, 예술상담은 과학상담을, 철학상담은 예술상담을 포함한다(pp. 63-65).

상담에 활용되는 이론적 접근도 매우 다양하다. 개인상담 중심의 주요 상담

이론서에서 다루는 이론만 해도 10여 개 이상이 되며, 가족상담 이론서에서도 10여 개의 상이한 이론을 제시하고 있다. 코르시니와 웨딩(Corsini & Wedding, 2004)은 서로 다른 심리치료의 체계들이 400개 이상 있을 것이라고 추정하였으며(p. 28), 박성희(2001)는 상담계에서 비중 있게 다루어지는 160여 개의 이론명을 제시하였다(pp. 284-286). 이런 다양한 상담접근은 상담이 무엇인가에 대한 이해에 혼란을 가중시키고 있다.

2) 상담의 의미 규정을 위한 노력

지금까지 많은 학자가 상담의 의미를 규정하기 위해 노력하였다. 여기서는 상담의 의미 파악을 위한 기존의 노력을 사전적 정의로서의 의미 파악, 상담활동의 분석을 통한 의미 파악, 유사 개념과의 비교를 통한 의미 파악 등으로 구분하여 살펴본다.

(1) 상담의 사전적 정의

우리가 사용하는 상담이라는 용어는 영어의 'counseling'을 번역한 것으로서 우리나라에서 전통적으로 사용해 온 고유한 어휘라고는 할 수 없다. 한자로는 '서로(相) 이야기한다(談)'는 뜻이며, 국어사전에는 '문제를 해결하거나 궁금증을 풀기 위하여 서로 의논함'으로 풀이되어 이야기의 목적이 있음을 암시하고 있다. 영어에서의 'counseling'은 조언, 충고, 자문, 의견, 제안 등의 의미를 지니고 있다.

그러나 상담이라는 단어가 전문적 활동으로서의 'counseling'을 충분히 담아내기 어렵다고 보아 상담이라는 용어 대신 카운슬링이라는 용어를 그대로 사용한 경우도 있다(김계현, 1997, 2002; 김창대, 박성수, 정원식, 1999; 정원식, 박성수, 1978).

(2) 상담활동 분석에 따른 상담의 의미

많은 상담학자는 상담에 대한 정의를 내리기 위해 노력해 왔다. 대표적인 몇 학자가 제시한 상담의 정의는 다음과 같다.

> 심리상담/치료는 치료적 모험을 통해 변화할 의미가 있는 두 사람 간의 계약 과정이다(Corey, 2003: 6).

> 심리치료는 양자 사이에서 이루어지는 공식적인 상호작용 과정으로, 보통 한 편에 한 사람으로 구성되지만 두 사람 이상이 있는 경우도 있으며, 둘 중 어느 한 쪽의 인지적 기능(사고의 장애), 감정적 기능(정서적 고통) 또는 행동적 기능(행동의 부적절성) 중 일부 영역이나 전체 영역에서 생기는 고통을 개선하려는 목적을 지닌다(Corsini & Wedding, 2004: 15).

> 카운슬링은 정상적인 사람을 대상으로 태도상의 문제와 심리적 갈등의 문제에 대하여 새로운 학습을 하도록 도움을 주는 과정이다(정원식, 박성수, 1978: 29).

> 상담은 도움을 필요로 하는 사람(내담자)이 전문적 훈련을 받은 사람(전문상담사)과의 대면관계에서 생활과제의 해결과 사고, 행동, 감정 측면의 인간적 성장을 위해 노력하는 학습과정이다(이장호, 1986: 3).

각 학자의 상담에 대한 정의에서 공통적으로 나타나는 것은 만남의 과정을 통한 변화와 성장이라는 점이다. 여기에 학자에 따라 상담참여자, 상담방법, 상담영역, 상담장면 등이 선별적으로 추가되어 있다. 즉, 상담은 전문상담사와 내담자의 만남을 통해 내담자의 변화와 성장을 이루어 가는 과정이라는 점에서 공통적인 이해를 하고 있다고 할 수 있다.

그러나 박성희(2001)는 앞에서 제시된 기존의 상담 개념에 대한 대부분의 논의가 상담을 상담실 내의 활동으로만 국한하고 사람 중심으로 분류하려고 한 것에 문제가 있다고 지적했다. 즉, 상담을 교도실, 치료실, 상담실에 매인 활동으로 규정하여 상담실 밖의 일상세계에서 일어나는 상담활동을 놓치게 되었으며, 상담의 전문성을 부각시키기 위해 굳이 전문교육을 받고 자격을 갖춘 사람들만 수행하는 활동이 상담이라고 고집하는 것은 지나치게 배타적이 된다는 것이다(pp. 29-31). 따라서 상담실 밖에서 일반인들에 의해서도 활발하게 수행되는 상담활동을 담아낼 수 있는 상담의 의미를 다음과 같이 제안하였다.

> 상담은 인격적인 만남을 통해 생활 세계 곳곳에서 사람들의 바람직한 변화를 돕는 과정이다(박성희, 2001: 27).

또한 김용태(2006)는 상담이 개인이나 집단의 선호도에 관계없이 자연적으로 존재하는 자연 현상이며 상담의 자연성은 만남현상으로서 문화, 세대, 지역, 시대를 막론하고 상담이 존재하는 것에서 알 수 있다고 보았다. 그러나 상담은 인간의 활동이므로 보편현상으로만 존재하지 않고 목적현상을 수반하여 어떤 가치를 추구하게 된다고 보았다. 또한 상담은 일정한 범위 내에서는 동질적인 현상으로 이해할 수 있지만 상담의 단계가 변화하면서 또는 상담의 수준이 달라지면서 이질적인 현상으로 이해할 수 있다고 보았다. 즉, 상담은 동질현상을 포함하는 이질현상이라는 것이다. 또한 상담은 개인을 치료하거나 성장시키는 개인현상인 동시에 사람과 사람의 만남이라는 관계를 통해서 이루어지는 관계현상이다. 이러한 상담에 대한 이해를 바탕으로 다음과 같이 상담을 정의하였다.

> 상담은 인간을 자유롭게 하는 만남의 과정이다(김용태, 2006: 65).

한편, 강진령(2008)은 상담을 구체적 기법과 함께 그 목적이나 기대 효과로 규정하는 정의를 제시하였다.

> 상담은 명료화, 재진술, 반영, 해석, 직면 등의 전문적인 대화 방법을 통해 내담자와의 작업동맹을 토대로 사고, 행동 혹은/그리고 감정의 변화를 위한 작업 과정을 거쳐 변화를 촉진하여 내담자의 자기이해, 문제해결, 의사결정을 도움으로써 인간적 성장을 도와주는 제반 활동이다(강진령, 2008: 258).

또한 국가직무능력표준(National Competency Standards: NCS)에서는 심리상담 및 청소년상담복지에 대하여 다음과 같이 정의하고 있다.

> 심리상담은 심리사회적 문제 해소 및 성장을 위하여 전 연령의 개인 또는 그와 관련된 사람에게 전문적 상담관계에 기초하여 심리교육 및 예방, 심리치료 등을 수행하는 일이다(NCS 홈페이지).

> 청소년상담복지는 청소년의 행복과 균형 있는 성장을 위하여 청소년과 그 주변인을 대상으로 전문적 상담서비스, 보호 및 위기개입, 지역사회 연계망 운영, 교육과 예방활동을 통합적으로 수행하는 일이다(NCS 홈페이지).

(3) 유사 개념과의 비교를 통한 상담에 대한 이해

전통적으로 상담은 심리치료에서 분리되었다고 이해되고 있으며, 생활지도의 한 영역으로 이해되기도 하였다. 따라서 상담과 유사 분야와의 비교를 통한 상담의 의미 파악은 매우 중요하다고 할 수 있다. 더욱이 우리나라 현실에서는 상담학이 아직 독립된 학문으로 확립되지 않았고 기존의 교육학, 심리학, 가족학, 신학 등의 영역 내에 머물러 있는 경우가 많기 때문에 이러한 인접 학문 또는 모 학문과의 관계 정립은 상담학의 발전에 있어 필수적인 것이라 할 수 있다.

우선 일반적으로 많이 논의된 유사 개념과의 비교는 상담과 심리치료의 비교다. 김계현 등(2011)은 상담과 심리치료를 구분하지 않는 관점과 구분하는 관점 등 두 가지로 정리하고 있으나(p. 18), 박성희(2001)는 이를 세분하여 상담과 심리치료는 차이가 없다는 입장, 정도에 차이가 있다는 입장, 실제 하는 일에 차이가 있다는 입장 등 세 가지로 구분하였다(pp. 16-19).

첫째, 상담과 심리치료가 차이가 없다는 입장은 우선 이들이 사용하는 이론적 근거가 같다는 것이다. 상담과 심리치료 각 영역의 교과서에서 제시하는 이론은 정신분석, 행동주의, 인지주의, 인본주의, 게슈탈트, 교류분석, 현실치료, 가족치료 등과 같은 내용들이다. 또한 상담이나 심리치료의 효과를 이끌어 내기 위해 사용하는 전략, 기법, 과정 등도 차이가 거의 없다. 많은 교과서가 '상담 및 심리치료'를 책의 제목으로 사용하고 있는 것은 이런 두 개념 간의 동질성을 의미하는 것이며, 이 두 개념이 별도의 의미를 지닌 것처럼 사용되는 것은 단지 두 개념을 주로 사용하는 학문, 학회 또는 전문가들 간의 사회적 · 정치적 이해관계 때문이라고 볼 수 있다.

둘째, 상담과 심리치료 간에 정도의 차이가 있다고 보는 입장에서는 대상, 목표, 방법의 차이를 언급한다. 즉, 상담은 정상적인 기능을 하는 내담자를 다루는 반면, 심리치료는 신경증이나 정신병리적인 문제를 지닌 환자를 다룬다는 면에서 상담 대상의 문제 정도에 차이가 있다. 또한 상담은 발달, 교육, 예방을 목표로 하는 반면에 심리치료는 교정, 적응, 치료를 목표로 하고 있어 목표의 수준에서 차이가 있다. 그리고 상담은 내담자의 의식 수준의 관심사를 다루는 전략과 방법을 사용하여 비교적 단기간에 마치는 반면에 심리치료는 환자의 무의식 수준의 문제를 다루는 전략과 방법을 사용하여 비교적 장기간에 걸쳐 진행된다. 이에 대한 국내외 대표적인 학자들의 언급을 소개하면 다음과 같다.

> 상담과 심리치료는 질적으로 같은 것이고, 단지 양적으로만 다르다. 상담사가 하지 않는 일을 심리치료사가 하는 경우는 없다. 상담은 종종 한 회기 동안 일어나며 5회기 이상이 되는 경우가 드문 비교적 짧은 과정인 반면, 심리치료는 대개 많은 회기로 구성되며 심지어 수년 동안 계속될 수도 있다. 상담과 심리치료에서 일어나는 실제 과정들은 동일하지만 사용되는 시간은 상대적으로 차이가 난다(Corsini & Wedding, 2004: 16; 〈표 3-1〉 참조).

> 상담과 심리치료를 명확하게 구분하기는 어렵지만 둘의 차이는 누가 주로 어떤 내담자를 대상으로 하며 어떤 방법으로 어느 정도까지 접근하느냐에 달려 있다고 볼 수 있다. 상담사는 상담심리학 전공의 석사와 박사를 말하고, 심리치료사는 임상심리학 전공의 석사와 박사 그리고 정신과 의사다. 상담은 이른바 정상인을, 심리치료는 환자를 각각 주 대상으로 한다. 그리고 상담이 대체로 교

ooo 표 3-1 전문적 활동에서 상담사와 심리치료사가 사용하는 시간의 추정 백분율

과정	상담	심리치료
듣기	20	60
질문	15	10
평가	5	5
해석	1	3
지지	5	10
설명	15	5
정보 제공	20	3
조언	10	3
지시	9	1

출처: Corsini & Wedding(2004). p. 17.

육적 · 상황적 문제해결과 의식 내용의 자각에 주력하는 반면, 심리치료는 재구성적 · 심층 분석적 문제해결과 무의식적 동기의 통찰에 역점을 둔다고 말할 수 있다(이장호, 1986: 6-7).

셋째, 상담과 심리치료 간에 중대한 차이가 있다는 관점에서는 두 분야 간에 중첩되는 부분도 많지만 본질상 그들이 하는 일이 다르다고 본다. 여기에는 우선 상담이 사고의 합리성과 환경의 영향력을 강조하고 내담자의 일상적인 문제를 다루는 반면, 심리치료는 개인 내면의 역동성을 강조하고 심층심리세계를 다룬다는 것이다. 따라서 상담사는 교육, 훈련, 자아실현을 위한 각종 프로그램의 운영 등에 주로 참여하고, 심리치료사는 치료실에서 성격을 교정하기 위한 치료를 주로 수행한다는 것이다(박성희, 2001: 18). 이는 앞에서 논의한 두 개념 간에 차이가 없다는 입장에서 다룬 내용인데, 이런 대상의 문제와 주요 활동의 차이를 근본적인 질적 차이로 보느냐 아니면 수준과 정도의 차이로 보느냐에 달린 것이라 할 수 있다.

또한 인간지향적이냐 문제지향적이냐에 따라 상담과 심리치료를 구분하기도 한다. 여기서 박성희와 코르시니는 이 표현을 서로 다르게 사용하고 있다. 박성희(2001)는 상담은 개인생활에 대한 종합적인 접근을 시도하는 데 비해 심리치료는 문제로 부각된 특정 측면에 관심을 둔다고 보았다. 상담이 존재 전체로서 '사람'과 '인격'을 다룬다면, 심리치료는 문제가 된 존재의 특정 측면을 주로 다룬다는 것이다(p. 18). 반면 코르시니와 웨딩(2000)은 상담은 문제지향적이며 심리치료는 인간지향적이라고 보았다. 상담은 인간행동의 특정 영역에 대한 전문가라고 할 수 있는 사람이 정보나 조언, 지시를 주는 것을 강조하는 반면, 심리치료는 사람들이 왜 불만족스럽게 생각하고, 느끼고, 행동하는지를 발견하도록 돕는 과정이라는 것이다. 그들은 상담사는 기본적으로 교사인 반면, 심리치료사는 본질적으로 탐정이라고 보았다(pp. 16-17). 그러나 이 구분 기준도 상담과 심리치료 간의 본질적 차이로 보는 입장(박성희, 2001: 18)과 질적으로 같고 정도의 차이에 불과한 것으로 보는 입장(김용태, 2006: 84)으로 나뉘어 있다.

그리고 상담에 종사하는 사람들과 심리치료에 종사하는 사람들의 이론적·실제적 취향에 차이가 있다는 입장도 있다. 상담사는 개인의 존엄성, 개성, 고유성 등과 같이 검증하기 어려운 내면세계와 개인의 가치를 존중하는 반면, 심리치료사는 성격론, 정신병리론, 체계화된 임상기법 등 공적으로 검증이 가능한 과학적 접근 방식에 무게를 둔다는 것이다. 그리고 상담사는 내담자와 대등한 수평적 입장에서 상호작용을 하는데, 심리치료사는 심리치료 행위를 통해 환자에게 일방적으로 영향을 주는 권위자로 기능한다는 상담관계의 차이를 통해 두 개념을 구분하기도 한다(박성희, 2001: 19).

상담과 심리치료가 사용하는 모형에서 차이를 발견하기도 한다. 박성수(1987)는 상담은 교육적 모형이고, 심리치료는 의학적 모형이라고 보았다. 교육적 모형으로서의 상담은 인간의 삶과 행동 그리고 사회에 관한 철학적인 가정과 교육학적인 원칙을 중심으로 하는 사고방식을 주로 채택하는 반면, 의학적 모형으로서의 심리치료는 인간의 심리적인 문제를 의학적인 모형으로 보고 질병의 문제로 다루려고 한다(p. 118).

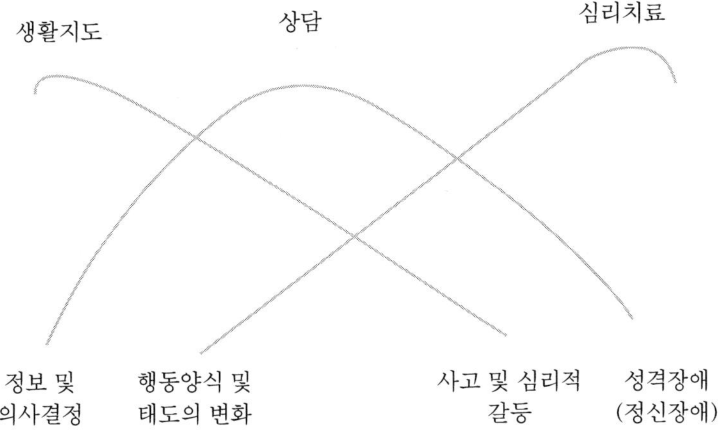

[그림 3-1] 생활지도, 상담, 심리치료 영역의 구분

출처: 이장호(1986: 8).

또한 상담과 생활지도의 차이에 대해서도 다양한 논의가 있어 왔다. 정원식, 박성수(1978)는 도움을 필요로 하는 문제를 ① 단순 정보를 필요로 하는 문제, ② 기술적 정보를 필요로 하는 문제, ③ 태도상의 문제, ④ 심리적 갈등의 문제, ⑤ 정신질환으로 구분하고, ①과 ②에 도움을 주는 것을 조언, ③과 ④에 도움을 주는 것을 상담, ⑤의 문제를 다루는 것을 심리요법이라고 하였다.

이장호(1986)는 인간의 문제를 정보 및 의사결정, 행동양식 및 태도의 변화, 사고 및 심리적 갈등, 성격장애 등 네 가지로 구별하고 각각의 문제를 다루는 영역으로 생활지도, 상담, 심리치료를 할당하였다. 그는 세 영역의 관계를 [그림 3-1]과 같이 제시하였다. 이는 각 영역에서 다루는 문제에 중첩되는 부분이 있음을 인정한 것이 정원식, 박성수(1978)의 구분과 다르다고 할 수 있다.

홍강의(1993)도 인간의 문제를 세분하여 제시하고 이를 다루는 상담과 유사 활동의 영역을 구분하였는데([그림 3-2] 참조), 생활지도, 상담, 정신치료 간에 중첩되는 부분을 인정한 것은 이장호(1986)와 같다.

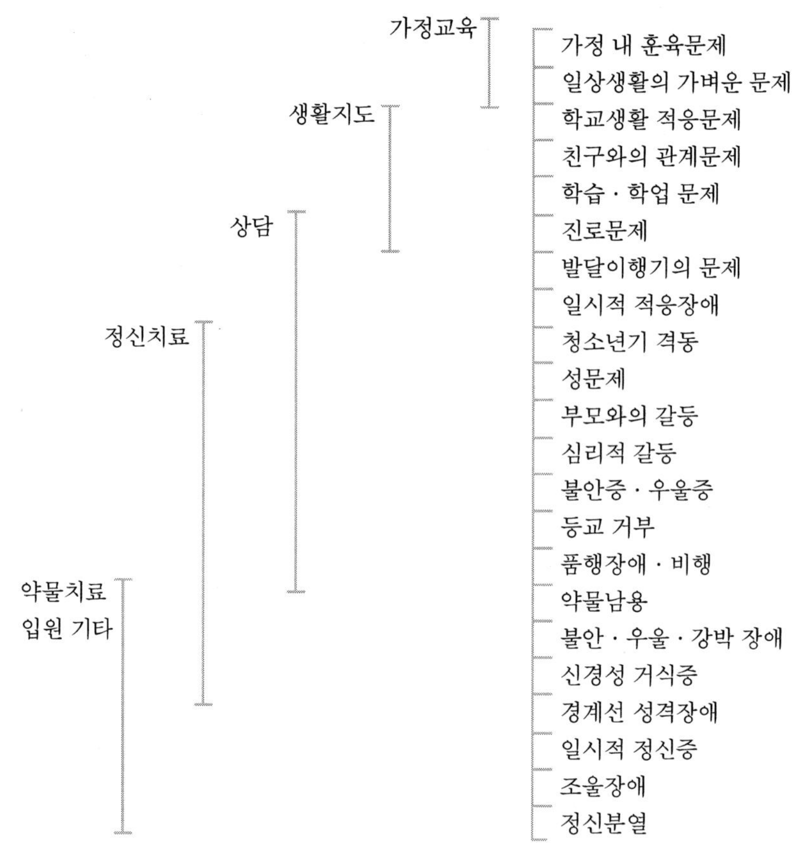

[그림 3-2] 상담과 기타 유사활동과의 관계

출처: 홍강의(1993).

그러나 박성희(2001)는 이렇게 상담과 유사 개념과의 차이를 통해 상담을 이해하려는 시도가 범주의 오류를 범하여 상담의 의미 파악을 어렵게 하였다고 비판하였다. 즉, 상담과 생활지도, 심리치료는 동일 범주에 속한 개념이 아님에도 동일 범주에 속한 것처럼 대등한 비교를 하려고 하였다는 것이다. 그에 의하면 상담이라는 용어는 대상어 또는 목적어를 갖지 않은 일종의 과정언어인 반면, 생활지도는 '생활'을, 심리치료는 '심리'를 명확한 대상으로 삼아 그 영역이 제한된 언어다. '서로 대화를 나눔'을 의미하는 상담이라는 말에는 '무엇에 관하여'라

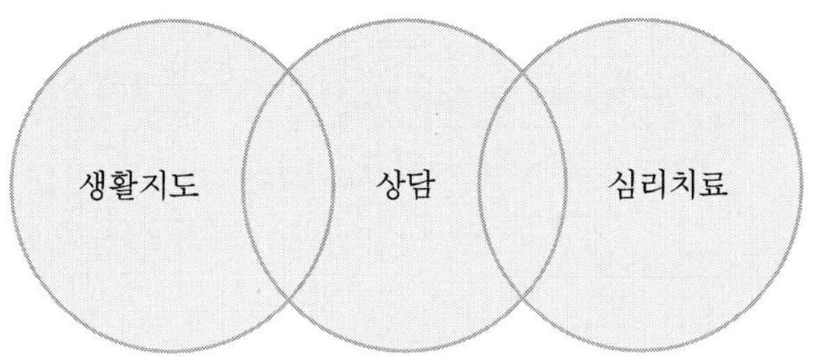

[그림 3-3] 생활지도, 상담, 심리치료에 대한 종전의 영역 구분

출처: 박성희(2001: 26).

[그림 3-4] 상담과 여타 조력활동과의 관계

출처: 박성희(2001: 28).

는 대상어가 들어가 있지 않다. 여기에 심리, 교육, 진로, 결혼, 인간관계 등 특정 영역이 첨가되면 그때서야 대상이 명확하게 드러나게 되므로 상담이라는 용어는 그 대상과 목적에 무한히 열려 있는 개념이라는 것이다. 따라서 생활지도와 심리치료를 하는 데 있어 상담은 반드시 활용되어야 할 필수 수단이지만, 개념상 상담과 생활지도, 심리치료는 다른 차원의 언어인 것이다. 상담은 생활지도와 심리치료의 중간과정에 개입하는 활동이며, 생활지도와 심리치료는 상담을 근거로 성립하는 조력활동의 한 유형에 해당한다는 것이다(pp. 23-26). 박성희는 지금까지의 영역 구분에 대한 논의가 [그림 3-3]과 같은 이해에 기초하고 있다고 지적하고, 대안적으로 [그림 3-4]와 같은 이해를 제안하였다.

반면 김계현(2002)은 상담과 심리치료를 동일한 개념으로도, 다른 개념으로도 보지 말라고 주장하였다. 그는 상담과 심리치료를 구분하거나 동일시하게 되면 두 가지 모두 상담의 개념을 축소하게 된다고 보았다. 상담을 심리치료와 동일하다고 보면 전문상담사들이 대학원의 교육과정에서 상담이론이라는 이름으로 심리치료 이론만을 배웠기에 상담은 '심리상담 혹은 심리치료적 상담'으로 축소되며, 반대로 상담과 심리치료를 구분하게 되면 상담은 문제의 종류, 접근하는 관점과 목적의 차이에 의해서 심리치료와 구분되어 상담의 영역이 축소되게 된다는 것이다. 따라서 그는 "상담심리학 연구자는 상담, 심리치료, 생활지도가 어떻게 중첩되고 어떤 점에서 공통성을 가지는지를 분명하게 인식할 필요가 있다. 그것들을 억지로 구분하지도 말고 같은 것으로 취급하지도 말아야 한다."라고 언급하였다. 즉, 생활지도, 상담, 심리치료는 각각 많은 부분을 공유하면서 각각의 고유한 영역과 고유한 성격을 유지해야 한다는 것이다(pp. 23-25).

(4) 새로운 상담의 정의의 필요성

지금까지 살펴본 바와 같이, 상담의 의미에 대하여 다양한 논의가 이루어져 왔다. 이를 통해 상담이 어떤 활동이며 유사 개념과 어떤 면에서 공통적인 특성을 지니고 있고 어떤 면에서 구별되는지를 알 수 있다.

그러나 아직 부족한 것이 있는데, 바로 일상적 상담과 전문적 상담을 구분하는 명확한 기준이 포함된 상담에 대한 이해다. 일상생활 속에서 일어나는 상담 현상을 발견하고 파악하는 것은 상담의 이해와 발전을 위해서 필수적인 것이지만 상담이 전문적 활동으로 자리 잡고 상담직의 사회적 위상을 확보하기 위해서는 일상적 활동과 구별되는 전문적 활동의 특성이 제시되어야 한다. 현재 우리 사회의 상담 분야에서 필요한 것은 상담의 전문성 확보이며, 이는 전문적 상담을 무엇으로 이해하는가와 직결된다. 상담이 전문성을 확보하여 전문직으로 자리 잡지 못한다면 지금 우리 사회에서 일어나고 있는 상담에 대한 큰 관심과 참여는 곧 상담에 대한 실망과 거부로 이어져 상담의 독자적인 영역이 사라질 수도 있을 것이다.

상담을 상담사와 내담자의 만남을 통해 내담자의 변화와 성장을 이루어 가는 과정이라고 보는 여러 학자의 입장이나, 인격적인 만남을 통해 생활 세계 곳곳에서 사람들의 바람직한 변화를 돕는 과정으로 보는 박성희의 입장, 인간을 자유롭게 하는 만남의 과정으로 보는 김용태의 입장 등은 일상생활 전반에 나타나는 상담현상을 기술하여 상담이 인간의 모든 삶에 관여하고 있음을 나타내지만 전문적 활동으로서의 상담을 드러내 주지는 못한다.

물론 박성희(2001)는 상담의 수준에도 급수와 경지의 차이가 있어 일반인이 부지불식간에 수행하는 상담과 전문교육 및 훈련을 받은 사람이 수행하는 상담에는 분명 전문성에 차이가 있으며, 훈련과 교육 그리고 상담 기능상의 단계를 설정하고 그 결과에 따라 일정한 자격과 권위를 부여하는 일은 상담이 전문활동으로 자리매김되기 위해 꼭 필요한 사항이고, 전문성의 수준에 따라 상담사의 급수를 적절히 나누는 것이 가능하다고 하였다(p. 32). 그러나 어디서부터 전문적 상담으로 볼 것인지와 어떻게 그 전문성을 나눌 수 있는지는 제시하지 않았다. 김용태(2006)도 상담을 수준에 따라 정보상담, 과학상담, 예술상담, 철학상담으로 구분하고 한 영역에서도 다양한 수준의 상담이 이루어질 수 있음을 제시(pp. 63-65)하였으나, 어느 수준부터를 전문가들이 수행하는 상담으로 볼 것인지를 언급하지는 않았다. 이장호, 정남운, 조성호(2005)는 전문적 상담과 일반적 상담의 차이점을 ① 자격을 갖춘 상담자 여부, ② 내담자 문제에 대한 체계적 평가 여부, ③ 변화를 유발하기 위한 구체적인 절차와 방법 동원 여부, ④ 상담의 규칙성(정기적 반복) 여부로 제시하였으나(pp. 51-53) 그 구체적인 기준을 제시하지는 않았다.

한 영역의 활동이 전문직으로 발전하기 위해서는 전문지식과 기술, 사회봉사, 명칭 사용의 독점권, 면허와 자격기준, 전문직 단체, 자율성, 윤리강령과 자기규율 등이 갖추어져야 하는데(명대정, 2000), 아직 우리나라는 이런 상황이 만들어져 있지 않다. 아직 우리나라에는 상담활동을 관장하는 독립된 법률이 없으며, 국가적 수준에서 체계적으로 관리하는 전문 상담활동이 없다. 청소년상담사 자격과 전문상담교사 자격이 정부 부처에서 관장하는 국가자격이라고 할 수 있지만 그 내용과 수준, 체계 면에서 많은 문제점이 제기되고 있다(김인규, 2009a, 2012b, 2018; 서영석, 정향진, 김민선, 김시연, 2011).

전문적 상담을 규정하려면 상담 구성원, 상담영역, 상담방법, 상담제도 및 체계 등에 대한 기술이 필요하다. 이런 점에서 심리치료에 대한 국가적 지원체제가 잘 이루어진 독일에서 제시된 심리치료에 대한 엄격한 정의는 우리에게 시사하는 바가 크다.

> 심리치료는 공적인 국가보건제도의 규칙과 범위 내에서 학문적인 기초가 있고 경험적으로 검증된 병리이론과 치료이론에 근거해서 효과적인 절차와 방법을 사용하여 신뢰성 있는 진단이 내려진 후 공식화된 치료목표 하에 공인된 자격을 갖춘 전문적인 심리치료자에 의해 실시되며, 윤리적인 규범과 규칙에 따라 심인성 질병과 장애를 지닌 환자를 치료하는 활동이다(Senf & Broda, 1996; 윤순임, 1999 재인용).

코르시니와 웨딩(2000)도 다음과 같은 심리치료자에 대한 정의를 통해 심리치료의 전문성을 제시하였다.

> 치료자는 성격의 기원, 발달, 유지 및 변화에 대한 이론과 함께 그 이론에 논리적으로 관계되는 치료방법을 가지고 있으며, 치료자로 활동할 수 있는 전문적이고 법적인 인가를 받는다(p. 15).

여기에는 국가의 상담 관련 법률, 전문적 · 학문적 기초, 검증된 진단 · 기법 · 목표 등의 활용, 공인된 자격, 윤리적 규범, 상담 대상과 문제의 영역 등이 포함되어 있다. 이와 같이 전문적인 상담에 대한 사회적 여건 마련에 기초하여 엄격한 정의를 통해서 전문상담의 영역과 활동을 규정하고 발전시키는 것이 필요하다고 할 수 있다.

의미는 개인과 사회에 따라 다르게 이해되고 활용될 수 있다. 즉, 상담의 의미는 개인적 · 사회적으로 구성되는 것으로서 고정적이라기보다는 유동적이라고 볼 수 있다. 특히 사전적 의미로서가 아니라 학문적 · 사회적 · 제도적인 상담의 의미는 사회마다, 시대마다 달라질 수 있다. 따라서 상담의 의미를 파악하고 정립하는 데 있어서 외국의 사례나 이전의 논의를 기초로 하되, 변화하는 사회 속에서 전문상담의 고유 영역과 전문성을 확보하기 위해 적극적으로 상담의 의미를 창조해 가는 노력이 필요하다고 할 수 있다.

이에 지금까지의 논의를 종합하여 다음과 같이 상담과 전문상담을 구분하여 이해하는 것이 필요하다.

> 상담은 인격적인 만남을 통해 사람들의 바람직한 변화를 돕는 과정이며, 전문상담은 국가 수준의 제도와 법률에 기초하여 제도적으로 공인된 상담교육과 검정과정을 거쳐 전문상담사 자격을 취득한 상담자가 학문적 기초가 있고 경험적으로 검증된 이론에 근거하여 공식화된 상담목표를 효과적인 절차와 방법을 활용하여 윤리적인 규범을 준수하며 달성해 나가는 과정이다.

이 정의는 상담과 전문상담을 구분하여 제시하고 있다. 상담의 정의에서는 만남, 바람직한 변화, 상담과정 등을 다루고 있으며, 전문상담의 정의에서는 국가 수준의 상담제도, 공인된 교육과 검정과정, 전문상담사 자격, 학문적 기초와 경험적으로 검증된 이론, 공식화된 상담목표, 효과적인 절차와 방법, 윤리적 규범을 다루고 있다. 여기에 제시된 일반적 의미의 상담을 이해하고 실제 생활에 적용하는 것은 무리가 없다. 그러나 전문상담에 대해 제시한 의미는 아직 우리 사회에서 충분히 이해하고 적용하기 어렵다. 상담이론, 상담목표, 상담기법과 절차, 상담윤리 등은 많은 상담전문가의 노력을 통해 어느 정도 체계화된 수준에 도달했으나 상담과 관련된 법, 제도, 자격 등은 계속 발전해 가고 있으며 아직 충분히 제도화되지 않았기 때문이다. 그러므로 이런 전문상담의 정립을 위한 여러 이론적 · 실제적 · 사회적 · 제도적 기반을 구축하기 위해 상담학을 체계화하고 발전시킬 필요가 있다.

2. 상담학의 구성

상담이라는 용어는 일상적으로나 전문적으로 오래전부터 많이 사용되어 왔으나 상담학이라는 용어는 비교적 최근부터 사용된 용어다. 학과명이나 교재명에서 상담학보다는 상담심리학이 더 많이 사용되었으며, 상담학이라는 용어 사용에 대한 논의는 김계현의 『상담심리학』(1995, 1997)에서부터 시작되었다고 할 수 있다. 그러나 2000년에 한국상담학회가 설립된 지 20년이 지나 회원이 26,500여 명에 이르게 되었고, 학회의 공식 학술지로 『상담학연구』 『상담학연구: 사례 및 실제』 『The Journal of Asia Pacific Counseling』 등 3종을 발간하고 있으며, 많은 대학에서 '상담학과' 또는 '○○ 상담학과' 등의 학과를 신설하거나 학과명을 변경하였다. 또한 여러 출판사에서 '상담학'을 다루는 도서를 앞다투어 출간하고 있는 현재, 상담학이라는 용어는 그리 생소하지 않다(김계현 외, 2011: 33-34). 이제 상담학이라는 새로운 학문영역의 필요성과 구성에 대하여 살펴본다.

1) 상담학의 필요성

지금까지 상담은 교육학이나 심리학의 하위 전공영역으로 인식되어 왔으며, 따라서 교육상담학이나 상담심리학이라는 학문 또는 학과(전공)명이 주로 사용되었다. 상담학의 발전과정에서는 불가피한 일이었으나 우리나라에서 상담이 실제적으로 발전하고 확대된 것을 고려해 본다면 이제는 특정 학문의 하위 분야가 아닌 하나의 독립된 '상담학'으로 새로이 자리 잡아 가는 것이 필요하고 적합하다(김계현 외, 2011: 33).

상담학을 정립할 필요성은 다음과 같이 생각할 수 있다.

첫째, 상담의 체계화와 전문화를 위한 종합적 학문이 필요하다. 지금까지 상담은 주로 심리치료에 관한 활동으로 인식되어 심리학의 하위 영역이어야 한다거나, 미국의 경우 주로 사범대학에 상담심리학[1] 전공이 개설되어 있고, 한국에서는 학교상담을 중심으로 상담이 발전해 왔기 때문에 교육학의 하위 영역이어야 한다고 생각해 왔다. 그러나 현재 상담은 심리치료 영역 이외의 다양한 분야로 확대되어 있다. 대표적으로 진로 · 직업상담, 학업상담, 가족 · 부부상담은 기존의 심리치료 이론만으로는 다룰 수 없다. 또한 여성상담, 군상담, 중독상담, 노인상담 등 새롭게 부각되는 상담 영역은 기존의 교육학 이론만으로는 다루기 어렵다. 따라서 지속적으로 확장되어 가는 다양한 상담 분야를 통합하고 체계화하여 전문화하기 위해서는 기존의 학문과는 다른 독립적인 상담학의 구축이 필요하다.

둘째, 상담학과(전공) 및 상담사의 확대에 따른 학문 정체성을 구축하는 것이 필요하다. 대학원에서 상담을 전공하고자 하는 학생이 늘어 가면서 교육학 분야에서는 1990년대 이후부터 상담 전공을 교육심리학 전공에서 분리하기 시작하였고, 2004년부터 학부과정에 전문상담교사 양성 과정이 생겨서 학부에서도 상담교육을 실시하게 되었다. 또한 2000년대에 들어 학부의 학과(전공)명에 '상담'을 사용하는 대학이 생기기 시작하여 2018년 기준 일반대학 59개, 전문대학 27개, 사이버대학 22개에 이르고 있다. 2018년 12월 기준 한국상담학회의 회원이 26,500여 명에 이르고 전문상담사 자격 취득자가 7,000여 명에 달하며, 한국상담심리학회의 경우 회원이 31,500명을 넘었으며 상담심리사 자격 취득자가 6,600여 명에 이른다. 대표적인 상담 관련 국가자격인 청소년상담사 자격을 취

1) 김계현 등(2011: 35)은 미국에서 counseling psychology의 학문상 내용 구성이 심리치료와 예방 이외에 진로 · 직업상담과 가족 · 부부치료를 포함하고 있는데, 이는 그 내용들이 psychology로 묶이는 것이 아니라 counseling으로 묶이기 때문이라고 보아야 하며, 따라서 미국의 counseling psychology는 우리말로 '상담학'이라고 부르는 것이 타당하다고 주장하였다.

득한 사람은 2018년까지 17,000여 명에 이른다. 이와 같이 대학의 상담학과(전공)의 확대, 상담전공자 및 전문상담사의 증가에 따라 이들의 정체성을 뒷받침해 줄 독립적 학문이 필요하다.

셋째, 상담의 사회적 위상 확보와 제도 확립을 위해 독립적인 학문 영역이 필요하다. 하나의 활동 영역이 독립적인 전문 영역으로 인정받고 독자적인 제도를 갖추기 위해서는 그것을 뒷받침하는 전문적 지식과 기술이 있어야 하며, 그것은 독립적인 학문과 학과로 제시될 수 있어야 한다(김인규, 2009b; 명대정, 2000; 박성희, 2013). 현재 우리 사회의 대부분의 전문직업은 그 배경이 되는 독립적인 학문과 학과를 가지고 있다. 그러나 상담의 경우에는 상담자들의 학문적 배경이 교육학, 심리학, 가족학, 사회복지학, 청소년학, 여성학, 신학, 의학 등 매우 다양하여 상담이라는 일치된 정체성을 갖기 어려운 실정이다. 이는 전문상담사가 어떤 지식과 기술을 어느 수준으로 갖추어야 하는가에 대한 명확한 기준을 일반인 및 상담 관련 업무를 담당하는 정책 담당자들에게 제시하기 어렵게 하고 있으며, 학과들 간의 이해관계가 상충하여 상담 관련 제도나 정책을 수립하는 데 어려움을 겪는 요인이 되기도 한다. 또한 교육학에서는 교육행정, 사회복지학에서는 사회복지정책 등 각 분야의 행정적·제도적 체제 구축과 운영을 다루는 분야가 있어 그 학문 영역의 체계화와 제도화에 기여하고 있는데, 아직 상담 전공 내에서는 이런 분야를 다루는 학과목이나 교재가 거의 없다. 따라서 일반 국민 및 정책 담당자들에게 상담의 전문성과 독자성을 알려 상담의 사회적 위상을 확보하고 상담 관련 국가적 제도 확립을 위해서 독립적인 상담학의 구축이 필요하다.

2) 상담학의 구성에서 고려사항

(1) 상담학의 성격

김계현 등(2011)은 상담학의 성격을 다음과 같이 응용학문과 복합학문으로 제시하였다(pp. 35-39). 우선 학문을 순수학문과 응용학문으로 나누어 생각할 때 상담학은 공학, 의학, 경영학처럼 응용의 속성이 강하다고 할 수 있다. 상담

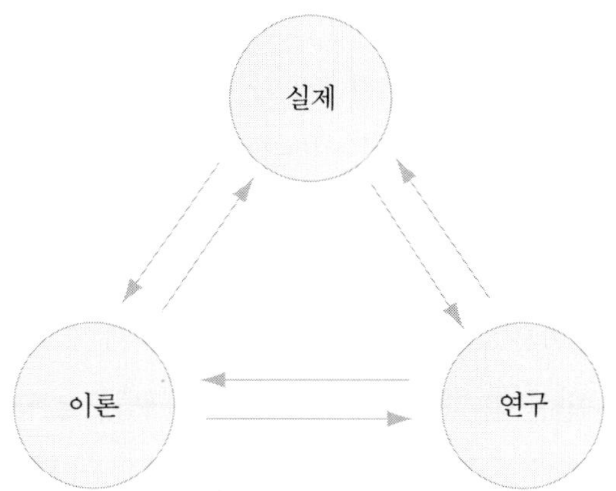

[그림 3-5] 상담학에서 상담의 이론, 실제, 연구 간의 관계

출처: 김계현 외(2011: 36).

을 이론, 실제, 연구의 3개 측면으로 나누어 볼 때 이들은 [그림 3-5]와 같은 관계를 갖는다고 볼 수 있다.

즉, 상담의 이론을 구성하고 상담에 관한 과학적 연구를 하는 것은 단지 상담이라는 현상을 순수하게 이해하려는 목적에서라기보다는 상담의 실제가 더 잘, 더 효과적으로 수행되도록 하기 위해서라는 것이다. 이를 위해 미국에서 상담자를 양성하는 모델로 활용되는 과학자-실무자 모델(scientist-practitioner)에서는 상담의 실제를 모른 채 상담을 연구하는 상담학자가 배출되어서도 안 되고, 상담에 대한 과학적 연구를 수행할 수 없거나 과학적 연구 결과를 이해하지 못하는 상담실무자를 배출해서도 안 된다는 점을 강조하여 상담자는 상담의 실무 측면과 과학적 측면을 모두 겸비하도록 하고 있다.

그러나 우리나라 현실에서는 상담자 양성 과정이 2년제 대학에서부터 시작하여 4년 과정의 학부(사이버대학교 포함), 일반대학원 석박사과정, 상담전문대학원, 상담대학원(특수대학원), 교육대학원 등 다양하게 개설되어 있고, 상담 교육 내용을 일정하게 관리, 통제하는 제도적 장치가 없어 과학자 교육과 실무자 교육을 균형 있게 시행한다고 볼 수 없다. 또한 학생들이 학위를 취득한 후 어떤 기관에서 일하느냐에 따라 과학과 실무 중 어느 한쪽으로 치우치는 결과가 초래되기도 한다. 또한 아직 미국에 비해 상담과 관련된 제도적 · 법적 체제가 발달하지 않은 상황에서는 전문성을 갖춘 상담자를 양성하는 것에 더 중점을 두어야 하므로 실무자 중심의 교육모델이 더 적합하다는 주장이 제기되기도 하였다(안현의, 2003: 470-471).

또한 상담학은 심리학처럼 단일학문이라기보다는 교육학, 경영학처럼 복합학문이라고 할 수 있다. 즉, 교육이라는 광범위한 개념으로 묶여 있지만 교육심리학, 교육사회학, 교육인류학, 교육철학, 교육과정, 교육평가, 교육사, 교육행정, 교육정책 등 분과들 간에는 개념적 · 이론적 공통분모가 크지 않은데 상담학도 이와 유사하다. 심리치료와 가족 · 부부치료 중심으로 상담학을 이해한다면 단일학문의 성격이 강하지만 상담학은 진로상담, 학업상담 등 개념과 원리를 달리하는 분야를 포함한다. 또한 상담이 내담자 개인이나 가족의 자발적인 원함에 의해서만 일어나고 유지되는 것이 아니라 학교상담, 청소년상담, 교정상담, 군상담, 기업상담 등 상담이 국가, 사회, 지방자치단체, 조직체 등의 필요와 판단에 따라 제도적 · 정치적으로 발생하기 때문에 상담학은 내담자와 상담자 간의 관계뿐만 아니라 그런 상담관계가 효율적으로 발생하고 능률적으로 진행될 수 있도록 하는 제도, 정책, 법률, 경영 등을 포괄하는 복합학문이다.

(2) 상담학에 대한 기존의 논의

김계현 등(2011)은 미국의 주요 상담학(상담심리학) 교재를 통해 살펴본 미국 상담학의 구성의 특징으로, 첫째, 개인 심리치료를 비롯하여 집단상담, 진로 · 직업상담, 가족 · 부부치료 등을 상담심리학이 관여하는 주요 영역으로 규정하였고, 둘째, 다문화주의를 비중 있게 다루며, 셋째, 상담을 전문직으로 정의하며 상담이 전문직으로 발전한 역사적 배경과 과정을 다룬다고 언급하였다. 그러나 우리나라는 미국과 달리 상담이 다양한 학과에서 가르치고 연구하는 학문으로 자리 잡고 있으며, 상담이 내담자 자신의 요구 이외에 상담의 방향에 영향을 주는 맥락적 요소가 더 많으며, 때로는 그 맥락적 요소들의 영향력이 아주 강하기 때문에 상담의 맥락적 요소인 정부정책, 법과 제도, 사회적 상황 등을 상담학에 포함시킬 것을 주장하였다(pp. 39-42). 실제로 김계현 등(2011)의 『상담학 개론』은 1부 상담학의 개념과 영역, 2부 상담의 이론과 적용, 3부 상담학의 주요 쟁점으로 구성되어 있으며, 1부에서는 상담과 상담학, 개인상담의 과정과 기법, 집단상담, 심리검사 등을 다루고, 2부에서는 정신역동, 행동수정, 인본주의, 인지행동치료, 단기상담, 가족상담, 진로상담 등을 다루고, 3부에서는 상담 현장과 제도, 상담연구, 다문화상담 등을 다루고 있다. 김계현(1997)의 『상담심리학: 적용영역별 접근』은 1장에서 상담심리학의 구조와 내용을 다룬 후 1부 상담의 적용영역별: 이론과 실제, 2부 상담교육과 전문가 관리로 나누어 1부에서는 정신건강 문제, 성격문제, 교육 및 학습문제, 진로문제, 직업적응 문제, 부부와 가족 문제, 성장욕구 등을 다루고, 2부에서는 상담교육의 목적, 상담교육의 내용과 방법, 상담 교육방법으로서의 개인 수퍼비전 모델 등을 다루었다.

박성희(2001)는 상담학의 탐구영역으로 상담과 상담학(상담의 기초개념), 상담과 인간변화, 인간변화의 원리와 전략, 인간변화의 영역, 마음과 상담, 인간변화의 양상과 특징, 상담의 종류와 적용 분야, 상담관계, 상담절차와 과정, 상담평가, 상담의 장(場), 상담연구방법, 상담제도와 정책 등 13개 분야를 제시하였다(pp. 34-35).

한편, 2019년 1월 현재 한국상담학회는 17개 위원회, 14개 분과학회, 9개 지역학회로 구성되어 있는데, 이 중 상담학의 구성과 관련되는 것은 14개 분과학회다. 상담심리학회의 경우 13개 위원회, 17개 연구회, 88개 지역분회로 구성되어 있는데, 이 중 상담학의 구성과 관련되는 것은 17개 연구회다. 이를 상담대상, 상담방법, 상담현장, 상담영역 등의 기준으로 분류하면 〈표 3-2〉와 같다.

이 상담학 총서의 경우 〈표 3-3〉과 같이 구성되는데, 이는 상담일반(상담학 개론, 상담철학과 윤리, 상담연구방법론, 상담 수퍼비전의 이론과 실제), 상담대상(부부 및 가족 상담), 상담방법(상담이론과 실제, 집단상담, 심리검사와 상담), 상담영역(정신건강과 상담, 학습상담, 인간발달과 상담, 성격의 이해와 상담, 진로상담, 중독상담학 개론, 생애개발상담) 등의 구분에 의한 것이라 할 수 있다.

표 3-2 한국상담학회의 분과학회 구성

구분의 기준	한국상담학회 산하 분과학회명	한국상담심리학회 산하 연구회명
상담대상	아동청소년상담학회, 부부 · 가족상담학회	부부 · 가족상담연구회, 노인상담연구회
상담방법	심리치료상담학회, 집단상담학회, NLP상담학회	집단상담연구회, 현실역동집단상담연구회, NLP연구회, 인지행동치료연구회, 동양상담연구회, 기독교상담연구회, 통합적상담연구회, 게슈탈트표현예술상담연구회
상담현장	학교상담학회, 대학상담학회, 군상담학회, 기업상담학회	
상담영역	진로상담학회, 초월영성상담학회, 교정상담학회, 중독상담학회, 생애개발상담학회	성상담연구회, 인간관계훈련연구회, 감수성훈련연구회, 긍정심리상담연구회, 자아초월상담연구회, 교정상담연구회, LGBT상담연구회

표 3-3 상담학 총서의 구성

1권	상담학 개론
2권	상담철학과 윤리
3권	상담이론과 실제
4권	집단상담
5권	부부 및 가족 상담
6권	진로상담
7권	학습상담
8권	인간발달과 상담
9권	성격의 이해와 상담
10권	정신건강과 상담
11권	심리검사와 상담
12권	상담연구방법론
13권	상담 수퍼비전의 이론과 실제

14권	중독상담학 개론
15권	생애개발상담

(3) 인접 학문의 구성

상담학의 인접학문인 교육학, 심리학, 사회복지학의 구성은 상담학의 구성에 좋은 참고자료가 될 수 있다. 한국연구재단(2016)의 학술연구분야 분류표에 따르면, 교육학 연구분야는 교육학일반, 교육과정, 교수이론/교육방법/교수법, 교육공학, 교육평가, 교육심리학, 교육행정/경영학, 교육사회학, 교육인류학, 교육상담, 분야교육, 교과교육학, 기타교육학 등의 소분류로 구성된다(표 3-4). 심리학은 심리과학 연구분야로 심리학이론/심리학사, 생물/생리심리, 동기/정서심리, 심리측정/계량심리, 감각/지각심리, 인지/언어심리, 학습심리, 신경심리, 발달/노년심리, 성격심리, 사회/문화심리, 임상심리, 상담심리/심리치료, 건강/재활심리, 산업/조직심리, 소비자/광고심리, 학교/교육심리, 응용심리, 사회문제심리, 기타심리과학 등의 소분류로 구성된다(표 3-5). 사회복지 연구분야는 사회복지일반, 영유아복지, 아동복지, 청소년복지, 가족복지, 여성복지, 노인복지, 장애인복지, 학교사회복지, 산업/노동복지, 교정복지, 의료사회복지, 정신보건사회복지, 동양/아시아사회복지, 서양/유럽사회복지, 오세아니아사회복지, 기타사회복지학 등의 소분류로 구성된다(표 3-6).

표 3-4 교육학 연구분야 분류표

분야코드	소분류	세분류
B120000	교육학	
B120100	교육학일반	
B120101	교육학일반	교육철학/사상
B120102		비교교육학
B120103		교육사학
B120104		교육법학

B120105		교육자
B120200	교육과정	
B120300	교수이론/교육방법/교수법	
B120400	교육공학	
B120500	교육평가	
B120600	교육심리학	
B120700	교육행정/경영학	
B120800	교육사회학	
B120900	교육인류학	
B121000	교육상담	
B121100	분야교육	
B121101	분야교육	유아교육
B121102		초등교육
B121103		중등교육
B121104		고등교육
B121105		평생교육
B121106		직업교육
B121107		진로교육
B121108		교사교육
B121109		특수교육
B121110		종교교육
B121111		영재교육
B121112		재활치료교육
B121113		언어치료교육
B121114		청능치료교육
B121115		음악치료교육
B121116		교양기초교육
B121200	교과교육학	

B121201	교과교육학	가정교육학
B121202		과학교육학
B121203		국어교육학
B121204		기술교육학
B121205		사회교육학
B121206		수학교육학
B121207		실업교육학
B121208		영어교육학
B121209		예술교육학
B121210		외국어교육학
B121211		윤리교육학
B121212		지리교육학
B121213		체육교육학
B121214		컴퓨터교육학
B121215		한국어교육학
B121216		환경교육학
B129900	기타교육학	

출처: 한국연구재단(2016).

표 3-5 심리과학 연구분야 분류표

분야코드	소분류	세분류
B210000	심리과학	
B210100	심리학이론/심리학사	
B210200	생물/생리심리	
B210300	동기/정서심리	
B210400	심리측정/계량심리	
B210500	감각/지각심리	
B210600	인지/언어심리	

B210700	학습심리	
B210800	신경심리	
B210900	발달/노년심리	
B211000	성격심리	
B211100	사회/문화심리	
B211200	임상심리	
B211300	상담심리/심리치료	
B211400	건강/재활심리	
B211500	산업/조직심리	
B211600	소비자/광고심리	
B211700	학교/교육심리	
B211800	응용심리	
B211801	응용심리	지역사회심리
B211802		환경심리
B211803		여성/가족심리
B211804		종교심리
B211805		디자인/예술심리
B211806		스포츠심리
B211807		범죄/법심리
B211808		교정심리
B211809		교통심리
B211900	사회문제심리	
B219900	기타심리과학	

출처: 한국연구재단(2016).

○○○ 표 3-6 사회복지 연구분야 분류표

분야코드	소분류	세분류
B090000	사회복지학	
B090100	사회복지학일반	
B090101	사회복지학일반	사회복지철학/사상
B090102		사회복지윤리
B090103		사회복지정책
B090104		비교사회복지
B090105		사회복지교육
B090106		사회복지발달사
B090107		사회복지법제
B090108		사회보장
B090109		사회복지조사/분석
B090110		사회복지행정
B090111		사회복지실천론
B090112		지역사회복지
B090200	영유아복지	
B090300	아동복지	
B090400	청소년복지	
B090500	가족복지	
B090600	여성복지	
B090700	노인복지	
B090800	장애인복지	
B090900	학교사회복지	
B091000	산업/노동복지	
B091100	교정복지	
B091200	의료사회복지	
B091300	정신보건사회복지	

B091400	동양/아시아사회복지	
B091500	동아시아사회복지	
B091501	동아시아사회복지	한국사회복지
B091502		북한사회복지
B091503		중국사회복지
B091504		일본사회복지
B091600	서양/유럽사회복지	
B091601	서양/유럽사회복지	독일사회복지
B091602		프랑스사회복지
B091603		영국사회복지
B091604		미국사회복지
B091605		캐나다사회복지
B091700	오세아니아사회복지	
B091701	오세아니아사회복지	오스트레일리아사회복지
B091702		뉴질랜드사회복지
B099900	기타사회복지학	

출처: 한국연구재단(2016).

교육 분야의 분류는 교육현상과 관련된 학문(교육일반), 교육의 대상과 교육현장(학교교육, 평생교육) 등에 따라 이루어졌고, 심리 분야의 분류는 심리 대상에 따라 이루어졌으며, 사회복지 분야의 분류는 복지의 대상과 복지 현장(사회복지서비스/임상), 복지의 역사, 정책, 프로그램 개발(사회복지정책/행정) 등에 따라 이루어졌음을 알 수 있다.

이를 상담학의 구성에 활용한다면 상담학을 상담 현상(상담철학, 상담사회학, 상담공학, 상담과정, 상담행정, 상담경영 등), 상담의 대상(아동상담, 청소년상담, 성인상담, 노인상담, 여성상담 등), 상담의 현장(학교상담, 군상담, 기업상담, 지역사회상담 등), 상담의 영역(심리상담, 가족상담, 진로상담, 학업상담, 비행상담, 교정상담 등), 상담기반 형성(상담역사, 상담정책, 상담연구, 상담평가, 상담옹호 등)으로 구분하여 각 영역마다 세부적인 분야를 설정할 수 있을 것이다.

(4) 상담학 구성에 대한 제언

이상에서 살펴본 상담학의 성격, 인접 학문의 구성, 상담학 구성에 관한 기존의 논의를 기초로 하여 상담학을 〈표 3-7〉과 같이 구성할 수 있다.

우선 상담학을 상담일반, 상담이론 및 접근, 상담방법 및 도구, 상담대상, 상담내용, 상담현장, 상담기반 등의 7개 영역으로 나눌 수 있다. 상담일반 영역에는 상담철학, 상담원론, 상담사회학, 상담공학, 상담과정, 상담평가, 인간발달, 정신건강, 심리검사 등 상담현상과 인간의 삶을 심층적으로 이해하기 위해 여러 학문 분야의 지식과 방법을 활용하는 세부 분야를 둔다. 상담이론 및 접근 영역에는 정신역동상담, 행동수정상담, 인지주의상담, 인본주의상담, 현실치료, 초월영성상담, NLP 상담, 최면상담, 철학상담 등 상담의 주요 이론 및 접근을 개발하고 훈련하는 데 초점을 두는 분야를 둔다. 상담방법 및 도구 영역에는 개인상담, 집단상담, 전화상담, 사이버상담, 표현중심상담, 매체활용상담 등 상담을 실

표 3-7 상담학의 구성

상담학의 영역	세부 분야
상담일반	상담철학, 상담원론, 상담사회학, 상담공학, 상담과정, 상담평가, 인간발달, 정신건강, 심리검사 등
상담이론 및 접근	정신역동상담, 행동수정상담, 인지주의상담, 인본주의상담, 현실치료, 초월영성상담, NLP 상담, 최면상담, 철학상담 등
상담방법 및 도구	개인상담, 집단상담, 전화상담, 사이버상담, 표현중심상담, 매체활용상담 등
상담대상	아동상담, 청소년상담, 성인상담, 노인상담, 가정상담, 여성상담, 다문화상담 등
상담내용	심리상담, 진로상담, 학업상담, 비행상담, 교정상담, 중독상담 등
상담현장	학교상담, 대학상담, 군상담, 기업상담 등
상담기반	상담자 교육, 상담연구, 상담역사, 상담행정, 상담경제, 상담정책, 상담옹호 등

시하는 방법에 대한 기법의 개발과 검증에 초점을 두는 분야를 둔다. 상담대상 영역에는 아동상담, 청소년상담, 성인상담, 노인상담, 가정상담, 여성상담, 다문화상담 등 상담의 대상별 이해와 적절한 상담이론 및 기법 개발에 중점을 두는 분야를 둔다. 상담내용 영역에는 심리상담, 진로상담, 학업상담, 비행상담, 교정상담, 중독상담 등 상담에서 다루는 주요 문제, 내용에 초점을 두는 분야를 둔다. 상담현장 영역에는 학교상담, 대학상담, 군상담, 기업상담 등 상담이 실제로 이루어지는 현장을 중심으로 하는 분야를 둔다. 마지막으로 상담기반 영역에는 상담자 교육, 상담연구, 상담역사, 상담행정, 상담경제, 상담정책, 상담옹호 등 상담의 기반을 세우고 상담의 맥락을 형성, 발전시키는 것에 초점을 두는 분야를 둔다.

물론 한 학문의 틀은 어느 한 학자가 독단적으로 세울 수 없으며, 상담학의 구조는 상담 분야와 유사 분야의 학자들이 함께 논의하며 동의하는 절차를 거쳐야 밝혀질 수 있다(김계현, 1997: 19). 앞의 영역 분류에는 상호 중첩된 부분이 있을 수 있으며, 영역별 세부 분야의 배치에도 다른 의견이 있을 수 있다. 여기서 제시한 상담학의 구성은 다분히 필자의 주관적인 견해가 반영된 것이며, 향후 상담학의 구성에 관한 다양한 논의의 기초 자료로서 제시된 것이다. 김계현이 1995년에 상담학과 상담심리학의 용어 사용에 대해서 고민하면서 현실적 여건의 미비함 때문에 상담심리학이라는 용어를 사용하였지만 향후 상담학이라는 용어를 사용하게 될 것을 예상하면서 상담심리학의 구조를 제안(김계현, 1997: 6-8)한 지 20년 이상이 지났고, 한국상담학회가 출범한 지 20여년이 지난 현시점에서 상담학의 구조가 아직 완성된 상태가 아닌 것은(김계현 외, 2011: 32) 상담학자들이 더욱 적극적으로 상담학을 독립된 학문으로 구성하는 일에 참여해야 할 필요성을 보여 주고 있다. 앞으로의 이런 노력에 이 제안은 하나의 디딤돌로 활용될 수 있을 것이다.

제4장
상담학의 요소

김인규

흔히 상담의 구성요소로 상담참여자, 상담목표, 상담과정 등을 들고 있기 때문에 상담학의 구성요소도 상담사의 자질, 상담목표, 상담의 원리, 상담과정 등으로 이해하는 경향이 있는데, 이는 상담학을 실제적인 상담 행위 중심으로만 이해하기 때문이다. 그러나 상담학은 실제 상담 행위와 직접적으로 관련되는 상담사, 내담자, 상담문제, 상담이론, 상담과정 등을 다룰 뿐만 아니라 상담과 관련하여 일어나는 다양한 역사, 정치, 사회, 문화, 심리, 교육현상 및 상담이 발생하는 현장, 맥락도 다루어야 한다. 따라서 이 장에서는 제3장에서 제시한 상담학의 영역과 세부 분야에 따라 상담학의 요소를 상세하게 살펴본다. 상담일반, 상담이론 및 접근, 상담방법 및 도구, 상담대상, 상담내용, 상담현장, 상담기반의 7개 영역별 특징을 개관한 후, 각 영역 내의 구체적인 분야별로 다루어지는 요소를 살펴보며, 각 분야별로 지금까지의 수행된 연구와 상담 현황, 향후 과제를 개략적으로 제시한다.

1. 상담일반 영역

상담일반 영역은 상담에 관련된 제반 현상을 탐구하고 인간의 삶에 대한 이해를 넓혀서 상담의 기초를 다지는 학문 영역으로 구성된다. 상담현상에 대한 이해를 위해서 상담철학, 상담원론, 상담과정학, 상담평가학, 상담사회학, 상담공학, 상담문화학, 국제상담학 등을 다룰 수 있으며, 인간 삶에 대한 이해를 위해서는 인간발달학, 정신건강학, 심리검사 등을 다룰 수 있다.

1) 상담현상에 대한 이해

(1) 상담철학

상담철학은 상담이 추구하는 가치와 목표, 상담이론이 기초하는 세계관과 인간관, 상담윤리, 상담자론 등을 다루는 분야를 말한다. 이장호(2013)와 노성숙(2013)은 상담학 총서 2권『상담철학과 윤리』에서 상담철학의 의미와 내용에 대해 다음과 같이 언급하였다.

> 상담철학은 전문가적 상담활동의 목표 및 접근방법에 관련된 기본 원리들을 포함하고 설명하는 논리적 체계일 것이다. 상담철학은 상담 및 심리치료 분야의 학문 내용적 정의와도 상관되겠지만, '상담전문가로서의 상담철학은?' 또는 '상담활동에서의 철학이 무엇인가?' 등의 물음에 답하려면 실행 측면에 더욱 관련되고 무게가 더 실리는 설명 개념이 되어야 하기도 한다(이장호, 2013: 53).

> '상담철학'은 '상담학'의 학문적 가능성에 대한 질문과 함께 '상담학'이 전제로 하고 있는 '상담 그 자체'를 규정하는 근원적인 특성, 상담이 전제로 하고 있는 가치관, 인간관, 세계관 등을 다루는 분야라고 할 수 있다. 따라서 …… '상담철학'은 '상담' 및 '상담학'의 토대와 의미를 근원적으로 탐구하는 '철학'의 한 분야

로 자리매김해야 한다. 즉, 상담에 대한 메타적이고 이론적인 성찰로서 '상담철학'은 상담에 근간이 되는 전제들, 학문성, 상담의 가치관, 인간관, 세계관 등에 대한 철학적 탐구인 것이다(노성숙, 2013: 21).

두 학자는 상담철학이 상담의 정의, 상담의 목표, 상담이 추구하는 가치, 상담이론의 배경철학, 상담자의 철학적 입장 등을 다루어야 할 것을 주장하였다. 이장호(2013)는 서양철학의 인간이해로서 셸러(Max Scheler)의 철학적 인간학, 빈스방거(Ludwig. Binswanger)의 현존재분석적 관점, 로저스의 상담철학, 기독교사상과 상담을 살펴보고, 동양철학의 인간이해로서 공자의 유교적 인간사상, 불교 철학적 접근, 이장호의 통합상담론적 접근 등을 고찰하였다. 또한 동서 상담철학의 주요 인간학적 개념 비교와 쟁점으로서 원효의 일심(一心)사상과 야스퍼스(Karl Jaspers)의 포괄자(das Umgreifende)론을 비교하였고, 상담에서의 인간가치 문제로서 상담과정과 상담자의 가치관, 내담자 가치에 관련된 상담자 역할, 상담자-내담자 측 가치 갈등의 해결, 상담관계에 적용되는 인간가치들을 살펴보았다.

노성숙(2013)은 상담학을 하나의 고유한 학문으로 만들어 주는 조건 및 방법론이 무엇인지, 즉 '상담학'의 학문적 정당성에 대한 성찰을 시도하였으며, "당신의 상담철학이 과연 무엇입니까?"라는 질문을 통해 상담자의 가치관, 인간관, 세계관을 다루는 상담철학을 시도하였다. 그리고 주요 상담이론별 철학적 접근을 분석하여 정신분석적 접근과 쇼펜하우어의 사상, 인지적 접근과 소크라테스의 사상, 실존주의적 · 인본주의적 접근과 하이데거의 사상을 논하였다.

상담윤리에 대해서도 다양한 논의가 전개되고 있다. 전문상담학회마다 윤리강령을 제정하여 활용하고 있고 윤리위원회를 통해 여러 상담윤리 관련 문제를 다루고 있다. 상담윤리를 다루는 전문서적과 학술논문도 지속적으로 증가하고 있다. 상담학 총서 2권『상담철학과 윤리』에서는 상담자 윤리 개요, 상담자의 윤리적 의사결정모델, 상담자 윤리와 법, 상담자 윤리의 현안, 상담 수퍼비전과 윤리, 상담연구 윤리, 집단상담 윤리, 부부 및 가족상담 윤리, 학교상담 윤리, 한국상담학회 윤리강령과 실제, 최근의 상담윤리(다문화상담 윤리, 사이버상담 윤리, 상담기관 운영의 윤리) 등을 다루고 있다.

상담자론에 대해서도 많은 논의가 있어 왔다. 대부분의 상담 교재들이 상담자의 전문적 자질과 인간적 자질에 대하여 설명하고 있으며, '상담자론'을 제목으로 하는 청소년상담사 연수교재가 발행되기도 하였다. 그러나 전문상담사 양성에서 채택할 상담자 모델에 대해서는 미국의 과학자-실무자 모델이 소개되는 데 그치고, 이에 대한 논의는 안현의(2003), 김인규(2009b)를 제외하고는 아직 활발하지 않아 더 적극적인 연구가 필요한 실정이다.

(2) 상담원론

상담원론은 상담의 기초적인 개념과 용어, 인간변화의 특성, 상담관계의 특성, 의사소통과 변화와의 관계 등을 탐구하는 분야다. 여기에는 다음과 같은 연구문제를 다룰 수 있다. 상담의 의미는 무엇이고, 유사 개념과의 차이점은 무엇인가? '상담' '상담사' '내담자'라는 용어는 상담의 특성을 정확하게 나타내는 개념인가? 상담에서 추구하는 인간변화란 무엇인가? 인간변화는 가능한 것인가? 상담이 인간변화에 어떤 영향을 어떻게 미치는가? 여기에 상담 이외의 활동들은 어떻게 기능하는가? 내담자의 변화를 이끌어 내는 상담관계의 특성은 무엇인가? 상담에서 활용되는 대화, 매체, 도구들은 내담자의 변화에 어떻게 기여하는가?

박성희(2001)는 상담의 의미에 대한 논의를 통하여 '상담은 인격적인 만남을 통해 생활세계 곳곳에서 사람들의 바람직한 변화를 돕는 과정'이라는 새로운 개념을 제시하였고, 내담자라는 용어를 '청담자'로 바꿀 것을 제안하였다. 또한 인간변화의 가능성과 상담, 인간변화의 영역과 상담, 마음과 상담, 인간변화의 원리와 전략, 인간변화의 특성과 변화에 대한 저항, 상담관계, 상담과 의사소통 등을 논의한 바 있다. 그러나 아직 이 분야의 논의가 활성화되어 있지 않아 향후 지속적이고 활발한 연구가 필요한 실정이다.

(3) 상담과정학

상담과정학은 상담의 진행 단계와 각 단계별 주요 특성, 상담 성과에 효과적으로 영향을 미치는 과정변인 등을 탐색하는 분야다. 이 분야는 각 상담이론 및 접근마다 상담의 진행 단계를 기술하면서 많은 논의가 진행되어 왔다. 일반적으로 상담의 진행을 초기, 중기, 종결기로 나누지만(권석만, 2012: 35-38), 이를 세분하여 관찰 및 평가, 상담관계 형성, 상담의 구조 세우기, 개입, 위기상황, 평가와 종결 등으로 제시하기도 한다(김계현 외, 2011: 70-90). 집단상담에서는 일반적으로 초기단계, 과도기단계, 작업단계, 종결단계 등의 4단계 모델(이장호, 김정희, 1992)을 사용한다. 최근에는 대인과정접근(interpersonal process psychotherapy: a relational approach)이라는 상담과정 중심의 상담접근(Teyber McClure, 2014)이 소개되기도 하였다. 상담과정 요소에 대해서는 상담자와 내담자 간의 동맹, 상담사의 언어반응의 종류와 빈도, 상담사-내담자 언어반응의 연계 특성, 상담사와 내담자의 주도성 관계 등 다양한 변인이 연구되고 있는데, 상담과정 요소는 상담 진행의 실제 모습을 나타내며, 상담성과에 가장 직접적으로 영향을 미치는 것이라고 볼 수 있으므로 계속적인 연구가 필요하다고 할 수 있다.

(4) 상담평가학

상담평가학은 상담사 평가, 내담자 평가, 상담기관 평가, 행정기관의 상담 관련 요소 평가 등 상담에서 이루어지는 제반 평가를 다루는 분야다. 지금까지 상담 분야에서 평가라고 하면, 대부분 내담자의 문제를 진단하고 상담을 통한 변화의 정도를 측정하여 평가하는 것에 초점을 두어 왔다. 그래서 내담자의 진단, 상담성과 측정 등에 대해서는 많은 논의와 구체적인 도구, 평가체제가 개발되었다. 상담에서 활용되는 많은 심리검사, 내담자 문제 분류에 활용되는 DSM 체계와 청소년 문제유형 분류체제, 각종 상담 성과 측정도구 등이 그 결과물이라 할 수 있다.

그러나 아직 상담사 평가, 상담기관 평가, 행정기관의 상담 관련 요소 평가와 관련해서는 충분한 논의가 되지 않은 상태다. 어느 수준의 지식과 기술을 갖춘 상담사를 전문상담사로 인정할 것인가에 대해 통일된 기준이 제시되지 않았으며, 이에 따라 다양한 상담 관련 자격이 남발되고 있다. 미국의 상담교육인증체제(CACREP, 2009)에서는 상담자 교육을 담당하는 교수가 학생의 학업적 · 전문적 · 개인적 발달을 평가하여 학생이 상담교육 프로그램에 적절하지 않다는 평가 결과가 나오면 학생이 다른 교육프로그램으로 전환할 수 있도록 도와야 한다고 규정하고 있는데(p. 85), 우리나라에는 이런 기준조차 제시되어 있지 않아 수많은 상담자 양성 프로그램에서 질적으로 갖추어지지 않은 상담사들이 양산되고 있을 위험성이 있다. 또한 상담사의 업무성과를 상담 수행과 관련하여 평가할 때 사례 수나 진행 회기 수 중심으로만 평가하고, 실제 수행한 상담의 질이나 상담사의 전문성 정도를 평가하는 경우는 거의 없어 피상적인 평가에 그친다는 비판을 받고 있다. 미국의 경우 공적으로 평가된 상담사의 전문성 정도에 따라 교육, 자격증 취득, 취업, 보험적용 등에서 차별적인 대우를 받는 것을 고려할 때 우리나라에서도 이러한 상담사 평가체제가 개발되어야 할 것이다. 또한 여기에는 일반교사와 동일한 기준으로 평가를 받아 상대적으로 불리한 평가 결과를 받게 되는 전문상담교사를 위한 적합한 평가체제 개발도 포함되어야 할 것이다.

또한 상담기관 및 상담프로그램 평가에 대해서도 어떤 영역으로 어떤 기준에 따라 평가해야 할 것인지에 대한 논의가 부족하다. 지금까지 한국청소년상담복지개발원에서 지속적으로 청소년상담실 평가모형 개발(2000), 학교상담모형 적용평가(2005), 학교 밖 청소년 지원모형 평가(2005), 청소년지원센터 운영평가체제 개발(2006), CYS-Net 효과성 평가연구(2007), 학교 또래상담의 정착평가 기준연구(2007), 아동 · 청소년 상담, 보호, 복지기관 평가모형 개발(2009), 드림스타트센터 평가지표(2010) 등 청소년상담기관 및 청소년상담 프로그램의 평가에 대한 연구를 지속해 오고 있으며, 한국교육개발원은 Wee 센터 평가기준 설정 및 모델 개발 연구(2012)를 수행하였으며, 학교상담기관 자문을 위하여 'Wee 프로젝트 기관 컨설팅 기준'(2010, 2011, 2012)을 마련하여 활용하고 있다. 그러나 다양한 상담 분야의 발달에 비추어 지금까지의 상담기관 평가에 관한 논의는 매우 제한된 영역에 그치고 있으며, 특히 실무적인 차원을 넘어서 학문적인 차원에서 상담기관 평가를 다루지는 않았기 때문에 향후 다양한 상담기관에 대한 평가체제 개발, 상담기관 평가에 대한 학문적인 기초 마련 등이 이루어져야 할 것이다.

정부 및 지방자치단체, 사회단체들이 상담에 관심을 갖고 참여하면서 다양한 행정기관이나 사회단체를 평가할 때 상담 관련 요소를 평가할 필요가 발생하고 있다. 각 지역교육청 평가에 학교상담 지원 정도를 포함하기, 군부대 평가 시 군상담의 시행 정도를 포함하기, 복지기관 평가 시 상담 관련 활동의 활성화 정도를 포함하기 등 공공기관의 평가에 상담 관련 항목을 포함시킬 필요성이 제기되고 있다. 그러나 아직 이에 대한 체계적 연구와 제도적 근거가 마련되어 있지 않아 향후 이 분야에 대한 지속적인 연구와 체제 구축이 필요하다.

(5) 상담사회학

상담사회학은 아직 실제적 필요성이 제기되는 분야는 아니지만 상담현상의 심층적인 이해를 통해 상담의 사회적 위상을 마련해 가는 데 필수적인 분야라고 할 수 있다. 여기서는 상담을 둘러싼 사회현상을 탐구하는데, 예를 들어 '상담실에 오기까지 내담자에게 영향을 미치는 사회적 관계는 어떠한가?' '학교, 군, 기업 등에서 학부모, 교사, 지휘관, 직장 상사 등이 상담을 권유하거나 강제적으로 상담에 의뢰할 때 그들 및 주변 사람들과 어떤 사회관계가 형성되고 이 경험은 향후 그들의 생활에 어떻게 영향을 미치는가?' '상담사-내담자-의뢰자-평가자(상담기관, 보험사 등)의 관계는 어떻게 형성되고 유지되는가?' '상담사-내담자 관계는 상담료 지급 여부 또는 상담료의 수준에 따라 달라지는가?' '국가의 지원 및 감독을 받는 상담기관과 국가기관의 관계는 어떠한가?' '언론의 상담 관련 프로그램의 확대는 어떤 요인에 의해 이루어졌으며 이것이 상담계에 미치는 영향은 어떠한가?' '다양한 상담 관련 학회, 단체, 기관의 설립과 갈등은 일반인, 정책입안자, 상담계에 어떤 영향을 미치는가?' 등이 연구주제가 될 수 있다.

(6) 상담공학

상담공학은 상담의 효과 증진 및 상담기관 홍보를 위해 실질적 관심이 증대하는 분야이지만 학문적 논의는 아직 부족한 상태다. 여기서 다룰 주제의 예로는 '상담실의 위치, 공간구성, 가구 및 조명, 상담에 활용되는 도구 등의 물리적 여건이 상담, 상담자, 상담기관에 대한 내담자의 인식 및 상담의 효과에 어떤 영향을 미치는가?' '상담의 홍보-접수-진행-종결-평가의 상담진행 체제, 상담료 납부 체제, 녹음이나 녹화, 전문상담사 자격 보유 여부 등 상담 체제가 상담의 효과에 어떤 영향을 미치는가?' '상담녹음, 녹화, 축어록 작성, 사이버상담, 화상상담 등에 사용되는 기술, 기계의 발전은 어떠하며 각 상담자, 상담기관에 적합한 상담 관련 설비는 어떤 것인가?' '바이오피드백 설비의 발전은 어떠하며 이의 활용은 상담 진행 및 상담실 운영에 어떤 영향을 미치는가?' 등이 있을 수 있다.

(7) 상담문화학

상담문화학에서는 상담과 관련한 문화적 배경, 문화현상을 탐구하고, 문화인류학적 접근을 통해서 상담과 관련된 개인 및 가족, 지역사회의 경험을 질적으로 탐색하는 분야다. 여기서는 '상담은 각 사회의 문화에 따라 어떻게 다르게 전개되는가?' '상담의 발전은 한국문화에 어떤 영향을 끼쳤는가?' '음악, 문학, 영화, 대중매체 프로그램 등에서 상담은 어떻게 표현되고 있으며 이는 사회와 시대에 따라 어떤 차이를 보이는가?' '내담자, 내담자의 가족이나 친구, 교사 등 주변 인물, 내담자가 속한 공동체는 내담자의 상담 참여를 통해 어떤 경험을 하며 어떻게 변화해 가는가?' 등의 연구문제를 탐구할 수 있다.

한국문화를 이해하고 이를 상담에 적용하고자 하는 노력은 지속되어 왔다. 이동식, 이형득, 윤호균 등 한국 상담계의 1세대들은 한국문화에 기초한 상담을 만들어 보급하고자 노력하였다. 박성희(2013)는 한국 상담을 '일정한 자격을 갖춘 한국의 상담자들이 생활 세계 곳곳에서 인격적인 만남을 통해 청담자를 돕는 활동'이라고 정의하였고, 한국 상담을 내용적인 차원에서 한국식 상담(Koreanized counseling)과 한국적 상담(Korean counseling)으로 구분하였다. 한국식 상담은 외국에서 발견된 상담지식을 한국에 알맞게 받아들여 토착화한 상담을 말하며, 한국적 상담은 한국문화에 녹아 있는 상담지식을 나름대로 체계적으로 정리하고 발전시킨 상담을 말하는데, 현재 한국 상담은 거의 대부분 한국식 상담이 차지하고 있지만 점차 한국적 상담에 대한 관심과 연구가 늘어 가고 있다고 보았다. 그는 상담과 관련 있는 한국문화의 특성으로 프랑시의 법칙[1], 관계 문화, 음주 문화, 빨리빨리 문화, 상담실 기피 문화를 제시하였고, 각각의 문화적 특성이 한국에서의 상담현상에 어떻게 영향을 미치는지를 논의하였으며, 상담의 토착화를 위한 과제를 제시하였으며(박성희, 2001), 동양사상과 상담을 연구한 서적을 시리즈로 발간하기도 하였다(박성희, 2007).

(8) 국제상담학

국제상담학에서는 상담 관련 국가 간 비교, 상담지식 및 상담체제의 국가 간 인식, 인터넷 등 원격통신을 활용한 국가 간 상담현상, 외국인 상담 등을 다루는 분야다. '여러 국가에서 상담체제는 어떻게 다르게 형성, 발전하고 있는가?' '상담학과 상담체제의 개발에 대하여 국제 간에 어떻게 협력할 수 있는가?' 등의 연구문제를 다룰 수 있다. 이에 대해서 미국을 중심으로 하는 국제상담학회(International Counseling Association)가 아시아를 비롯한 비서구사회에 관심을 가지고 적극적으로 활동하고 있으며, 아시아를 중심으로 한 아시아-태평양 상담학회(Asia Pacific Counseling Association)도 아시아 국가 간의 상담 관련 정보교류와 협력을 위해 노력하고 있다. 한국상담학회의 국제학술지 『The Journal of Asia Pacific Counseling』도 이런 영역을 다루고 있으며, 외국의 주요 학자들이 각종 세미나, 학술대회에 초청되어 강연·특강을 하는 것도 이 노력의 일환이라고 할 수 있다. 또한 '각 나라에 따라 상담이론 및 접근은 어떻게 변형되어 활용되는가?'도 중요한 연구주제일 수 있다. 유럽에서 시작된 정신분석은 미국으로

1) 1900년대 전반기에 한국에 와 있던 프랑스 공사 프랑시가 '한국인의 편지는 앞에서부터 읽지 말고 뒤에서부터 읽어야 효과적'이라고 말한 것에서 유래한 용어로서, 거의 모든 만남의 장면에서 의례화된 인사말과 겉치레 대화가 먼저 이루어지고 직접적인 표현을 자제하며 은근히 속을 드러내는 한국문화의 특성을 의미한다(박성희, 2001: 224).

전해지면서 많은 변화를 겪었다. 마찬가지로 서구에서 개발된 여러 상담이론과 접근, 체제는 다른 나라로 전달되면서 변화를 겪을 수밖에 없다. 불가피하게 서양의 상담지식과 상담체제를 수입해서 활용해야 하는 우리나라 또는 상담개발국의 입장에서는 이런 관심의 연구가 필수적이라고 할 수 있다.

또한 국가 간 인구 이동이 많아지면서 불가피하게 외국인들에 대한 상담이 상담의 주요 이슈로 떠오르고 있다. 이를 다문화상담의 이름으로 다루고 있으나 다문화상담에는 외국인에 대해서 뿐 아니라 내국인 중 소수자들에 대한 상담도 다룬다는 점에서 여기서 말하는 외국인 상담을 포함하는 광범위한 내용을 다룬다. 외국인을 상담할 때 내국인 상담자가 상담하는 상황도 고려해야 하지만 동일한 언어를 사용하는 상담자가 상담하거나 통역을 사이에 두고 상담하는 상황도 고려해야 한다. 언어를 주로 활용하는 상담에서 언어가 다를 경우 상담에 참여하기를 꺼리게 되고 참여해도 효과적인 의사소통이 이루어지기 어려운 점을 감안하면 외국인 내담자와 동일한 언어를 사용할 수 있는 외국인 상담자 및 통역자를 활용하는 것은 매우 필요한 일이라 할 수 있다. 실제 우리나라의 다문화가정지원센터, 긴급이주여성지원센터 등에서는 결혼이주여성들을 상담자로 활용하여 같은 언어권의 이주여성들을 돕도록 하고 있다. 이들의 훈련, 자격, 수퍼비전 등은 향후 상담학에서 다루어야 할 새로운 영역이다.

그리고 국가 간 여행체제 및 통신시설의 발달로 인해 다른 나라에 거주하는 상담자에게 상담받는 일이 가능해져 실제 그런 사례가 발생하고 있다. 한국청소년상담복지개발원의 사이버상담의 경우 1990년대 후반 개설된 이래 외국에 거주하는 청소년들이 꾸준히 활용하고 있으며, 상담자가 외국에 가서 상담프로그램을 진행하거나 외국에 거주하던 사람들이 국내에 와서 상담프로그램에 참여하는 경우도 발생하고 있다. 또한 이렇게 시작된 상담관계를 각자의 나라에 돌아가서도 인터넷 통신 매체를 활용하여 지속하는 사례도 생겨나고 있다. 이러한 새로운 상담현상에 대해 살펴보고 효과적인 상담이 이루어지기 위한 방안을 강구하는 것도 상담학에서 다루어야 할 중요한 내용이라고 할 수 있다.

2) 인간의 삶에 대한 이해

(1) 인간발달학

인간발달학은 인간의 다양한 심리적 · 관계적 특성이 연령 및 경험의 증가에 따라 어떻게 성장, 지속, 퇴화하는가를 다루는 분야다. 이 분야는 교육학, 심리학, 신학, 가족학 등에서 오랫동안 연구되어 왔으며 이 연구결과들을 상담 분야에서 효과적으로 활용하고 있다. 발달과업, 성격발달, 인지발달, 도덕성발달, 사회성발달, 영성발달, 가족생활주기 등이 그 내용이라고 할 수 있다. 상담학 총서 8권『인간발달과 상담』은 인간발달과 상담, 인지적 영역의 발달, 정의적 영역의 발달, 영유아기, 아동기, 청소년기, 성인 초기, 결혼과 자녀양육기, 성인 중기, 성인 후기, 노년 초기, 노년 후기, 발달심리학의 최근 동향, 상담의 발달심리학적 적용과 조망을 다루고 있다. 또한 상담학 총서 9권『성격의 이해와 상담』에서는 성격의 이해, 프로이트의 정신분석 이론, 융의 분석심리학, 아들러의 개인심리학, 후기 정신분석, 현상학적 이론, 켈리의 개인구성개념 이론, 행동주의 이론, 인지사회학습 이론, 특질 이론, 특질요인 이론, 생물학적 관점 등을 다룬다. 그러나 지금 상담 분야에서 활용하는 인간발달 관련 지식은 대부분 서양에서 1900년대 초반이나 중반에 연구된 내용이기 때문에 한국의 현대 상황에 맞는 발달 특성을 찾아내기 위한 연구가 활발하게 이루어질 필요가 있다.

(2) 정신건강학

정신건강학은 인간이 고통을 겪게 되는 정신적 · 인간관계적 문제의 분류 기준을 제시하고 각 문제별 발생 원인과 지속과정, 특성, 예후, 개입방안 등을 다루는 분야다. 이 분야 역시 임상심리학을 중심으로 오랫동안 연구되어 그 연구결과가 다양하게 활용되고 있다. 한국청소년상담복지개발원에서 1994년부터 1998년까지 5판에 걸쳐 '청소년 문제유형 분류체계'를 개발한 것은 매우 의미 있는 일이었으나 그 활용도는 높지 않은 실정이다. 상담학 총서 10권『정신건강과 상담』은 정신건강과 이상심리학에 대한 이해, 정신건강과 이상행동의 분류와 평가, 정신건강과 스트레스, 불안장애와 상담, 기분장애 · 자살행동과 상담, 중독과 상담, 성격장애와 상담, 섭식장애와 상담, 성과 상담, 정신분열증과 상담, 주의력결핍 과잉행동장애 · 반항장애 · 품행장애와 상담, 발달장애와 상담, 학습장애와 상담, 약물치료에 대한 이해, 질병 및 이상에 대한 새로운 패러다임의 접근, 불교심리학과 정신건강, 자아초월심리학과 정신건강, 정신상담과 긍정심리상담, 요가 · 명상과 정신건강을 다루고 있다. 그러나 이 분야 역시 한국이라는 독특한 문화, 2000년대라는 시대적 상황을 반영하는 지속적인 연구가 필요하다. DSM이 시대적 변화와 학문적 발전에 따라 계속 개정되어 가듯이, 한국에서의 정신건강에 대한 이해와 접근도 계속 달라져야 할 것이기 때문이다.

(3) 심리검사

심리검사는 정서, 인지, 행동, 성격, 학업 특성, 진로 특성 등 다양한 심리적 특성을 측정하는 도구의 개발과 활용을 다루는 분야다. 이 분야도 심리측정, 교육심리 등의 영역에서 수행해 온 많은 연구가 상담 분야에 활용되고 있다. 다양한 영역의 한국적인 심리검사가 개발되고 활발하게 사용되는 것은 매우 고무적인 일이라 할 수 있다. 다만 심리검사의 실시와 활용 시 고려해야 할 심리검사의 양호도, 낙인효과, 심리검사의 효과적 활용방안 등에 대해서는 지속적인 연구가 수행되어 일정한 지침이 마련되어야 할 것이다. 상담학 총서 11권 『심리검사와 상담』에서는 심리평가의 이해, 검사 신뢰도와 타당도, 심리척도의 제작, 심리평가 보고서 작성, 심리평가를 위한 면담, 인지적 기능의 평가와 Wechsler 지능검사, MMPI-2 다면적 인성검사, 투사검사 1, 투사검사 2, 임상적 사례와 해석의 예, 진로검사, 성격검사, 학습검사에 대해 다루고 있다.

심리검사가 전문상담사의 임상적 판단에 의해서 실시되는 것이 아니라 국가나 기관의 정책에 따라 실시되는 상황에 대한 연구도 심리검사 분야에서 다루어야 한다. 2011년부터 교육부가 실시한 정서행동특성검사, 교사양성과정 입학 및 교육기간 중에 실시하는 교직적성검사, 군 지원 시 실시하는 정신진단검사, 기업체 입사 및 인사이동 시 활용하는 적성검사와 인성검사 등은 검사 실시 기관이 검사도구를 임의로 개발하거나 선정할 수 있고, 피검자의 의지와 관계없이 집단적 · 반강제적으로 실시되며, 그 결과의 활용이 피검자의 안녕을 위해서만 사용된다고 볼 수 없기에 전문적 · 윤리적 · 사회적 문제가 발생할 수 있다. 이런 기관 주도의 집단적 · 행정적 심리검사에 대한 현황 파악과 대처방안, 바람직한 검사 실시와 활용방안에 대한 연구가 필요하다고 할 수 있다.

2. 상담이론 및 접근 영역

상담이론 및 접근 영역은 상담의 이론 및 접근을 개발하고 훈련하는 데 초점을 두는 학문분야로서 정신역동상담, 행동수정상담, 인지주의상담, 인본주의상담, 현실치료 등의 전통적인 상담이론 및 접근과 초월영성상담, NLP 상담, 최면상담, 철학상담 등 비교적 새로운 상담 접근으로 구분하여 살펴볼 수 있다.

1) 전통적인 상담이론 및 접근

대부분의 상담이론서는 10여 개 내외의 주요 상담이론 및 접근을 소개하고 있다. 상담학 총서 3권『상담이론과 실제』에서는 정신역동과 상담, 분석심리학과 상담, 개인심리학과 상담, 실존주의와 상담, 인간중심과 상담, 게슈탈트 상담, 행동주의 상담, 인지 · 정서 · 행동치료, 교류분석과 상담, 현실치료와 상담, 자아초월심리학과 상담, 과정지향심리학과 상담, 동양상담 등 13가지의 상담이론 및 접근을 다루고 있다. 각 이론 및 접근을 소개하고 상담에의 적용을 다루는 연구는 지속적으로 이루어지고 있으나, 각 이론 및 접근의 한국상황 적합성, 한국에서의 활용 실태, 각 이론 및 접근별 훈련과정 등에 대해서는 연구가 활발하지 않아 향후 이 분야에 대한 연구가 필요한 실정이다.

2) 새로운 상담 접근

철학상담, 초월영성상담, NLP 상담, 최면상담 등은 그 역사가 오래되었으나 전통적인 상담 접근으로는 소개되지 않고 다만 상담의 보조적 도구로만 여겨졌는데 최근 들어 독자적인 학회를 구성하고 관련 연구 결과를 활발하게 발표하는 등 상담의 영역 내에서 독자적인 위치를 마련해 가고 있는 실정이다.

철학상담은 1981년에 최초로 독일의 아헨바흐(Achenbach)에 의해서 '철학실천(Philosophische Praxis)'이라는 이름으로 창안되었고(Achenbach, 2010, 노성숙, 2013 재인용), 국내에는 '임상철학(clinical philosophy)'이라는 이름으로 소개되었으며(김영진, 1993, 노성숙, 2013 재인용), 2009년에 '철학상담치료학회'의 창립 이후 철학상담에 대한 관심과 연구가 활발히 진행되고 있고, 철학치료를 포함한 '인문치료', 즉 인문학을 통합한 형태의 치료에 대한 관심이 꾸준히 늘어나고 있다. 철학상담은 기존의 정신치료, 심리상담에 대한 '대안'으로 생겨났으며, 전통적으로 철학에 속하는 내용과 형식을 바탕으로 하는 철학함이자 오늘날 새롭게 '철학함을 실천하는 풀뿌리 운동'으로 자리매김하고 있음을 알 수 있다(노성숙, 2009). 김옥진(2012)은 심리상담과 철학상담의 개념 및 영역 구분에 대한 논의를 통해 철학상담은 심리상담의 여러 기법 중 하나임을 주장하였다. 초월영성상담과 NLP 상담은 2000년대 초부터 한국상담학회의 분과학회로 설립되어 꾸준한 활동과 연구를 수행하고 있다. 최면상담의 경우 최면훈련을 이수한 정신과 의사와 소수의 상담자들이 활용하고 있었는데, 2000년대 중반 이후 최면에 대한 관심이 증가하고 상담에서의 유용성이 제기되면서 최면상담 관련 학회의 창립과 자격증 발급이 이루어지고 있다.

이러한 새로운 상담접근이 상담에서 활용할 수 있는 유용한 도구임이 밝혀지고 있으나 전통적인 상담이론 및 접근과 같은 위치를 갖기 위해서는 독자적인 이론적 틀과 기법의 개발, 보급, 연구 등이 계속되어야 할 것이다.

3. 상담방법 및 도구 영역

상담방법 및 도구 영역은 상담을 실시하는 방법에 대한 기법의 개발과 검증에 초점을 두는 학문 분야로서 내담자 구성 특성에 따라 분류한 상담방법 분야와 상담도구에 따라 분류한 상담방법 분야로 나누어 살펴볼 수 있다.

1) 내담자 구성 특성에 따른 상담방법

전통적으로 상담은 상담에 참여하는 내담자-상담자의 수와 특성에 따라 개인상담, 집단상담, 부부 및 가족 상담 등으로 구분되어 왔다. 각 상담방법에 대해서는 많은 이론과 기법이 개발되었고 관련 연구도 활발하게 수행되고 있다. 한국상담학회 산하에 '심리치료상담학회' '집단상담학회' '부부 · 가족상담학회' 등 독립적인 학회가 설립되어 활발하게 활동하고 있으며, 상담학 총서 3권『상담이론과 실제』, 4권『집단상담』, 5권『부부 및 가족 상담』에서 각 분야를 다루고 있다. 3권『상담이론과 실제』의 내용은 앞서 전통적인 상담이론과 접근에서 소개한 바와 같고, 4권『집단상담』은 집단상담의 개념, 집단상담 과정과 발달단계, 집단상담의 치료적 요인, 집단상담 이론 I(T집단, 참만남 집단, 감수성 훈련집단), 집단상담 이론 II(정신분석 · 행동주의 · REBT · 형태주의 · 본성실현 집단상담), 집단원의 역할과 기능, 집단상담자의 역할과 기능, 집단상담 역동, 집단상담 기법, 집단상담의 구성, 집단상담 평가, 집단상담 수퍼비전 등을 다루었다. 5권『부부 및 가족 상담』은 부부 및 가족상담의 이론적 기초, 가족생활주기, 대상관계 가족상담, 다세대 가족상담, 경험적 가족상담, 구조적 가족상담, 전략적 가족상담, 사회구성주의 가족상담, 부부상담, 부부 및 가족 사정, 부부 및 가족 상담 프로그램, 구조적 가족상담 수퍼비전 모델, 현대 한국 가족 문화와 부부 및 가족 상담을 다루고 있다.

2) 상담도구에 따른 상담방법

여기서는 일반적인 면대면 상담, 대화 중심 상담과 함께 통신매체를 활용한 상담, 여러 표현기법을 활용하는 상담, 다양한 매체를 활용한 상담의 연구와 이론 및 기법 개발을 수행하는 분야를 포함한다. 기계 문명의 발달에 따라 전화상담, 사이버상담과 같은 공간적 · 시간적 거리를 뛰어넘는 상담이 가능해져 거의 모든 상담기관이 전화상담과 사이버상담을 실시하고 있으며, 이에 대한 이론적 · 실제적 연구도 많이 수행되어 왔다. 향후에는 계속 발달하는 통신매체의 발달과 상담을 접목시켜 스마트폰의 애플리케이션을 활용한 상담, 인터넷방송이나 팟캐스트를 활용한 상담, 화상대화 프로그램을 활용한 상담 및 수퍼비전 등이 연구, 개발되어야 할 것이다.

또한 놀이, 동작, 음악, 미술 등 표현기법을 활용하는 표현중심상담과 애완동물, 음식, 원예식물 등 다양한 매개체를 활용하는 상담기법이 많이 개발되어 활용되고 있고, 학회나 협회, 상담기관들도 다양하게 설립되어 활동하고 있다. 그러나 아직 각 상담기법을 뒷받침해 주는 이론적 근거, 표준화된 훈련과정이 마련되지 않은 경우가 많아 이에 대한 연구와 개발이 필요하다.

4. 상담대상 영역

상담대상 영역은 상담대상별 심층적 이해와 적절한 상담이론 및 기법의 개발에 중점을 두는 학문 분야로서 연령별로 상담대상을 구분한 상담 접근과 대상의 특성별로 상담대상을 구분한 상담으로 구분하여 살펴볼 수 있다.

1) 연령별 대상 구분

상담대상을 연령별로 구분하여 이해하고 상담하는 접근은 아동상담, 청소년

상담, 청년상담, 성인상담, 노인상담 등으로 구분할 수 있다. 아동과 청소년의 연령 범위는 중첩되는 부분이 많아 학문적으로나 제도적으로 아동과 청소년을 명백하게 구분하기는 어렵다. 아동학계나 아동 관련법에서는 아동의 연령 상한선을 19세로 보고 있으며, 청소년학계나 청소년 관련법에서는 청소년을 만 9세부터 24세까지로 보고 있다. 아동상담은 주로 복지적인 측면에서 보건복지부가 관장하고 있고, 청소년상담은 청소년발달 측면에서 여성가족부가 관장하고 있다. 아동상담은 놀이치료, 언어치료, 학업상담, 정서행동문제 상담을 중심으로 최근 확대되는 경향을 보이고 있다.

1993년 「청소년기본법」의 제정과 더불어 시작된 청소년상담은 지난 25년간 큰 성장을 보여 시도 및 시군구 청소년상담복지센터는 2018년 12월 기준 전국적으로 228개에 이른다. 청소년상담에 관한 제반사항은 「청소년복지지원법」이 지원·관장하고 있으며, 청소년상담복지개발원을 중심으로 국가의 지원하에 청소년상담에 관한 정책 개발, 상담이론 및 기법, 상담프로그램 개발과 보급, 청소년상담자 자격검정, 부모교육 등의 사업을 지속하고 있으며 지난 20년간 매년 1~2회씩 청소년상담연구지를 발간하여 왔다. 국가자격인 청소년상담사 자격제도는 2003년부터 실시되어 2018년 말 기준 17,187명의 청소년상담사를 배출하였다. 한국상담학회 산하에 '아동·청소년상담학회'가 분과학회로 활동하고 있다.

청년 및 성인 상담은 독자적인 영역으로 다루어지기보다는 대학상담, 취업상담, 결혼상담, 부부상담, 자녀문제상담 등 청년 및 성인이 활동하는 기관이나 당면한 문제 중심으로 다루어지고 있다. 또한 기존의 개인상담, 집단상담 이론과 기법이 대체로 성인을 대상으로 개발되었다는 점에서 이 또한 성인상담과 중첩되는 분야라고 할 수 있다.

노인상담은 인간의 수명연장으로 인해 노인층이 많아지고 생존연령이 증가하면서 최근 우리 사회에서 많은 관심을 받고 있으나, 아직 이론적 기반과 상담자 훈련, 상담시설 등이 체계적으로 갖추어져 있지 않아 향후 이 부분에 대한 활발한 연구와 제도 구축이 필요하다.

2) 특성별 대상 구분

상담대상을 특성별로 분류하여 접근하는 분야로 가정상담, 여성상담, 다문화상담을 들 수 있다. 가정상담은 여성가족부가 2005년에 「건강가정기본법」이 시행되면서부터 시작한 건강가정지원사업을 의미한다. 전국에 설치된 150여 개의 건강가정지원센터를 통해 다양한 가족 형태에 맞는 가족교육, 가족상담을 제공하고, 지역주민 대상으로 가족문화의 개선 · 홍보사업을 추진하며, 지역주민의 가족서비스 욕구조사, 가족 관련 정보 제공 등을 실시하고 있으며, 이를 수행하는 인력으로 건강가정사를 양성하고 있다. 이혼숙려제도는 이혼율의 증가에 대한 대책을 위하여 2004년에 입안이 되고 2008년부터 시행하게 되었다. 그 내용은 합의이혼이든 재판이혼이든 간에 법원의 결정문을 받기 전에 미성년 자녀가 있으면 3개월 간의 숙려기간을 가지며, 이혼에 따른 자녀양육 방안에 관한 상담을 받도록 한다. 미성년 자녀가 없으면 1개월 간의 숙려기간을 갖되, 상담 등을 통하여 이혼의 아픔과 이혼 후의 대처방안 등에 대하여 당사자가 충분히 고려할 수 있기를 권고하는 방안이다.

우리나라 여성상담 정책은 주로 성폭력과 가정폭력 피해자를 대상으로 실시되고 있다. 성폭력상담소는 「성폭력범죄의 처벌 등에 관한 특례법」이 제정된 1994년에 처음 설치되었고, 가정폭력상담소는 「가정폭력방지 및 피해자보호 등에 관한 법률」이 제정된 다음 해인 1998년부터 설치 · 운영되기 시작하였다. 이후에 상담소 설치규정이 허가제에서 신고제로 전환되면서 급속히 상담소 수가 확대되어 2017년 6월 기준 성폭력상담소 164개, 가정폭력상담소 200여 개, 1366 여성긴급전화 17개가 운영되고 있다. 다문화상담은 한국 사회의 다문화사회화 현상에 따라 「다문화가족지원법」에 근거하여 2006년부터 여성가족부 주관으로 다누리콜센터(1577-1366)를 통해 전국적으로 217개의 다문화가족지원센터에서 실시하고 있으며, 외국인 노동자, 새터민 등에 대한 다문화상담도 민간단체를 중심으로 확대되고 있다. 이와 같이 지속적으로 확대되는 가정상담, 여성상담, 다문화상담의 이론적 기초 마련, 상담절차와 기법 개발, 상담자 양성 등에 대한 지속적 연구가 필요하다.

5. 상담내용 영역

상담내용 영역은 상담에서 다루는 주요 문제, 내용에 초점을 두는 학문 분야로서 심리상담, 진로상담, 학업상담, 비행상담, 교정상담, 중독상담 등이 해당된다. 각 영역은 독자적인 학문 영역을 구축하여 왔으며, 심리상담 분야를 제외하고는 국가적 필요에 따라 정부정책에 의해 제도적 체재를 갖추고 있다. 진로상담의 경우에는 교육부(구 교육과학기술부) 주관으로 학생에 대한 진로지도의 일환으로 지속적으로 시행되어 왔으며, 2011년부터는 진로진학상담교사 제도가 신설되기도 하였다. 성인을 대상으로 하는 진로상담은 고용노동부를 중심으로 전국의 고용지원센터에서 실시되고 있으며, 다양한 진로상담기관에서 정부의 지원을 받아 취업 · 실업 · 재취업 관련 프로그램을 실시하고 있다. 학업상담 역시 교육과학기술부를 중심으로 학습동기부여 프로그램, 학업기술향상 프로그램 등이 개발되어 일선 학교에서 실시되고 있다. 비행상담은 경찰청의 '소년범 수사 시 전문가 참여제(다이버전 제도)'와 학교폭력상담전화(국번 없이 117), 교정상담은 법무부의 보호관찰제도에서의 수강명령과 교정위원제도 등을 통해 실시되고 있다. 중독상담의 경우 교육과학기술부와 행정안전부 등에서 인터넷 중독상담을, 보건복지부에서 알코올중독상담, 도박중독, 경마중독 등을 실시하고 있다. 심리상담, 진로상담, 학업상담의 경우 일반인을 대상으로 하는 사설 상담도 활성화되고 있다. 현재 한국상담학회 산하 분과학회로 '심리치료상담학회' '진로상담학회' '교정상담학회' '중독상담학회' '생애개발상담학회' 등이 설립되어 학술적 연구와 상담교육, 각 분야별 상담 활성화를 위해 활발하게 활동하고 있다. 이 상담학 총서에서는 3권『상담이론과 실제』, 6권『진로상담』, 7권『학습상담』, 9권『성격의 이해와 상담』, 10권『정신건강과 상담』, 14권『중독상담학 개론』에서 이 내용을 다루고 있다.

6. 상담현장 영역

상담현장 영역은 상담이 실제로 이루어지는 현장을 중심으로 하는 학문분야로서 학교상담, 대학상담, 군상담, 기업상담 등이 해당된다. 학교상담은 1950년대 후반부터 시작되어 한국에서 상담이 시작 · 전개되는 데 중요한 역할을 해 왔으며, 2005년부터 전문상담교사 선발과 배치, 2008년부터는 Wee 프로젝트 실시를 통해 크게 활성화되고 있다. 2018년 말 기준 전국의 Wee 프로젝트 관련기관은 6,600여 개에 이른다. 대학상담은 각 대학의 학생상담센터 또는 학생생활연구소를 중심으로 전개되어 대학원의 상담실습기관, 상담연구 대상자 확보에 중요한 역할을 해 왔으나, 2000년대 이후 대학의 학생상담센터가 전반적으로 축소되면서 위축된 상태에 있다. 군상담은 국방부에서 장병들의 기본적인 인권문제와 자살에 대한 심각성을 인지하고 예방하기 위한 조치로 2005년부터 병영생활 전문 상담관 제도를 마련하여 각 부대에 전문상담사를 배치하여 상담활동을 하고 있는데, 2018년 12월 기준 383명의 상담사들이 상담관으로 활동하고 있다. 기업상담은 기업 내 종업원 및 가족의 복지 향상을 위해 상담사를 고용하거나 외부기관에 상담을 의뢰하여 상담서비스를 제공하는 방식으로, 2000년대 중반 이후로 활성화되고 있다. 현재 한국상담학회 산하에 '학교상담학회' '대학상담학회' '군 · 경 · 소방상담학회' '기업상담학회'가 설립되어 학술적 연구와 상담교육, 각 분야별 상담 활성화를 위해 활발하게 활동하고 있다.

7. 상담기반 영역

상담기반 영역은 상담의 기반을 조성하고 상담의 맥락을 형성 · 발전시키는 것에 초점을 두는 학문 분야로서 상담 전문성을 다루는 상담사 교육, 상담연구와 상담환경을 다루는 상담역사, 상담법, 상담행정, 상담경제, 상담정책, 상담윤호로 구분하여 살펴볼 수 있다.

1) 상담 전문성 분야

상담 전문성 분야에서는 상담의 전문성 향상을 위해 전문 상담사 양성 및 관리, 상담연구 등을 수행한다. 현재 우리나라는 매우 다양한 형태의 상담사 교육이 이루어지고 있다. 전통적으로 상담은 일반대학원의 석박사 중심으로 교육이 이루어져 왔으나, 2000년대부터 특수대학원으로서 상담대학원이 개설되어 많은 수의 상담전공자를 배출하게 되었으며, 2000년대 중반부터는 학부에도 상담을 전공하는 학과(전공)가 개설되기 시작하여 2018년 기준 100여 개 이상에 이르고 있다. 여러 학회, 기관, 단체에서 다양한 상담교육을 실시하고 상담자격증을 발급하게 되면서 상담이 대중화되기도 하였으나, 오히려 상담의 전문성과 체계성은 저하되고 있다는 문제점이 제기되고 있다(서영석, 정향진, 김민선, 김시연, 2011). 상담교육의 체제화를 위해서 표준교육과정 마련, 상담교육인증제 실시, 상담자교육모델 정립, 상담자격 정비, 국가적 상담관리체제 구축 등이 제안되고 있다(김인규, 2018; 김인규, 조남정, 2016; 김인규, 최현아, 2017; 서영석 외, 2011; 안현의, 2003; 유형근, 2012; 이숙영, 김창대, 2002). 상담자 양성과정의 내실화뿐만 아니라 전문가 자격 취득 또는 취업 후 지속적인 재교육과 상담수퍼비전을 통해 전문성 유지와 향상을 도모하도록 하는 체제 마련도 매우 중요한 과제라 할 수 있다.

상담연구 분야는 석박사과정의 교육과정을 통해 꾸준히 발전하고 있으며, 한국상담학회, 한국상담심리학회, 한국청소년상담원 등에서 발간하는 상담분야 전문학술지를 통해서 양적으로나 질적으로 성장하고 있다. 최근에는 기존의 통계 중심의 양적연구방법에 대한 비판적 입장이 대두되면서 질적연구방법에 대한 관심이 높아지면서 질적연구방법을 활용한 연구물이 크게 증가하고 있다(박승민, 2012). 이 상담학 총서에서는 12권 『상담연구방법론』, 13권 『상담 수퍼비전의 이론과 실제』에서 상담 전문성 분야의 내용을 다루고 있다.

2) 상담환경 관련 분야

상담환경 분야에서는 상담이 한 사회 속에서 제도적인 정착과 체계적인 발전을 하는 과정을 다루는데, 여기서는 상담역사, 상담법, 상담행정, 상담경제, 상담정책, 상담옹호 등이 포함된다.

(1) 상담역사

상담역사는 상담이 제도적으로 전개되어 온 과정을 탐구하는 학문으로서 상담의 사회적·정치적 맥락을 파악하는 데 매우 중요하다고 할 수 있다. 각 학회나 기관에서 대체적으로 10년 단위로 역사 자료집을 발간하는 것은 이 분야에 매우 큰 기여를 하는 것이라 할 수 있다. 유정이(1997)는 우리나라 학교상담의 전개과정을 살펴보았으며, 김성회(2013)는 상담학총서 1권『상담학 개론』1장에서 서구와 우리나라의 상담학 발전 역사를 기술하였다. 향후 이런 역사적 사실의 기록과 제시와 함께 인물사 연구, 상담 관련 주요 사건의 의미와 영향력 분석, 다양한 상담단체와 자격과정의 발생과 전개과정 분석 등 다양한 상담역사 관련 주제들에 대한 연구가 필요하다.

(2) 상담법

상담법은 상담이 전문직화되는 과정에서 상담에 관한 제반 사항을 제도화·체제화하기 위해 필수적인 것으로서(명대정, 2000), 상담의 사회적 위상이 확립되고 제도화된 유럽과 미국에서는 오래전부터 독립적인 상담 관련법이 제정·시행되고 있다. 그러나 우리나라는 아직 상담에 관한 독립적인 법안이 마련되지 않은 상태이며, 여러 관련법의 일부 조항으로 다루어지고 있다.

학교상담 분야는「초·중등교육법」「학교폭력예방 및 대책에 관한 법률」에서 다루어져 왔는데, 2012년 12월 교육과학기술부 훈령으로「Wee 프로젝트 사업 관리 및 운영에 관한 규정」이 제정되어 제도적 지원과 관리의 법적 근거를 마련하게 되었다. 18대 국회 이후 지속적으로 학교상담법이 발의되고 있으며, 김인규(2009b, 2012a), 황준성 등(2010)은 학교상담법 제정 방안을 제시하였고 최정아(2018)는 현행 법률에서 다루어지는 상담에 대해 고찰하였다. 아동상담 분야는 「아동복지법」에서 관장하며, 청소년상담 분야는 「청소년기본법」「청소년복지지원법」에서 청소년상담사, 청소년상담지원센터 등을 다루고 있다. 비행상담, 교정상담 분야는 「보호관찰 등에 관한 법률」「형의 집행 및 수용자의 처우에 관한 법률」에서 다루고 있고, 여성상담 분야는 「성폭력범죄의 처벌 등에 관한 특례법」 등에 관한 법률, 「가정폭력방지 및 피해자보호 등에 관한 법률」에서, 가정상담 분야는 「건강가정기본법」에서, 노동상담은 「근로자참여 및 협력증진에 관한 법률」「산업안전보건법」에서 다루고 있다.

이와 같은 여러 분야의 상담을 총괄하는 상담법에 대하여 김영근 등(2012), 김정진(2016) 등이 기초적인 안을 제시하였으며, 향후 국회 및 정부와의 협조를 통해 독자적인 상담법 제정 및 관련 법안의 체계화를 이루어 나가는 것이 필요하다.

(3) 상담행정

상담행정은 상담기관의 설치, 운영, 평가, 지원, 연계를 위해 필수적인 내용이다. 각종 상담 기록과 보고서를 비롯한 각종 행정문서 작성, 사업계획서 작성, 평가보고서 작성, 예산·결산 자료 작성, 인사 관련 행정 처리, 상담시설 관리, 기관 협조체제 구축 및 운영, 홈페이지 운영 등 상담 관련 행정은 매우 다양하며, 기관의 운영과 유지에 핵심적인 활동이라고 할 수 있다. 그러나 상담교육 과정에서 상담행정을 체계적으로 다루는 경우가 거의 없으며, 상담사들이 행정에 대한 훈련이 부족하거나 기피하는 성향이 있다는 비판이 제기되어 왔다. 따라서 상담사 양성 과정에서 상담행정에 대한 적극적인 태도와 실무적인 능력을 기르는 것이 필요하며, 이를 위해 관련 교재 개발, 관련 연구 수행 등이 필요하다.

(4) 상담경제

상담경제는 상담료, 상담사 인건비, 상담실 운영비, 상담기관 예산지원, 상담의 경제적 효과 등을 다루는 학문으로서 자본주의 체제 하에서 상담 분야가 사회적 · 제도적으로 자리 잡는 과정에 필수적인 내용이다. 여기서는 '상담전공자, 상담자격 보유자가 상담을 통해 적절한 수준의 수입을 가질 수 있는가?' '상담료, 상담사 인건비는 어떤 기준으로 정해야 하는가?' '상담실 수익모델은 어떤 것이 있는가?' '정부의 상담기관 지원금은 어떤 기준으로 산정해야 하는가?' '상담의 경제적 효과는 어느 정도 되는가?' 등의 연구문제를 탐구할 수 있다. 김계현(2000)은 상담의 경제적 효과에 대한 연구의 필요성을 제기하였고, 이상민 등(2009), 최보영 등(2010), 김종학, 최보영(2018)은 대학상담과 전문상담교사의 경제적 가치에 대한 연구를 수행하였다. 향후 이 분야의 연구를 활발히 수행하여 상담기관 설립 계획 및 운영의 근거자료로 활용하며, 정부정책 입안자나 예산담당기관, 국회의원 및 대국민 설득자료로 활용하여야 할 것이다.

(5) 상담정책

상담정책은 다양한 정부부처의 상담 관련 정책의 수립, 시행, 평가에 관여하는 학문으로서, 상담을 제도화하고 상담의 저변을 확대하기 위해 필수적인 분야다. 정부의 상담정책에 대한 연구는 한국청소년상담복지개발원, 한국교육개발원, 한국직업능력개발원, 한국여성개발원 등 주로 정부 산하 연구기관에서 이루어져 왔으나 상담학계에서는 이에 대한 연구와 활동이 활발하지 않은 실정이다. 교육정책학회, 사회복지정책학회 등 타 학문 분야의 경우 해당 분야의 정책을 주요 내용으로 다루는 학회가 운영되는 경우가 많고, 사회복지정책 전공처럼 주요 전공으로 정책을 다루기도 한다. 상담학에서도 상담정책을 학과목으로 개설하고, 전공자를 배출하며, 전문 학회를 설립 · 운영하여 상담정책을 통한 상담학계의 발전을 도모하여야 할 것이다.

(6) 상담옹호

상담옹호는 상담, 상담학, 상담사, 상담기관, 상담정책 등을 일반 국민 및 정부정책 담당자, 국회의원 등에게 알리고 상담계의 권익 보호 및 신장을 위해 활동하는 분야로서, 상담이 우리 사회에서 저변을 확대하고 전문직으로서 사회적 위상을 확보하며 제도적 체제를 구축하기 위해서 매우 필요한 일이다. 상담에 대한 긍정적 인식의 확대와 제도적 체제 구축은 상담의 전문성과 효과에 대한 적극적인 홍보와 설득 작업이 있어야 가능한 일이다. 김계현 등(2011)은 정부정책, 기관장의 의지, 국민의 여론 등이 상담의 맥락으로서 상담실제에 큰 영향을 끼친다는 점을 논의하면서 이들에 대한 상담계의 노력(로비라고도 하는)에 대해 언급하였으며(pp. 38, 41), 박성희(2013)도 상담사들이 상담제도의 수립과 정책결정에 적극적으로 참여해야 한다는 점을 역설하였다(pp. 570-571). 한국상담학회와 한국상담심리학회는 2008년부터 공동으로 '학교상담법제화위원회'를 구성하여 학교상담법의 제정을 위해 노력한 바 있으며, 2017년부터는 한국상담진흥협회를 중심으로 상담법 제정을 위해 힘쓰고 있고, 여러 상담기관에서는 각 기관의 상담프로그램 및 상담의 성과를 홍보하기 위해 다양한 노력을 기울이고 있다. 향후 상담전공자, 상담전문가, 상담학회, 상담학과 등이 각종 언론매체를 활용한 상담 홍보, 상담 관련 정부 및 지방자치단체, 국회와의 네트워크 구축, 상담정책 수립에 대한 압력 행사 등 다양한 활동을 해야 할 것이며, 이에 대한 학술적 연구 및 활동 지원이 활발하게 이루어져야 할 것이다.

제3부

상담학의 주요 이론

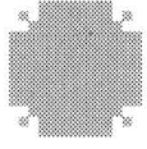

제5장
상담이론 개관

고기홍

이 장에서는 기존의 상담이론들을 개괄적으로 설명하였다. 먼저 기존의 상담이론들을 유형화함으로써 상담이론을 개괄하였고, 이어 현대 상담의 주된 접근들을 개괄적으로 설명하였다.

상담이론의 유형을 '상담 영역, 대상, 학파, 전략, 접근 방법'으로 구분하여 설명하였다. 그리고 현대 상담의 주요 세력을 크게 8개로 구분하여 설명하였다. 즉, '정신분석, 행동주의, 인본주의, 인지적 이론, 체계적 이론, 초월영성 이론, 생물학적 이론, 절충 및 통합적 이론'의 8개 세력으로 구분하여 설명하였다.

1. 상담이론 유형

상담이론을 개괄적으로 살펴보는 한 가지 방법은 기존의 상담이론들을 유형화하는 것이다. 여기서는 상담이론의 유형을 '상담영역, 상담대상, 상담학파, 상담전략, 상담의 접근 방법'에 따라 구분하였다.

먼저 '상담영역'에 따라 크게 '상담이론과 심리치료 이론'으로 구분할 수 있다. 즉, 다양한 사회적 장면에서 일반인을 대상으로 당면 문제의 해결이나 성장을 목적으로 이루어지는 상담의 이론을 '상담이론'이라 한다. 반면 사회적 장면 중 특별히 임상 장면에서 정신장애 환자를 대상으로 하여 치료 목적으로 이루어지는 상담의 이론을 '심리치료 이론'이라 한다. 그런데 '상담이론과 심리치료 이론의 구분'은 엄격하지 않다. 매우 흔하게 이 두 가지 개념은 동의어처럼 사용되고 있다. 혼용으로 인한 혼란을 피하기 위해 여기서는 가급적 심리치료 이론이란 용어는 사용하지 않고 상담이론이란 용어를 사용하였다.

또 다른 영역별 구분은 '심리상담 이론, 교육상담 이론, 복지상담 이론, 종교상담 이론, 예술상담 이론' 등으로 구분하는 것이다. 즉, 심리학 영역에서 이루어지는 상담의 이론을 '심리상담 이론'이라 하고, 교육학 영역에서 이루어지는 상담의 이론을 '교육상담 이론'이라 하며, 사회복지학 영역에서 이루어지는 상담의 이론을 '복지상담 이론'이라 한다. 기독교나 불교와 같은 종교적 영역에서 이루어지는 상담의 이론을 '종교상담 이론(또는 기독교상담 이론, 불교상담 이론, 초월영성상담 이론 등)'이라 하고, 미술, 음악, 연극 등과 같은 예술적 영역에서 이루어지는 상담의 이론을 '예술상담 이론(또는 미술상담 이론, 음악상담 이론, 연극상담 이론 등)'이라 한다.

또한 상담이론은 대상에 따라 '아동상담 이론, 청소년상담 이론, 노인상담 이론' 등으로 구분할 수 있다. 즉, 아동을 대상으로 하는 상담이론을 '아동상담 이론'이라 하고, 청소년을 대상으로 하는 상담이론을 '청소년상담 이론'이라 하며, 노인을 대상으로 하는 상담이론을 '노인상담 이론'이라 한다.

또 다른 대상별 구분은 '개인상담 이론, 집단상담 이론, 가족상담 이론, 지역사회상담 이론, 생태체계상담 이론' 등으로 구분하는 것이다. 즉, 개인을 대상으로 하는 상담이론을 '개인상담 이론'이라 하고, 소집단을 대상으로 하는 상담이론을 '집단상담 이론'이라 하며, 가족을 대상으로 하는 상담이론을 '가족상담 이론(또는 부부상담 이론, 부부 및 가족상담 이론 등)'이라 하고, 지역사회나 생태체계를 대상으로 하는 상담이론을 '지역사회상담 이론 또는 생태체계상담 이론'이라 한다.

또한 상담이론은 학파에 따라 '정신분석상담 이론, 행동주의상담 이론, 인본주의상담 이론, 초월영성상담 이론' 등으로 구분할 수 있다. 즉, 정신분석적 전통을 따르는 상담의 이론을 '정신분석상담 이론'이라 하고, 행동주의적 전통을 따르는 상담의 이론을 '행동주의상담 이론'이라 하며, 인본주의적 전통을 따르는 상담의 이론을 '인본주의상담 이론'이라 하고, 종교나 영성계발을 기반으로 하는 초월영성적 전통에 기초한 상담의 이론을 '초월영성상담 이론(또는 기독교상담 이론, 불교상담 이론 등)'이라 한다.

또 다른 학파별 구분은 이론을 개발한 학자에 따라 '프로이트의 상담이론, 융의 상담이론, 아들러의 상담이론, 펄스의 상담이론, 번의 상담이론' 등으로 구분하는 것이다.

또한 상담이론은 상담전략에 따라 '심리치료 이론, 문제해결상담 이론, 성장상담 이론' 등으로 구분할 수 있다. 즉, 정신장애 환자의 질환을 치료하는 데 초점을 둔 상담의 이론을 '심리치료 이론'이라 하고, 일반인의 당면한 문제를 해결하는 데 초점을 둔 상담의 이론을 '문제해결상담 이론'이라 하며, 일반인의 잠재능력 계발이나 성장 발달을 촉진하는 데 초점을 둔 상담의 이론을 '성장상담 이론'이라 한다.

또한 상담이론은 접근 방법에 따라 '전화상담 이론, 사이버상담 이론' 등으로 구분할 수 있다. 즉, 상담자와 내담자가 직접 만나 얼굴을 보면서 상담을 하는 일반적인 대면 형태가 아니라 특수한 대면 방법으로 상담을 할 때, 그 대면 수단을 지칭하는 명칭으로 불린다. 구체적으로 전화를 매개로 실시하는 상담의 이론을 '전화상담 이론'이라 하며, 인터넷을 매개로 실시하는 상담의 이론을 '사이버상담 이론'이라 한다.

2. 현대 상담의 주요 세력

상담이론은 1950년대까지만 해도 그 수가 많지 않았다. 그러나 1960년대에 들어서면서 상담이론이 증가하기 시작하여 1960년대 중반에는 60여 개로 증가하였다. 1970년대에도 상담이론은 계속 증가하였는데, 미국 국립정신보건원의 보고서에는 130여 개의 상담이론이 보고되었다. 그리고 1980년대도 상담이론의 증가세는 지속되었는데, 1980년에 헤링크(Richie Herink)는 『심리치료 핸드북(The Psychotherapy Handbook)』에서 250여 개 이상의 상담이론이 있다고 하였고, 1986년에 카즈딘(Alan E. Kazdin)은 400여 개 이상의 상담이론이 있다고 하였다. 1990년대에도 상담이론의 증가세는 지속되면서 이제 상담이론은 그 수를 헤아릴 수 없을 만큼 많아지게 되었다(Garfield, 1995).

현대는 상담전문가마다 서로 다른 상담이론을 가지고 있다고 할 정도로 수많은 상담이론이 존재하고 있다. 그런데 수많은 상담이론 중에서 일부를 제외한 대부분의 상담이론은 대중화에 실패하면서 점차 역사 속으로 사라진다. 하지만 수많은 상담이론 중에서 어떤 특정 상담이론은 그 이론을 개발한 상담자에 그치는 것이 아니라, 후세까지 그 이론을 배우고 익혀서 상담실제에 활용함으로써 학문적 대중화에 성공해 왔다. 특정 상담이론이 학문적 대중화에 일단 성공하면 하나의 학파가 형성되고, 이런 학파는 비교적 장기간 지속되면서 발전하는 경향이 있는데, 이들을 가리켜 주요 상담이론이라 한다.

주요 상담이론들도 잘 살펴보면 몇 개의 주요 세력으로 구분할 수 있는데, 일반적으로 현대 상담의 주요 세력은 크게 8개로 구분할 수 있다. 즉, '정신분석, 행동주의, 인본주의, 인지적 이론, 체계적 이론, 초월영성 이론, 생물학적 이론, 절충 및 통합적 이론'의 8개 세력으로 구분할 수 있다. 여기서는 이 8개의 세력을 살펴봄으로써 상담이론을 개관하고자 한다.

1) 정신분석 상담이론

프로이트(Sigmund Freud)의 정신분석은 최초의 체계적인 상담이론이라 할 수 있는데, 일반적으로 정신분석 상담이론은 〈표 5-1〉과 같은 가정에 기반해 있다.

정신분석 이론은 신체 중심의 의학에서 정신의학이 분화되어 나오는 데 지대한 영향을 미쳤다. 또한 임상 및 상담심리 이론의 시발점이 되었다. 그리고 이후에 발달한 대다수의 상담이론은 정신분석적 기반 위에서 발전하였다고 해도 과언이 아니다.

프로이트에서 시작된 정신분석은 이후 크게 두 가지 유형의 세력으로 발전하였다.

첫째, 프로이트의 이론적 가정을 계승 · 발전시킨 세력이다. 즉, 프로이트의 '무의식론, 정신결정론, 성욕설, 심리성적 발달단계, 저항, 전이, 자유연상과 분석' 등과 같은 정신분석의 기본가정과 방법들을 계승하면서 발전된 이론들이다. 이와 관련된 주요 이론은 '자아심리학(ego psychology), 대상관계이론(object relations theory), 자기심리학(self-psychology)'의 세 가지라고 할 수 있다.

먼저 자아심리학은 프로이트 딸인 안나 프로이트(Anna Freud)와 하트만(Heinz Hartmann) 등에 의해 발달하였다. 이들은 정신병리와 치료과정에서 '방어기제와 자아기능의 역할'에 대한 이론들을 추가로 정립하였다.

○○○ **표 5-1** 정신분석 상담이론의 기본가정

동기론, 무의식론	특정 정신과정과 행동에는 그를 일으키는 에너지, 즉 동기가 포함되어 있다. 그런데 인간이 의식할 수 있는 동기는 근원적 동기가 아니다. 근원적 동기는 의식되지 않는다. 따라서 정신과정과 행동은 무의식적 동기에 의해 지배를 받는다.
성격, 성격구조, 발달단계, 결정론	성격은 존재하고, 구조가 있다. 즉, 성격구조는 원초아, 자아, 초자아의 세 가지 요소로 구성되어 있다. 성격은 생득적인 유전 그리고 0~6세 사이의 심리성적 발달단계를 거쳐 결정된다.
성욕과 공격욕	병리적 정신과정과 증상행동에도 이를 일으키는 병리적 동기가 있다. 근원적인 병리적 동기는 무의식적이다. 무의식적 · 병리적 동기는 성욕과 공격욕이다.
불안, 방어기제, 자아기능	근원적인 성욕과 공격욕은 맹목적으로 추구된다. 그러나 근원적인 성욕과 공격욕의 추구는 사회적 처벌을 받을 수 있고, 또한 내적 초자아의 양심과 자아 이상에 위배되기 때문에 불안을 일으킨다. 이런 불안에서 자신을 보호하기 위해 자아는 무의식적 방어기제를 사용하여 일차적으로 성욕과 공격욕을 억압한다. 그리고 일차적 억압에 실패하면 다시 이차적 방어기제를 사용한다. 그런데 이 과정에서 자아의 인식과 조절기능이 약하면 병리적 방어기제를 사용하게 되고, 이로 인해 나타나는 것이 바로 병리적 정신과정과 증상행동이다.
결정론	병리적 정신과정과 증상행동은 생득적인 유전 그리고 0~6세 사이의 발달 초기 경험에 의해 형성된 성격에 의해 결정된다. 생득적인 유전과 초기 발달과정에서 결정된 성격에 기반한 병리적 정신과정과 증상행동은 일생을 통해 반복 재연되는 일종의 반응양식이다.
정신분석	자유로운 연상과 분석, 통찰을 통해 병리적 정신과정이나 증상행동과 관련된 발달 초기의 경험과 그 영향을 인식한다면, 그리고 무의식적 동기와 불안과 병리적 방어기제와 역기능적 결과들을 인식한다면, 또한 인식과 조절하는 자아의 힘이 증가한다면, 병리적 정신과정과 증상행동은 줄어든다. 이와 함께 인간관계에서 사랑이 증진되며 일에서 만족과 생산성이 증진된다.

대상관계이론은 클라인(Melanine Klein), 페어번(Ronald Fairbairn), 발린트(Micheal Balint), 위니콧(Donald W. Winnicott) 등에 의해 발달하였다. 프로이트가 주로 신경증 환자를 대상으로 남근기 오이디푸스 콤플렉스 주제를 다루었다면, 대상관계이론에서는 그 대상을 확대하여 성격장애나 조울증과 같은 보다

심각한 정신병리를 가진 사람들의 남근기 이전의 발달 문제들을 다루고 있다(Friedman, 1988). 대상관계이론은 주로 내재화된 무의식적 대상관계(unconscious internal object relations)에 관한 이론이다.

자기심리학은 코후트(Heinz Kohut) 등에 의해 발달하였다. 자기심리학은 주로 자기애성 성격장애를 대상으로 발전된 이론이다. 이 이론에서는 자기(self)를 심리적 구조 안에서 가장 핵심적인 요소로 보고, 자기가 발달하고 부모로부터 분화되고 통합되는 과정을 설명하고 있다. 치료적 접근으로서 공감을 강조하는 경향이 있다.

둘째, 프로이트 이후의 또 다른 세력은 프로이트의 핵심 가정들을 비판하면서 독자적 이론을 개발한 세력이다. 즉, 정신분석을 토대로 하고 있지만 프로이트의 '성욕론, 결정론, 환원론'과 같은 핵심 가정들을 비판하고, 그 대신 '인간관계 및 사회문화적 요인들'을 강조하면서 독자적 상담이론을 발전시킨 세력들이다. 예를 들면 '분석심리학, 개인심리학, 신프로이트 학파' 등이 이에 해당한다.

먼저 분석심리학은 융(Carl G. Jung)이 발전시킨 상담이론이다. 융은 무의식을 중요시하였지만, 개인 무의식을 넘어선 집단 무의식을 강조하였고, 또 무의식의 성적이고 공격적인 특징이 아닌 창조적이고 성장 지향적인 측면을 강조하였다. 그리고 결정론을 비판하고 중년기를 중심으로 한 전생애 분리개별화 과정을 강조하였다. 치료에서도 아동기 갈등을 분석하기보다 당면한 갈등을 분석하는 데 더 많은 초점을 두었다.

개인심리학(individual psychology)은 아들러(Alfred Adler)가 발전시킨 상담이론이다. 아들러는 인간의 마음과 행동에 대한 프로이트의 환원론적 태도를 비판하고, 그 대신 주관성과 개인차에 대한 이해 그리고 전인적 · 사회적 이해를 강조하였다. 또한 프로이트의 성욕론을 비판하고, 그 대신 사회적 동기, 즉 열등감과 보상 동기 그리고 우월성과 힘의 추구를 강조하였다. 또한 프로이트의 결정론을 비판하고, 자기선택과 창조성 그리고 가치 및 목적 지향성을 강조하였다. 심리치료에서도 과거의 아동기 갈등을 분석하기보다 현재의 역기능적 생의 목표와 생활양식을 이해하고, 더 나아가 기능적 생의 목표와 생활양식을 새롭게 형성하는 데 더 많은 초점을 두었다.

이외에도 랑크(Otto Rank), 호나이(Karen Horney), 설리번(Harry S. Sullivan), 프롬(Erich Fromm) 등은 프로이트의 핵심 가정들을 비판하고 사회 및 인간관계 측면을 강조한 상담이론들을 제시하였는데, 이들을 가리켜 신프로이트 학파라고 한다. 그런데 신프로이트 학파가 누구를 지칭하는지에 대해서는 다소 경계가 불분명하다. 보통 좁은 의미로 사용할 때에는 독립된 이론적 체계를 갖춘 융의 분석심리학과 아들러의 개인심리학을 제외한 나머지 이론가들을 묶어서 신프로이트 학파라고 칭하는 경향이 있다. 그러나 보다 넓은 의미로 사용할 때에는 융과 아들러도 신프로이트 학파에 포함시키는 경향이 있다.

한편, 정신분석과 다른 개념 체계에서 출발한 것처럼 보이는 상담이론들도 정신분석적 기반 위에서 상담이론을 개발하였다. 예를 들어 펄스(Fritz S. Perls)는 초기에 정신분석을 했지만 프로이트에게 모멸감을 느낀 후 자신의 이론을 개발하였는데, 그 결과로 나타난 것이 바로 게슈탈트 상담이론이다. 로저스도 정신분석 수련을 받았으며 아동상담소에서 정신분석을 실시하였다. 그 과정에서 발전된 것이 인간중심적 상담이론(또는 비지시적 상담이론, 내담자 중심 상담이론)이다. 엘리스(Albert Ellis)도 정신분석 수련을 받았지만 후에 철학적 · 인지적 측면에 초점을 둔 합리적 정서적 상담이론을 개발하였다. 또한 에릭 번(Eric Berne)도 정신분석 수련을 받았고 이후에 구조분석, 게임분석, 각본분석을 중심으로 구성된 교류분석 이론을 개발하였다.

이외의 상담이론들도 정신분석과 전혀 별개처럼 보일지라도 그 기원을 살펴보면, 대부분 프로이트의 정신분석과 직간접적으로 연관되어 있다고 해도 과언이 아니다. 따라서 정신분석 이론은 많은 비판을 받아 왔지만 분명히 다른 주요 상담이론들이 출현하는 데 모체 역할을 수행해 왔다. 비록 가장 오래된 상담이론임에도 불구하고 정신분석은 현대 상담에서 그 어떤 상담이론보다도 더 중요한 위치를 차지하고 있다고 할 수 있다.

2) 행동주의 상담이론

현대 상담의 주요 세력 중 하나는 행동주의 상담이론이다. 이는 과학적 전통에서 시작되었다고 할 수 있다. 즉, 심리적 문제도 물리적 문제처럼 과학적으로 기술하고 설명하며 예측하고 통제하려는 시도의 결과로 나타난 것이 행동주의 상담이론이라 할 수 있다.

일반적으로 행동주의에 기반한 상담이론들은 〈표 5-2〉와 같은 가정들을 공유하고 있다.

행동주의 상담이론이란 용어는 과학적으로 검증된 학습원리를 상담에 활용하는 이론들을 지칭하는 말이다. 현대 행동주의 상담이론은 크게 세 가지 학습이론에 기반해 있다. 즉, 파블로프(Ivan P. Pavlov)의 고전적 조건화, 스키너

표 5-2 행동주의 상담이론의 기본가정

과학	상담은 과학이다. 따라서 상담은 과학적인 수단을 통해서 기술, 관찰, 측정, 통제 가능한 행동에 초점을 맞추어야 한다. 또한 실증되지 않는 것은 과학적 진리가 아니다. 따라서 과학적으로 상담하기 위해서는 과학적으로 검증된 인간행동 변화의 원리, 즉 학습원리를 활용하여 상담을 해야 한다.
상호작용	인간의 행동은 유전적 범위 내에서 환경과의 상호작용에 의해 결정된다. 인간은 환경의 영향을 받는다. 즉, 환경적 자극에 반응한다. 또한 인간은 환경에 영향을 준다. 즉, 반응을 통해 환경에 영향을 미친다.
문제행동	구체적으로 문제행동이란 기대 이상의 과잉행동, 기대 이하의 과소행동, 상황 부적합 행동, 결손행동 등을 말한다. 이러한 문제행동은 학습된 행동이다. 즉, 문제행동은 타고난 유전과 환경과의 상호작용에 의해 학습된 행동이다. 구체적으로 문제행동의 학습은 선행자극과 문제행동 간의 연합, 문제행동과 후속자극 간의 연합, 문제행동에 대한 관찰과 모방 등에 의해 형성된다.
학습	문제행동은 바람직하지 않은 방향으로 학습된 행동이다. 따라서 문제행동은 재학습 과정을 통해 바람직한 방향으로 변화시킬 수 있다.
학습원리	과학적으로 검증된 학습원리, 즉 고전적 조건화, 조작적 조건화, 사회학습이론 등을 사용하면 문제행동을 바람직한 방향으로 재학습시키거나 대안행동을 새롭게 형성시킬 수 있다.

(Burrhus F. Skinner)의 조작적 조건화, 반두라(Albert Bandura)의 사회학습이론이다. 여기에 인지이론이 추가되기도 한다. 하지만 인지이론과 행동주의 상담이론의 패러다임(paradigm), 즉 개념 체계가 서로 다르기 때문에 여기서 다루지는 않고 다음에서 따로 구분하여 설명하였다.

고전적 조건화 원리를 상담에 적용한 초기 인물로는 울프(Joseph Wolpe), 라자루스(Arnold Lazarus), 아이젱크(Hans Eysenck), 크럼볼츠(John D. Krumboltz) 등이 있다.

(1) 고전적 조건화

고전적 조건화(classical conditioning)는 파블로프(1960)가 발견하였는데, 이는 자극과 반응 간의 연합원리를 설명하는 이론이다. 즉, 특정 반응을 불러일으키는 무조건 자극과 중립 자극을 동시에 반복적으로 제시하면 무조건 자극 없이 중립 자극만으로도 특정 반응을 불러일으킬 수 있는 학습원리를 설명하는 이론이다. 이는 수의적 행동보다는 불수의적 행동에 적용되기 때문에 반응 조건화(respondent conditioning)라고도 한다.

현재 고전적 조건화 원리는 불안, 심인성 신체질환, 불면 등과 같은 불수의적 행동에 대한 상담에 광범위하게 적용되고 있다. 고전적 조건화 원리를 활용한 기법에는 고전적 조건화 과정을 역으로 이용하는 역조건화(counter-conditioning), 점진적이고 단계적으로 둔감화시켜 나가는 체계적 둔감법(systematic desensitization), 수용성을 고려하면서 점진적이 아닌 급진적으로 둔감화시켜 나가는 홍수법(flooding), 점진적으로 도움 자극을 줄여 나가는 용암법(fading) 등이 있다.

(2) 조작적 조건화

조작적 조건화(operant conditioning)는 주로 스키너에 의해 체계화되었다. 조작적 조건화는 반응과 결과 간의 연합원리를 설명하는 이론이다. 즉, 특정 반응 이후의 후속자극(결과)에 따라 특정 반응이 증가하거나 감소한다는 원리를 설명하는 이론이다. 다시 말하면 특정 행동을 한 이후에 강화(보상)를 받으면 행동이 증가하고, 특정 행동을 한 이후에 처벌을 받으면 행동이 감소하는 원리를 설명하는 이론이다. 여기에 조작적이란 용어를 사용한 이유는 조작적 조건화 원리가 어떤 인과적인 결과를 산출하기 위해 환경을 조작하려는 수의적 행동에 적용되는 원리이기 때문이다. 이런 이유로 조작적 조건화를 도구적 조건화(instrumental conditioning)라고도 한다.

조작적 조건화의 주요 원리는 '강화와 벌'이다. 강화는 특정 행동을 한 이후에 강화물을 제공함으로써 특정 행동이 증가되도록 하는 원리이고, 벌은 특정 행동을 한 이후에 벌을 제공함으로써 특정 행동이 감소되도록 하는 원리다. 현재 조작적 조건화 원리는 아동, 특수아동, 정신과 환자, 애완동물 등을 대상으로 광범위하게 적용되고 있다.

조작적 조건화 원리를 활용한 기법에는 다음과 같은 것들이 있다.

- 정적 강화: 바람직한 행동 이후에 강화물을 제공함으로써 바람직한 행동을 증가시키는 강화 기법이다.
- 부적 강화: 바람직한 행동 이후에 부적 조건을 제거해 줌으로써 바람직한 행동을 증가시키는 강화 기법이다.
- 행동 조형: 특정한 목표행동을 형성하기 위해 목표행동 수행 절차를 세분하여 단계적·점진적 세부 목표행동들을 설정한 후, 단계적이고 점진적으로 목표행동 수행 절차를 강화함으로써 목표행동을 형성해 나가는 강화 기법이다.
- 토큰 강화: 토큰을 통한 대리강화 체계를 구성하고, 바람직한 행동 이후에 토큰을 제공함으로써 바람직한 행동을 증가시키는 강화 기법이다.
- 정적 처벌: 바람직하지 않은 행동 이후에 처벌을 제공함으로써 바람직하지 않은 행동을 감소시키는 처벌 기법이다.
- 부적 처벌: 바람직하지 않은 행동 이후에 정적 조건을 제거함으로써 바람직하지 않은 행동을 감소시키는 처벌 기법이다.
- 타임아웃: 바람직하지 않은 행동 이후에 강화 받을 수 있는 환경조건에서 일시적으로 격리시킴으로써 바람직하지 않은 행동을 감소시키는 처벌 기법이다.

- 반응 대가: 바람직하지 않은 행동 이후에 그 행동에 대한 대가를 치르게 함으로써 바람직하지 않은 행동을 감소시키는 처벌 기법이다.
- 혐오 요법: 윤리적 측면과 수용성을 고려하면서 바람직하지 않은 행동 이후에 전기 충격, 구토제, 시각적 혐오자극 등을 제공함으로써 바람직하지 않은 행동을 감소시키는 처벌 기법이다.

(3) 사회학습이론

사회학습이론은 반두라가 개발하였다. 사회학습이란 조건화 이론과 같이 외적인 환경통제나 학습자의 직접적 경험에 의한 학습이 아니라 사회적 장면에서의 간접적이고 인지적인 학습을 의미한다. 즉, 사회적 조건에서 타인의 행동과정을 인지적으로 관찰하여 학습할 수도 있고, 행동을 따라 하는 모방을 통해서도 학습할 수 있다는 원리 등을 설명하는 이론이다.

좀더 구체적으로 사회학습이론에는 관찰학습, 대리학습, 모방학습, 자기조절 학습 등이 포함되는데, 먼저 관찰학습이란 직접 경험이 아닌 간접 경험으로써 학습자가 인지적으로 관찰하여 행동을 학습하는 것을 말한다. 즉, 관찰을 통해 '사회적 조건과 자극, 특정 개인의 반응행동, 반응행동의 후속결과 그리고 이들 간의 관계'에 대해 인지적이고 간접적으로 학습하는 것을 말한다. 대리학습이란 관찰학습과 비슷한 말인데, 학습자의 직접적인 경험을 대신하는 타인, 즉 대리학습자를 관찰함으로써 행동을 학습한다는 점을 강조하는 용어다. 모방학습이란 학습자가 관찰한 행동을 따라 하는 행동을 통해 특정 행동들을 학습하는 것을 말한다. 자기조절 학습이란 학습자가 이미 가지고 있는 자기조절능력을 사용하여 스스로 자기를 조절하면서 배우거나 변화해 나가는 학습을 말한다. 즉, 스스로 자기를 관찰하여 자신의 요구를 파악하고, 스스로 동기를 부여하고, 스스로 목표와 계획을 수립하고, 이를 스스로 실천하고, 그 과정과 결과를 스스로 평가하고, 스스로 자기보상이나 처벌을 하면서 자기행동을 강화하거나 약화시키고, 이를 통해 스스로 목표를 성취해 나가는 학습을 말한다.

앞에서 설명한 조건화 이론들이 외현 행동에 초점을 둠으로써 내현 행동인

인지과정을 배제시켰다면, 사회학습이론은 내현 행동인 인지과정을 중요하게 다루었다. 이 때문에 사회학습이론은 인지과정을 행동주의 상담이론의 범주에 포함시키는 개념적 토대를 제시하였다고 할 수 있다. 사회학습이론과 관련된 상담기법으로는 모델링(modeling) 그리고 자기관리 훈련, 특히 목표나 시간관리 훈련 등이 있다.

3) 인본주의 상담이론

현대 상담의 또 다른 주요 세력 중 하나는 인본주의 상담이론이다. 이는 철학적 전통과 상관이 있다. 즉, 20세기 초기에서 중기까지는 정신분석과 행동주의가 주된 세력이었는데, 이러한 두 세력에 대한 철학적 비판에서 시작된 것이 바로 인본주의 상담이론이다. 다시 말하면 인본주의 상담이론은 인본주의 철학, 현상학, 실존주의 철학과 같은 철학적 기반 위에서 정신분석과 행동주의를 비판하면서 발달한 이론이라고 할 수 있다.

인본주의 상담이론에서는 정신분석과 행동주의 이론이 '실존 그리고 인간 본성과 가치에 대한 철학적 성찰이 부족하였다는 점'을 지적한다. 또 정신분석 이론의 무의식론, 정신결정론, 환원론 등을 비판한다. 또한 행동주의 이론의 물질적이고 기계론적인 사조와 환경 결정론을 비판한다.

인본주의 상담이론에서는 세상과 인간의 본성을 실존주의 철학, 인간 존중의 인본주의 철학 그리고 현상학적 방법으로 파악하고자 하였다. 따라서 인본주의 상담이론은 실존주의 철학, 인본주의 철학 그리고 현상학적 방법론에 기반을 두고 있다고 할 수 있다.

일반적으로 인본주의에 기반한 상담이론들은 〈표 5-3〉과 같은 가정들을 공유하고 있다.

인본주의 상담이론에는 로저스의 인간중심적 상담이론, 펄스의 게슈탈트 상담이론 그리고 실존주의 상담이론 등이 포함된다.

표 5-3 인본주의 상담이론의 기본가정

인본주의	상담은 인간 본성에 대한 바른 이해 그리고 인간 존중의 가치와 철학에 기반을 두고 이루어져야 한다.
본성	인간의 본성은 선하고 유능하며 사회적이다. 따라서 인간은 존중받을 만한 가치 있는 존재다.
비결정론	인간의 정신과 행동은 유전, 과거 경험, 환경에 의해 영향을 받지만 결정되는 것은 아니다. 인간은 전인적 존재다. 인간은 물질, 정신이나 행동적 요소로 환원시킬 수 없는 존재다. 인간을 바르게 이해하려면 요소가 아니라 전체로서 파악해야 하고, 변화하지 않는 고정된 대상이 아니라 변화 및 성장해 나가는 존재로 파악해야 한다. 인간은 세상과 자신을 인식하고, 자신의 반응을 조절할 수 있다. 자유의지를 가지고 있으며, 목적과 가치를 추구하고, 선택할 수 있으며, 선택에 책임을 지는 존재다. 성장과 창조의 잠재능력을 가지고 끊임없이 변화 및 성장해 나가는 존재다.
현상학적 접근	인간의 정신과 마음은 본질적으로 주관적 세계이고 개인차가 존재한다. 주관적 세계는 외부에서 양적으로 관찰 및 측정할 수 없다. 주관적 세계를 이해하려면 개인차를 인정하고 현상학적으로 접근해야 한다.
문제	인간의 역기능적이고 파괴적인 문제행동은 인간 본성의 역기능적 발현이다. 세상과 자신의 본성에 대한 무지와 왜곡된 이해 그리고 역기능적인 선택과 행동이 문제를 유발한다.
이해, 선택, 책임	세상과 자신의 본성에 대한 바른 이해 그리고 기능적인 선택과 행동은 문제해결과 성장을 촉진한다. 실존적 세계, 즉 '소외, 죽음과 삶의 유한성, 무의미, 자유의지, 가치, 선택 그리고 책임'을 바르게 이해하고, 실존적 삶을 살아가기로 결정한 후 그에 따른 행동을 실천한다면 문제해결과 성장이 촉진된다. 또한 '선하고 유능하며 사회적인 본성'을 바르게 이해하고, 선하고 유능하며 사회적인 본성을 따라 살아가기를 결정한 후 그에 따른 행동을 실천한다면 문제해결과 성장이 촉진된다. 내담자 문제의 해결, 학습과 성장의 책임은 내담자에게 있다. 내담자를 조력할 책임은 상담자에게 있다. 내담자는 주력자이고, 상담자는 조력자이다. 내담자가 스스로 문제를 해결하고 학습과 성장을 해 나갈 수 있도록 상담자는 촉진적 태도와 관계 환경을 제공하는 조력자 역할을 해야 한다.

(1) 인간중심적 상담이론

인본주의 상담이론의 대표적인 이론은 인간중심적 상담이론이다. 인간중심적 상담이론은 로저스에 의해 개발되었다.

인간중심적 상담이론은 정신분석과 행동주의 상담이론의 결정론과 환원론을 비판하고, 그 대신 인본주의적 가정을 기반으로 현장의 장, 자아실현 경향성 등을 가정한다.

인간중심적 상담에서는 필요충분조건을 심리치료 및 성격 변화의 핵심요소로 본다. 즉, 내담자의 심리치료 및 성격 변화에 필요하고도 충분한 조건인 '내담자와 상담자의 접촉, 내담자의 불일치, 상담자의 일치, 상담자의 무조건적인 긍정적 존중, 상담자의 공감적 이해, 내담자의 존중과 이해 알아차림'의 6가지가 갖추어지면 그 속에서 내담자는 가치조건에서 벗어나 심리적 치료나 당면한 문제의 해결, 더 나아가 일치 및 충분히 기능하는 인간으로 성장해 나간다고 본다(Rogers, 1957).

로저스는 초기에 당시 상담이론들의 지시적인 원리와 방법들을 비판하고, 그 대안으로 비지시적 상담이론을 제시하였다. 그 이후에도 당시 상담이론들의 상담자 중심 원리와 방법을 비판하고, 그 대안으로 내담자 중심 상담이론을 제시하였다. 또한 당시 상담이론들의 비인본주의적 철학과 방법론을 비판하고, 그 대안으로 인간중심적 상담이론을 제시하였다. 로저스는 현상학적 방법론을 통해 상담을 과학적으로 연구한 선구자이기도 하다. 그는 상담을 녹음해서 기록 및 연구했고, 축어록 방식을 적용하였으며, 상담효과 측정 방식(Q-sort)을 개발하였고, 현상학적 방식으로 상담결과와 성과, 상담과정, 필요충분조건 등을 도출하였다.

인간중심적 상담이론은 큰 세력을 형성하며 현재까지 발전해 오고 있다. 인간중심적 상담이론은 많은 상담이론에 영향을 끼쳤다. 예를 들면 직접적으로는 집단상담의 이론적 토대를 제공하였고, 카크허프(Robert R. Carkhuff)의 체계적 인간관계 훈련 모형, 아이비(Allen E. Ivey)의 미시적 상담 훈련 모형, 젠들린(Eugene T. Gendlin)의 포커싱(Focusing) 상담 등에 영향을 미쳤다.

(2) 게슈탈트 상담이론

게슈탈트 상담이론은 펄스가 개발하였다. 게슈탈트 상담이론은 결정론과 환원론을 비판하고, 그 대신 실존주의와 현상학적 가정을 바탕으로 지금여기(Here and Now), 직접적이고 감각적인 경험, 경험에 대한 자각, 선택과 행동 실험, 수용과 책임, 통합과 형태 완성을 추구한다. 전문상담사는 각성 촉진 기법, 언어적 기법, 심상 기법, 역할놀이 기법 등을 활용하면서 적극적이고 주도적인 역할을 수행한다. 이를 통해 내담자가 지금여기에서 충분히 경험하고 자각하고 선택과 행동을 하며, 그 결과를 수용하고 책임지면서 진정한 자기 자신으로 살아가도록 조력한다. 현대 상담에서 게슈탈트 상담이론은 중요한 위치를 차지하고 있는데, 특히 집단상담에 대한 이론적 · 방법론적 기반을 제공한다.

(3) 실존주의 상담이론

실존주의 상담이론이란 하나의 독립된 이론이 아니라 실존주의(實存主義, existentialism) 철학적 기반을 가진 이론들을 지칭하는 말이다. 따라서 실존주의 상담이론은 철학적 전통과 직접적으로 맞닿아 있다. 실존주의 상담이론들은 공통적으로 '실존에 대해 자각하고 이를 삶의 문제에 적용'하는 것을 강조한다. 즉, '소외, 죽음과 삶의 유한성, 무의미, 자유의지, 가치와 의미, 선택 그리고 책임'에 대한 자각을 촉진한다. 그리고 이러한 자각을 활용하여 자신의 삶에 당면한 문제를 수용하고, 문제에서 의미를 발견하며, 더 나은 의미와 가치를 선택하고, 이를 실천하며, 자신의 행위와 결과에 책임을 지도록 조력해 나간다.

실존주의 상담이론가로는 프랑클(Victor Frankl), 빈스방거(Ludwig Binswanger), 보스(Medard Boss), 메이(Rollo R. May), 얄롬(Irvin D. Yalom) 등이 있다. 이 중에서도 프랑클의 의미치료, 빈스방거의 현존재 분석, 얄롬의 실존치료는 실존주의 상담이론의 대표적 이론들이다.

4) 인지적 상담이론

현대 상담의 주요 세력 중 하나는 인지이론에 기반을 둔 인지적 상담이론이다. 인지적 상담이론은 앞에서 설명한 것처럼 사회학습과 밀접하다. 그리고 인지과학의 발전과도 밀접하다. 또한 그 기원을 거슬러 올라가면 철학적 전통과도 연관이 있다. 즉, 인간의 문제를 이성적 사고로 해결하고자 했던 철학적 전통과도 밀접하게 연관되어 있다.

현재 인지적 상담이론은 행동주의 상담, 정신분석 상담, 인본주의 상담 등과 절충 및 통합되는 추세에 있다. 특히 행동주의 상담과의 절충 및 통합은 두드러져서 독자적인 인지행동 상담이론으로 발전되었다.

일반적으로 인지적 상담이론들은 다음의 〈표 5-4〉와 같은 가정들을 공유한다.

현대의 인지적 상담이론은 크게 엘리스(Albert Ellis)의 합리적 정서적 행동

표 5-4 인지이론에 기반한 상담이론들의 기본가정

인지적 존재	인간은 인지적 존재다. 인간은 외적 · 내적 현실을 인지하는 능력을 가지고 있고, 이런 능력을 토대로 사건이나 대상에 대한 인지적 반응을 보인다.
인지과정	인간의 인지과정은 수동적인 과정이기도 하지만, 동시에 능동적인 과정이기도 하다. 인간의 감정과 행동은 특정 사건이나 조건에 의해 결정되지 않는다. 인간의 감정과 행동은 사건에 대한 인지반응, 즉 정보처리과정인 지각과 해석과 평가와 의사결정 반응에 영향을 받는다.
인지과정 오류	비합리적이고 역기능적인 인지과정의 오류는 정서 및 행동문제를 유발하거나 유지 및 악화시킨다. 즉, 특정 사건에 대한 잘못된 지각과 해석과 평가와 의사결정 반응은 역기능적 정서나 행동문제를 유발하거나 유지 및 악화시킨다.
인지수정	비합리적이고 역기능적인 인지과정은 이성적 사고, 즉 합리적이고 기능적인 사고과정을 통해 변화시킬 수 있다. 만약 비합리적이고 역기능적인 인지과정을 합리적이고 기능적인 인지과정으로 변화시킬 수 있다면, 역기능적 정서나 행동문제는 줄어들거나 없어지고, 대안적 정서나 행동은 증가하거나 새롭게 형성된다.

치료(Rational Emotive Behavior Therapy: REBT)와 벡(Aron T. Beck)의 인지치료(Cognitive Therapy: CT)의 두 가지 모형에 기반한다.

(1) 합리적 정서적 행동치료

합리적 정서적 행동치료(REBT 또는 인지정서행동 상담)는 엘리스가 개발하였다. 엘리스는 자신의 이론을 1955년에 '합리적 치료(Rational Therapy)'로 명명했다. 이후 1961년에는 정서적 측면을 강조하기 위해 '합리적 정서적 치료(Rational Emotive Therapy)'로 이름을 바꾸었고, 다시 1993년에는 행동적 측면을 강조하기 위해 '합리적 정서적 행동 치료'로 이름을 바꾸었다.

엘리스는 특정 사건에 대한 비합리적 사고나 신념이 정서나 행동문제를 유발한다고 보았고, 이러한 비합리적인 사고나 신념이 이성적 사고, 즉 합리적 사고 과정을 통해 합리적 사고와 신념으로 변화하면 역기능적인 정서나 행동문제가 줄어들거나 없어지고, 그 대신 기능적인 정서나 행동이 증가하거나 새롭게 형성된다고 보았다. 그는 비합리적 사고와 신념이 '당위성, 과장성, 자기비하, 좌절에 대한 낮은 인내심' 등과 관련 있다고 보았고, 상대적으로 합리적 사고와 신념은 '논리적이고 현실적이며 실용적이고 융통성 있다'고 보았다.

(2) 인지치료

인지치료는 1960년대에 벡에 의해 개발되었다. 인지치료에서는 과거의 경험에 의해 역기능적 사고나 신념(자동적 사고, 중간 신념, 핵심 신념)이 형성되고, 이는 특정한 촉발 사건에 의해 활성화되면서 정서 및 행동문제를 유발한다고 본다. 벡은 역기능적인 사고나 신념을 인지 왜곡으로 파악하였다. 즉, '임의적 추론, 선택적 추상화, 과잉 일반화, 이분법적 사고' 등과 같은 왜곡된 추리나 평가로 파악하였다. 그는 인지 왜곡을 이성적으로 이해하고, 이를 대안적 사고와 신념으로 바꾼다면 정서 및 행동문제가 줄어들거나 없어지고, 대안적 정서 및 행동이 증가하거나 새롭게 형성된다고 보았다. 인지치료는 주로 우울증 환자를 대상으로 한 치료에서 발달하였다. 그러나 현재는 우울증뿐만 아니라 다른 정신장애나 일반적인 심리적 문제에도 광범위하게 적용되고 있다.

합리적 정서적 행동치료(REBT)와 인지치료(CT)는 서로 유사하다. 유사성에 대해서는 엘리스와 벡도 인정하였다. 그러나 몇 가지 차이점도 있다. 우선 이론을 개발한 학자가 서로 다르다. 즉, REBT는 엘리스가 개발하였고, CT는 벡이 개발하였다. 그리고 접근방법에 있어 인지적 오류에 도전하는 방식이 REBT는 도전적이고 지시적인 반면, 정서적 지지나 상담관계를 덜 중요시한다. 상대적으로 CT는 도전적이고 지시적인 성향이 약한 반면, 정서적 지지나 상담관계를 보다 중요시하는 경향이 있다.

5) 체계적 상담이론

현대 상담의 또 다른 주요 세력은 체계적 관점에 기반한 체계적 상담이론이다. 체계적 상담이론에는 가족상담 이론, 지역사회상담 이론, 여권주의상담 이론, 문화적 상담이론 등이 포함된다.

일반적으로 체계적 관점에 기반한 상담이론들은 〈표 5-5〉와 같은 가정들을 공유한다.

가족상담, 지역사회상담, 여권주의상담, 문화적 상담 등은 체계의 기능화를 목적으로 하는 상담이론들이다. 먼저 가족상담 이론은 개인의 문제행동을 가족체계의 관점에서 이해하고 개입하는 상담이론이다. 즉, 개인의 문제행동을 역기능적인 가족체계의 반영으로 보고, 개인을 변화시키기보다는 역기능적인 가족 체계를 순기능적인 가족 체계로 변화시키려고 개입하는 상담이론이다.

지역사회상담 이론은 개인의 문제행동을 지역사회 관점에서 이해하고 개입하는 상담이론이다. 지역사회상담에서는 문제를 요구와 자원 간의 함수관계로 이해한다. 즉, 문제를 개인 및 소집단 요구에 대한 지역사회 자원의 부족 때문이라고 가정한다. 따라서 문제해결이란 자원을 필요로 하는 개인 및 소집단에게 지역사회 자원을 제공함(또는 지역사회 자원을 형성함)으로써 개인 및 소집단 요구가 해소될 것이라고 가정하는 것이다. 이 때문에 지역사회상담에서는 도움이

표 5-5 체계적 상담이론의 기본가정

체계	인간은 내적 · 외적으로 체계 속에서 살아간다. 하위체계의 구조와 기능은 상위체계의 구조와 기능에 영향을 미친다. 반대로 상위체계의 구조와 기능은 하위체계의 구조와 기능에 영향을 미친다. 인간은 생물학적 · 심리적 · 사회적 · 문화적인 체계 속에 살아가는 존재다.
항상성과 변화성	체계 내에는 현재의 균형 상태를 유지하려는 힘인 항상성과 변화 및 성장하려는 힘인 변화성이 서로 공존한다.
역기능 상위체계와 하위체계	상위체계의 구조적 결손과 역기능은 하위체계의 구조적 결손과 역기능을 유발 및 악화시킬 수 있다. 마찬가지로 하위체계의 구조적 결손과 역기능은 상위체계의 구조적 결손과 역기능을 유발 및 악화시킬 수 있다.
상위체계 자원 부족	하위체계의 역기능은 상위체계의 지지자원의 부족과 상관 있다. 만약 개인이 문제행동을 보이고 있다면 그 개인이 소속된 사회적 환경 속에 그 개인을 조력할 자원이 부족함을 반영한다.
체계 변화	문제행동을 하는 개인의 상위체계를 바람직한 방향으로 변화시킨다면 개인의 문제행동도 바람직한 방향으로 변화할 것이다. 즉, 개인을 둘러싼 가족, 또래, 조직, 지역사회의 구조적 결손을 보완하고 역기능을 줄이고 순기능을 늘리며 문제행동을 하는 개인을 조력할 지지자원들을 형성시킨다면 개인의 문제행동은 줄어들고 대안행동은 증가할 것이다. 또한 하위체계를 바람직한 방향으로 변화시킨다면 상위체계도 바람직한 방향으로 변화할 것이다. 즉, 개인의 역기능적 행동을 줄이고 대안행동을 증가시킨다면 개인을 둘러싼 가족, 또래, 조직, 지역사회의 역기능들은 줄어들고 순기능들은 증가할 것이다.

필요한 개인이나 소집단을 지역사회 자원과 연결시킴으로써 개인이나 소집단 필요를 충족시키는 데 초점을 둔다.

여권주의상담 이론은 남성 중심의 사고와 행동 그리고 남성 중심의 사회문화적 구조와 기능이 개인 및 사회적 문제를 유발한다고 가정한다. 따라서 개인 및 사회적 문제를 해결하기 위해서는 역기능적인 남성 중심의 사고와 행동 그리고 역기능적인 남성 중심의 사회문화적 구조와 기능을 보다 기능적으로 변화시켜야 한다고 주장한다. 이 때문에 여권주의상담에서는 개인 내부의 남성 중심의 사고와 신념과 행동을 합리적으로 변화시키려 하고, 집단과 사회의 규칙과 제도 등을 기능적으로 변화시켜 여권을 신장시켜 나가는 데 초점을 둔다.

문화적 상담이론은 인간행동의 맥락으로서의 문화적 요인을 상담과정에서 고려하는 이론이다. 문화적 상담의 발달은 윤리적 측면과 밀접하다. 특히 다민족 사회 또는 동일 민족 내의 다문화가 존재하는 사회에서 상담을 해 나갈 때 상담자가 윤리적으로 어떤 태도를 견지해야 하는지에 대한 성찰에서 출발한 것이 문화적 상담이론이다. 문화적 상담에서는 상담을 해 나갈 때 사회문화적 차이를 강조한다. 즉, 내담자의 문제행동을 평가하고 상담개입을 해 나갈 때 그 문제행동이나 대안행동의 맥락으로 작용하는 문화적 차이를 고려해야 한다는 점을 강조한다. 문화적 상담의 또 다른 측면은 상담의 토착화와 관련 있다. 즉, 이질문화에서 만들어진 이론을 사용하고자 할 때에는 해당 문화에 맞는 토착화 과정을 거쳐야 한다는 점을 강조한다.

6) 초월영성 상담이론

현대 상담의 또 다른 주요 세력 중에 하나는 초월영성 상담이론이다. 이런 이론들은 대체로 종교와 연관해서 발달했다고 할 수 있다.

일반적으로 초월영성에 기반한 상담이론들은 〈표 5-6〉과 같은 가정들을 공유한다.

초월영성 상담이론은 크게 두 가지 유형으로 구분할 수 있다. 하나는 종교 영역 안에서 이루어지는 종교적 상담이론이고, 다른 하나는 종교와는 직접적으로 관련이 없는 초종교적인 상담이론이다.

첫째, 종교적 상담이론이란 기독교, 불교 등과 같은 종교와 관련하여 만들어진 상담이론을 말한다. 이런 이론들은 대체로 상담을 종교활동의 수단으로 이해한다. 종교적 상담이론에 해당하는 것으로는 기독교상담 이론(또는 목회상담 이론, 영성상담 이론), 불교상담 이론 등이 있다.

둘째, 초종교적 상담이론이란 종교와는 직접적으로 관련되지 않은 상태에서 만들어진 상담이론을 말한다. 이들은 대체로 종교적 배경을 가진 영성수련전통

표 5-6 초월영성 상담이론의 기본가정

본성	인간은 초월적이고 영적인 존재다.
세계	자기와 자기의식의 경계 밖에는 자기와 자기의식을 초월하는 상위의식인 초월적 세계가 존재한다. 또는 영혼, 신과 같은 영적 존재와 영적 세계가 존재한다.
문제	인간이 경험하는 신체적 · 심리적 · 사회적 · 종교적 문제는 초월적 · 영적 측면과 관련되어 있다. 즉, 초월적 · 영적 세계에 대한 무지 그리고 초월적 · 영적 세계와의 단절은 신체적 · 심리적 · 사회적 · 종교적 문제를 유발 및 악화시킬 수 있다.
초월	자기와 자기의식을 초월하는 상위의식인 초월적 세계에 대한 무지나 단절은 신체적 · 심리적 · 사회적 · 종교적 문제를 유발 및 악화시킬 수 있다. 따라서 초월적 세계에 대한 이해나 체험은 신체적 건강, 심리적 문제의 해결, 인성적 성장 그리고 사회적 · 종교적 성장을 촉진시킨다.
영성	영적 존재와 영적 세계에 대한 무지나 단절은 신체적 · 심리적 · 사회적 · 종교적 문제를 유발 및 악화시킬 수 있다. 따라서 영적 존재나 영적 세계에 대한 이해나 체험은 신체적 건강, 심리적 문제의 해결, 인성적 성장 그리고 사회적 · 종교적 성장을 촉진시킨다.
영적 전통	인류의 전통에는 초월영성수련의 전통이 있다. 이런 초월영성수련의 전통에서 제시하는 명상과 같은 방법들은 역사적으로 검증된 것들이다. 초월영성수련의 방법들은 상담장면에도 활용할 수 있다.

과 상담이 통합되는 과정에서 발달하였다. 여기에 해당하는 이론으로는 초월영성상담 이론(또는 초월상담 이론, 자아초월상담 이론), 명상치료 이론, 아사지올리(Roberto Assagioli)의 정신통합요법(psychosynthesis), 요시모토의 나이칸 요법, 모리타 쇼마의 모리타 요법, 이형득의 본성실현 상담 등이 있다.

한편, 일부 전통적 상담이론에서도 일정 부분 초월영성적 측면을 다루고 있다. 예를 들면, 융의 분석심리, 프랑클의 의미치료, 얄롬의 실존상담 등은 초월영성적 측면을 포함한 이론으로 알려져 있다.

7) 생물학적 상담이론

현대 상담의 또 다른 주요 세력 중에 하나는 생물학적 기반의 상담이론이다. 이는 의학적 전통에서 시작되었기 때문에 여기에 해당하는 이론은 대부분 정신의학에 포함되는 것들이다. 즉, 정신생물학, 정신신체의학, 정신약물학, 신경학, 신경정신학 등이 여기에 해당한다.

일반적으로 생물학적 이론에 기반한 상담이론들은 〈표 5-7〉과 같은 가정들을 공유한다.

일부 정신장애는 유전 또는 유전인자와 밀접한 상관이 있는 것으로 알려져 있다. 또 일부 정신장애는 신경생리적 구조나 기능의 결함과 밀접한 상관이 있는 것으로도 알려져 있다. 예를 들면 외상, 감염, 독성물질, 고열, 산소결핍, 영양부족, 뇌종양, 뇌혈관질환, 신경전달물질이나 호르몬 분비의 장애 등으로 인해 뇌신경 구조나 기능에서 결함이 발생하고, 이로 인해 정신장애가 유발될 수 있다. 유전이나 신경생리적 결함이 추정되는 정신장애로는 정신지체, 치매, 정신분열, 주요 우울, 조울, 기억상실, 공황장애, 식이장애, 주의력결핍 과잉행동장애, 전반적 발달장애 등이 있다. 그 정도의 차이는 있지만, 현재 거의 모든 정신장애는 신경생리적 이상이 추정되고 있다.

표 5-7 생물학적 상담이론의 기본가정

생물학적 결정론	인간의 정신과 행동은 생물학적 요인에 의해 결정된다. 즉, 인간의 정신과 행동은 생물학적 진화, 유전과 유전인자, 신경생리 구조와 기능 그리고 신경생리 발달 등에 의해 결정된다.
정신장애의 생물학적 원인	정신장애는 유전인자의 결함, 신경생리 구조와 기능적 결함 그리고 신경생리 발달적 결함 때문에 나타난다. 정신장애는 생물학적 결함 때문에 나타나는 것이기 때문에 정신장애는 질병이고 의료행위 대상이다.
생물학적 치료	정신장애의 원인이 되는 생물학적 결함을 찾아낸 후, 이를 약물, 수술, 운동, 전기, 기타 심리사회적 방법을 사용하여 결함을 치료하면 정신장애도 치료된다.

생물학적 관점에 기반한 뇌신경학은 최근에 눈부신 발전을 거듭하면서 정신장애의 신경생리적 기제들을 밝혀내고 있다. 이런 현상은 심리사회적 토대 위에서 심리상담을 하는 상담자들에게 큰 도전이 되고 있다. 물론 뇌신경학이 더 발달하더라도 심리적 · 사회적 · 교육적 상담은 반드시 필요할 것이다. 하지만 이제 뇌신경학, 신경생리학 등을 모르고서는 편협한 상담을 할 수밖에 없는 시대가 다가오고 있는 것처럼 보인다.

8) 절충 및 통합적 접근

현대 상담의 또 다른 주요 세력 중에 하나는 절충 및 통합적 접근이다. 일반적으로 절충 및 통합적 접근은 〈표 5-8〉과 같은 가정들을 공유한다.

절충 및 통합적 접근은 기존의 상담이론들을 활용하는 것이기 때문에 별도의 독립된 이론을 찾기는 쉽지 않다. 그럼에도 굳이 절충 및 통합적 접근에 포함시킬 수 있는 이론적 모형을 찾는다면, 취약성 스트레스 모형(vulnerability-stress model)과 생물심리사회적 모형(biopsychosocial model)의 두 가지 정도를 언급할 수 있다.

표 5-8 절충 및 통합적 접근의 기본가정

공통요인	상담의 이론적 접근 간에는 차이가 있다. 그러나 이들 간에는 차이점보다는 공통요인이 더 많다. 이러한 공통요인에는 상담의 핵심요인이 포함되어 있다.
절충 및 통합	상담의 이론적 접근들은 서로 절충 및 통합할 수 있다. 즉, 여러 상담이론의 내용을 절충 및 통합할 수 있을 뿐만 아니라, 상담 실제에서 주어진 상황에 맞게 여러 가지 상담이론과 방법을 절충 및 통합해서 활용할 수 있다.

이론의 기능	상담이론은 도구다. 상담이론에 내담자를 맞추어서는 안 된다. 현실과 내담자에 맞게 상담이론을 맞추어야 한다. 하나의 상담이론이 객관적 현실과 특정 내담자의 상태와 내담자가 가진 문제를 제대로 설명할 수 없다면, 그리고 하나의 상담이론이 특정 내담자를 효과적으로 조력하는 지침으로 유용하지 않다면 내담자를 바꾸는 것이 아니라 상담이론을 바꿔야 한다.
대상자 다양성	상담 대상자의 다양성과 호소문제의 다양성을 고려할 때, 현실적으로 상담 접근의 다양성 확보가 필요하다. 그리고 상담 접근의 다양성을 확보하려면 선택 및 활용 가능한 상담이론이 다양해야 하고, 이를 위해서는 상담이론에 대한 절충 및 통합적 접근이 필요하다.
전문성 발달	상담자 자신의 개인적 상담이론을 전문적으로 구축해 나가는 과정에서 기존 상담이론에 대한 절충 및 통합은 매우 정상적인 과정의 일부다.

(1) 취약성 스트레스 모형

취약성 스트레스 모형은 개인의 역기능적 행동은 개인이 가진 취약성과 환경적인 스트레스 간의 함수임을 설명하는 이론이다. 즉, 개인이 신체적 · 심리적 취약성을 가지고 있다가 극한 상황, 생활 변화, 잔일거리와 같은 스트레스 상황을 만나면 이 스트레스가 개인이 가지고 있는 취약성을 활성화시켜 역기능적인 행동을 유발한다는 이론이다. 따라서 상담개입도 여러 가지 상담이론을 활용하여 개인이 가진 취약성을 보완하거나 낮추고, 스트레스 자극을 줄이거나 스트레스 대처능력을 형성시키는 방향으로 나아간다.

(2) 생물심리사회적 모형

생물심리사회적 모형은 체계이론에 근거한다. 이 모형에서는 인간의 문제를 체계적 관점, 즉 하위체계와 상위체계를 고려하여 설명한다. 다시 말하면 개인의 역기능적인 문제행동을 바르게 이해하고 조력하려면 개인의 하위체계인 생물학적 기반의 신체체계와 심리학적 기반의 심리체계를 이해해야 한다는 것이다. 그리고 개인의 하위체계뿐만 아니라 개인을 둘러싼 상위체계인 가족, 직장, 지역사회와 같은 사회체계에 대한 이해도 필요하다는 것이다. 더 나아가 이러한 신체적 · 심리적 · 사회적 이해를 토대로 하여 상담개입도 신체적, 심리적, 사회적으로 바람직한 변화를 종합적으로 모색해야 한다는 이론이다. 구체적으로 신경생리적 변화를 추구하는 약물치료, 수술, 운동 등이 고려되고, 동시에 인지, 정서, 행동과 같은 심리적 변화를 추구하는 심리치료들도 고려된다. 뿐만 아니라 개인을 둘러싼 가족, 직장, 지역사회의 변화를 추구하는 가족상담, 지역사회상담 등도 함께 고려된다.

제6장
상담이론과 실제

고기홍

이 장에서는 『상담이론과 실제』(양명숙 외, 2013)의 내용을 요약하여 설명하였다. 여기서 설명한 이론은 정신역동적 상담, 분석심리학, 개인심리학, 실존주의 상담, 인간중심적 상담, 게슈탈트 상담, 인지정서행동 상담, 교류분석 상담, 현실상담, 자아초월심리학의 10가지다. 상담이론은 '배경, 주요개념, 문제, 상담목표, 상담방법'의 5개 영역으로 구분하여 설명하였다.

먼저 배경에서는 각 상담이론이 발전된 역사적 배경을 간략히 설명하였다. 주요개념에서는 각 상담이론의 주요개념들을 설명하였다. 문제에서는 각 상담이론에서 정신병이나 신경증 또는 문제를 어떻게 설명하는지, 즉 병리 및 문제론에 대해 설명하였다. 상담목표에서는 각 상담이론의 상담개입 방향이나 상담목표에 대해 설명하였다. 상담방법에서는 각 상담이론의 상담원리, 상담과정 그리고 상담기법 등에 대해 설명하였다.

1. 정신역동적 상담

1) 배경

정신역동적 상담(psychodynamic counseling)이란 프로이트의 정신분석에 기원을 두고 현재까지 발전되어 온 상담이론들을 지칭한다. 따라서 정신역동적 상담은 하나가 아니라 여러 개의 상담이론을 포괄하여 지칭하는 용어다. 예를 들면, 이 절에서는 정신역동적 상담이론들이 정신분석에 기원을 두고 있기 때문에 정신분석에 초점을 두고 정신역동적 상담을 설명하였다.

2) 주요개념

정신분석은 최초의 체계적인 상담이론이라 할 수 있는데, 이는 무의식론과 정신결정론을 기반으로 한다.

무의식론이란 인간의 정신과정은 자각할 수 있는 의식 영역도 있지만, 자각할 수 없는 무의식적 영역도 있는데, 인간의 행동은 대부분 의식적 정신과정이 아닌 무의식적 정신과정에 의해 이루어진다는 이론이다.

정신분석에서는 외적이고 의식적인 행동들이 내적이고 무의식적인 정신과정에 의해 결정된다고 본다. 정신결정론이란 인간의 행동과 이를 지배하는 무의식적 정신과정이 이미 과거에 결정되어 있다는 이론이다.

정신분석에서는 외적인 행동과 내적인 정신과정의 핵심에는 성격이 있고, 이 성격은 이드(원욕), 자아, 초자아로 구성되어 있으며, 이런 성격구조는 생득적인 유전, 그리고 출생부터 5~6세까지의 심리성적 발달단계의 경험에 의해 형성된다고 본다. 즉, 구강기, 항문기, 남근기에 성격이 결정된다고 본다. 이렇게 결정된 성격은 나중에 성인기까지 변하지 않고 지속되면서 행동과 정신과정을 지배한다고 본다. 한편, 초기 심리성적 발달과정에서 성적 욕구가 지나치게 좌절되거나 과잉 충족될 경우, 특정 발달단계에 고착된 성격이 만들어질 수 있다.

이런 이유들 때문에 행동과 정신과정은 생의 초기에 이미 결정되었다고 주장하는 것이다. 즉, 현재 겪고 있는 문제행동의 원인이 의식할 수 있는 표층에 있는 것이 아니라 무의식적 정신과정이 일어나는 심층에 있고, 현재가 아니라 과거에 이미 결정되어 있다가 나타나는 것이라고 주장하는 것이다.

3) 문제

정신분석에서는 병적 또는 신경증적 증상이 불안, 자아기능 그리고 방어기제와 상관이 있다고 본다. 즉, 이드에 있는 성욕이나 공격욕은 무의식적이고 맹목적으로 추구된다. 하지만 이런 원욕의 추구가 초자아의 양심과 자아 이상에 위배되거나 현실적인 처벌이 예상된다면 자아는 불안을 느낀다. 자아는 불안으로부터 자신을 보호하기 위해 무의식적 방어기제를 사용한다. 이 과정에서 자아가 역기능적인 방어기제를 사용하면서 나타나는 것이 바로 신경증적·병적 증상이다.

약한 자아기능을 가진 성격구조 그리고 여기에 기반한 신경증적 병적 정신과정과 행동들은 양식화되어서 현재 당면한 문제상황에서 반복 및 재연된다. 이런 신경증적 병적 성격구조와 행동양식은 심리성적 발달단계에서의 성격적 고착에 의해 형성된다.

4) 상담목표

정신분석에서는 정신적으로 건강하고 성숙한 상태를 자아기능에서 찾는다. 즉, 외부의 현실과 자신의 정신과정 및 행동을 인식하고 조절하는 자아기능이 높은 상태를 건강한 상태라고 본다. 자아기능이 높으면 외부의 객관적 현실을 잘 인식한다. 그리고 자신의 정신과정 및 행동을 잘 인식하고 조절할 수 있다. 이렇게 되면 내적인 성욕이나 공격성과 같은 원욕의 충동 그리고 양심이나 자아 이상과 같은 초자아의 무자비한 비판과 완벽주의적 강요들을 인식하고 조절하면서 보다 현실적이고 사회적으로 용인될 수 있는 합리적인 방식으로 행동할 수 있게 된다. 더 나아가 높은 자아기능을 바탕으로 다른 사람들과 사랑을 나눌 수 있는 능력이 증진되고, 일을 통해 만족과 생산성을 얻을 수 있는 능력이 증진된다.

정신분석의 상담목표는 성격구조를 재구성하는 것, 즉 자아기능을 높이는 것이다. 바꿔 말하면 무의식을 의식화하여 외부 현실과 자신의 무의식적 정신과정 및 행동에 대한 인식과 조절능력을 높이는 것이다.

5) 상담방법

프로이트는 초기에 주로 정화법을 사용하였다. 즉, 과거의 부정적 경험과 관련된 감정적 경험을 상담장면에서 재경험시키고, 이를 표현하게 함으로써 증상을 치료하는 정화법을 주로 사용하였다.

정신분석의 또 다른 주된 상담기법은 자유연상법이다. 프로이트는 문제와 관련된 과거의 경험들, 꿈, 실수, 상담실 장면에서의 경험, 저항, 전이 등과 관련된 내용에 대해 자유연상하게 하고, 이렇게 연상된 자료들을 토대로 무의식적 정신과정을 분석하면서 내담자의 감정 정화와 통찰을 촉진해 나가는 방법을 사용하였다.

정신분석의 주된 상담전략 중 하나는 '전이 형성과 해결'이다. 즉, 전문상담사가 중립적 태도와 같은 원칙을 지키면서 치료적 환경조건을 제공하면 내담자는 무의식적 정신과정과 행동양식을 상담자와의 상호작용에서 나타낸다. 특히 생의 초기의 중요한 인물과의 반응양식이 전문상담사와의 관계에서 반복 및 재연되면서 나타날 수 있는데, 이를 전이라고 한다.

정신분석에서는 전이가 발달되면 전이와 관련된 연상과 분석적 경험을 촉진하고, 이를 통해 전이 현상 그리고 자신의 역기능적 행동양식에 대한 인식을 촉진하며, 더 나아가 대안적인 행동양식을 선택하고 실천하면서 전이문제를 해결해 나갈 수 있도록 조력해 나간다.

2. 분석심리학

1) 배경

분석심리학은 스위스의 정신의학자인 융에 의해 발전되었다. 융의 초기 이론적 관심은 주로 심령현상과 같은 신비주의적 현상에 대한 것들이었다. 이후 단어 연상검사를 연구하면서 콤플렉스 이론을 정립하고, 이와 관련된 내용들을 프로이트와 편지로 이야기 나누면서 두 사람 간에 정신적 교감이 형성되었다. 1907년 두 사람은 비엔나에서 만났고, 그 이후 융은 프로이트가 주관하는 정신분석 모임의 구성원이 되었다. 그는 나중에 국제정신분석학회 초대회장까지 맡을 정도로 프로이트의 신뢰를 얻었다. 하지만 점차 프로이트와 이론적 견해 차이를 보이기 시작하였고, 그러다가 결국 프로이트와 결별을 선언하였다. 그 이후에 자신의 이론을 정립하여 분석심리학이라고 명명하였다.

2) 주요개념

분석심리학의 주요개념에는 자아와 자기, 의식과 무의식, 콤플렉스, 개인무의식과 집단무의식, 원형, 개성화 등이 있다.

분석심리학에서 자아란 의식을 관장하는 중심, 즉 의식의 주인을 의미한다. 의식(consciousness)이란 자아가 알아차리고 있는 마음의 영역을 의미하고, 무의식(unconsciousness)이란 자아가 알아차리지 못하는 마음의 영역을 의미한다. 콤플렉스(complex)란 반응 민감성을 지닌 마음의 덩어리들을 의미한다. 이는 주로 부정적인 정서를 포함한 사고와 행동적 충동들을 의미한다. 특정 콤플렉스가 활성화되면 의식이나 자아는 활성화된 콤플렉스에 영향을 받는다.

융은 무의식을 개인무의식과 집단무의식으로 구분하였다. 개인무의식이란 한 개인이 출생한 이후의 삶 속에서 형성된 무의식을 의미한다. 반면 집단무의식이란 한 개인을 넘어서서 인류사를 통해 형성된 인간 종족들이 공유하는 근원적인 무의식을 의미한다.

근원적인 무의식, 즉 집단무의식의 내용을 원형(archetype)이라 하는데, 원형은 가시적 형태로 나타날 수 있는 일종의 잠재력을 의미한다. 융이 언급한 원형에는 사회적 가면 또는 사회적 자아를 의미하는 페르소나(persona), 열등하고 비도덕적인 측면을 의미하는 그림자(shadow), 양성성을 의미하는 아니마(anima)와 아니무스(animus) 그리고 양면성을 통합한 전인적 주체를 의미하는 자기(self) 등이 있다.

개성화(individuation)란 생애 전체에 걸친 과정으로서 양면성을 통합한 상태, 즉 자기실현 상태를 의미한다.

3) 문제

분석심리학에서는 자아가 무의식적 내용을 의식으로 통합하고, 이를 기반으로 개성화 과정으로 나아가지 못할 때 문제가 발생한다고 본다. 즉, 신경증이나 정신병 그리고 당면한 생활문제 등은 자아가 콤플렉스, 페르소나, 그림자, 아니마 또는 아니무스, 자기 등과 같은 무의식적 내용을 의식으로 통합하지 못하였기 때문에 나타나는 증상이라고 본다.

구체적으로 말하면, 부정적 콤플렉스가 활성화되면 자아와 의식은 부정적 영향을 받는다. 이러한 부정적 콤플렉스를 자아가 인식하지 못할 때, 그리고 이를 의식으로 통합 및 대처하지 못할 때 정신장애나 문제가 발생할 수 있다. 또한 자아가 의식 또는 무의식적으로 자기 자신을 이름, 역할, 지위, 명성 등과 같은 페르소나와 동일시하면 진정한 자기 자신은 소외되고 불일치한 상태가 될 수 있는데, 이를 의식으로 통합 및 대처하지 못할 때 정신장애나 문제가 발생할 수 있다. 또한 자아가 무의식적으로 자신의 어두운 측면인 그림자를 억압하거나 부인함으로써 그림자 속에 있는 성장잠재력들을 가두어 놓는 상태가 될 수 있는데, 이를 의식으로 통합 및 대처하지 못할 때 정신장애나 문제가 발생할 수 있다. 또한 자아가 무의식적으로 자신의 양성적 측면인 아니마 또는 아니무스를 억압하거나 부인함으로써 양성적인 성장잠재력들을 가두어 놓는 상태가 될 수 있는데, 이를 의식으로 통합 및 대처하지 못할 때 정신장애나 문제가 발생할 수도 있다. 또한 자아가 무의식적으로 자신의 전인적 측면인 자기(self)를 억압하거나 부인함으로써 개성화 과정이 제한될 수 있는데, 이를 의식으로 통합 및 대처하지 못할 때 정신장애나 문제가 발생할 수도 있다.

한편, 분석심리학에서는 정신장애나 문제의 구체적인 내용은 인생 전반기이냐 아니면 후반기이냐에 따라 다르다고 본다. 즉, 인생 전반기의 정신장애나 문제는 '자아의 약화'와 이로 인한 '사회적 부적응'과 관계 있고, 인생 후반기의 정신장애나 문제는 '자기의 약화'와 이로 인한 '내적 부적응이나 성장 저하'와 관계 있다고 본다.

4) 상담목표

분석심리학에서는 문제와 관련된 증상보다는 그런 문제와 증상을 가진 사람에게 초점을 맞추는 경향이 있다. 이 때문에 '정신장애 증상이나 문제'에 초점을 두기보다 증상이나 문제 속에서 고통 받으면서 성장으로 나아가려는 '인간 자체'에 초점을 두는 경향이 있다.

분석심리학에서 지향하는 상담 방향은 내담자의 자아가 무의식을 의식으로 통합하여 개성화 과정에 이르도록 돕는 것, 즉 자기실현을 촉진하는 것이다. 다시 말하면 내담자의 자아가 콤플렉스, 페르소나, 그림자, 아니마 또는 아니무스, 자기 등과 같은 무의식적 내용을 인식하여 의식으로 통합 및 대처하도록 돕고, 이를 통해 개성화 과정, 즉 자기실현을 촉진하는 것이다.

분석심리학에서는 개성화 과정과 관련된 구체적인 상담개입 방향이 인생 전반기이냐 아니면 후반기이냐에 따라 다르다고 주장한다. 일반적으로 인생 전반기의 개성화 과정은 '자아의 형성을 강화'하여 '사회적 적응을 촉진하는 것'이다. 반면 인생 후반기의 개성화 과정은 '자기실현을 강화'하여 '내면적 적응과 성장을 촉진하는 것'이다.

한편, 분석심리학에서는 구체적인 상담목표에 대해서는 덜 언급하는 경향이 있다.

5) 상담방법

분석심리학의 기본적인 상담전략은 무의식을 의식화시키는 것이다. 즉, 자아가 콤플렉스, 페르소나, 그림자, 아니마 또는 아니무스, 자기 등을 인식하여 의식으로 통합 및 대처하도록 하는 것이다. 이를 위한 방법들은 대체로 비체계적이고 개별적인 경향이 있다. 즉, 공식화된 절차나 방법들을 배격하고, 대신 내담자나 상담자의 특성이나 여건에 맞게 개별화시키는 경향이 있다. 이 때문에 정형화된 기법은 거의 없고, 그 대신 다른 이론의 기법들을 상황에 맞게 활용하는 실용적인 경향을 가지고 있다. 또 하나의 특징은 체험 추구다. 즉, 단순한 지적 이해에서 머무르지 않고 체험적 이해를 추구한다.

분석심리학의 상담과정은 체계적이고 정형화되어 있지 않지만 일반적으로는 다음과 같은 과정으로 이루어지는 경향이 있다. 즉, 처음에는 당면한 생활문제들을 다루다가, 점진적으로 개인 무의식 주제인 콤플렉스를 다루어 나간다. 그리고 더 나아가 집단무의식 주제인 그림자, 아니마와 아니무스, 자기 등을 다루어 나가는 경향이 있다.

분석심리학의 주된 상담기법으로는 꿈 분석, 그림 분석, 연상법 등이 있다. 먼저 꿈 분석은 정신분석에서의 꿈 분석과는 달리 꿈 내용에 담겨 있는 무의식적 목적을 중심으로 분석하고 해석하는 경향이 있다. 즉, 꿈의 내용을 원욕이나 방어적 동기가 상징화된 것이라고 해석하기보다는 창조나 자기실현의 목적 지향적 상징으로 해석하는 경향이 있다. 그림 분석은 내담자에게 그림을 그리게 한 후 그림에 투사된 무의식을 탐색하여 이해하도록 돕는 기법이다. 연상법은 적극적 상상이나 연상 그리고 명상 등을 통해 내적 경험을 시각적으로 표상하도록 지시하고, 이 속에 투사된 무의식을 탐색하여 이해하도록 돕는 기법이다.

3. 개인심리학

1) 배경

개인심리학은 아들러에 의해 시작되었다. 아들러는 의학을 전공하여 처음에는 안과 의사로 개업하였으나, 이후 내과를 거쳐 신경 및 정신과로 전환하였다. 프로이트가 이끄는 비엔나 정신분석학회의 핵심 구성원이었으나 의견 차이로 결별한 이후 자신의 이론을 구축하여 개인심리학이라 명명하였다. 아들러의 개인심리학은 현대 상담이론의 발달에 큰 영향을 끼친 것으로 평가되고 있다.

2) 주요개념

개인심리학의 주요개념은 개인, 열등감과 우월추구, 만들어 낸 목적, 공동체 의식과 사회적 관심, 생활양식, 출생순위 등이다.

먼저 개인심리학에서 '개인'이란 전인성을 강조하기 위해 아들러가 사용한 용어다.

열등감과 우월추구 경향성은 아들러가 행동의 기능적 목적을 설명하기 위해 만들어 낸 개념이다. 열등감이란 자신이 열등하다는 주관적 인식과 가치 판단을 의미한다. 열등감은 그 자체를 보상하여 우월하고자 하는 우월추구 경향성을 만들어 내며, 이러한 열등감과 우월추구 경향성은 인간행동의 주된 목적이라고 보았다.

우월추구는 결국 정신과정을 통해 우월한 목적적 상태를 만들어 내는데, 아들러는 이를 만들어 낸 목적(fictional finalism, 허구적 목적, 가공적 목적이라고도 번역된다)이라 하였다. 이 만들어 낸 목적은 다음과 같은 특징을 지닌다. 즉, 열등감을 보상하고 우월감을 추구하는 기능을 하며, 행동의 방향과 지침을 제공한다. 또한 주관적이고 무의식적이며 창의적 또는 허구적이다.

아들러는 인간은 사회적 존재라는 전제하에 인간이 공동체 의식과 사회적 관심(social interest)을 가지고 있다고 주장하였다. 아들러는 공동체 의식과 사회적 관심을 정신건강과 성장의 중요한 지표라고 생각하였다. 즉, 정신적으로 건강하거나 성숙한 상태란 공동체 의식과 사회적 관심이 적절하게 높은 상태라고 보았다.

생활양식이란 한 개인의 생활 속에서 나타나는 무의식적이고 목적 지향적인 정신적 양식을 의미한다. 아들러는 생활양식이 생의 초기에 형성되고, 일단 형성된 이후에는 쉽게 변화하지 않는다고 보았다. 아들러는 사회적 관심과 활동 수준에 따라 생활양식을 지배형, 기생형, 도피형, 사회형의 네 가지 유형으로 구분하였다.

아들러는 가족구조나 기능이 개인의 생활양식 발달에 영향을 준다고 보았다. 특히 출생순위는 생활양식에 많은 영향을 준다고 보았다. 맏이, 둘째, 셋째 등의 출생순위에 따라 부모의 양육태도나 기대, 형제간 서열과 경쟁구도 등이 달라지고, 이에 따라 생활양식도 달라진다고 보았다.

3) 문제

아들러는 생의 초기 경험에 따라 역기능적이고 병리적인 열등감과 우월추구 성향이 형성될 수도 있다고 보았다. 아들러는 역기능적이고 병리적인 열등감을 가진 상태를 열등 콤플렉스 그리고 열등감을 위장하기 위해 발달시킨 것을 우등 콤플렉스라고 하였다. 이런 콤플렉스 상태에 있으면 열등감을 보상하고 우월감을 획득하려는 시도가 오히려 열등감을 더 강화하는 악순환에 빠지게 된다고 보았다.

신경증이나 병리적인 상태에서는 '만들어 낸 목적'도 신경증적이고 병리적이 되고, '생활양식'도 건강하고 성숙한 사회형이 아닌 미숙하고 신경증적이거나 병리적인 지배형, 기생형, 도피형 생활양식이 발달한다고 보았다.

그리고 아들러는 사회성이 정신건강의 중요한 지표라고 보았다. 신경증이나 병리적인 상태에 있는 사람들은 공동체 의식과 사회적 관심이 부족하여 오직 자기중심적인 열등감 보상과 우월추구를 하는 경향이 있다고 보았다. 이는 결국 공동체 및 사회생활 부적응으로 나타난다고 보았다.

4) 상담목표

아들러는 전인성을 강조하였다. 이 때문에 심리치료 이상의 성장을 지향하였고, 개인의 심리적 변화 이상의 사회적 변화를 지향하였다. 개인심리학에서의 상담목표는 다음과 같이 요약할 수 있다.

첫째, 역기능적인 열등감과 이를 보상하기 위한 우월추구 행동을 이해하고, 기능적인 우월추구 행동을 형성한다.

둘째, 역기능적인 생활양식을 이해하고, 기능적인 생활양식을 형성한다.

셋째, 역기능적인 자기중심성을 이해하고, 기능적인 공동체 의식과 사회적 관심을 증진시킨다.

5) 상담방법

개인심리적 상담과정은 일반적으로 상담관계 형성, 자기탐색, 통찰, 재교육의 네 단계로 진행된다.

주요 상담기법으로는 정서적 지지를 제공하는 '격려', 자신의 정서에 대한 통제경험을 통해 자기관리를 촉진하는 '단추 누르기', 역기능적인 행동 이면의 역기능적인 의도나 목적을 명료화시킴으로써 그런 역기능적 의도나 목적을 무력화시키는 '수프에 침 뱉기', 가정법을 활용하여 새로운 상황에서 새로운 행동을 시도하도록 하는 과정을 통해 저항을 극복하고 새로운 행동학습을 촉진하는 '마치 ~인 것처럼 행동하기', 가장 오래된 기억들에 대한 회상을 통해 내담자의 열등감과 우월추구 내용, 만들어 낸 목적, 생활양식, 자기중심성과 사회성 등을 탐색하는 '초기기억' 등이 있다.

4. 실존주의 상담

1) 배경

실존주의 상담은 정신분석이나 행동주의 상담에 대한 철학적 비판과 성찰에서 출발하였다. 즉, 기존의 정신분석과 행동주의 상담을 비판하면서 실존주의 철학을 기반으로 새로운 상담이론을 구축하는 무리가 생겨났는데, 이들이 구축한 이론들을 묶어서 실존주의 상담이라고 한다.

현대 실존주의 상담을 대표하는 이론에는 다음과 같은 것들이 있다. 즉, 빈스방거(Ludwig Binswanger)나 보스(Medard Boss)의 현존재 분석(daseinsanalyse, existential analysis), 메이(Rollo R. May)의 실존치료(existential therapy), 프랑클(Victor Frankl)의 의미치료(logotherapy), 그리고 얄롬(Irvin D. Yalom)의 실존치료(existential therapy) 등이다.

2) 주요개념

실존주의 상담의 기반은 실존주의 철학에서 찾을 수 있다. 실존주의란 이성을 통해 실존을 탐구하는 철학적 사조를 지칭한다. 실제로 존재하는 자, 즉 실존자인 내가 이성적인 방법을 통해 주관적으로 경험하는 세계 안에서 실제로 존재하는 있는 그대로의 상태, 즉 실존적 진리를 탐구하는 철학적 사조를 실존주의라고 한다.

일반적으로 실존주의에서는 실존이 아닌 본질을 가정하지 않는다. 또 현상의 원인을 가정하지 않고, 객관적인 진리를 가정하지 않는다. 그 대신 실존주의에서는 '실존자인 나, 내가 경험하는 주관적 세계 그리고 주관적 세계 안에 있는 그대로의 실존적 진리'를 탐구해 나간다.

'실존주의 상담'이란 실존주의 철학에 기반을 둔 상담이론들을 묶어서 지칭하는 용어다. 실존주의 상담에서 다루는 주제들은 실존에 대한 이해 그리고 실존적인 삶의 태도와 관련된 것들이다. 즉, '실존과 실존자, 무지와 앎, 실존적 진리, 구성된 세계와 재구성, 죽음과 삶, 소외와 고독, 실존적 만남, 신념, 가치, 무의미와 의미, 부자유와 자유, 회피와 선택, 무책임과 책임, 절망과 소망, 소명, 초월' 등이다.

3) 문제

실존주의 상담이라 하더라도 이론마다 조금씩 다르다. 예를 들면, 현존재 분석과 의미치료는 서로 다르다. 그럼에도 실존주의 상담에 해당하는 이론들은 몇 가지 공통점을 가지고 있는데, 여기서는 실존주의 상담이론들의 공통점을 중심으로 정리하였다.

실존주의 상담이론들은 정신장애나 당면한 생활문제의 이면에는 실존적 문제가 있다고 주장한다. 즉, 인간이 가진 문제를 이성적으로 잘 성찰해 보면 그 이면에는 '실존에 대한 무지' 그리고 이에 기반한 '비실존적 삶의 태도'가 있다고 주장한다. 실존주의 상담에서는 내담자를 정신장애나 생활문제를 가진 사람이라기보다는 제한된 실존인으로 본다. 즉, 실존을 제한되게 인식하고 제한된 실존적 삶의 태도를 가지고 살아가면서 실존적 고통을 느끼는 사람들이라고 보는 것이다.

이런 이유 때문에 실존주의 상담에서는 정신장애나 당면한 생활문제보다는 그 이면의 실존적 문제에 더 비중을 두는 경향이 있다. 즉, 실존주의 상담에서는 정신장애나 당면한 생활문제보다는 그 이면의 '삶에 대한 실존적 불안, 소외감, 고독과 외로움, 무의미, 부자유, 절망, 무책임 등으로 인한 고통 그리고 이와 관련된 비실존적인 선택과 행동들'을 우선적으로 다룬다.

4) 상담목표

실존주의 상담의 일반적인 상담목표는 '실존에 대한 깨달음을 형성하는 것'과 '실존적 태도를 형성하는 것'의 두 가지로 요약할 수 있다. 실존주의 상담에서는 첫째, '실존에 대한 깨달음'을 형성하고자 한다. 즉, 실존자인 내가 실제로 존재하는 있는 그대로의 자신과 세상을 인식하도록 돕는 것이다.

둘째, '실존적 태도'를 형성하고자 한다. 즉, 실존에 대한 깨달음을 토대로 비실존적인 삶에서 벗어나 '실존적인 삶의 태도를 알고, 선택하며, 배우고, 실천해 나가도록 돕는 것'이다.

한편, 실존주의 상담에서는 증상의 제거나 당면한 생활문제의 해결 등은 대체로 2차적 목표에 해당한다.

5) 상담방법

실존주의 상담의 방법론적 특징들을 요약하면 다음과 같다. 첫째, 실존주의 상담이론들의 가장 큰 방법론적 특징은 바로 '철학적 방법론'이다. 즉, 실존주의 상담에서는 냉철한 이성을 사용하여 성찰해 나가는 철학적 방법을 통해 실존적 깨달음과 실존적 태도를 형성시켜 나가고자 한다. 일반적인 철학적 방법론과 다른 점은 실존을 깨닫게 하는 데 그치지 않고, 더 나아가 실존적 삶의 태도를 선택하고, 또 실존적 삶의 태도들을 배우고, 삶 속에서 적용해 나가도록 돕는다는 점이다.

둘째, 실존주의 상담은 방법론이 불분명하고 빈약하다는 비판을 받아 왔다. 즉, 실존주의 상담은 역사적으로 철학적 기원을 가지고 있다는 점, 현상학적 관점을 가지고 있다는 점, 인간존중의 관점을 가진 반면, 기계론적 관점 및 방법론에 대해 배타적인 입장을 가지고 있다는 점 등의 이유로 인해 상대적으로 방법론이 명확하지 않고 부족하다는 비판을 받아 왔다. 하지만 방법론이 상대적으로 불분명하고 부족하기 때문에 정신분석, 인지, 인간중심, 게슈탈트와 같은 다른 상담이론의 기법들을 실존주의 상담장면에서 활용하거나 새로운 기법을 개발하여 사용한다는 것이 또 다른 특징이기도 하다.

셋째, 실존주의 상담에서는 상담관계를 중요시한다. 즉, 상담자와 내담자 간의 실존적 참만남을 강조한다. 이 때문에 내담자와의 실존적 참만남을 위해서 상담자 자신의 실존에 대한 각성과 실존적 태도가 요구된다.

넷째, 실존주의 상담에서는 지금여기를 강조한다. 즉, 과거 회상이나 미래에 대한 상상보다는 지금여기에서의 자각과 삶의 태도를 강조한다.

5. 인간중심적 상담

1) 배경

인간중심적 상담은 로저스에 의해 시작되었다. 로저스는 농학, 역사, 신학 등을 거쳐 임상 및 교육심리를 전공하였다. 아동상담자로 일하다가 대학 교수가 되었고, 퇴임 후에는 참만남집단 지도자 그리고 사회교육가로 활동하였다.

1942년에 『상담과 심리치료(Counseling and Psychotherapy)』를 저술하면서 비지시적 상담이론을 제안하였고, 이후 1951년에 『내담자중심 치료(Client-Centered Therapy)』를 저술하면서 내담자 중심 상담이론을 제안하였으며, 1961년에 『인간적 성장(On Becoming a Person)』을 저술하면서 경험중심적 상담이론을 제안하였다. 다시 1975년에 『인간중심적 접근(A Person Centered Approach)』을 저술하면서 인간중심적 상담이론을 제안하였다.

인본주의 상담은 정신분석, 행동상담과 더불어 3대 상담이론으로 불린다. 이렇게 인본주의 상담이 3대 이론에 포함된 배경에는 로저스의 공로가 숨어 있다. 인간중심적 상담이론은 애매하고 추상적일 수 있는 인본주의적 접근을 과학적으로 체계화시킨 이론으로 평가되고 있다.

2) 주요개념

인간중심적 상담의 주요개념은 성장잠재력, 유기체, 현상의 장, 자아개념, 자기실현 경향성 등이다. 먼저 로저스는 인간의 선함과 성장잠재력을 가정하였다. 그는 역기능적이고 파괴적인 행동은 선함과 성장잠재력의 왜곡된 표출이라고 보았다.

현상의 장이란 주관적으로 경험하는 현실을 의미한다. 로저스는 개인의 행동은 외적 조건이 아니라 주관적 현실, 즉 현상의 장에 의해 좌우된다고 보았다. 이러한 현상의 장은 그 본질이 주관적이기 때문에 객관적으로 접근하는 데에는 한계가 있다. 이 때문에 로저스는 현상의 장을 이해하는 가장 효과적인 방법이 내적 준거체계(internal frame of reference)에 기반한 공감적 접근이라고 보았다.

유기체의 지각 장에서 자기에 대한 경험들이 분화되면서 조직화된 개념들이 발달하는데, 로저스는 이를 자아개념이라고 하였다. 자아개념이 발달하면 '나'와 '내가 아닌 것' 그리고 '나의 것'과 '내 것이 아닌 것'을 구별할 수 있게 된다. 그리고 자아개념과 일치되게 행동하려는 경향성이 나타난다.

로저스는 모든 존재는 자기를 보존 및 향상시키려는 선천적 경향성을 가지고 있다고 보았는데, 이를 실현 경향성이라고 하였다. 인간도 자기를 실현하려 하는 경향성을 가지고 있는데, 이를 자기실현 경향성이라 하였다.

로저스는 자기에 대한 자각이 출현하면서 사랑과 인정을 받으려는 욕구도 발달한다고 보았다. 사랑과 인정욕구가 발달한 이후에 부모와 같은 중요한 인물로부터 사랑과 인정을 받는 행동이나 경험들에 대해서는 긍정적 가치를 부여하고, 이를 추구한다. 그러나 중요한 인물로부터 사랑과 인정을 받지 못하는 행동이나 경험들에 대해서는 부정적 가치를 부여하고, 이를 부인하거나 왜곡하면서 회피한다. 이는 결국 불일치 현상을 발생시킨다고 보았다. 한편, 이 과정을 통해 중요인물의 조건적 가치가 내담자에게 내면화된다고 보았다.

3) 문제

로저스는 '유기체 경험과 자아개념이 불일치'할 때 또는 '현실적 자기와 바라는 자기가 불일치'할 때 유기체는 불안을 느끼고, 외부 현실이나 자기경험을 왜곡 및 부인할 수 있다고 보았다. 하지만 왜곡 및 부인하는 정도가 심해지면 문제 행동 또는 역기능적인 상태가 발생할 수 있다고 보았다.

인간중심적 상담에서 문제란 내담자가 역기능적인 상태에 있는 것이라고 할 수 있다. 즉, 자기와 타인과 환경에 대한 이해 및 수용 부족, 지나친 왜곡이나 부인과 같은 역기능적인 방어 행동, 자기관리 행동이나 능력의 부족, 인간관계 행동이나 능력의 부족 등의 상태에 있는 것이다.

한편 로저스는 문제의 이면에는 사회화 과정에서 내면화된 조건적 가치가 있다고 보았다.

4) 상담목표

인간중심적 상담의 궁극적 목표는 충분히 기능하는 인간으로 성장하는 것이다. 즉, 경험에 대한 개방성, 실존적 태도, 유기체에 대한 신뢰, 자유와 창조성을 지닌 존재로 성장하는 것을 말한다.

인간중심적 상담의 구체적 목표는 자신과 타인과 환경에 대한 이해와 수용이 증가하는 것, 경험에 대한 방어성이 줄고 대신 개방성이 증가하는 것, 역기능적인 행동이 감소하고 대신 자기관리 행동과 능력이 증가하는 것, 타인과 조화로운 인간관계를 맺는 행동과 능력이 증가하는 것 등이다.

5) 상담방법

인간중심적 상담의 주된 전략은 '만일 ~한다면, ~할 것이다(If~ Then~)'로 요약할 수 있다. 즉, '만약 필요충분조건이 갖추어지면 7단계 또는 12단계의 효과적인 상담과정이 발생할 것이고, 그 결과 역기능적 행동을 하게 하는 가치조건들이 해체되면서 성격이나 행동상에 바람직한 변화가 나타날 것이다'로 요약할 수 있다.

로저스가 제시한 성격변화 및 심리치료의 필요충분조건은 다음과 같다.

① 내담자와 전문상담사가 접촉하고 있다.
② 내담자는 상처받기 쉽고 불안한 불일치 상태에 있다.
③ 전문상담사는 관계에 일치를 이루고 있다.
④ 전문상담사는 내담자에 대해 무조건적인 긍정적 존중을 경험하고 있다.
⑤ 전문상담사는 내담자의 내부 준거체계에 대한 공감적 이해를 경험하고 있다.
⑥ 내담자는 최소한도의 자기에 대한 전문상담사의 무조건적인 긍정적 존중 그리고 공감적 이해를 알아차린다.

인간중심적 상담에서는 구체적인 상담기법보다는 전문상담사의 촉진적인 태도를 강조한다. 즉, 일치, 무조건적인 긍정적 존중, 공감적 이해의 태도를 강조한다.

6. 게슈탈트 상담

1) 배경

게슈탈트 상담은 펄스에 의해 시작되었다. 펄스는 정신의학을 전공하였고, 정신분석을 수련받았다. 그러나 프로이트와의 만남에서 무시받는 경험을 하였고, 그 이후에 자신의 이론을 정립하기 시작하였다. 그는 정신분석을 기반으로 게슈탈트 심리학, 장이론, 실존주의, 심리극 그리고 동양의 선사상 등을 통합하여 게슈탈트 상담이론을 구축하였다. 그는 1960년대에 에살렌연구소에서 워크숍을 개최하면서부터 큰 명성을 얻기 시작하였고, 그 이후 게슈탈트 상담은 크게 유행하면서 심리치료, 개인상담과 집단상담의 발전에 기여하였다.

2) 주요개념

게슈탈트 상담의 주요개념은 게슈탈트, 전경과 배경, 지금여기, 알아차림 등이다. 먼저 게슈탈트(gestalt)란 심리학에서 유래한 개념으로 '의미 있게 조직화된 전체' 또는 '완성된 형태'를 의미한다. 펄스는 모든 유기체가 전체 또는 완성된 형태를 이루려고 하는 경향성을 가지고 있다고 가정하였다. 이에 따라 인간의 외적 행동은 전체 또는 완성된 형태를 이루려고 하는 정신내적인 힘에 의해 지배된다고 보았다.

전경이란 의식의 내용을 말하고, 배경이란 의식의 경계 밖 내용들을 의미한다. 펄스는 특정 순간의 가장 중요한 욕구가 전경이 되어 행동과정을 지배한다고 보았다. 만약 행동과정을 통해 욕구가 해소되면 게슈탈트가 완성되고, 이어 욕구는 더 이상 전경에 머무르지 않고 배경으로 물러난다. 이렇게 되면 다시 그 순간의 가장 중요한 욕구가 전경이 되면서 행동과정을 지배하게 되는 전경과 배경의 순환과정이 이루어진다고 보았다.

펄스는 지금여기를 유일한 현실이라고 주장하였다. 과거는 지금여기에서의 기억과 회상으로만 존재하고, 미래는 지금여기에서의 소망과 상상으로만 존재한다고 보았다. 그는 인간이 지금여기에서의 나와 세상에 대해 있는 그대로 경험하고 자각하고 반응하지 못할 때 과거나 미래로 도피하려는 충동이 생기며, 이러한 충동이 지나친 행동으로 이어지면 게슈탈트 형성이 방해되어 심할 경우에는 문제나 신경증이 유발되고, 학습과 성장이 억제될 수 있다고 보았다.

알아차림이란 지금여기의 자신의 반응 또는 자신의 반응과 그 배경을 자각하는 것을 의미한다.

3) 문제

건강한 유기체에서는 욕구 충족 그리고 전경과 배경의 순환이 잘 이루어진다. 하지만 신경증이나 정신병적 상태에서는 욕구 충족 그리고 전경과 배경의 순환에 장애가 나타난다. 일부 강한 욕구가 해소되지 않고 전경에 만성적으로 머물러 있을 수도 있고, 또는 강한 무의식적 욕구가 계속 무의식에 머무르면서 의식화되어 전경이 되지 못할 수도 있다. 이렇게 되면 유기체는 욕구가 충족되지 않아 미완의 과제를 가지게 된다. 하지만 행동은 무능력하여 유기체 욕구를 충족시키지 못하고, 이로 인해 게슈탈트가 형성되지 않는다. 이 상태에서 내적인 또는 환경적인 요구들에 지속적으로 직면하게 된다. 이런 상태가 심해지면 유기체의 자기조절 과정은 부적응 또는 신경증이나 정신병적 형태로 발전된다.

부적응 상태에 있는 사람들은 자신과 환경에 대한 알아차림이 부족하다. 유기체 욕구를 알아차리지 못하거나 부인한다. 상전과 하인 같은 정신적인 양극화 현상과 이로 인한 갈등도 일어난다. 자신의 선택과 행동에 대한 책임감도 부족하고 의존적이다. 내사, 투사, 융합, 반전과 같이 자신과 타인과 환경에 역기능적인 인식과 행동을 한다. 그로 인해 고통이나 갈등 그리고 신경증이나 정신병이 유발되거나 지속된다.

4) 상담목표

게슈탈트 상담의 궁극적 목표는 지금여기의 실존적 마당에서 있는 그대로의 자기 자신으로 살아가도록 하는 것이다. 즉, 지금여기에서 순간 순간 자신과 타인과 환경을 있는 그대로 경험하고 알아차리며 수용하도록 하는 것이다. 더 나아가 타인이나 환경에 의한 외적 요구에 맞추어 살아가는 것을 거부하고 또한 현실 왜곡과 역기능적인 방어 태도를 포기하며, 이상적인 사람이 되려는 내적인 시도를 포기하도록 하는 것이다. 그 대신에 있는 그대로의 자기 자신이 되어서 유기체의 욕구에 따라 느끼고 생각하고 선택하고 행동하며 그 결과에 대해 책임을 지며 살아가도록 돕는 것이다.

5) 상담방법

펄스는 상담관계 및 내담자의 성장과정을 다섯 단계의 모형으로 설명하였다. 즉, 서로 형식적으로 만나는 피상층(cliche or phony layer), 유기체 욕구를 억압하고 타인과 환경적 요구에 따라 역할행동을 하는 공포층 혹은 연기층(phobic, role playing layer), 역할행동을 멈추고 내적인 혼란과 불안에 직면하는 교착층(impasse), 심층에 있는 유기체의 욕구와 감정을 직면하는 내파층(implosive layer), 유기체의 욕구와 감정을 인식하고 수용하며 표현하고, 결국 형태를 완성해 나가는 폭발층(explosive layer) 등의 모형이다.

게슈탈트 상담실제에서 권장되는 원칙은 다음과 같이 요약할 수 있다. 첫째, 지금여기에 초점을 둔다. 즉, 과거나 미래보다 지금여기의 실존적 마당에 초점을 둔다. 둘째, 체험을 강조한다. 즉, 인지적 사고나 간접적 언어표현보다는 상담장면에서의 감각운동적인 활동이나 직접적 대면과 대화를 통한 체험을 강조한다. 셋째, 알아차림과 수용을 강조한다. 즉, 있는 그대로의 자신과 타인과 환경에 대한 접촉과 알아차림과 수용을 강조한다. 특히 유기체의 있는 그대로의 욕구를 알아차리고 수용하는 것을 강조한다. 넷째, 통합을 강조한다. 즉, 유기체 욕구에 대한 알아차림과 수용을 토대로 자신의 반응행동을 점검 및 교정하는 것을 강조한다. 그리고 더 나아가 유기체의 소망과 관련하여 자기주장을 하고, 자기반응을 선택하며, 이를 실행하고, 그 결과에 대해 책임지는 것을 강조한다. 다섯째, 상담자의 성장과 참만남을 강조한다. 즉, 상담자의 실존적 태도, 알아차림 능력, 자기통합 능력을 요구한다. 그리고 상담자와 내담자의 참만남을 강조한다.

게슈탈트 상담의 기법들은 매우 다양한데, 요약하면 다음과 같다. ① 지금여기에서의 자신과 환경에 대한 알아차림과 표현과 통합을 촉진시키는 기법들,

② 삭제 · 왜곡 · 일반화된 단어나 문장에 대한 알아차림 그리고 대안적 단어나 문장을 체험시키는 언어적 기법들, ③ 정신내적인 양극성, 투사 및 내사에 대한 경험과 알아차림과 표현과 통합을 촉진하기 위한 빈의자 기법 또는 상전과 하인의 대화기법, ④ 각종 상상이나 환상, 꿈 등을 통해 자신과 환경에 대한 경험과 알아차림과 표현과 통합을 촉진하는 상상기법들과 꿈 작업, ⑤ 각종 미술, 문학, 음악, 무용과 같은 예술활동을 통해 자신과 환경에 대한 경험과 알아차림과 표현과 통합을 촉진하는 예술적 기법 등이 있다.

7. 인지정서행동 상담

1) 배경

인지정서행동 상담은 엘리스에 의해 시작되었다. 엘리스는 임상심리학 석사와 박사를 마친 후 임상심리학자가 되었고, 정신분석 수련을 받았다. 그는 상담과정에서 정서나 행동문제의 이면에 비합리적인 신념이 있음을 발견한 후 정신분석, 신프로이트, 행동주의, 실존주의 등을 접목한 자신의 이론을 정립하였다.

그는 1955년에 자신이 정립한 이론을 '합리적 치료'라고 명명하였다. 이어 1961년에 정서적 측면을 강조하기 위해 '합리적 정서적 치료'라고 개명하였고, 다시 1993년에 행동적 측면을 추가하여 인지정서행동 상담(또는 합리적 정서적 행동상담, rational emotive behavior therapy)으로 개명하였다.

2) 주요개념

엘리스의 인지정서행동 상담의 핵심내용은 '선행사건, 신념, 정서 및 행동 간의 관계'를 나타내는 'ABC 모형'으로 요약하여 설명할 수 있다. ABC 모형에서 A는 Activating events의 머리글자로 선행사건을 의미한다. B는 Belief의 머리

글자로 신념을 의미한다. C는 Consequences의 머리글자로 결과로서의 정서나 행동을 의미한다. 엘리스는 특정 정서나 행동이라는 결과가 특정 선행사건에 의해 유발되고 지속되는 것이 아니라고 보았다. 정서나 행동을 결정하는 것은 선행사건이 아니라 선행사건에 대한 신념이나 사고라고 보았다.

3) 문제

엘리스는 정서 및 행동문제를 결정하는 것은 문제를 유발하는 선행사건이 아니라 선행사건에 대한 비합리적인 신념이나 사고과정에 있다고 보았다.

엘리스는 비합리적 신념이나 사고의 내용에 대해 처음에는 11가지를 제시하였으나, 나중에 '당위성, 과장성, 자기비하, 좌절에 대한 낮은 인내심'의 네 가지 유형으로 요약하여 제시하였다. 구체적으로 '반드시 ~해야 한다, 결코 ~ 하지 않을 수 없다'와 같은 당위적 사고, '실패했다, 끝장났다, 끔찍하다'와 같은 과장된 사고, '가치없다, 무능력하다, 처벌받아 마땅하다'와 같은 자기 비하나 타인 비난적 사고, '도저히 용납할 수 없다, 수용할 수 없다, 견딜 수 없다'와 같은 낮은 인내의 사고의 네 가지다. 이러한 비합리적 신념이나 사고의 특징은 논리적으로 모순이 있고, 경험적 현실과 불일치해서 실증이 어려우며, 자신이 원하는 목표를 이루는 데 방해가 되고, 융통성 없이 강요한다는 점이다.

4) 상담목표

인지정서행동 상담의 목표는 비합리적 신념과 사고를 감소시키고 대신 합리적 신념과 사고를 증가시키는 것이다. 이를 통해 역기능적 정서나 행동을 감소시키고 대신 기능적 정서나 행동을 증가시키는 것이다. 더 나아가 자신의 비합리적인 신념과 사고를 인식하고 논박하며, 대안적 신념과 사고를 제시할 수 있는 자기관리 능력을 형성시키는 것이다.

5) 상담방법

인지정서행동 상담의 전략은 'ABCDE 모형'으로 요약하여 설명할 수 있다. 즉, 인지정서행동 상담에서는 특정 정서 및 행동문제라는 결과(Consequences)가 특정 선행사건(Activating events)이 아니라 비합리적 신념(Belief)과 사고 때문이라고 본다. 따라서 전략적으로 비합리적 신념과 사고를 논박(Dispute)하여 합리적 신념과 사고로 변화시키면, 그 결과 정서 및 행동문제가 줄어들고 대안적인 정서 및 행동이 증가하는 상담 효과(Effect)를 얻을 수 있다고 본다.

인지정서행동 상담의 주된 상담방법은 논박과 심리교육이다. 상담에서 먼저 선행사건에 해당하는 문제 상황을 탐색하고, 그 과정에서 역기능적인 정서 및 행동문제, 이를 유발 및 유지시키는 비합리적 신념과 사고를 명료화한다. 이어 비합리적 신념과 사고를 논박함으로써 논리적 모순, 경험적 근거 부족, 비실용성과 무가치성 등을 가르친다. 이어 대안적인 신념과 사고를 탐색하고 가르친다. 논박하고 가르치는 과정에서 상담자는 매우 적극적인 역할을 한다.

엘리스는 중다양식적 접근(a multi-modal approach)을 강조하였다. 즉, 필요하다면 기존의 인지적 · 정서적 · 행동적 기법을 모두 사용하라고 권장하였다.

8. 교류분석 상담

1) 배경

교류분석(Transactional Analysis)은 번에 의해 시작되었다. 번은 의과대학을 졸업하였고, 정신과 전문의 그리고 정신분석가 수련을 받았다. 초기에는 정신분석적 접근을 하다가 1950년대에 점진적으로 자신의 이론을 정립하기 시작하였다. 1961년에 교류분석에 대한 첫 저서인 『심리치료에서의 교류분석(Transactional analysis in psychotherapy)』을 저술하면서 이론적 체계를 확립하였다. 교류분석은 매우 실용적인 이론이다. 현재 임상이나 상담, 교육 그리고 산업체 등에서 많이 활용되고 있다.

2) 주요개념

교류분석의 주요개념은 자아상태, 교류, 스트로크, 인생각본, 생활자세, 라켓, 게임 등이 있다. 먼저 자아상태(ego state)란 자아의 구조와 기능을 설명하기 위해 만들어 낸 개념이다. 번은 자아가 구조적 측면에서 어버이 자아(parent ego), 어른 자아(adult ego), 어린이 자아(child ego)로 구성되어 있다고 하였다. 그리고 기능적 측면에서 어버이 자아는 다시 비판적 어버이(critical parent) 자아, 양육적 어버이(nurturing parent) 자아로 나눌 수 있고, 어린이 자아는 다시 자유로운 어린이(free child) 자아와 순응적 어린이(adapted child) 자아로 나눌 수 있다고 하였다.

교류(transaction)란 대인 간 의사소통 과정에서의 자아상태를 설명하기 위해 만들어 낸 개념이다. 즉, 대인관계 의사소통이 어떤 자아상태(P, A, C 또는 CP, NP, A, FC, AC)에서 이루어지는지를 설명하기 위해 만들어 낸 개념이다. 번은 교류가 상보적 · 교차적 · 이면적 형태로 이루어진다고 하였다.

스트로크(stroke)란 대인관계 자극을 의미한다. 번은 인간이 대인관계 자극, 즉 스트로크를 추구하는 경향성을 가지고 있으며, 이런 경향성은 생득적인 것이라고 보았다. 그리고 스트로크는 성격의 형성과 발달, 인생각본 그리고 생활자세 등에 큰 영향을 미친다고 보았다. 스트로크는 내용에 따라 언어적 · 신체적 스트로크, 긍정적 · 부정적 스트로크, 조건적 · 무조건적 스트로크 등으로 구분할 수 있다.

인생각본(life script)이란 한 개인의 인생에 대한 무의식적 각본을 의미한다. 즉, 연극에서 각본을 먼저 쓰고 각본대로 무대에서 연기하는 것처럼, 인간도 무의식적 각본을 먼저 써 놓고, 인생이라는 무대에서 미리 써 놓은 각본대로 살아가는 측면을 설명하기 위해 만들어 낸 용어다. 한 개인의 인생각본은 어린 시절에 내린 수많은 초기 결정을 토대로 형성된다. 모든 인생각본에는 결말이 있는데, 이 결말의 내용에 따라 승리자 각본, 비승리자 각본, 패배자 각본 등으로 다양하게 명명될 수 있다.

생활자세(life position)란 자신과 타인들에 대한 긍정적 또는 부정적 신념이나 태도를 의미한다. 번은 나와 너 그리고 긍정과 부정을 조합하여 네 가지 생활자세를 제시하였다. 즉, 자신과 타인들에 대해 긍정적 신념이나 태도를 가진 'I'm OK, You're OK', 자신에 대해 긍정적 신념이나 태도를 가지고 있지만 타인들에 대해서는 부정적 신념이나 태도를 가진 'I'm OK, You're not OK', 자신에 대해 부정적 신념이나 태도를 가지고 있지만 타인들에 대해서는 긍정적 신념이나 태도를 가진 'I'm not OK, You're OK', 자신과 타인들에 대해 모두 부정적 신념이나 태도를 가진 'I'm not OK, You're not OK'의 네 가지다.

라켓(racket)은 라켓감정(racket feeling)을 갖게 하는 무의식적 과정을 의미한다. 라켓감정이란 생의 초기에 중요한 인물과의 상호작용을 통해 형성된 감정양식을 의미한다. 라켓감정을 경험하는 순간 곧바로 라켓감정을 표출할 수도 있고, 표출하지 않고 모아 둘 수도 있다. 이렇게 모아 둔 라켓감정(racket feeling)을 스탬프(stamp)라고 한다.

게임(game)이란 대인관계 상호작용에서의 이면적 교류양식을 의미한다. 게임은 내용에 따라 생활게임(life game), 결혼생활 게임(marital game), 파티게임(party game), 섹스게임(sexual game), 범죄자 게임(underworld game), 진찰실 게임(consulting room game) 등 다양하게 명명된다.

3) 문제

교류분석에서 문제는 자아상태, 교류, 스트로크, 인생각본, 생활자세, 라켓, 게임 등의 여러 가지 측면에서 설명된다. 구체적으로 자아상태가 오염 또는 혼합(contamination)과 배제 또는 배타(exclusion) 상태일 때 여러 가지 문제가 발생할 수 있다. 오염이란 자아상태 경계가 불분명하여 어느 하나의 자아상태 기능이 다른 자아상태 기능에 의해 오염되어 제 기능을 발휘하지 못하는 상태를 의미한다. 특히 어른 자아기능이 오염될 때 여러 가지 문제가 발생할 수 있다. 그리고 배제란 정신에너지가 특정 자아상태에 머물러 있는 상태를 의미한다. 이런 배제 상태가 지속되면 변화하는 상황에 맞게 자아상태가 활성화되지 않아 여러 가지 문제가 발생할 수 있다. 그리고 교류가 불일치하고 이면적일 때, 부정적 스트로크를 개인이 지속적으로 추구하거나 외부에서 주어질 때, 역기능적 인생각본이 형성되어 있을 때, 생활자세가 부정적일 때, 부정적인 라켓감정이 있을 때, 역기능적인 게임을 할 때 여러 가지 역기능적인 문제가 발생할 수 있다.

4) 상담목표

상담목표도 자아상태, 교류, 스트로크, 인생각본, 생활자세, 라켓, 게임 등의 측면에서 설명될 수 있다. 이들과 관련된 상담목표를 요약하면 다음과 같다.

첫째, 오염이 감소하고 어른 자아기능이 향상된다. 배제가 감소하고 상황에 맞는 어버이 자아, 어른 자아, 어린이 자아가 활성화된다.

둘째, 불일치하고 이면적인 교류가 감소하고 대신 일치되고 친밀한 교류가 증가한다.

셋째, 부정적 스트로크가 감소하고 긍정적 스트로크가 증가한다.

넷째, 역기능적 인생각본이 현실적이고 긍정적이며 성장 지향적인 인생각본으로 변화한다.

다섯째, 부정적 생활자세가 감소하고 긍정적 생활자세(I'm OK, You're OK)가 증가한다.

여섯째, 부정적 라켓감정이 감소하고 긍정적 감정이 증가한다.

일곱째, 역기능적 게임이 감소하고 기능적 상호작용이 증가한다.

5) 상담방법

교류분석에서 상담자는 주로 교육자의 역할을 한다. 상담자는 내담자에게 교류분석 이론과 개념을 설명하고, 설명한 이론과 개념을 토대로 내담자를 분석하며, 대안을 제시하고, 대안행동을 훈련시키는 역할을 한다.

교류분석은 상담과정에서 구조분석(structural analysis), 게임분석(game analysis) 그리고 인생각본 분석(life script analysis)을 한다. 먼저 구조분석은 자아상태를 분석하는 과정이다. 문제와 관련하여 오염과 배제가 분석되고, 이 과정에서 어른 자아의 기능 그리고 상황에 따른 자아들의 기능을 분석하고 대안들이 모색된다. 교류분석은 대인관계 상황에서의 의사 거래를 분석하는 과정이다. 상보성, 교차성, 이면성이 분석되고 대안들이 모색된다. 게임분석은 대인관계 상황에서 게임들을 분석하는 과정이다. 문제와 관련된 다양한 게임이 분석되고 대안들이 모색된다. 인생각본 분석은 인생각본을 분석하는 과정이다. 생의 초기 경험과 결단 그리고 역기능적인 인생각본이 분석되고 대안이 모색된다.

교류분석에서는 독자적인 상담기법을 사용하기보다 게슈탈트 상담, 행동상담, 가족상담 등의 기법들을 활용하는 경향이 있다.

9. 현실상담

1) 배경

현실상담은 글래서(William Glasser)에 의해 시작되었다. 글래서는 전문대학을 졸업한 후 화학기사로 일하다가 진로를 바꿔 임상심리 그리고 의학을 전공하였다. 정신과 수련 그리고 정신분석 수련을 받았다. 이후 비행소녀 교정기관에서의 상담경험, 정신과 환자들에 대한 심리치료 경험 그리고 해링턴(George L. Harrington), 파워스(William T. Powers), 데밍(William E. Deming) 등의 영향을 받아 자신의 이론을 구축하기 시작하였고, 1965년에 『현실치료(Reality therapy: A new approach to Psychiatry)』를 저술하면서 이론적 체계를 정립하였다. 현실상담은 병원, 학교, 교도소, 지역사회 상담실, 부부 및 가족상담, 집단상담 그리고 사회운동 등으로 확장 · 적용되어 왔다.

2) 주요개념

현실상담의 주요개념은 선택, 기본 욕구, 지각된 세계, 현실세계, 좋은 세계, 행동체계, 전행동 등이다. 먼저 글래서는 인간행동이 외부 환경적 힘에 의해 결정되는 것이 아니라 내적 선택에 의해 결정된다고 주장하면서 선택을 강조하였다.

글래서는 생득적인 다섯 가지의 기본 욕구(basic needs), 즉 '생존, 사랑과 소속, 힘과 성취, 자유, 즐거움에 대한 욕구'에 의해 인간행동이 유발된다고 보았다. 그런데 기본 욕구는 지각과정에서 원하는 것, 즉 바람으로 나타난다. 이 때문에 글래서는 원하는 것, 즉 바람을 얻기 위해 행동이 유발된다고 하였다.

글래서는 지각된 세계와 현실세계를 구분하였다. 글래서가 말하는 지각된 세계(perceived world)란 현재 지각하고 있는 주관적 현실을 의미한다. 현실세계(real world)란 현재 지각되지는 않았으나 실제로 존재하고 있는 것들로 구성된 세계를 의미한다. 글래서는 현실세계의 내용이 지각된 세계의 내용이 되려면 오감으로 구성된 감각체계(sensory system) 그리고 낮은 수준의 전지식 여과기(total knowledge filter)와 높은 수준의 가치 여과기(valuing filter)로 구성된 지각체계(perceptual system)를 거쳐야 한다고 하였다. 한편, 인간은 기본 욕구와 관련하여 원하는 것, 즉 바람이 성취된 상태를 만들어 낸다. 글래서는 바람이 성취된 상태의 세계를 좋은 세계(quality world)라고 하였다.

글래서는 인간의 뇌에는 행동체계를 담당하는 자동조절 장치가 존재한다고 보았다. 즉, 감각과 지각과정 이후에 원하는 것과 지각하는 것을 비교하고, 만약 일치하면 만족을 경험하면서 원하는 것을 얻기 위한 행동들을 멈춘다. 그러나 일치하지 않으면 좌절을 경험하면서 관련 욕구가 발생하고, 이에 따라 원하는 것을 얻기 위한 행동들이 유발된다. 이러한 일련의 행동체계를 담당하는 자동조절 장치가 뇌에 존재한다고 보았다.

행동체계에 의해 유발되는 행동의 내용에는 '활동하기, 생각하기, 느끼기 그리고 신체 반응하기'가 있다. 이 네 가지 모두를 지칭하는 용어가 전행동(total behavior)이다. 한편, 이 네 가지 행동 중에서 활동하기와 생각하기가 다른 요소들을 주도하기 때문에 현실상담에서는 이를 더 중요시하는 경향이 있다. 일반적으로 행동체계에 의해 유발된 행동들은 대부분 기존 행동메뉴에 있다가 재구성 과정을 거친 행동들이다. 하지만 종종 새로운 행동이 창조되기도 한다.

3) 문제

어떤 사람들은 원하는 것들을 얻는 데 필요한 행동을 효율적으로 선택 및 수행한다. 이들의 선택 및 수행에는 자신의 기본 욕구뿐만 아니라 타인의 기본 욕구들도 고려된다. 결국 이들은 인간관계, 물질 그리고 생각이나 신념 등에서 원하는 것들을 성취하고, 그 결과 좋은 세계를 경험한다.

하지만 어떤 사람들은 원하는 것들을 얻는 데 필요한 행동을 선택 및 수행하지 않거나 선택 및 수행하더라도 비효율적이다. 이들이 선택 및 수행한 행동은 자신의 기본 욕구뿐만 아니라 타인의 기본 욕구도 고려되지 않아 종종 갈등이 유발된다. 결국 이들은 인간관계, 물질 그리고 생각이나 신념 등에서 원하는 것들을 성취하지 못한다. 현실상담에서는 전자를 효율적인 삶의 통제자라 하고, 후자를 비효율적인 삶의 통제자라고 말한다. 상담대상은 대부분 후자에 속한다.

4) 상담목표

현실상담의 목표는 내담자가 바라는 것들을 스스로 얻는 데 필요한 행동들을 형성하는 것이다. 바꿔 말하면 자기관리 행동을 형성하는 것이다. 이와 관련된 구체적인 상담목표는 다음과 같다. 첫째, 자신의 바람과 욕구를 이해한다. 둘째, 바람을 얻기 위하여 자신이 어떤 행동을 선택 및 수행하고 있는지를 이해한다. 셋째, 바람을 얻는 데 자신의 행동이 도움이 되었는지를 평가한다. 넷째, 효율적인 대안행동을 선택 및 수행한다. 다섯째, 이상의 과정을 통해 사랑과 소속, 힘과 성취, 자유, 즐거움, 생존의 기본 욕구를 충족시킨다. 특히 사랑과 소속의 욕구를 효율적으로 충족시킨다.

5) 상담방법

현실상담의 상담과정은 욕구나 바람의 탐색, 바람을 얻기 위한 전행동 탐색, 전행동 효율성 평가, 대안행동 탐색, 대안행동 수행계획 수립, 대안행동 수행, 평가 및 조정 등의 절차로 이루어진다.

현실상담은 주로 자기관리 촉진과 인간관계 증진에 초점을 두고 이루어진다. 이와 관련된 상담원리들을 요약하면 다음과 같다. 즉, '통제 및 선택 가능한 행동에 초점 두기, 느끼기와 신체 반응하기에 초점을 두기보다는 활동하기와 생각하기에 초점을 두기, 변명을 허용하지 않기, 과거에 초점을 두기보다 현재의 바람과 행동과 선택에 초점을 두기, 증상이나 불평에 초점을 두지 않기, 비판, 비난, 불평 등을 피하기 그리고 바람, 행동, 선택, 실행에 초점을 두기' 등이다.

10. 자아초월심리학

1) 배경

자아초월심리학은 동양의 요가나 선과 같은 영성수련 전통과 서양의 심리치료가 절충 · 통합되면서 만들어진 상담 및 심리치료의 한 분야다. 이 분야는 1960년대에 이론적 체계를 갖추기 시작하였는데, 아사지올리의 정신통합요법(psychosynthesis), 그로프(Stanislav Grof)의 홀로트로픽 테라피(holotropic therapy), 알리(A. Hameed Ali)의 다이아몬드 접근(diamond approach), 윌버(Ken wilber)의 통합심리치료(integral psychotherapy) 등이 여기에 해당한다. 여기서는 보다 포괄적인 개념틀을 지닌 윌버의 통합심리치료를 중심으로 기술하였다.

윌버는 의과대학 재학생 시절에 우연히 노자의 도덕경을 읽고 나서 초월영성 분야에 관심을 가지게 되었다. 이후 동양의 영성수련 전통과 동양철학 그리고 서양철학, 사회과학, 자연과학을 섭렵하면서 통합적 이론을 구축하였다. 현재 그의 탁월성과 학문적 성과들은 프로이트, 아인슈타인(Albert Einstein), 헤겔(G. W. F. Hegel) 등에 비견될 정도로 인정을 받고 있다.

2) 주요개념

통합심리치료의 주요 개념은 의식 스펙트럼, 모든 상한과 모든 수준, 자기, 거짓 영성, 자아와 무아 등이다. 윌버는 피아제(Jean Piaget), 콜버그(Lawrence Kohlberg), 매슬로(Abraham H. Maslow) 등의 심리발달 모형, 그리고 힌두교나 불교나 도교 등의 동양종교, 서양의 신비주의 전통에서 제시하는 영성발달 수준들을 통합하여 의식의 스펙트럼 모형을 제안하였다. 이 모형에서 윌버는 의식의 발달단계를 크게 '전개인(prepersonal), 개인(personal), 초개인(transpersonal)'의 세 단계로 나누었다. 그리고 전개인적 단계는 다시 '감각물리적 수준, 정동-환상적 수준, 표상적 마음 수준'으로 구분하였고, 개인적 단계는 다시 '규칙-역할 마음 수준, 형식-반성적 마음 수준, 비전-논리적 수준'으로 구분하였으며, 초개인적 단계는 다시 '심혼 수준, 정묘 수준, 인과 수준'으로 구분하였다.

모든 상한과 모든 수준(All Quadrants All Levels: AQAL)은 인간발달의 통합 모형이다. 이는 윌버 이론의 핵심 개념이다. 이 모형에서는 인간의 개인적·집합적 차원에서의 내면적·외현적 측면을 의미하는 4상한(four quadrants) 그리고 앞에서 언급한 9개의 의식발달 수준을 통합적으로 설명하고 있다.

윌버(Wilber, 1986)는 자기라는 것은 궁극적 관점에서는 착각이지만 중간 과정에서는 필요한 기능을 수행하고 있음을 강조하였다. 자기는 새로운 수준으로 발달할 때마다 다음과 같은 3단계 과정을 거친다고 하였다. 첫째, 새로운 구조와 동일시, 융합, 융해를 한다. 둘째, 이전 구조와 분리한다. 셋째, 이전 구조를 새로운 구조로 흡수 및 통합한다.

거짓 영성이란 영성의 진정한 의미를 파악하지 못하고 표면만 영성으로 위장한 채, 사실은 개인의 미해결된 욕망에 사로잡혀 있는 상태를 말한다. 여기에는 영적 우회, 공격적 영성, 영적 방어 등이 포함된다.

서양의 심리치료에서는 자아기능을 정신건강과 성장의 척도로 보고 자아기능을 강화(ego strength)하고자 한다. 반면 동양의 영성수련 전통에서는 미성숙하고 세속적인 삶의 중심에 자아가 있다고 보고 자아초월 또는 무아를 강조한다. 서양의 심리치료와 동양의 영성수련 전통을 통합하는 과정에서 이러한 자아와 무아 간의 모순이 발견되었다. 이 모순을 해결하기 위해 통합심리치료에서는 자아를 기능적 자아와 자기표상적 자아로 구분한다. 기능적 자아는 자신과 환경을 인식하고 적절히 대처해 나가는 자아를 의미한다. 반면 자기표상적 자아는 고정된 실체로서 자신이 존재하며, 나아가 영속한다고 믿는 자아를 의미한다. 통합심리치료에서는 기능적 자아는 강화하고, 대신 자기표상적 자아는 허구적 자기상에 집착하는 것이기 때문에 변화의 대상으로 본다.

3) 문제

통합심리치료에서 상담 문제는 발달수준에 따라 달라질 수 있다고 본다. 일반적으로 상담의 대상은 적응문제를 가진 사람, 특별한 적응문제를 가지고 있지는 않지만 자신의 생활을 개선하여 성장하려는 성장과제를 가진 사람, 그리고 영적으로 성장하려는 영적 성장과제를 가진 사람 등이다. 통합심리치료에서는 내담자의 다양성에도 불구하고 모든 문제의 근원에는 실존적 영적 발달 주제가 있다고 본다.

4) 상담목표

통합심리치료에서 인간은 미분화된 자아 이전의 전개인적 단계, 자아의 확립과 자기실현이 이루어지는 개인적 단계, 그리고 여기서 발달이 완결되는 것이 아니라 자아를 초월한 초개인적 단계에까지 이를 수 있는 존재라고 가정한다.

하지만 현실적으로 내담자들은 다양한 발달수준에서 다양한 욕구를 가지고 상담실을 방문한다. 이 때문에 통합심리치료에서는 현실적인 내담자의 발달수준과 욕구를 고려하여 상담목표를 설정한다. 즉, 전개인 수준에서는 증상을 감소시켜 적응을 촉진하는 것, 개인 수준에서는 자아기능과 자기관리를 강화하여 전반적 삶의 개선을 촉진하는 것, 초개인 수준에서는 자아 동일시에서 벗어나 자아초월을 촉진하는 것, 즉 초월영성적 각성을 촉진하는 것 등이다.

5) 상담방법

통합심리치료의 실제 과정은 통일되고 일관된 절차를 따르는 것은 아니다. 즉, 정신분석, 인본주의, 인지치료 등 다양한 이론적 배경을 지닌 상담자들이 통합 모형을 자신에게 맞게 적용하기 때문에 방법론적 다양성이 존재한다. 단지 통합심리치료에서는 AQAL 개념틀을 토대로 내담자 문제를 다차원적 · 통합적 관점으로 이해 및 개념화한 후, 각 내담자에게 적합한 치료계획을 수립하고 이를 적용해 나간다.

제4부

상담학의 영역과 전문분야

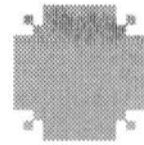

제7장

상담학의 영역

| 김규식 |

이 장에서는 상담학의 영역을 상담활동(개인상담과 집단상담), 자문활동, 평가와 연구, 검사 · 사정 · 진단으로 나누어 기술하였다. 상담활동 중 개인상담은 가장 대표적인 상담인데, 상담의 대상과 목적 및 개입방법에 따라 다양하게 설명할 수 있다. 먼저 상담대상에 따라 내담자, 내담자의 일차적 집단, 내담자의 이차적 집단, 조직과 지역사회로 구분할 수 있으며, 상담 목적에 따라 정서적 지지와 문제해결 상담, 예방상담, 발달상담으로 구분할 수 있다. 그리고 개입방법에 따라서는 직접 대면, 자문과 훈련, 첨단기술과 매체의 활용으로 구분할 수 있다. 상담활동 중 집단상담 부분에서는 집단상담의 역사적인 발전과정과 그 효과성 및 집단상담의 유형을 중심으로 다루었다. 자문활동에서는 상담에서 자문의 위치를 살펴보았고, 자문의 유형을 개인 자문, 집단 자문 그리고 기관/지역사회 자문으로 구분하여 살펴보았다. 평가와 연구 부분에서는 상담에서 평가와 연구가 필요한 이유를 중심으로 설명하였다. 검사 · 사정 · 진단 영역에서는 상담에서 심리검사가 줄 수 있는 유익성과 심리검사를 실시할 때의 유의점에 대해, 사정에서는 상담에서 사정이 필요한 이유를 중심으로, 진단에서는 상담에서

진단이 필요한 이유를 중심으로 기술하였다.

1. 상담활동

1) 개인상담

개인상담은 가장 전통적이고 보편적이어서 기능에 따른 상담활동을 설명하기에 좋은 모델이다. 상담활동은 상담자 개입의 대상과 목적 및 방법에 따라 상담자의 기능을 다음과 같이 설명할 수 있겠다(Morrill, Oetting, & Hurst, 1974).

(1) 개입대상에 따른 접근

① 개인(내담자)

상담은 문제를 가진 개인과 그를 돕기 위해 전문적으로 훈련받은 상담자와의 만남을 통해 이루어진다. 물론 그 만남은 상담실이라는 실제적인 공간이 될 수도 있고 가상공간이 될 수도 있다. 전문상담사는 상담활동의 대부분의 시간을 호소문제를 가진 내담자와 보내게 된다. 전문상담사는 전문적인 조력활동을 통해 내담자의 지식, 태도, 지각, 반응양식을 긍정적으로 변화시키려고 노력할 것이다.

② 내담자의 일차적 집단

문제를 가진 개인이 있으면 그와 직접적인 영향을 주고받는 집단이 있기 마련이다. 이처럼 내담자와 정서적으로 친밀한 관계를 갖고 있어서 문제를 호소하는 내담자와 영향을 주고받는 관계의 사람들을 내담자의 일차적 집단이라고 한다. 일반적으로 일차적 집단은 부모, 부부, 가족, 형제, 친구 등이 될 수 있다. 성적이 떨어져서 비관하는 학생 뒤에는 그 아이를 달달 볶는 어머니가 있을 수 있고, 우울증으로 힘들어하는 여성에게는 아내를 무시하는 남편이 있을 수 있다. 이때 어머니와 남편이 내담자의 일차적 집단이 될 수 있기 때문에 전문상담사는 내담자를 돕기 위해 어머니와 남편을 만나서 의사소통 방식, 상호작용 방식, 관계지각 방식 등을 변화시킬 필요가 있다.

③ 내담자의 이차적 집단

일차적 집단은 강한 정서적 유대감을 근간으로 형성되어 있는 반면에 이차적 집단은 내담자가 본인의 의지로 선택한 집단이다. 학교동아리, 스터디 모임, 교회의 소모임, 기숙사에서 같은 방을 사용하는 룸메이트 등이 이차적 집단의 예가 될 수 있겠다. 이차적 집단은 내담자와 동일한 목적과 관심사로 조직되어 있는 경우가 많기 때문에 내담자가 현재 겪고 있는 어려움과 상관이 있을 수 있다. 예를 들면 학교 동아리에서 만난 선배와의 갈등이 내담자를 힘들게 할 수 있을 것이고, 한 방을 사용하는 룸메이트와 의사소통의 어려움 때문에 힘들어할 수도 있는 것이다. 그러므로 전문상담사는 내담자의 호소문제와 이차적 집단과의 상관관계를 분석해 볼 필요가 있다. 필요한 경우 전문상담사는 내담자를 돕기 위해 이차적 집단의 구성원을 만나거나 책임자를 만나서 상호 간의 의사소통 방식의 긍정적 변화를 다룰 수 있고, 내담자가 추구하는 목표가 무엇인지를 명료화하여 이차적 집단이 추구하는 것이 내담자의 것과 다른 경우에 소속된 이차적 집단을 옮기도록 할 수도 있다.

④ 조직과 지역사회

과거 상담자들 중에는 상담이란 내담자의 개인 내적인 문제만을 다루는 것이라고 인식하는 경향이 있었다. 그래서 전문상담사가 내담자를 둘러싸고 있는 조직, 사회, 제도, 국가 정책 등에는 무관심했던 것도 사실이었다. 그러나 오늘날 전문상담사의 상담활동은 상담실이라는 제한된 공간을 넘어서고 있다.

예를 들어, 이주노동자에 대한 국민들의 편견과 그들의 인권에 대해 국가 정책이 제대로 수립되지 않은 상황에서 이들에 대한 전문상담사의 상담활동은 제한적일 것이다. 시간이 걸리더라도 이주노동자에 대한 국민의 편견을 변화시키고 이주노동자의 권익을 보호할 수 있는 국가 정책이 수립되도록 전문상담사 개인 혹은 상담학회에서 지속적인 노력을 기울여야 한다. 입시 위주의 학교교육에 적응하지 못하는 학생을 상담교사가 상담을 통해 억지로 학교에 적응시키려 하는 것도 바람직한 상담이라고 보기 어렵다. 그러므로 학교교육 정책의 변화를 위한 전문상담사와 상담 관련 학회의 부단한 노력이 더욱 필요한 것이다. 경제적인 여건 때문에 상담을 받지 못하는 이들을 위해 자격을 갖춘 전문상담사의 상담서비스를 보험에 포함시키려는 노력 역시 제도와 지역사회의 긍정적인 변화를 위해 전문상담사들이 해야 하는 상담활동이 될 수 있을 것이다.

(2) 상담 목적에 따른 접근

① 정서적 지지와 문제해결 상담

전문상담사의 기능은 그 역할에 따라 정서적 지지와 문제해결로 구분할 수 있다. 내담자가 슬픈 일을 당하여 찾아왔을 때 상담자는 내담자의 감정에 대해 정서적 지지를 할 필요가 있다. 반면 자신의 진로를 결정하지 못한 학생이 전문상담사에게 도움을 요청할 때 전문상담사는 문제해결의 차원에서 상담을 할 수 있다. 물론 상담을 이원론적으로 구분하여 정서적 지지와 문제해결로 양분하기는 어렵지만 전문상담사의 기능이라는 측면에서는 두 가지로 구분하여 생각해 볼 수 있는 것이다.

② 예방상담

예방상담은 공중보건학 모델(public health model)에서 말하는 일차 예방과 이차 예방 모두를 의미한다. 일차 예방은 문제의 발생 자체를 사전에 막는 것을 지칭하지만, 이차 예방이란 문제가 발생한 다음에 문제의 악화, 심화, 확산을 막는 것을 의미한다(김계현, 2011b). 학교에서 집단 따돌림과 폭력이 발생하였더라도 그 피해가 더 커지기 전에 개입하여 큰 피해를 예방하려는 노력, 인터넷 게임을 과다하게 하여 위험상태가 되었지만 이것이 더 악화되는(더 심한 과다 사용 및 중독 상태에 이르는 것) 것을 막으려는 개입 등은 중요한 이차 예방 노력이다(김계현, 2011b). 이처럼 예방상담은 상담자가 내담자에게 발생할 수 있는 문제를 보다 적극적으로 사전에 방지하고 발생한 문제가 더 악화되지 않도록 막는 상담을 의미한다.

③ 발달상담

발달상담은 자신의 발달단계에 맞게 성장할 수 있도록 다양한 프로그램의 중재를 통해 개인의 성장잠재력을 고양하는 것을 의미한다. 물론 발달상담은 문제를 가졌거나 앞으로 문제를 가질 수 있는 개인의 긍정적인 성장잠재력을 증진시키는 것에도 도움을 줄 수 있다. 자기성장, 스트레스 관리, 분노조절, 부부관계 증진 등의 프로그램은 대표적인 발달상담의 예로 볼 수 있다.

(3) 상담자의 개입방법에 따른 접근

① 직접 대면

최근에는 인터넷과 첨단기술의 발달로 세계 어느 곳에서도 내담자와 전문상담사 상호 간에 문자 혹은 화상으로 소통이 가능하게 되었다. 이제 전문상담사는 상담의 대상에 따라 어떤 개입 방식이 가장 효과적인가를 고민해야 할 때다. 상담에서 직접 대면(direct service) 방식은 가장 전통적인 상담 방식이면서도 현재까지는 전문상담사와 내담자들이 가장 선호하는 방식이다. 대부분의 상담기술도 내담자와의 직접 대면을 전제로 개발되고 훈련되는 것이다. 직접 대면에서는 전문상담사의 태도, 전문적인 기술과 상담실의 분위기 등도 상담의 효과에 직접적인 영향을 미칠 수 있다.

② 자문과 훈련

우리는 흔히 전문상담사가 내담자를 직접 만나서 그들에게 전문적인 조력활동을 하는 과정을 상담이라고 생각한다. 그러나 전문상담사의 중요한 기능 중의 하나는 내담자의 복지를 위해 내담자와 관련된 사람이나 기관에게 자문을 하고, 예비 전문상담사에게 상담훈련을 실시하는 것도 전문상담사의 중요한 기능

중의 하나다. 교통사고를 당해 육체적·심리적 어려움을 겪었던 회사원이 회사에 복귀하려고 할 때 그를 상담했던 전문상담사는 회사의 인사담당관을 만나 내담자의 복귀 시기와 관련하여 어떻게 하는 것이 도움이 될지 자문을 할 수 있다. 정신과 의사가 환자에게 적절한 약을 처방하기 위해 그 환자를 지속적으로 상담하고 있는 전문상담사에게 자문을 구할 수도 있다. 또한 사회복지사가 내담자에게 복지혜택을 주기 전에 내담자의 심리적인 어려움의 정도를 파악하기 위해 자문을 요청할 수도 있다. 수련과정 중에 있는 인턴 상담사들에게 풍부한 경험과 자격을 갖춘 전문상담사가 상담의 진행과 관련하여 수련감독을 하는 것은 장차 유능한 전문상담사를 양성하여 잠재적인 문제를 가진 내담자를 돕는 일에 큰 역할을 감당할 수 있도록 하는 것이다.

③ 첨단기술과 매체의 활용

인터넷이 우리 생활 전반에 자리를 차지하게 되고 다양한 기능을 가진 통신수단이 하루가 다르게 발전하면서 상담의 영역도 많은 변화를 겪게 되었다. 먼저 상담이 이루어지는 공간이 물리적인 곳에서 가상공간으로까지 확장되었다. 이제 전문상담사와 내담자는 같은 공간에 고정되어 만나야 할 필요가 없다. 전문상담사가 한국에 있고 내담자가 미국에 있더라도 정해진 시간에 인터넷을 통해 얼마든지 얼굴을 마주 대하여 만날 수 있다. 얼굴을 마주 대하는 것이 부담스러운 내담자는 전화통화를 하거나 문자로 소통을 할 수도 있다. 상황이 이러하다 보니 전문상담사는 더욱 첨단기술과 인터넷을 활용하는 상담에 익숙해져야 한다.

최근 상담에서 언어 외적인 다양한 매체를 상담장면에 구체적으로 접목시키는 경향을 보이고 있다. 매체는 상담 및 심리치료의 과정에서 내담자의 내면세계 또는 내적 경험을 눈에 보이도록, 들을 수 있도록, 느끼고 만질 수 있도록 구체화하여 표현하는 것을 돕는 매개수단이다. 과거에는 미술, 음악, 동작, 연극, 문학 매체들을 상담장면에 부분적으로 적용시키는 수준이었지만 최근에는 상담에 도움이 된다면 인형, 고무줄, 공, 장난감, 모래, 돌, 음식 등의 유형태 매체와 자장가, 동작, 언어유희 등의 무형태 매체도 적극적으로 포함시키고 있고, 심지어 생명이 있는 동물이나 식물까지도 치료에 도움이 된다면 적극적으로 활용하고 있는 추세다. 상황이 이러하다 보니 전문상담사들은 첨단기술이나 매체를 상담에 사용하는 것과 관련하여 발생할 수 있는 법적 · 윤리적 문제에 대해 잘 숙지하고 있을 필요가 있다.

2) 집단상담

(1) 상담과 집단상담

집단상담은 전문상담사와 보조 전문상담사가 동시에 몇 명의 내담자를 상대로 각 내담자의 관심사, 대인관계, 사고 및 행동양식의 변화를 가져오게 하는 노력과정을 의미한다. 집단상담은 집단 구성원 간의 상호작용적 관계(역동적 관계)를 바탕으로 내담자 개개인의 문제해결 및 변화가 이루어질 수 있도록 돕는다. 이제는 상담활동에서 개인상담 못지않게 중요한 자리를 잡고 있는 집단상담은 그 역사가 결코 짧지 않다. 글래딩과 앨더슨(Gladding & Alderson, 2012)은 미국 보스턴의 의사였던 프랫(Jeseph H. Pratt)이 1905년에 매사추세츠 종합병원에서 결핵을 앓고 있는 외래환자들을 대상으로 실시했던 집단모임을 최초의 집단상담으로 인정하였다. 프랫을 중심으로 환자들은 정기적인 만남을 가졌고, 이 성공적인 모임을 통해 환자들은 필요한 정보와 정서적인 지지 및 치료의 효과를 얻었다.

다음에 소개하는 사람들은 프랫 이후에 집단상담의 발전에 개척자와 같은 역할을 한 사람들이다.

- 모레노(Jacob L. Moreno): 1920년대의 상담 관련 문헌에 '집단심리치료(group psychotherapy)'라는 용어를 소개하였다. 그는 사이코드라마의 창시자이기도 하다.
- 레빈(Kurt Lewin): 1930년대와 1940년대에 장이론(field theory)이라는 개념으

로 영국에서 타비스톡집단(Tavistock small study group)과 미국의 T집단 운동의 토대를 만들었다.

- 펄스(Fritz Perls): 게슈탈트 이론을 집단에 적용하여 자기각성을 강조하고 자신과의 일치(congruence)를 획득할 수 있도록 도모함으로써 이 분야에 새로운 흥미와 관심을 이끌었다.
- 데밍(William E. Deming): 산업 근로자들에게 '질 높은 작업을 위한 집단'이라는 개념을 도입하여 집단활동을 통해 근로자들이 자신들이 생산하는 제품의 질을 개선하고 근로의욕을 향상시키는 데 기여하였다.
- 슈츠와 깁(William Schutz & Jack Gibb): 인본주의적 측면에서 T집단(T는 Training의 약자임)을 강조하였으며, 합당한 목표로서 개인의 성장을 강조하였다.
- 로저스(Carl R. Rogers): 1960년대에 참만남집단(the basic encounter group)을 고안하여 성장 지향적인 집단의 모델이 되었다.
- 국내의 집단상담은 고(故) 이형득 박사를 중심으로 뜻을 같이하는 상담인들이 1970년대부터 시작하여 1978년에 대구·경북 지역의 '금요모임' 이후 '발달상담학회' '한국발달상담학회' '한국집단상담학회' 등의 이름으로 발전해 왔다. 한국에서 이루어진 집단상담의 역사는 이제 한 세대를 넘어섰으며, 집단상담의 도입, 발전, 정착을 위해 노력해 왔다(한국상담학회 홈페이지, http://counselors.or.kr/sub_society_info.php?gsp_md=society&gsp_pg=view&gsp_uid=45).

집단상담은 과연 어떤 효과가 있을까? 다양한 형태의 집단상담의 효과에 대해 많은 연구논문이 통계적으로 그 효과성을 입증하고 있는데, 구체적으로 집단상담은 누구에게 어떤 효과가 있는 것일까? 글래딩과 앨더슨(2012)의 것을 참고하여 집단상담의 효과에 대해 최근에 발표된 집단상담 관련 연구 결과를 제시해 보도록 한다.

- 집단상담은 중학생들이 진로를 결정하도록 돕고, 사회적 문제해결 행동을 학습할 수 있도록 도움을 줄 수 있다(Hutchinson, Freeman, & Quick, 1996).
- 집단상담은 진로발달을 증진시키기 때문에(Pyle, 2000) 학대당하거나 폭행을 당하여 아직 자신의 진로를 결정하지 못한 여성들이 자기 직업과 진로 계획을 세울 수 있도록 도울 수 있다(Peterson & Priour, 2000).
- 좋은 조건 하에서의 집단상담은 성인 여성들의 기능과 주관적인 복지를 개선하는 데 도움을 줄 수 있다(Marotta & Asner, 1999).
- 집단상담과 심리교육 프로그램은 심장질환을 가진 사람들이 생활 속에서 받는 스트레스를 개선하도록 도울 수 있다(Livneh & Sherwood-Hawes, 1993).
- 집단상담은 교정시설에 수감된 청소년들의 성숙 과정을 증진시키고, 특히 지속적인 작업능력을 증진시키고, 타인과의 관계에 대한 민감성을 얻는 데 도움을 줄 수 있다(Viney, Henry, & Campbell, 2001).
- 전문대학과 종합대학교의 상담센터에서 일하는 학교상담사들은 집단상담을 실시할 수 있는 충분한 훈련이 부족하다는 연구 결과(Steen, Bauman, & Smith, 2008)에도 불구하고, 학교상담센터에서 실시하는 집단상담은 효과적이다(McEneaney & Gross, 2009; Perusse, Goodnough, & Lee, 2009; Whiston & Quinby, 2009).
- 집단심리치료는 과거 10년의 세월 동안 축척된 확고한 치료 접근법이 있기 때문에 대중성을 유지하고 있다(Hopper, Kaklauskas, & Greene, 2008).

앞서 밝힌 것처럼 집단상담은 다양한 계층의 사람들에게 도움이 될 수 있지만 그렇다고 해서 모든 내담자에게 만병통치약처럼 도움이 되는 것은 아니다. 내담자에 따라서는 집단상담보다는 개인상담이 도움이 될 수도 있고, 어떤 경우에는 집단상담이 해가 될 수도 있다. 예를 들면, 자신의 개인적인 문제 혹은 특성을 깊숙히 분석하고 다루고 싶은 내담자에게는 집단상담보다는 개인상담이 도움이 될 수 있다. 집단상담은 특성상 그 집단에 참여한 여러 명의 집단원에게

골고루 기회를 제공해야 하기 때문에 한 개인에게만 집중할 수 없기 때문이다. 혹은 아직 준비되지 못한 개인에게 집단의 압력이 자기노출을 강요할 수도 있고, 때로는 집단이 편견, 선입견 혹은 고정관념이 될 수도 있는 집단사고를 하게끔하여 진부하고 방어적인 생각이 오히려 정상적이고 창의적이며 문제해결력이 있는 것처럼 주도성을 갖기도 한다.

한 개인이 자신의 탈출구로 혹은 이기적인 목적을 위해 집단을 이용하여 집단과정을 방해할 수도 있다. 또한 집단상담은 집단에 속한 개인이 몸담고 있는 사회적 환경을 반영하지 않아서 집단에서 학습한 것이 개인이 속한 환경과 상관이 없을 수도 있다. 그리고 집단상담 중에 발생할 수 있는 갈등이나 발달단계를 집단원이 잘 극복하지 못한다면 그 집단원은 오히려 퇴보하거나 비생산적이 될 수 있고, 심지어 희생양, 집단 나르시시즘 혹은 투사와 같은 것들이 발생 할 수도 있게 된다. 그러므로 집단상담에는 충분한 훈련과 경험을 갖춘 사람이 집단지도자가 되어야 한다.

(2) 집단상담의 유형

오늘날과 같이 집단상담의 발전에 영향을 미친 집단의 형태들을 연대기적으로 소개해 본다면 사이코드라마, 참만남집단, 마라톤집단 그리고 자조집단(self-help/support groups)으로 순서를 정할 수 있다(Gladding & Alderson, 2012). 요즘에는 수많은 집단상담 모델이 있어서 이름만 들어서는 생소한 것들이 많이 있다. 이처럼 수많은 집단상담을 어떻게 유형별로 분류할 수 있는 것일까? 물론 집단을 그 목표와 과정으로 분류하는 것이 충분한 논쟁거리가 될 수 있겠지만(Waldo & Bauman, 1998), 그럼에도 다음에서 소개하는 집단의 유형들은 집단활동 전문가학회(Association for Specialists in Group Work: ASGW, 2000)에서 개발하여 그 훈련과정을 표준화한 것(Gladding & Alderson, 2012)이므로 다양한 집단상담을 유형화시키는 데 도움이 될 수 있을 것이다.

① 심리교육 집단

심리교육 집단(psychoeducational groups)은 그 목적이 예방적이고 교육적인 것에 있기 때문에 가이던스 집단 또는 교육집단으로도 불린다. 이 집단은 그 목적에 따라 참가자들을 가르쳐서 각 상황에서 적절하게 대응할 수 있도록 하는 것이 특징이다. 예를 들면, 에이즈(AIDS)나 가정폭력과 관련하여 장차 발생할 수 있는 잠재적인 위험을 가르칠 수도 있고, 노후를 준비시키기 위해 발달단계에서 발생하는 사건들과 관련하여 노년의 변화과정을 가르칠 수도 있다. 심리교육 집단은 초기에는 학교 중심으로 운영되었지만 최근에는 병원, 정신건강센터, 사회봉사 기관, 대학들에서 활발하게 운영되고 있다. 분노조절 훈련, 건강한 이성교제, 학습기술 훈련 등이 대표적인 예가 될 수 있다.

② 상담 집단

상담 집단(counseling groups)은 집단참가자들이 심각한 것은 아니지만 일상생활에서 겪는 문제들, 대인관계를 통해 발생할 수 있는 문제의 해결을 돕는 것에 초점이 있기 때문에 대인관계 문제해결집단(interpersonal problem-solving groups)이라고도 불린다. 이 집단의 부가적인 목표는 참가자들에게 대인관계에서 발생하는 문제와 관련하여 자기유능감을 개발시켜 장차 발생할 수 있는 문제를 효율적으로 다룰 수 있도록 하는 것이다. 집단에서 다루는 주제들은 주로 참가자들의 진로, 교육, 개인적 문제, 발달단계에서 발생할 수 있는 고민 등으로 비교적 심각하지 않은 주제들을 다루게 된다(ASGW, 1992). 앞에서 소개한 심리교육 집단과 그 특성이 비슷해 보일 수 있겠지만 상담을 위한 집단은 훨씬 더 직접적으로 참가자들의 태도와 행동을 수정하려는 경향성에서 그 차이점이 있다고 볼 수 있겠다.

③ 심리치료 집단

심리치료 집단(psychotherapy groups)은 성격재구조화 집단이라고도 불린다. 이 집단에서는 참가자들의 심층적인 심리문제를 다루게 되기 때문이다. 참가자의 심리장애의 정도와 깊이가 중요하기 때문에 이 집단의 목표는 개인의 주요한 성격 차원을 재구조화하는 것이다(ASGW, 1992). 물론 상담 집단과 심리치료 집단의 성격이 상호 겹치는 부분도 있겠지만 후자는 전자보다 '성격 차원의 재구조화'를 강조한다는 점에서 그 차별성이 있겠다. 심리치료 집단은 주로 정신과 병동에서 입원한 환자를 돌보면서 많이 이루어지게 된다.

④ 임무/작업수행 집단

임무/작업수행 집단(task/work groups)은 집단역동의 원칙과 과정을 적용하여 실행과정을 개선함으로써 집단목표가 성취될 수 있도록 하는 데 그 초점이 있다. 예를 들면, 팀으로 임무를 수행해야 하는 운동선수나 직장인 집단에서 집단상담자는 그 팀의 안과 밖에서 그 팀의 효율성을 조사하고 조력하여 팀원들의 기능을 교정하고, 발달시키며 극대화시킬 수 있도록 해야 한다.

다른 유형의 집단처럼 임무/작업수행 집단은 다음의 요소들을 제대로 갖추어야 최고로 기능할 수 있다(Hulse-Killacky, Killacky, & Donigian, 2001).

- 집단의 목적이 모든 참가자에게 분명해야 한다.
- 과정(집단역동)과 내용(정보)이 균형을 이루도록 해야 한다.
- 시간은 집단 구성원들의 문화와 학습수준에 맞게 배정한다.
- 집단 내에 갈등이 존재함을 인정한다.
- 집단원들이 솔직하게 피드백을 교환할 수 있도록 한다.
- 지도자는 '지금여기'에 관심을 기울인다.
- 집단의 시간 배정은 현재 일어나고 있는 것을 반영하여 지도자와 집단원이 상호 협력하여 결정한다.

2. 자문활동

1) 상담에서 자문의 위치

상담학의 영역 안에 자문(consultation)활동을 두는 것이 다소 생소할 수도 있을 것이다. 국외의 문헌(Randolph & Graun, 1998)을 살펴보면, 1960년대 후반과 1970년대 초반까지도 자문이 상담자의 활동 영역으로 나타나지 않았다. 국내의 상황은 더욱 그러하다. 이장호(1999) 역시 자문이 상담활동의 영역이 될 것으로 전망만 했을 뿐이다. 그러나 상담 분야가 전문화되고 다양한 계층에서 상담의 수요가 증가하면서 자문활동은 상담의 더욱 중요한 영역으로 자리매김하게 될 것이다.

전문상담사는 자문가로서의 기능과 능력이 필요하다. 슈미트와 오즈번(Schmidt & Osborne, 1981)은 실제 상담현장에서 전문상담사는 자문활동과 상담활동을 구분하고 있지 않음을 밝혔다. 이들은 “상담과 자문활동은 궁극적인 목적이 유사하기 때문에 일반적으로 그 과정을 연구할 때 두 가지를 구분하기 어렵다.”라고 하였다. 실제로 상담과 자문의 주요 원칙과 과정이 유사한데, 예를 들면 상담과 자문은 일차적 수준, 즉 예방적 차원에서 주로 제공되고, 동시에 인간관계 과정에 필요한 것이다. 그러나 상담과 자문이 상호 구분되는 부분도 있다. 첫째, 대부분의 상담은 상담자가 중심이 되는 공간(상담실)에서 주로 이루어지지만 자문은 자문을 요청한 내담자가 중심이 되는 공간(기업체, 관공서, 병원, 주요 기관 등)에서 이루어진다. 둘째, 상담은 스트레스를 받거나 삶의 위기 상황에서 내담자가 상담서비스를 받기도 하지만 어떤 사람들은 예방이나 자신의 발달과 성장이라는 차원에서 상담을 받기도 한다. 그러나 자문은 항상 ‘시스템에 문제가 생겼거나 위기 상황’에서 이루어지는 것이다. 셋째, 상담이나 자문활동은 상호 유사한 의사소통 기술들, 경청, 질문, 분류, 직면, 요약 등의 기술을 사용하는데, 상담은 주로 관계 중심에서 감정을 반영하는 것에 초점을 두는 반면,

자문은 내용에 보다 집중하여 문제와 이슈에 더욱 관심을 두는 경향을 보이는 특징을 가지고 있다.

2) 자문의 유형

그렇다면 자문에는 어떤 유형들이 있을까? 자문의 유형을 구분해 보는 작업은 상담에서 자문이 구체적으로 어떤 맥락에서 사용되는지 이해하는 데 도움을 줄 수 있다. 커피우스(Kurpius, 1998)는 다음 세 가지 유형을 제시하였다.

① 개인 자문

개인 자문(individual consultation)은 상담자와 내담자라는 일대일의 관계 속에서 이루어지는 것을 의미한다. 칸(Kahn, 1976)은 개인 자문이 자기관리 기술을 가르치는 것이라고 하였다. 그는 개인 자문 모델을 통해 관리할 수 있는 과잉행동 또는 결여행동의 예를 제시했는데, 흡연, 병적인 비만, 공격적 행동, 소극적 행동, 우울증 등이 그 예다. 결국 개인 자문은 개인이 자문을 통해 자기관리 단계들을 학습하여 스스로 예방과 개선행동을 할 수 있도록 하는 데 초점을 둔다. 그는 자문가가 궁극적으로 내담자에게 학습시켜야 하는 네 가지를 다음과 같이 제시하였다.

- 자기 모니터링(self-monitoring): 내담자가 자신의 행동을 관찰할 수 있다.
- 자기측정(self-measurement): 자신의 문제행동의 심각성 정도를 판단할 수 있다.
- 자기치료(self-mediation): 내담자 스스로 행동 변화를 위한 전략을 개발할 수 있다.
- 자기관리(self-maintenance): 지속적으로 자기관리 과정의 바람직한 효과를 모니터링한다.

② 집단 자문

집단 자문(group consultation)은 상담자가 촉진자의 역할을 하여 집단 내에서 발생한 문제 때문에 갈등을 겪는 집단원 간의 문제를 함께 해결해 나가며 팀을 세워 가는 것이다. 집단 자문의 가장 대표적인 모델 중에 C집단이라는 것이 있는데, 자문 모델 중에 가장 효과적이며 협력이 잘되는 것으로 알려져 있다(Dinkmeyer, 1971; Dinkmeyer & Carlson, 1973). 이 모델의 C는 다음의 7가지를 의미한다. 협력(collaboration), 자문(consultation), 분류(clarification), 직면(confrontation), 관심(concern), 비밀보장(confidentiality), 집중(commitment)이 그것이다. 이 모델의 주요한 목적은 함께 일하는 집단원들이 상담자에게 인간행동에 대한 새로운 지식을 학습하여 함께 공평하게 일하고(collaboration: 협력) 상호간에 정보를 주고받으며(consultation: 자문), 신념, 감정 그리고 행동 사이의 상관관계를 이해하고(clarification: 분류), 자신을 공개적으로 개방하고(confrontation: 직면), 서로에 대해 관심을 기울이고(concern: 관심), 집단 안의 정보에 대한 비밀을 지키고(confidentiality: 비밀보장), 특별한 변화를 위해 계획을 세우고 집중하는 것(commitment: 집중)이다. C집단은 특히 부모-자녀의 부정적인 상호작용을 긍정적으로 변화시킬 수 있는 영향력을 가지고 있지만, 이 집단에는 항상 성인만 참가할 수 있다. 그 이유는 C집단의 이론적 배경은 아들러 심리학(Adlerian theoretical orientation)에 기초하는데, 아들러는 그 부모가 부모-자녀의 상호작용을 더 낫게 혹은 더 나쁘게 통제할 수 있는 힘을 가지고 있다고 믿기 때문이다.

③ 기관/지역사회 자문

기관/지역사회 자문(organization/community consultation)은 그 규모에서 개인이나 집단보다 훨씬 더 크기 때문에 자문가는 섬세한 지식을 갖고 이 수준에 맞게 효과적으로 지식을 조작할 수 있어야 한다(Levinson, 2009). 기관/지역사회 자문은 주요한 활동이 단체 내부의 개인이나 집단을 다루지만 주로 외부의 자문가에 의해 이루어진다. 예를 들어, 전문상담사는 정치적 자문가로 기능할 수 있다. 상담자는 지방이나 중앙정부의 정책입안자들의 주요한 관심사를 효과적으로 상호 의사소통할 수 있도록 중재자의 역할을 할 수 있다. 혹은 특별위원회에 적절한 인물을 추천하는 과정에서 후보자를 검증하는 역할을 할 수도 있다.

코닌(Conyne, 1975)은 기관/지역사회 자문을 다른 수준에서 말했는데, 그는 환경적인 지도(environmental mapping)를 강조하여 환경 안에 있는 개인의 복지를 추구하는 관점에서 기관/지역사회 자문을 말했다. 그는 전문상담사가 최소한의 정신건강조차 보장되지 못한 곳에서 일하는 개인을 발견했을 때에는 그러한 어려움에 처해 있는 사람들의 환경을 개선하기 위해 대표들을 변화시키는 일을 전문상담사가 할 수 있어야 한다고 했다. 이처럼 사회적 행동과 사회정의에 초점을 두는 것은 내담자들의 상황과 정신건강을 개선시킬 수 있으므로 상담실 안에서의 상담보다도 효과적일 수 있다(Lee, 2006; Lee & Walz, 1998). 배로와 프로센(Barrow & Prosen, 1981)도 내담자에게 영향을 미치는 환경적 요소를 변화시키는 것이 자문가로서 전문상담사가 해야 하는 중요한 역할이라고 강조하였다. 이들은 내담자가 스트레스를 다루는 기법을 배울 수 있도록 개인에게 자문을 해야 하지만 더 나아가 내담자가 스트레스를 받는 환경을 변화시키는 것에 전문상담사가 적극적으로 도움을 줄 수 있어야 한다는 것이다. 이러한 과정은 환경 안에 있는 개인보다는 시스템의 구조를 변화시키는 것이다.

3. 평가와 연구

1) 평가와 연구의 구분

평가와 연구(evaluation and research)는 상담학에서 다루어야 할 중요한 영역이다(LaFountain & Bartos, 2002). 전문상담사가 되기 위해서는 상담이론과 방법 및 상담기법에 대해 잘 훈련받아서 온정적이고 공감을 잘하는 것도 필요하지만 동시에 유능한 평가자와 연구자가 되어야 한다. 왜냐하면 평가와 연구를 통해 전문상담사는 자신들이 하는 일을 객관적으로 이해받을 수 있고 동시에 개선할 수도 있기 때문이다. 연구와 평가 능력이 결여되어 있는 상담자는 위험할 수 있다.

평가와 연구를 상담학의 영역으로 함께 묶은 것은 평가와 연구가 서로 다른 분야이면서도 공통점이 많이 있기 때문이다. 휠러와 로에쉬(Wheeler & Loesch, 1981)는 이 두 개의 용어가 개념적으로 쌍을 이루고 있어서 상호 교환이 가능할 수 있는 용어라고 하였다. 크라우스코프(Krauskopf, 1982)는 "평가와 연구는 둘 다 실험적인 태도를 취하고 있고, 같은 도구를 필요로 하기 때문에 본질적으로 차이가 없는 것이다."라고 주장하였다. 그렇지만 부르크와 피터슨(Burck & Peterson, 1975)은 평가와 연구를 다음과 같이 구분하여 설명했다. 평가는 훨씬 목표지향적(mission-oriented)이고, 통제에 있어서 훨씬 더 객관적이다. 평가는 의사결정자에게 정보를 제공하는 것에 더 많은 관심을 가진다. 그리고 주로 사건이나 설립된 목표와 대상들의 관계를 설명하는 것에 관심을 둔다. 예를 들어, 상담을 공부하는 대학원생은 자신들이 평가받기 위해(합당한 성적을 받기 위해) 마지막 과제로 포트폴리오를 준비할 수 있다. 그리고 교수와 학생은 그 성적에 기초하여 학생에게 얼마나 많은 진보가 이루어졌는지, 그 과목을 통과할 수 있을지를 결정한다. 반면 연구는 훨씬 더 이론지향적이고(theory-oriented), 훈련지향적(discipline-bound)이어서 연구자는 자신의 의도에 맞게 활동을 통제하려고 애를 쓰고 즉각적으로 적용할 수 없는 결과를 생산한다. 그리고 연구는 디자인의 복잡함과 정확성에서 훨씬 더 정제되어 있다. 그리고 연구는 연구자의 입장에서 결과를 판단하고 현상을 설명하고 예언하는 데 훨씬 더 관심이 있다. 예를 들어, 상담 프로그램에 참여하는 내담자들이 똑같은 심리적 어려움을 가지고 있을 때 상담자는 몇 가지 기법 중에 어떤 이론적 기법이 가장 효과적인지를 사정하기 위해 연구를 할 수 있다. 이런 경우 나이, 성, 문화적 배경과 같은 변수들은 가능한 한 엄격하게 통제하여야 한다. 그래야 연구자는 어떤 기법이 누구에게 효과적인지에 대해 선명한 그림을 정확하게 얻을 수 있다. 그리고 그 결과를 적절하게 해석하여 보고할 수 있다. 대부분의 전문상담사는 응용연구자(applied researchers)다. 왜냐하면 그들은 자신의 실무영역에서 얻은 연구물에 대한 지식을 상담장면에서 사용하기 때문이다. 그렇다면 평가와 연구가 전문적인 상담 장면에서 어떻게 사용되는지를 살펴보도록 하자.

2) 상담과 평가

평가는 보통 자원을 적절하게 할당하고 프로그램의 효과를 극대화할 수 있는 결정을 내릴 수 있도록 하기 위해 상담 프로그램의 다양한 영역에 대한 의미 있는 정보를 모으는 것과 관련이 있다. 상담현장에서 평가는 전문상담사가 제공하는 상담서비스에 대한 직접적인 피드백을 줄 수 있고, 내담자에게 필요한 새로운 서비스가 무엇인지에 대한 통찰력을 제공한다. 효과적인 평가는 내담자가 상담 프로그램에 체계적이고 긍정적으로 참여할 수 있도록 돕는 것이다. 따라서 평가는 모든 상담 프로그램에 반드시 필요한 것이라고 볼 수 있다.

프로그램의 평가에는 체계적이고 단계적인 과정이 있기 마련이다. 그 단계란 것이 평가마다 다를 수 있겠지만 프로그램의 평가 절차는 다음과 같이 일정하다. 첫 번째 단계는 요구사정(need assessment)이다. 요구란 “특별한 집단에 소속된 구성원 사이에서 무언가 결여되었다고 느끼거나 부족한 것이 있다는 것을 반영하는 조건”(Collison, 1982)이다. 그리고 요구는 제도, 개인의 철학, 정부의 권한, 활용할 수 있는 자원, 역사와 전통 그리고 전문가의 의견과 같은 많은 요소에 그 토대를 두고 존재하는 것으로 간주한다. 요구사정 기술은 조사의 목표를 구체화하는 것, 접촉방법을 구체화하는 것, 측정과 관련된 문제들을 해결하는 것을 포함하고 있다. 두 번째 단계는 ‘상담목표와 상담실시 대상을 진술하는 것’이다. 상담목표는 프로그램을 실시한 후 측정이 가능한 몇 개의 수행목표로 진술될 수 있어야 한다. 세 번째 단계는 상담 프로그램을 디자인하는 것이다. 프로그램은 진술된 목표에 맞게 개발할 때 목표에 초점을 둔 활동이 정확하게 디자인되는 것이다. 네 번째 단계는 프로그램을 개정하고 수정해 나가는 것이다. 다섯 번째 단계와 마지막 단계는 ‘프로그램 결과를 기록하여 보고하는 것’이다. 이 임무는 주로 프로그램 평가에서 얻은 결과를 공식적으로 발표하는 것이다. 이러한 평가 결과는 잠재적인 내담자들이 그 결과를 자신들에게 적용해 볼 수 있고, 상담자들이 상담현장에서 자신들의 기술과 상담서비스를 개선하는 피드백을 얻을 수 있다는 측면에서 매우 소중하다.

3) 상담과 연구

미국에서의 상담 관련 연구에 의하면 많은 상담실무자가 과학적 연구결과들을 자신들의 실무에 별로 활용하지 않는다고 하며, 박사학위가 있는 상담심리학자들 중 박사학위 논문 이후에 학술논문을 발표한 사람보다는 발표하지 않은 사람이 더 많다고 한다(Heppner & Frazier, 1992; 김계현, 1997에서 재인용). 국내에서도 상담에 관심을 갖고 전문상담사가 되려는 사람들이 증가하여 대학들이 학부뿐만 아니라 대학원 과정에 상담과정을 개설하고 있다. 미국이나 캐나다의 경우, 상담전공 석사졸업의 요구조건으로 논문을 요구하는 경우와 논문보다는 실습을 요구하는 두 가지의 경우가 있다. 한국도 최근에는 현장 실습을 강조하여 실습시간으로 논문을 대신하는 경우도 있다. 이것은 연구와 상담실무교육을 이원화하려는 경향에서 생기는 현상일 것이다. 상담학도들은 자신이 상담을 전공한 후에 학자의 길을 가든, 실무자의 길을 가든, 상담 연구와 상담 실무를 둘 다 배워야 할 필요가 있다. 김계현(1997)은 이 부분에 대해 '과학자-실무자 교육모델(scientist-practitioner model)'로 설명하였다. 대학원 과정의 교과목 중에 연구설계법, 통계학, 측정 평가, 상담연구문헌 강독, 과학철학 등은 과학적 측면에 해당되고, 상담방법, 상담이론, 성격심리학, 검사 및 평가, 상담실습 등은 실무 측면에 주로 해당된다. 그런데 이 과학자-실무자 교육모델의 과학적 측면을 단지 연구법으로 배우고 경험연구를 수행하여 보고서를 쓰고 끝내는 것만으로 해석하면 오해다. 상담학에서 과학적 교육은 과학적으로 사고하는 전문상담사를 양성함을 가장 중요한 목적으로 여긴다. 전문상담사가 과학적으로 사고하는 것은 상담과정에 대한 판단을 할 때 객관적 자료에 근거하여 합리적 추론을 한다는 것이다. 그러므로 상담학도들은 유능한 전문상담사가 되기 위해서는 과학적 활동과 실무자 활동을 둘 다 배워야 한다.

4. 검사 · 사정 · 진단

1) 상담과 검사

심리검사의 역사는 상담의 역사만큼이나 오래되었다. 전문상담사들 사이에서는 심리검사를 상담에 사용하는 것에 대해 많은 논의가 있어 왔지만 오늘날 심리검사는 상담의 중요한 영역으로 자리매김을 하였다. 그러므로 전문상담사는 다양한 종류의 심리검사 사용에 익숙해야 한다. 상담에서 심리검사 활용의 성공과 실패의 여부는 상담자가 얼마나 적절한 검사를 선택하여 실시하고 해석하는가에 달려 있다. 상담에서 심리검사는 내담자의 진단과 예측을 위한 정보를 제공하고, 처치의 목적을 결정하는 데 유용한 정보를 줄 수 있다. 그리고 심리검사는 내담자가 자신의 미래를 더 잘 결정할 수 있도록 돕는다. 최근에는 많은 심리검사가 개발되고 출판되어 과연 어떤 검사를 사용할 것인지 상담자들이 혼란스러울 때도 있다. 심리검사는 크게 네 개의 범주로 나눌 수 있는데, 지능/적성검사, 흥미와 진로검사, 성격검사, 성취도 검사가 있다. 쉐르처와 스톤(Shertzer & Stone, 1980)은 심리검사의 이점을 다음과 같이 진술하였다.

- 전문상담사는 심리검사를 통해 내담자의 자기이해를 도울 수 있다.
- 전문상담사는 심리검사를 통해 내담자의 요구가 상담자의 능력 안에 있는지 판단하는 데 도움을 줄 수 있다.
- 전문상담사는 심리검사를 통해 어떤 상담방법이 가장 적절한지를 결정하는 데 도움을 받을 수 있다.
- 전문상담사는 심리검사를 통해 내담자가 미래에 어떤 영역에서 좋은 수행능력을 발휘할 수 있는지를 예측할 수 있다.
- 전문상담사는 심리검사를 통해 내담자의 내적인 흥미를 자극해 줄 수 있다.
- 전문상담사는 심리검사를 통해 상담의 효과를 검증해 볼 수 있다.

앞서 언급한 것처럼 상담에서 심리검사는 많은 이점을 줄 수 있는 유용한 도구이지만 전문상담사가 심리검사를 실시할 때에는 다음의 사항들을 유의할 필요가 있다.

- 전문상담사가 먼저 심리검사를 철저히 알고 검사를 실시하는 것이다. 검사요강에 대해 철저히 숙지하는 것은 물론이고 상담자 자신이 직접 검사를 받아 볼 필요가 있다. 그리고 가급적이면 검사와 관련한 세미나 등에 참석하여 검사를 정확하게 사용하는 능력을 키워야 한다.
- 검사결과를 전달할 때 점수 자체에 지나치게 의미부여를 하거나 '좋다' 혹은 '나쁘다' 등의 평가적인 말투를 사용하는 것을 피하고, 애매모호한 말을 하여 내담자를 혼란스럽게 만드는 것을 피해야 한다.
- 내담자에게 낮은 점수의 검사결과를 해석해 주는 경우에는 특히 조심하여 우선 높은 점수부터 해석해 나가면서 내담자가 낮은 점수를 받아들일 수 있는 자신감을 형성해 나갈 필요가 있다.

2) 상담과 사정

원래 상담에서 사정(assessment)이란 단어는 '한 인간으로 그 개인을 전체적인 그림으로 평가하는 것'을 의미한다. 따라서 사정과정의 목표는 현재 문제를 가지고 있는 한 개인을 포괄적으로 평가하는 것이기 때문에 사정은 종종 개인으로 하여금 긍정적이고 예측 가능한 결과를 이끌 수 있는 처치계획을 포함한다. 사정을 할 때에는 형식적 · 비형식적 도구를 채택하는데, 예를 들면 표준화 검사, 진단을 위한 면접, 투사를 통한 성격검사, 질문지, 정신상태 검사, 체크리스트, 행동관찰, 전문가들의 보고서(의사, 교사, 변호사, 사회복지사 등) 등 다양하다.

전문상담사가 내담자를 사정하는 것은 중요한 일이다. 왜냐하면 사정을 통해 전문상담사는 내담자의 문제가 무엇인지를 결정하고 문제해결을 위한 상담전략을 결정할 수 있기 때문이다. 사정의 과정을 통해 상담자와 내담자는 상호 비난하는 것을 피하고, 함께 협력하여 과거 패턴을 반복하기보다는 긍정적인 변화를 위한 해결책을 발견할 수 있다. 사정의 결과는 내담자의 동의하에 그와 관련되어 있는 다른 전문가들(변호사, 사회복지사, 정신과 의사 등)이 내담자를 도울 수 있도록 상호 공유할 수 있다. 또한 제삼자가 상담료를 부담하는 경우에는 상담의 횟수를 예견하여 보고하는 데에도 활용할 수 있다. 상담과정에 있어서 사정은 일회적인 과정이 아니라 지속적인 과정이다. 왜냐하면 일단 상담에서 첫 번째 어려움이 해결되고 나면 다른 새로운 어려움이 또 다시 발생할 수 있기 때문이다.

3) 상담과 진단

진단(diagnosis)이란 사정에서 얻은 정보의 의미 혹은 해석을 말하며, 진단은 분류 시스템의 형태로 번역되어야 한다. 그러므로 진단이란 한 개인의 상황에 대한 묘사이지 개인의 가치에 대한 판단은 아니다(Rueth, Demmitt, & Burger, 1998). 진단은 전문상담사가 조력을 위한 처치계획을 세우는 데 가이드가 될 수 있다. 진단은 다음과 같은 원칙하에 사용될 때 적절하다.

- 진단은 한 개인의 기능을 묘사할 수 있어야 한다.
- 전문상담사가 내담자와 논의할 수 있도록 보편적인 언어를 사용해야 한다.
- 진단의 결과는 지속적이고 일관성 있는 보살핌을 이끌어 내야 한다.
- 진단은 처치계획을 세우는 데 도움을 줄 수 있어야 한다.
- 진단은 내담자에게 가장 적절한 처치계획을 세우는 데 도움을 줄 수 있어야 한다.

진단에는 두 가지의 다른 중요한 이유가 있다. 첫째, 어떤 보험회사들은 상담료를 지불하기 위해 내담자의 진단 결과를 요구한다. 물론 이 경우는 아직 한국적 상황에서는 익숙하지 않은 것이다. 그러나 미국이나 캐나다의 경우에는 직장건강보험(extended health care)을 가지고 있는 직장인이 일정 자격을 갖춘 전문상담사에게 상담서비스를 받는 경우 보험회사에서 상담료를 대신 지불하게 된다. 한국도 비슷한 보험시스템을 갖추게 될 것으로 전망하고 있다. 둘째, 전문상담사는 내담자의 진단명과 관련하여 정신과 의사, 의료진, 심리학자, 정부기관에 속한 전문가들과 소통할 수 있는 능력이 있어야 한다. 내담자와 관련된 정보는 내담자의 동의하에 다양한 분야의 전문가들이 공유할 수 있어야 하기 때문이다. 정확한 진단을 하기 위해 전문상담사는 광범위한 훈련과 수퍼비전을 받아야 한다. 특별히 DSM-5 진단 범주를 잘 알고 있어야 한다. 진단과 처치계획은 이제 상담실무의 표준화된 구성요소다. 정확한 진단을 하기 위해 전문상담사는 내담자 증상의 증거를 관찰하고, 호소 내용에 경청하고, 기능적인 장애를 살펴보아야 한다. 또한 내담자가 증상과 관련하여 복용하고 있는 약물과 그 약물의 효과에 대해서도 충분한 지식을 갖추어야 한다. 그렇게 함으로써 상담자는 내담자의 생활에서 문화적 · 발달적 · 사회경제적 · 영적인 면과 스트레스에 대한 대처기제와 스트레스 요인들 그리고 학습된 행동들을 설명할 수 있다.

때때로 내담자가 생활에서 보이는 행동은 단순한 증상이기도 하지만 어떤 경우 이것은 심각한 장애의 표현이기도 하다. 정확한 진단을 내리기 위해서 전문상담사는 처음부터 진단을 내리기보다는 시간을 가지고 내담자의 생활에서 일어날 수 있는 많은 요소를 사정해 보아야 할 것이다.

제8장

현장상담의 전문분야

김규식

상담학도들은 대학이나 대학원 과정에서 상담학 전반을 공부하지만 상담을 공부했다고 해서 상담현장에 바로 투입되어 상담을 할 수 있는 것은 아니다. 전문상담사가 되기 위해서는 다양한 상담현장 실습과 수련의 과정이 필요하다. 상담학도들은 상담을 공부하는 동안에 다양한 상담영역을 접해 보고 자신이 잘할 수 있는 분야를 결정하여 그 분야를 심화시켜야 한다. 그래야 전문상담사 본인이 현장에서 상담을 통해 성취감과 보람을 느낄 수 있고, 궁극적으로는 내담자에게도 유익을 줄 수 있기 때문이다.

이 장에서는 상담학 개론 수준에서 상담학도가 개략적으로 알아야 할 상담의 전문 분야를 진로상담, 결혼 · 부부 · 가족상담, 아동 · 청소년 상담, 정신건강 상담, 장애인 상담으로 나누어 살펴보았다. 그리고 미래에 각광받을 상담분야들을 예측하였다. 아무쪼록 자신이 잘할 수 있고 전문성을 확보할 수 있는 분야를 정하여 그 분야에 전문가가 될 수 있기를 바란다.

1. 진로상담

진로상담은 진로결정과 관련하여 전문적인 조력을 필요로 하는 사람을 돕는 중요한 수단이다. 사람의 일생은 태어나서 죽을 때까지 진로의 선택과 결정에서 자유로울 수 없다. 그러므로 진로상담은 단순히 진로를 선택하는 단계를 초월하여 한 개인의 일생 동안 중요한 결정의 순간마다 필요하다. 이런 견지에서 보자면 진로전문상담사는 미래 지향적인 직업이다. 그러나 진로전문상담사가 되기 위해서는 인간발달과 예방에 초점을 둔 많은 이론의 습득과 훈련과정이 필요하다(Bedard & Spain, 1999). 진로전문상담사는 내담자가 진로를 결정할 수 있도록 도울 때 내담자의 직업적 흥미, 나이, 발달단계, 성숙도, 성, 가족과 사회 안에서의 역할을 고려하여야 한다. 진로를 결정함에 있어서 이러한 요소들은 다양한 방식으로 표현되는데, 맥대니얼스(McDaniels, 1984)는 C=W+L의 공식(C는 Career, W는 Work, L은 Leisure)으로 이 관계를 설명하였다. 결국 진로라는 것은 평생을 통해 자신이 하는 일과 여가의 통합과의 상호작용이라고 볼 수 있다. 모든 상담이론이 개인의 진로선택에 적용될 수 있고 유용하기도 하지만 내담자가 직업세계에 적응하기 위해 자신에 대해 이해하고 통찰력을 얻는 것은 상담관계와 교육적인 수단을 통해서다. 결국 좋은 정보를 얻은 내담자는 그렇지 않은 사람보다 적은 횟수의 상담을 받고도 훨씬 더 긍정적으로 진로선택을 할 수 있다.

과거에는 진로상담을 직업지도 혹은 직업상담(occupational or vocational counseling)이라고 불렀다. 그러나 크리티스(Crites, 1981)는 진로(career)라는 단어가 직업(vocation or occupation)이라는 단어보다 훨씬 더 현대적이고 포괄적인 개념이라고 주장하였고(Herr, Cramer, & Niles, 2004), 최근에는 '진로'라고 하면 'career'라는 단어를 보편적으로 사용하고 있다.

현대 사회는 파트타임(혹은 계약직) 직장의 개념이 계속해서 증가하는 반면, 평생을 한곳에 몸담을 수 있는 평생직장은 이제 옛말이 되었다. 사람들은 불안정하고 언제 그만두어야 할지 모르는 직장으로 인해 많은 스트레스를 받고 있다. 진로발달과 설계 분야의 학자인 아먼드슨(Amundson, 2006)은 현대의 근로조건을 다음과 같이 요약하였다.

- 치열해지는 경쟁구도와 생산성 증가의 압력
- 회사의 부도 혹은 인수 합병의 증가
- 외국에서 일해야 하는 조건의 증가
- 비정년 및 계약직의 증가
- 취업자보다는 자영업자의 증가
- 첨단기술 인력의 필요성 증가
- 노동인구의 다양성 증가
- 대인관계 기술의 필요성 증가
- 지속적인 학습과 기술혁신의 필요
- 조직 내부의 승진 기회 감소
- 근로자와 상급과의 임금 격차 증가
- 시간 외 업무량의 증가

이처럼 현대인들은 직업을 구하기도 어렵고 원하는 곳에 취업을 하더라도 직장에서 받는 스트레스와 격무 때문에 시달리기 마련이다. 그러므로 진로전문상담사의 상담이 절실하게 필요한 시대가 되었다. 그러나 진로상담은 그 오랜 역사성과 진로상담 모델의 다양성에도 불구하고 다른 상담이나 심리치료 모델이 누렸던 특권을 누리지 못했던 것이 사실이다. 허 등(Herr et al., 2004)은 사람들이 겪는 다양한 어려움과 정신적인 문제는 결국 자신의 진로 혹은 근로환경이 만족스럽지 못할 때 발생한다고 하였다. 크리티스(crites, 1981)는 진로상담의 중요성을 다음과 같이 제시하였다.

- **사람들에게 더욱 필요한 것은 심리치료보다는 진로상담이다** 대부분의 상담이

나 치료적 접근은 개인의 내적인 사건만을 다루고 있지만 진로상담은 개인의 내적 · 외적 세계를 함께 다루고 있기 때문에 진로상담이 훨씬 더 효율적일 수 있다.

- **진로상담은 그 자체가 치료적일 수 있다** 진로와 개인적응에는 정적인 상관관계가 존재한다(Crites, 1969; Hinkelman & Luzzo, 2007; Krumboltz, 1994; Super, 1957). 진로결정에 성공적으로 대처하는 내담자는 진로설정을 분명하게 했기 때문에 다른 문제영역에서 발생할 수 있는 어려움도 잘 해결할 수 있는 기술과 자신감이 있을 것이다. 그래서 크럼볼츠(Krumboltz, 1994)는 진로문제와 개인적인 문제는 서로 연결되어 있기 때문에 함께 다루어야 한다고 주장하였다. 예를 들어, 어떤 사람이 실직을 하게 되었다면 그는 원하는 직업을 찾을 때까지는 자신의 진로문제로 인해 개인적인 불안을 경험하게 될 것이다. 이런 사람에게서 불안의 문제만을 다루는 것은 근본적인 해결책이 될 수 없을 것이다. 오히려 실직자에게 직장을 찾는 일(혹은 삶의 방향을 찾는 일)과 함께 그의 정서적인 불안 문제를 극복하도록 총체적인 접근을 할 필요가 있다.
- **진로상담은 일반 상담이나 심리치료보다 훨씬 더 어렵다** 유능한 진로전문상담사는 내담자가 제시하는 문제와 진로(혹은 직장)라는 변수가 어떻게 상호영향을 주고받는지를 알고 있다. 진로전문상담사는 진로와 관련한 지식, 성격과 진로발달 이론 및 기법을 잘 알아야 하고, 지속적으로 직업세계와 관련한 정보들을 모아야 한다. 그러므로 진로상담은 내담자의 내적 세계에만 초점을 두는 일반 상담보다 훨씬 더 어려울 수 있다.

앞서 살펴본 것처럼 진로상담은 단순히 개인에게 적성에 맞는 직업을 알선해 주는 차원이 아니라 생애 전반에 걸쳐 이루어지는 체계적인 생애설계와 상담이 복합된 것이라고 볼 수 있다. 그러므로 진로전문상담사가 되려는 사람은 인간발달과 행동 특성 및 진로 적성에 대한 폭넓은 이해와 다양한 직업의 세계에 대한 정보에 민감해야 할 것이다.

2. 결혼 · 부부 · 가족상담

결혼 · 부부 · 가족상담(Marriage, Couple, and Family Counseling: MCFC)을 함께 묶은 것은 각각의 사전적인 정의는 다르지만 상호 연관성을 가지고 있기 때문이며, 결혼과 부부 상담은 여전히 가족상담의 하위 영역으로 다루어지는 경향성이 있기 때문이다. 우선 결혼에 대해 생각해 보자. 남성과 여성이 만나 경제적 목적 혹은 출산의 목적으로 결혼하는 것은 사회적 · 종교적으로 지지를 받는 연합이다. 최근에는 동성결혼과 관련하여 결혼에 대한 전통적인 정의가 변화하고 있지만 결혼은 여전히 사랑과 헌신에 토대를 둔 굳건한 관계를 의미한다. 그러므로 개인이 결혼생활을 주관적으로 평가하는 결혼만족도는 결혼 유지 조건으로 중요한 역할을 한다. 그러나 부부(couple)라는 용어는 결혼보다 훨씬 비공식적이고 광범위한 의미를 갖는다. 부부는 단순히 두 사람이 함께하는 관계를 말하기 때문에 부부라는 용어만으로는 부부간의 친밀함의 정도 혹은 결혼 유무를 알 수 없다. 그럼에도 부부는 하나 혹은 그 이상의 방식으로 상호 연결되어 있다. 그렇다면 가족은 무엇인가? 글래딩(Gladding, 2007)에 의하면 가족은 생물학적 혹은 심리학적으로 연결되어 있는 관계이며, 역사적 · 정서적 · 경제적으로 묶여 있는 사람들로 구성되어 있다.

내담자를 상담하다 보면 결혼/부부 혹은 가족을 함께 상담할 수 있는 기회가 생길 수 있다. 어떤 상담자는 개인상담보다는 MCFC 상담을 전문적으로 하는 경우도 있다. 전자의 경우이든지, 후자의 경우이든지 상담자는 다음의 공통된 관점에서 MCFC 상담을 한다.

- 내담자들은 누구나 자기가 소속된 가족의 기능에 영향을 받고 있다. 예를 들면, 지나치게 분리된 가족관계에서 성장한 내담자는 가족 순위에 대한 결여 혹은 무엇을 할 것인지에 대한 지식 부족 때문에 다른 사람과 관계를 맺는 데 어려움을 겪을 수 있다. 지나치게 밀착된 가족은 부모 혹은 가족

구성원에게 지나치게 의존적이어서 종종 부모에게서 독립하는 것에 어려움을 겪는다.

- 내담자만을 상담하기보다는 가족이나 배우자를 함께 상담하면 문제가 훨씬 더 선명하게 드러날 수 있다.
- 가능한 한 가장 효과적인 방법으로 상담하기를 원하는 상담자들에게 MCFC 상담이 인기가 있다. 가족 혹은 부부를 상대해야 하는 상담은 정신적 · 신체적으로 많은 에너지를 요구하지만 변화가 일어날 때 주어지는 심리적 보상과 만족감은 그만큼 극대화될 수 있다.

1) 결혼 · 부부 · 가족상담의 발전 배경

오늘날 MCFC 상담에 사람들이 강한 관심을 갖게 된 것은 제2차 세계대전 이후 가족 형태의 급변 때문이다. 전쟁 이전에 가족은 현재까지도 가장 두드러진 형태인 다음의 두 가지밖에 없었다.

- 핵가족: 남편과 아내 그리고 그들의 자녀로 구성된 핵심 단위다.
- 다세대 가족: 적어도 3세대 이상으로 구성된 가족을 의미한다. 예를 들면, 자녀/자녀들, 부모, 조부모 등으로 구성된다. 이런 형태의 가족은 때때로 결혼하지 않은 고모 혹은 삼촌과 같은 친척을 포함하고 있다.

그런데 전쟁 이후에는 이혼이 증가하여 또 다른 두 개의 가족 형태가 생겨나게 되었다.

- 한부모 가족(single-parent family): 한부모와 생물학적 혹은 입양을 통한 자녀/자녀들로 이루어져 있다.
- 재혼 가족: 두 사람 모두 혹은 적어도 그들 중 한 사람이 결혼한 적이 있는 경우에 그리고 그들이 자녀들을 데리고 가정을 이루는 경우를 말한다.

1950년대 이후에는 앞에서 언급한 가족 형태 외에도 새로운 형태의 가족 유형들이 생겨나게 되었다.

- 맞벌이 가족(dual-career family)
- 부부 본인들의 선택 혹은 생물학적인 이유로 자녀 없이 부부만 있는 가족
- 노인 가족, 가족의 가장이 65세 이상인 가정
- 인공수정(혹은 입양)으로 자녀를 키우거나 자녀가 없는 동성의 부부로 이루어진 가족
- 두 개의 다른 문화에서 온 개인이 결혼하여 만들어진 다문화 가족

21세기의 부부와 가족들은 더욱 다양하고 복잡한 문제를 가지고 살아간다. 이혼이 해마다 증가하고 있고, 여성의 역할에도 많은 변화가 생겨났다. 제2차 세계대전 이후 여성들은 더 이상 전업주부에 머무르지 않고 자신들의 전문성을 개발하게 되면서 1960년대에는 여성인권신장 운동이 광범위하게 일어났다. 이러한 사회적 변화는 가족 안에서 남성과 여성에게 적절한 적응과 대처를 위한 전문상담사의 도움을 필요로 하게 되었다. 그리고 평균 수명이 연장됨에 따라 부부들은 예전보다 더 길게 같은 배우자와 살게 되었다. 과거의 부부모델로는 이 긴 시간을 같은 배우자와 어떻게 관계를 맺어 가야 하는지를 확실하게 알 수 없기 때문에 부부들은 전문상담사의 도움을 더욱 필요로 하게 된 것이다.

글래딩과 앨더슨(Gladding & Alderson, 2012)은 부부와 가족상담에 관련된 흥미 있는 연구결과들을 다음과 같이 밝혔다.

- 가족상담은 내담자 호소문제에 대해 최소한 개인상담만큼 효과적이며 변화의 지속성은 개인상담보다 더 길다.
- 가족상담의 어떤 형태들[(약물남용의 경우 구조화 전략 가족치료(structural-strategic family therapy)]은 다른 상담접근보다 문제를 다루는 데 훨씬 더 효과적이다.

• 가족상담장면에서 부모 양쪽이 참석한 경우 특히 문제가 없는 아버지는 성공을 위한 기회를 증가시킨다. 유사하게 결혼상담의 효과는 부부 모두를 같이 만나는 것이 한쪽을 만나는 것보다 거의 두 배의 효과가 있다.
• 결혼이나 가족상담 서비스는 부부를 함께 만나지 못할 때 혹은 체계적으로 가족을 만나지 못할 때 상담의 결과는 부정적이며 더 나빠질 수도 있다.
• 부부 혹은 가족상담을 받은 내담자의 최고 만족도는 97%까지 이른다. 결국 가족상담의 채택 여부에 대한 기본적인 논쟁은 그 효과성이 입증된 것이다. 가족상담은 합리적이고 그 효과가 빠르며 만족할 만하고 경제적이다.

2) 개인/집단상담과의 비교

MCFC 상담을 개인/집단상담과 비교하면 다음의 특성으로 설명할 수 있다.

• MCFC 상담은 개인/집단상담과 비교하여 사용되는 이론에 공통점과 독특성이 있다(Gladding, 2007; Hines, 1988; Trotzer, 1998). 개인/집단상담에서 사용된 이론 중에는 MCFC 상담에 사용되는 것도 있는데, 대표적인 것이 인간중심 치료, 아들러 심리치료, 현실치료, 행동치료 등이다(Horne, 2000). 반면 구조적 치료, 전략적 치료, 해결중심 가족치료 등은 MCFC 상담에서 사용하는 독특한 것이며, 그 특성은 체계적인 것에 두고 있다. 그러므로 MCFC 상담자들은 전통적인 상담이론들에 익숙해야 하고, 새로운 이론들의 내용과 적용기술도 익혀야 한다.
• MCFC 상담과 개인/집단상담은 많은 가정(assumptions)을 함께 나누고 있다. 이들 모두는 가족이 개인의 생활, 개인과 환경 사이의 문제행동과 갈등 그리고 개인 발달에 중요한 영향을 미친다는 것을 인정한다. 반면 차이점도 존재하는데 개인상담은 항상 가족 바깥에서 개인을 다루고, MCFC 상담은 일반적으로 다른 사람들, 특히 가족 구성원을 포함시킨다. 더 나아가 MCFC 상담은 문제를 해결하기 위해 가족 안에서 구성원들이 더 효과적으로 그 환

경에 대처할 수 있는 방법을 찾도록 노력한다(Nichols & Schwartz, 2006).

- MCFC 상담의 세션은 그 조직, 기본역동, 단계의 발달에 있어서 집단상담과 비슷하다. 더 나아가 둘의 상담 유형은 대인관계를 중요시한다. 그러나 가족상담은 전형적인 집단상담과는 다르다. 예를 들어, 가족은 지위와 그 힘에 있어서 집단상담과는 다르다. 또 가족은 신화를 영속 가능하게 할 수 있다. 반면에 집단은 처음부터 사건을 다룰 때 훨씬 더 객관적이다. 가족은 집단에 비해 훨씬 더 정서적인 무게를 갖는다. 왜냐하면 가족은 시간에 제한되지 않고, 성역할과 오랜 시간에 걸친 정서적 연대로 묶여 있기 때문이다(Becvar, 1982). 가족은 집단이 될 수는 있지만 집단이론이 반드시 가족에게 맞아떨어지는 것은 아니다.
- MCFC 상담에서 강조하는 것은 많은 개인/집단상담 사례에서 있을 수 있는 선형 인과성(linear causality)에 반대되는 역동성이다. 다른 말로 하면, MCFC 상담의 이면에 있는 역동성은 일반적으로 개인이나 집단과는 다른 것이다. 개인상담적인 견지에서 가족상담 쪽으로의 전환을 위해 레스니코프(Resnikoff, 1981)는 다음과 같은 구체적인 질문을 요청하였다. 상담자는 가족기능과 역동을 이해하기 위해 자신들에게 다음과 같이 질문해 볼 필요가 있다.
  - 가족의 외부적인(outward) 모습은 어떠한가?
  - 가족에게서 주목해 볼 만한 반복적이고 비생산적인 과정은 무엇인가? 다시 말해 그 가족만의 춤은 무엇인가?
  - 가족 안에 있는 기본 정서는 무엇이며, 누가 그 정서를 전달하고 있는가?
  - 가족의 저항을 강화하는 개인 역할은 무엇이며, 가장 일반적인 가족 방어는 무엇인가?
  - 어떻게 가족 구성원이 서로 분화되어 있으며, 무엇이 하위집단의 경계인가?
  - 현재 가족은 발달단계의 어떤 부분을 경험하고 있으며, 문제를 해결하는 방법은 무엇인가?

3) 상담사의 역할

(1) 결혼/부부상담

부부들은 다양한 영역(재정, 자녀, 외도, 의사소통, 함께 지내는 방법 등)에서 결혼/부부상담을 원한다(Long & Young, 2007). 부부 중에 누가 먼저 상담을 원했는가에 상관없이 상담사는 가능하다면 부부를 함께 만나기를 원한다. 휘태커(Whitaker, 1977)는 만약 상담자가 부부를 함께 만나지 못한다면 부부를 도울 수 없고 오히려 부부관계에 해가 될 수 있다고 하였다. 더 나아가 부부 중 한 사람이 상대 배우자가 모르게 상담을 하거나 배우자의 지지와 지원 없이 변화를 추구하는 경우 갈등은 계속해서 일어나게 된다고 하였다. 배우자 어느 한쪽과 상담을 진행하면 다른 배우자는 그 상담에 대한 불안과 저항이 증가될 것이기 때문이다. 반면 첫 상담에서 두 사람을 따로 만나는 것은 가능하다. 만약 어느 한쪽이 문제를 가지고 있고 이 문제를 상대 배우자 앞에서 노출하기를 원하지 않는 경우 상담자가 이 정보를 알고 있다면 적절한 중재를 하는 것이 도움이 될 수 있기 때문이다.

윌콕슨과 페넬(Wilcoxon & Fenell, 1983)은 치료자가 참석하지 못한 배우자에게 상담치료 과정을 설명하는 편지상담방법을 개발하였다. 이 편지에서는 배우자 없이 혼자 상담 받는 것의 위험을 설명하고 있다. 상담사는 이 편지를 참석한 배우자를 통해 불참한 배우자에게 보내는데, 가능한 한 그(그녀)가 참석할 수 있도록 독려하기 위한 것이다. 만약 두 사람이 함께 상담을 받기로 결정한 경우 대부분의 결혼/부부 상담사는 주요한 5개의 이론을 중심으로 상담을 한다. 정신분석, 인지행동, 보웬의 시스템 이론, 구조-전략 그리고 REBT(Jacobson & Gurman, 2003)가 그것이다. 이 5개의 접근은 각각 이론적인 강점을 지니고 있지만 가족상담만큼 이론적인 토대가 강하지는 못하다. 그 이유는 역사적으로 많은 결혼/부부상담사들은 임상에는 강하지만 연구를 하거나 집필을 많이 하지 않았기 때문이다. 그들은 대부분 임상전문가였기 때문에 결혼/부부상담을 위한 출판을 하거나 독특한 이론을 제시할 시간적 여유가 없었다. 대신에 그들은 현존하는 개인과 가족 이론을 채택하고 수정하였다. 게다가 최근까지 결혼/부부상담은 가족상담의 하위영역으로 여겨졌다. 그러나 결혼/부부상담은 그 전문성 확보를 위한 노력과 훈련, 연구가 점점 더 증가하고 있는 추세다.

(2) 가족상담

가족상담은 일반적으로 문제로 지목된 환자(Identified Patient: IP) 때문에 시작되는 경우가 많다. 가족상담 전문가들은 가족 구성원 중의 한 사람을 문제로 보지 않고 가족 체계에서 문제를 찾으려고 한다. 가족이라는 출렁대는 파도와 비교하면 상담을 통한 개인의 변화는 잔물결(ripple) 효과에 불과하다(Nichols, 1988).

가족상담은 1970년대 중반에 급성장하였고 부부상담 역시 가족상담의 한 부분으로 포함시키는 경향이 있다. 가족상담 이론 중에 행동치료, 이야기치료, 해결중심치료 등은 선형적인 것에 그 토대를 두고 원인-결과 또는 구성주의적 견지에서 상담을 한다. 그러나 대부분의 가족상담자는 일반적으로 시스템 구조를 토대로 상담하고 가족을 사회문화적인 맥락 속에서 가족생활주기에 따라 진화하는 개발 체계로 개념화하고 있다. 기능적인 가족은 가족 구성원과 가족 외부의 요구를 충족시키기 위해 규칙을 따르고 융통성을 갖는다. 가족 체계 전문상담사들은 순환적 인과관계를 강조한다. 그리고 그들은 다음의 개념을 강조한다. 예를 들어, 가족규칙이 암묵적으로 혼란(confusion)을 일으킨다면 전문상담사는 가족이 이러한 규칙을 공개하고 선명하게 하도록 한다. 모든 가족이 이 과정에 참여하여야 의사소통의 채널이 열린다. 가족상담에서 가계도는 가족 구성원과 전문상담사가 세대 안에서 현재까지 영향을 미치는 가족기능 패턴을 탐지하는 데 도움을 줄 수 있다(McGoldrick, Gerson, & Petry, 2008). 가계도를 작성할 때에는 가족의 3세대를 그려야 한다. 이름, 출생, 결혼, 이혼, 별거 등의 날짜가 표시되어야 하고, 현재 나이와 직업 등의 정보도 표시하여야 한다. 가계도는 다문화적인 맥락에서 가족 구성원의 행동에 영향을 미치는 세계관과 문화적 요소를 사정하는 데 유용할 수 있다(Thomas, 1998). 가계도를 작성하게 하는 것은 체계적 사고를 촉진시키는 효과적이고 의미 있는 전략이다. 특히 새로운 내담자와 그 가족이 함께 작업을 시작하게 될 때는 더욱 유용하다(Pistole, 1997).

4) 결혼 · 부부 · 가족상담 관련 학회

MCFC 상담에 관심이 있는 상담학도들은 관련 강좌를 수강하고 훈련 받을 필요가 있다. 동시에 관련 학회에 대해서도 알아야 한다. 대표적인 MCF 학회로는 미국결혼과가족치료학회(American Association for Marriage and Family Therapy: AAMFT)가 있다. 이 학회는 가장 오래되고 규모가 큰 가족상담학회다. AAMFT는 1942년에 설립되었고, 미국(90개)과 캐나다(6개)에 AAMFT가 인정하는 학교들이 있다. 국내에서는 한국상담학회 산하에 '부부 및 가족상담학회'가 있어서 활발한 활동을 하고 있지만 미국에는 AAMFT 이외에도 결혼/부부 및 가족 분야의 상담에 관심을 둔 세 개의 다른 전문학회가 있다(Gladding, 2007). 다음의 학회들은 부부와 가족들을 위한 전문가로 일할 수 있도록 전문가 훈련과정을 위한 가이드라인을 제시하고 있다.

- 미국상담학회(ACA)의 분과학회로 1986년에 설립된 국제결혼과 가족상담학회(International Association of Marriage and Family Counselors: IAMFC).
- 미국심리학회(American Psychological Association: APA)의 43분과로 1984년에 설립되었으며, 부부와 가족을 위해 일하는 심리학자들로 구성되어 있다.
- 미국가족치료학회(American Family Therapy Association: AFTA)는 1977년에 설립되어 전문가들이 교류하고 있는 전문학회로 그 정체성을 갖고 있다.

3. 아동 · 청소년 상담

아동과 청소년은 각기 다른 발단단계에 있지만 함께 묶은 것은 이들이 호소하는 주요한 문제가 '학교와 학습문제'와 주요한 관련이 있기 때문이다. 아동의 경우 학령기 전이나 학령 초기에는 발달장애나 학습장애를 자주 호소하며, 학령기에는 학업, 교우관계, 폭력 그리고 중독의 문제가 자주 호소된다. 특히 우리나라는 학생들에게 공부가 심하게 강조되고 성적이 학생평가에 미치는 영향이 심대하므로 공부가 안되거나 성적이 나쁠 경우 다양한 문제가 발생한다. 공부와 관련한 문제는 초등학교 이전부터 대학원까지 폭넓고 다양하게 제기된다(김계현, 1997). 그럼에도 아동과 청소년의 호소문제는 다를 수 있기 때문에 아동과 청소년 상담을 나누어서 살펴보고자 한다.

1) 아동상담

아동상담 분야의 전문상담사가 되기를 원하는 상담학도들은 다음의 몇 가지에 대해서는 전문성을 확보할 필요가 있다. 첫째, DSM-5를 기초로 아동기에 나타나는 각종 장애에 익숙해야 한다. 대표적인 것이 전반적인 발달장애, 기초학습 기능장애, 언어 및 말하기 장애 그리고 조응력 발달장애다. 아동전문상담사가 장애를 진단하여 직접 치료하지는 않는다. 그러나 장애를 가진 아동이 적절한 곳에서 치료를 받을 수 있도록 하고, 경우에 따라서 특수교육 교사, 발달장애교육 전문가, 언어치료사, 아동 정신과 의사 등과 함께 협력하기 위해서는 아동기에 발병할 수 있는 장애에 대해 전문성을 확보하는 것이 필요하다. 둘째, 아동의 문제는 대부분 그 부모와 연관되어 있는 경우가 많다. 그러므로 아동전문상담사는 아동의 문제를 부모와의 관계성 속에서 조망하고 분석할 수 있는 능력을 신장시킬 필요가 있다. 그리고 아동의 문제 때문에 부모가 받는 스트레스, 후회, 죄책감, 절망감 등에 대해서도 다룰 수 있어야 한다. 최근에는 전문상담사가 학교 혹은 여러 기관을 방문하여 부모교육을 실시하는 경우도 많이 있다. 아동의 부모를 일대일로 만나 상담하는 것도 아동에게 도움이 될 수 있지만 문제예방과 성장의 차원에서 학부모를 대상으로 건강한 자녀양육과 관련한 세미나 혹은 교육을 실시하는 것도 도움이 될 수 있다. 셋째, 아동전문상담사가 되려는 사람은 놀이치료, 미술치료 등 자기만의 전문성을 길러야 한다. 상담자가 아동들과 친밀한 관계를 형성하는 것도 중요하지만, 그 이후 치료적 개입이 필요할 때 상담자 쪽에서 아동치료와 관련하여 전문성이 없으면 상담은 그 효율성이 감소된다. 또한 아동의 연령이 낮을수록 대화로 진행되는 상담에 집중하기 힘들어 하기 때문에 전문상담사는 매개치료에 익숙할 필요가 있다.

2) 청소년상담

청소년기는 무한한 가능성의 시기이면서 심리적으로는 정체성의 위기를 경험하여 정서적인 불안이 높은 때다. '어떻게 하면 공부를 잘할 수 있을까?' 장차 대학교에 진학하여 무엇을 전공하여야 하며 어떤 직업을 가질 것인지에 대한 학업과 진로에 대한 고민, 학교폭력과 집단따돌림을 포함하는 교우문제 그리고 가족과의 갈등에 노출되는 시기이기도 하다. 이러한 여러 가지 고민과 갈등은 무절제한 스마트폰 사용, 게임중독, 우울증 그리고 자살시도로 연결되기도 한다. 그러므로 청소년전문상담사는 청소년들이 경험하는 문제들을 잘 알고 대처할 수 있는 능력이 필요하다. 상담자들은 일반적으로 가벼운 우울증과 불안, 자살시도, 강박장애, ADHD, 거식증 등의 문제를 가진 내담자를 상담할 수 있고 정신분열증 증상을 보이는 내담자를 만날 수도 있다. 특히 우울증과 불안은 청소년을 상담할 때 만날 수 있는 가장 흔한 문제다. 전문상담사가 접하는 청소년들의 문제 중에는 전문적인 도움을 줄 수 있는 관계기관에 의뢰해야 하는 경우도 있다. 임신, 정신질환, 동성연애 그리고 반복되는 자살시도 등은 전문가에게 의뢰하는 것이 보다 더 현명한 대처가 될 수 있다.

청소년을 상담할 때에는 그들과 소통하려는 자세가 중요하다. 전문상담사가 옳고 그름에 집중하다 보면 내담자를 판단하게 되고, 그 결과 내담자는 마음의 문을 닫아 버리게 된다. 그러므로 적극적인 경청과 무조건적인 수용의 자세가 필요하다. 청소년이 전문상담사를 신뢰하고 마음의 문을 열기 시작하면 상담의 절반 이상은 성공한 것이다. 비자발적인 청소년의 경우 전문상담사와 내담자가 마주보고 앉아서 상담을 하는 전통적인 방법을 따르기보다는 게임을 하거나 몸을 가볍게 움직이는 활동을 같이 하는 것도 친밀한 관계를 형성하는 데 도움이 될 수 있다.

대표적인 청소년상담 모델로는 블룸(Bloom, 1996)의 중재모델이 있다. 블룸의 모델은 3가지 차원에서 청소년을 중재하는 것인데, 첫 번째 차원은 상담자가 개인의 강점을 증진시키고 제한점을 감소시키는 것이다. 두 번째 차원은 상담자가 사회적 지지를 증가(부모 혹은 동료 그룹 등을 통해)시키고 사회적 스트레스는 줄여 주는 것이다. 마지막으로 청소년에게 영향을 미칠 수 있는 가난과 자연재해 그리고 청소년을 위한 지역공동체 프로그램과 같은 환경적 변수를 상담자가 적절히 다루어 청소년에게 유익을 주도록 하는 것이다. 이 모델은 상담자가 기꺼이 다른 기관이나 개인과 네트워크를 형성하는 것을 필요로 한다. 청소년 전문상담사는 당장의 보상이 없음에도 상당한 시간과 에너지를 투자할 각오를 해야 한다. 모든 상담분야가 그러하지만 특히 청소년상담은 사명의식과 봉사정신 없이는 힘든 분야다. 그러나 수고하고 애쓴 만큼 보람과 성취감도 큰 영역임에는 틀림이 없다.

4. 정신건강 상담

'정신건강전문상담사'는 다양한 장면에서 일할 수 있다. 정신건강센터, 지역사회전문가, 병원, 고용지원 프로그램(Employment Assistance Program: EAP)상담, 건강과 복지 증진 프로그램, 위기통제 기관, 자녀 생활지도 클리닉과 개업상담사까지 그 영역은 참으로 다양하다. 그들은 정신과 의사, 심리학자, 임상사회복지사, 정신과 간호사와 함께 일하는 전문가들이다. 그러므로 정신건강전문상담사는 DSM-5의 분류체계의 심리장애에 대해 잘 알고 있는 것이 중요하다. 그래야 다른 분야에서 일하는 정신건강전문가와 협력하여 내담자를 잘 도울 수 있기 때문이다. 그렇다면 이들이 하는 일들은 구체적으로 무엇인가?

첫째, 일차적 예방과 정신건강의 증진이다. 정신건강전문상담사들은 일차적 예방 프로그램의 실시와 관련하여 학교, 대학교, 종교시설, 지역사회건강센터, 공공 혹은 사설 기관 등과 적극적으로 연계하고 있다. 이러한 프로그램들은 주로 개인보다는 집단 혹은 대단위의 사람들을 대상으로 실시한다. 예를 들어, 전 세계적으로 1,200개 이상의 기관들이 자살예방을 위해 위기상담을 위한 전화와 인터넷 망을 갖추고 상담을 하는 것이 그 대표적인 예가 될 것이다(Befrienders International, 2007). 일차적 예방이 성공적으로 이루어져야 궁극적으로 개인과 지역공동체가 건강하고 보다 더 행복해질 수 있기 때문이다.

둘째, 이차적 예방과 삼차적(tertiary) 예방이다. 정신건강전문상담사는 일차적 예방과 함께 이차적 예방(이미 정신건강 문제를 겪고 있지만 더 이상 심각해지지 않도록 통제하는 것)과 삼차적 예방(심각한 정신건강 문제가 만성질환이 되어 삶을 위협하지 않도록 통제하는 것)을 하는 것이다. 이를 위해 상담자는 내담자의 기능을 평가하여 그 증상을 처치할 수 있도록 이론과 기법에 대한 적절한 훈련이 필요하다. 글래딩(Gladding, 2007)은 선진국이나 개발도상국에서 정신건강에 문제를 가진 사람들의 수는 기하급수적으로 증가하지만 전 세계적으로 정신건강 전문인의 수는 절대적으로 부족한 실정이라고 하였다. 심각한 정신건강의 문제를 가진 아이들의 증가는 가난, 홈리스, 약물남용의 증가와 정비례하고 있다(Collins & Collins, 1994). 그러므로 앞으로 정신건강전문상담사의 수요는 지속적으로 증가할 것이다.

5. 장애인 상담

장애인 상담과 관련하여 전문화된 상담영역을 담당하는 상담자는 재활전문상담사(rehabilitation counselor)다. 전문상담사의 일차적인 목표는 장애인이 회복하여 생활환경에 적응할 수 있도록 돕는 것이다. 이 목표 달성을 위해 전문상담사는 내담자의 현재 기능과 내담자가 속한 환경을 평가하여 환경이 그의 기능을 고양시킬지 오히려 방해가 될지를 파악해야 한다. 전문상담사가 내담자를 효율적으로 돕기 위해서는 다양한 영역의 상담이론과 기법을 사용할 수 있어야 한다. 전문상담사는 정서, 행동, 인지 등과 관련한 다양한 상담이론과 기법을 사용하지만 재활상담에 가장 많이 사용되는 것은 시스템 이론에 근거한다(Guzman, Yassi, Baril, & Loisel, 2008). 다양한 이론과 기법은 전문상담사가 사용하는 기술과 내담자의 요구에 의해 결정될 수 있다. 예를 들면, 성적 욕구 충족을 원하는 내담자에게는 심리교육적인 접근을 통해 그들의 욕구를 다루는 방법을 가르쳐야 할 것이고, 우울증을 가진 내담자는 인지적 혹은 행동적 중재가 필요할 것이다. 장애인 상담을 위해서는 장애 유형에 따라 상담의 목적과 방법도 달라져야 한다.

척수가 손상당했거나 실명한 신체장애는 그 개인의 정서에도 치명적인 영향을 미칠 수 있다. 이런 경우 내담자와 가족이 주어진 환경에 적응할 수 있도록 하는 것에 초점을 둔 상담과 재활이 이루어져야 한다. 리브네와 에번스(Livneh & Evans, 1984)는 신체장애를 가진 내담자는 적응을 위해 12단계를 겪게 된다고 지적하였다. 충격, 불안, 자기비하, 부인, 애도, 우울, 차단, 내면화된 분노, 외부로의 공격성, 감사, 수용, 적응이 그것이다. 이러한 단계에 맞게 전문상담사의 전략도 이루어질 수 있어야 한다. 예를 들면, 충격의 단계에 있는 내담자는 일체의 활동을 거부하고 인지적으로도 혼란스러울 것이다. 전문상담사는 이 내담자를 언어적 · 신체적으로 위로하고, 그의 말에 경청하며, 지지와 확신을 주어야 한다. 그리고 그가 발산하는 감정을 그대로 허용할 수 있어야 한다. 그러므로 신체장애인을 상담하는 사람은 지지자, 자문가, 교육자의 역할을 동시에 감당할 수 있어야 한다.

정신장애의 경우에는 어떤 재활상담이 필요할까? 정신장애의 정도는 인지능력과 관련하여 가벼운 정도에서 심각한 수준까지 다양할 수 있다. 아동의 경우 상담자의 임무와 기법은 신체장애를 가진 성인이나 청소년의 경우와 유사할 수 있다. 즉, 지지적 상담을 하고 생애활동을 계획해 주는 것이다. 그러나 청소년의 경우는 다르다. 먼저 그들 부모의 감정을 다루어 자녀가 이러한 장애를 가진 것에 대해 느끼는 부정적 감정을 다루고 자녀의 발달 가능성을 극대화할 수 있도록 긍정적인 상호작용을 하는 방법을 찾아야 한다.

AIDS(후천성면역결핍증)의 경우도 장애인 상담의 관점에서 접근할 필요가 있다. 최근에 의학계에서는 AIDS를 당뇨와 고혈압과 같은 만성질환으로 생각하고 있다. 치료와 관리만 잘하면 이 질환을 가지고도 사회 속에서 충분히 그리고 효과적으로 다른 사람들과 함께 살아갈 수 있다. 그러나 어떤 환자들은 질환이 진전됨에 따라 그 손상이 심해질 수 있고, 편견으로 인해 사회적 · 경제적 · 정치적으로 높은 장벽에 직면할 수도 있다(UNAIDS, 2009). HIV 양성 혹은 AIDS를 가진 사람들 중에는 이미 사회적으로 낙인이 찍혀 있기 때문에 전문상담사는 상담을 시작하기 전에 먼저 그들 자신의 태도와 감정을 조사하여야 한다. 전문상담사는 내담자들이 의미 있는 생활을 할 수 있도록 돕고 질병과 관련하여 발생할 수 있는 기능 손상에 대처할 수 있는 방법을 교육할 수 있어야 한다. 그리고 죽음과 영성에 관련한 주제들을 다룰 수 있도록 조력하여야 한다. 이들의 가장 흔한 감정은 충격, 불안, 두려움, 분개, 우울함이다. 그러므로 전문상담사는 내담자가 이러한 감정에 직면할 수 있고 만약의 경우 죽음을 위한 준비도 할 수 있도록 아주 예민하게 보살필 수 있어야 한다(Dworkin & Pincu, 1993).

6. 미래에 각광받을 상담분야

여기서는 미래에 각광받을 상담분야를 살펴보고자 한다. 아직 국내에 정착된 분야는 아니지만 멀지 않은 장래에 부각되는 상담 분야로 복지증진 상담, 사회정의 상담, 첨단기술을 활용하는 상담, 영성상담 그리고 노년상담을 소개하고자 한다.

1) 복지증진 상담

최근 상담 분야의 전문가들 사이에서 복지증진을 위한 상담이 필요하다는 목소리가 높다(Lawson, Venart, Hazler, & Kottler, 2007; Myers & Sweeney, 2005). 복지라는 것은 신체적 · 지적 · 사회적 · 심리적 · 정서적 · 환경적 요소를 포함하는 삶의 다양한 측면과 상관이 있다. 복지란 개념은 개인의 몸과 마음과 영혼이 통합되어 인간과 자연환경 안에서 훨씬 더 충만하게 살아가는 삶의 방식이며 개인이 성취할 수 있는 건강과 웰빙의 최상의 상태다(Myers, Sweeney, & Witmer, 2000). 복지증진을 위한 모델은 마이어스 등(Myers et al., 2000)에 의해 개발되었다. 이 모델은 5개의 삶의 과제와 상관을 짓고 있다. 영성, 자기교시(self-direction), 일과 여가, 우정, 사랑 같은 삶의 과제는 더 많은 하위과제로 나눌 수 있는데, 이는 가치감, 통제감, 문제해결과 창의성, 유머감각, 자기돌봄이다.

복지증진(promoting wellness) 상담은 긍정심리학에 그 기원을 두고 있는데(Beatch, Dienhart, Schmidt, & Turner, 2009), 이 개념은 이제 상담학계의 주요한 흐름이 되었다. 그동안 정신병리적인 접근을 해 오던 응용심리학의 다른 심리학자들도 이제는 이 분야를 새롭게 인식하고 있다. 사회학습이론과 자기효능감으로 유명한 반두라(Albert Bandura)와 학습된 무력감을 연구했던 셀리그먼(Martin Seligman) 같은 저명한 학자들의 이론도 긍정심리학의 연구를 포용하는 추세다. 긍정심리학은 인간을 병리적으로 약하고 상처가 있는 것으로 보는 것이 아니라 오히려 인간의 강점과 미덕(virtue)에 대해 연구한다(Seligman & Csikszentmihalyi, 2000). 이러한 맥락에서 볼 때 앞으로 상담의 추세는 내담자의 몸과 마음과 영혼을 더욱 건강하고 충만하게 채울 수 있도록 조력하는 복지증진 상담이 될 것이다.

2) 사회정의 상담

오늘날 상담이 사회정의에 관심을 갖는 것이 이상한 일은 아니다. 사회정의는 이민자, 인종, 나이, 사회경제적 유산, 신체적 능력 혹은 성적 경향 등의 문제로 사회에서 힘을 갖지 못하는 사람과 집단을 위해 자원, 권리, 처치에 있어서 공평하고 평등한 기본적인 가치를 반영하는 것이다(Constantine, Hage, Kindaichi, & Bryant, 2007). 사회정의 상담의 주요한 요소는 내담자가 자신의 성공을 위해 환경적 한계를 확인하고 도전하도록 조력하고, 전문상담사의 사회활동을 통해 억압적인 형태에 도전하며, 억압적인 사회구조로부터 내담자를 자유하게 하는 것이다(Astramovich & Harris, 2007). 사회정의를 위해 활동적으로 참여하고 있는 전문상담사 중에는 이제 지역사회와 공공정책 수립에 적극 참여하여 내담자를 변호하는 일을 하는 사람이 많이 있다(Constantine et al., 2007). 이렇게 함으로써 내담자의 개인적인 힘이 증가하도록 하고 내담자의 개인적 필요에 더 크게 반응하여 사회정치적 변화를 촉진시킨다(Kiselica & Robinson, 2001). 사회정의에 참여하는 전문상담사가 되기 위해서는 내담자들이 겪는 고통을 경감시키기 위해 적극적으로 헌신하며 희생할 수 있는 능력과 태도가 필요하다. 그리고 상담실이라는 제한된 공간을 벗어나 필요한 경우 다차원적인 견지에서 개인과 집단 및 조직을 중재하는 기술도 필요하다.

3) 첨단기술을 활용하는 상담

첨단기술을 상담에 활용하는 경우가 점점 증가하고 있는 추세다(Shaw & Shaw, 2006). 첨단기술은 교육, 사업, 과학, 종교, 정부, 의학, 농업을 포함하여 우리 생활의 모든 영역에 영향을 미치고 있다. 특히 인터넷은 이제 우리 생활의 중요한 도구가 되었다. 과거 상담 분야에 적용된 첨단기술은 기껏 상담내용을 기록하기 위한 워드작업과 자료검색 정도였는데, 이제는 인터넷을 통해 상담자와 내담자가 만나서 가상공간에서 상담도 가능하게 되었다. 이메일이나 채팅 역시 상담자와 내담자가 만나는 소통의 장이 되고 있다. 최근에는 『Journal of Technology』라는 온라인 상담을 전문적으로 다루는 잡지도 생겼다(Layne & Hohenshil, 2005). 첨단기술(컴퓨터 혹은 전화)을 활용하여 내담자를 상담하기 위해서는 다음과 같은 윤리적 · 법적인 위험이 따를 수 있다. ① 비밀보장의 문제, ② 위기 상황의 대처 문제, ③ 비언어적 정보의 결여, ④ 문제발생 시 사법권의 소재 문제, ⑤ 온라인 상담서비스의 효과연구의 부족, ⑥ 상담 중에 인터넷이 끊어진 경우, ⑦ 대면하지 못하는 내담자와의 라포 형성의 어려움 등이 있다(Pollock, 2006; Shaw & Shaw, 2006).

현재 많은 상담기관은 인터넷을 통한 서비스를 이미 제공하고 있으며 앞으로도 계속해서 증가할 것이다. 내담자가 지리적으로 상담자와 멀리 떨어져 있을 때, 신체적으로 장애가 있어 상담실을 찾기 불편할 때, 내담자가 말로 하는 상담보다 문자로 하는 상담을 선호할 때 더욱 그러할 것이다. 그러므로 전문상담사들은 새로운 시대에 첨단기술에 익숙해지는 것과 윤리적인 것에 민감해져야 하는 시대에 효과적으로 직면해야 한다.

4) 영성상담

영성은 상담관계, 과정 및 결과에 영향을 미치는 중요한 문화적인 요소로 점차 인정받고 있다(Harris, Thoresen, & Lopez, 2007). 융, 프랑클, 매슬로와 메이 같은 선각자들은 상담에서 영성의 중요성을 이미 강조했다. 영성은 복잡하고 다차원적인 개념이기 때문에 영성에 대해 아직 일치된 정의를 도출하지 못하였지만 영성은 초월, 자기실현, 목적과 의미, 전인성, 균형, 희생, 애타주의, 고양감 등의 개념을 포함하고 있다(Stanard, Sandhu, & Painter, 2000). 하나의 개념으로서 영성은 항상 개인의 전체성과 복지 그리고 연합된 독특하고 초월적인 차원의 의미 있는 경험으로 언급된다(Hinterkopf, 1998; Westgate, 1996).

자신의 건강을 잘 유지하여 건강하게 노년을 맞이하려는 사람들이 도움을 받고자 할 때 전문상담사는 그들에게 웰빙을 위한 영성을 중요하게 다루어야 한다. 전문상담사에게 도움을 구하는 사람들의 대부분은 영성과 종교가 그들 삶의 중요한 부분인 것을 인정한다(Burke et al., 1999). 1992년에 실시한 갤럽 조사에 응답한 사람 1,000명 중에 2/3가 자신과 유사한 영성의 가치와 신념을 가진 전문상담사를 만나기를 원한다고 응답했다(Lehman, 1993). 최근 심리치료 영역에서 영성과 종교에 관한 연구논문들이 증가하고 있는 추세다(Ottens & Klein, 2005). 잉거솔(Ingersoll, 1994)은 영성과 종교 및 상담에 대해 광범위하게 개관하면서 영성을 정의 내리기 위한 몇 가지 차원을 제시하였다. 다음의 특징들이 그의 정의에 포함되고 있다.

- 신적이거나 혹은 자신보다 강력한 힘의 개념
- 의미감
- 절대자와의 관계
- 신비한 것으로의 개방
- 즐거운 느낌
- 영적으로 고양시키는 활동에 참가하는 것
- 삶의 통합자로서 영적인 힘의 체계적인 사용

대부분의 사람에게 영적인 여행은 본성적인 것이다. 사람들이 집중하고 있는 것은 의미 있는 삶과 궁극적인 존재가 하나가 되는 것이다. 미국상담학회(ACA)의 분과인 '상담에 있어서 영성, 윤리, 종교적 가치를 위한 협회(Association for Spiritual, Ethical, and Religious Values In Counseling: ASERVIC)'에서는 그동안 상담에 있어 영성의 위치를 탐색하는 데 집중했었다. 잉거솔(Ingersoll, 1994)은 상담자가 내담자를 상담할 때 다음 몇 가지의 영성적인 견해에 관심을 가질 것을 말했다. 첫째, 내담자의 생활에서 영성의 중요성을 확인할 것, 둘째, 문제해결에서 영성과 관련한 언어와 이미지를 사용할 것, 셋째, 상담을 할 때 내담자의 세계관과 일치하도록 할 것, 넷째, 내담자가 생활에서 접촉하는 '치유자', 예를 들면 목사, 성직자 혹은 랍비 등에게 자문을 구할 것이다. 켈리(Kelly, 1995)는 ACA에 소속된 전문상담사의 대다수는 그들의 삶에서 일반적인 종교생활 외에도 영성에 가치를 두고 있는 것으로 반응했다. 그리고 많은 경우에 전문상담사들의 개인적인 영성과 종교는 내담자들의 영성 혹은 종교적인 문제와 조화를 이루는 것을 확인하였다(Kelly, 1995). 그러므로 앞으로 상담자들은 영성에 더욱 가치를 두고 상담에 임해야 할 것이다.

5) 노년상담

의학의 발달과 수명 연장으로 노령인구는 증가하고 있다. 이에 따라 노령인구에 대한 상담의 수요도 증가할 수밖에 없다. 노인들은 다음의 몇 가지 직면하는 문제에 대해 성공적으로 대처할 수 있는 기술을 배워야 한다. ① 친구와 배우자의 죽음, ② 신체 에너지의 감소, ③ 은퇴에 따른 수입의 감소, ④ 늘어난 여가 시간과 새로운 친구를 사귀는 과정, ⑤ 새로운 사회적 역할을 발달시키기, ⑥ 성장한 자녀를 다루기, ⑦ 삶의 양식을 만족할 만하게 바꾸기다(Havighurst, 1959). 체력이 약해지는 것과 같은 것은 나이가 들면서 점진적으로 찾아오지만 죽음은 갑자기 찾아오는 것이다. 결국 나이가 든다는 것은 긍정적 · 부정적 변화다. 긍정적 변화에는 개인차가 있겠지만 손주가 태어나 할아버지 혹은 할머니가 되는 것도 있고, 대중교통을 이용할 때 노인 할인 혜택이 있을 수도 있다. 그러나 배우자의 죽음, 직업의 상실, 갑자기 찾아온 질환 등은 최고 수준의 스트레스 요인으로 작용할 수 있다. 이러한 부정적인 변화는 대부분의 노인에게 그들의 슬픔과 좌절에 대한 지지 집단이 부족하고 스스로 대처할 수 있는 능력이 부족하여 많은 어려움을 주고 있다. 나이가 들면서 가장 주요한 문제들은 외로움, 신체질환, 은퇴, 한가함, 사별과 노인학대 등이다(Morrissey, 1998; Shanks, 1982; Williams, Ballard, & Alessi, 2005). 또 이들은 우울증, 불안, 정신장애 등도 경험하게 된다. 정신병원에 입원한 환자의 30% 정도가 노인이고, 미국에서는 자살률의 약 25%가 60세 이상의 노인이다. 2005년 통계에 의하면 캐나다에서는 자살률의 16.7%가 60세 이상의 노인이었다(Statistics Canada, 2009). 그리고 노인학대의 실상 역시 세계적으로 심각한 문제로 부상하고 있다. 미국에서는 한 해에 거의 600,000건이 노인학대와 상관이 있는데, 주로 신체적 학대, 심리적 학대, 재정적인 착취, 개인권리, 자유발언, 사생활 등의 인권침해 등과 상관이 있다(Welfel, Danzinger, & Santoro, 2000). 미국에서는 알코올 의존증이 흔한데 6~16%의 노인이 알코올 의존증 환자이고(Williams et al., 2005), 캐나다에서는 5~11%의 노인인구가 진단이 미확정인 장애를 경험하고 있다(McEwan, Donnelly, Robertson, & Hertzman, 1991). 그러므로 노년을 위한 상담이 필수불가결한 시대가 도래한 것이다.

제5부

상담학의 도구

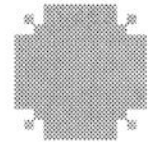

제9장
심리평가의 이해, 면담, 지능검사

박상규

내담자를 좀더 객관적으로 빨리 이해하기 위해 심리평가가 사용된다. 제9장에서는 심리평가와 면담, 지능검사, 학습능력검사 등에 대해 알아보고자 한다. 이는 내담자를 잘 이해하는 만큼 상담의 효과성이 높기 때문이다.

이 장에서는 먼저 심리평가에 대한 올바른 이해와 유의점에 대해서 알아본다. 심리평가는 심리검사뿐만 아니라 면담과 행동관찰, 기타 참고자료 등을 포함한다.

면담에서는 언어적 내용과 더불어 비언어적 내용 모두가 중요하다. 특히 방어적이거나 비협조적인 내담자의 경우 비언어적 자료가 내담자를 이해하는 데 주요한 단서가 된다.

면담은 내담자를 이해하기 위한 목적으로 실시된다. 전문상담사는 면담의 목적과 대상에 따라 면담 전에 철저한 준비를 해야 한다. 면담은 시작단계, 중간단계, 종료단계로 구분할 수 있다. 면담에 영향을 주는 요인에는 상담자 및 내담자의 특성이나 요구, 상황과 같은 변인들이 있다.

심리검사는 표준화, 신뢰도, 타당도를 갖추어야 객관성을 높일 수 있다. 심리검사는 실시 방법에 따라 개별검사와 집단검사로 나눌 수 있고, 반응 차원에 따라 객관적 검사와 투사적 검사로 분류할 수 있다. 제9장에서는 한국판 웩슬러 성인지능검사-4판 등 성인용 지능검사와 한국판 웩슬러 아동지능검사-4판, 카우프만 아동용 지능검사 등의 아동용 지능검사의 구성 내용이나 실시방법, 채점 등에 대하여 알아보고 마지막으로 학습능력 검사 등에 대해서 살펴보고자 한다.

1. 심리평가의 이해

1) 개요

심리평가는 내담자를 올바로 이해하기 위한 목적으로 실시된다. 전문상담사가 내담자를 잘 이해해야 내담자에게 제대로 도움을 줄 수 있다. 심리평가는 내담자를 객관적으로 빠른 시간 안에 수량적으로 비교하여 이해할 수 있다는 장점이 있다(민성길, 2011). 심리평가는 심리검사뿐만 아니라 면담과 행동관찰, 기타 참고자료 등을 포함한다(박영숙 외, 2010). 심리평가 결과가 유용하기 위해서 상담자는 특정한 심리검사에 대한 지식과 더불어 면담기법, 성격이론과 정신병리 등에 대한 지식과 임상경험을 갖추어야 한다(이수영 외, 2010).

심리검사는 인간의 능력, 인지, 정서, 성격 등의 심리적 특성의 내용과 그 정도를 밝힐 목적으로 일정한 조건하에서 질적 혹은 양적으로 기술하는 조직적 절차다(강봉규, 1999).

심리검사가 객관화되고 검사의 결과를 믿을 수 있기 위해서는 타당도와 신뢰도가 높고 표준화된 검사를 사용해야 한다. 또 검사자와 내담자 간에 라포(rapport)가 잘 형성되어야 원래 의도한 심리검사의 목적을 달성할 수 있다.

심리검사는 개인의 인지, 정서, 성격, 적성 그리고 진단을 위해서 사용될 수 있다. 한국판 웩슬러 성인지능검사-4판, 한국판 웩슬러 아동지능검사-4판, 카우프만 아동용 지능검사 등의 지능검사와 치매검사 등은 인지적인 면을 알아보는 검사다. 벡의 우울척도(Beck Depression Inventory: BDI), 불안검사 등은 내담자의 정서 상태를 알아보는 데 사용된다. 성격을 평가하기 위해서는 다면적 인성검사(Minnesota Multiphasic Personality Inventory: MMPI), 성격평가질문지(Personality Assessment Inventory: PAI), 마이어브릭스 성격유형검사(Myers-Briggs Type Indicator: MBTI)와 같은 객관적 검사와 문장완성검사(Sentence Complete Test: SCT), 인물화검사(Draw A Person Test: DAP), 로르샤하 검사(Rorschach Test), 주제통각검사(Thematic Apperception Test: TAT) 같은 투사적 검사가 사용된다. 적성을 알아보기 위해서는 홀랜드 진로적성검사, 스트롱(Edward Strong) 직업흥미검사 등이 사용된다. 좀 더 정확한 진단을 위해서는 검사 배터리가 사용될 수 있다.

2) 심리검사에 대한 올바른 이해와 유의점

심리검사의 결과는 내담자를 이해하기 위한 하나의 참고자료다. 심리검사로 인간의 모든 면을 정확하게 이해하기는 어렵다. 아무리 뛰어난 전문가라도 어떤 한 검사를 통하여 개인을 완전하게 이해할 수는 없다. 검사자는 심리검사 결과를 면담이나 행동관찰 혹은 가족과의 면담, 기타 자료를 참고하여 객관적인 평가를 내려야 한다. 심리검사의 결과는 한 개인의 모든 특성이나 문제를 정확하게 설명하는 것이 아니라 제한된 범위 내에서 한 개인을 비교적 객관적으로 이해하는 데 사용되는 참고자료로 보아야 한다.

검사자는 내담자에게 실시한 심리검사의 결과를 그 내담자와 동일시해서는 안 된다. 예를 들어, 심리검사 결과에서 내담자에게 어떤 성격 특성이 있을 수 있음을 나타내더라도 상담자가 이해하지 못하는 내담자의 또 다른 성격 특성이 있을 수 있으며 무엇보다도 한 인간으로서 많은 장점과 잠재력을 가지고 있기 때문이다.

심리검사나 면담의 결과에 대한 해석은 상담자의 가치관, 이론, 경험 혹은 개인의 억압된 무의식적 역동 등에 영향을 받는다. 따라서 검사자는 객관성을 유지하기 위해 자신을 항상 분리하여 주시할 필요가 있다.

그러나 심리검사의 결과를 너무 부정적으로만 보는 것 또한 좋지 않다. 심리검사는 한 개인의 심리를 좀 더 객관적으로 빠른 시간 안에 이해하는 데 도움이 되기 때문이다.

심리검사는 일정한 자격을 갖춘 전문가가 실시하고 해석해야 한다. 심리검사의 실시나 해석에서는 전문적인 역량이 중요하다. 특히 투사적 검사에는 객관적 검사보다는 검사자 내면의 해결되지 않은 감정이 투사될 가능성이 더 많기 때문에 상담자가 자기를 잘 성찰하는 것이 좀더 타당한 해석을 가능하게 한다.

검사자는 어떤 심리검사를 시행하기 전에 본인이 그 검사를 실시하고 해석할 수 있는 적절한 자격이 있는지를 살펴보아야 한다. 만약 자신이 특정한 심리검사를 시행할 수 있는 자격이 부족하다고 생각되면 자격이 있는 전문가에게 검사를 의뢰해야 한다. 자격이 없는 검사자가 심리검사를 잘못 실시하고 해석할 경우에는 내담자에게 많은 피해를 입힐 수 있다.

검사자가 내담자의 문제를 객관화해서 이해하고자 할 때에는 MMPI나 PAI 등의 객관적 검사 위주로 사용하는 것이 좋다. 검사자는 타당도, 신뢰도, 표준화가 갖추어진 검사를 선정해서 실시해야 오류를 줄일 수 있다. 그리고 초보자는 반드시 전문가의 지도를 받고 심리검사를 실시해야 한다.

2. 면담

1) 개요

면담은 개인을 이해하는 데 가장 주요한 방법이다. 심리검사도 일종의 객관화된 면담과정으로 볼 수 있다. 경험이 많은 상담자는 면담을 통해 내담자의 인지, 정서, 성격, 정신병적 증상, 특성 등을 파악할 수 있다.

면담에서는 내담자가 말하는 언어적 내용뿐만 아니라 내담자의 표정이나 태도, 목소리, 눈빛 등 비언어적 내용도 중요하다. 때로는 비언어적 내용이 언어적 내용보다 더 신뢰성 있고 중요한 정보를 제공하기도 한다. 특히 자신의 문제를 방어하거나 과장하려는 의도가 있을 수 있는 특정 집단의 경우에는 비언어적 내용에 주의를 집중해서 관찰할 필요가 있다. 대부분의 사람은 얼굴 표정이나 몸짓, 목소리 등의 신체언어에서는 방어가 어렵기 때문이다. 따라서 전문상담사는 비언어적 행동의 의미를 읽을 수 있는 훈련과 경험을 갖추어야 한다. 면담의 객관성을 높이기 위해서는 비구조화된 면담보다는 구조화된 면담을 사용하는 것이 도움이 된다.

자기 자신의 문제에 대한 인식이 없는 정신병적 증상이 심한 내담자나 부인(denial)의 방어기제를 주로 사용하는 중독자를 면담할 때에는 중독자에 대한 면담뿐만 아니라 가족이나 보호자 등과의 면담을 통해서도 정보를 보충해야 한다.

2) 면담의 목적

심리평가에서의 면담은 내담자를 이해하거나 진단적 평가를 위해 주로 사용된다. 전문상담사는 심리평가의 목적에 맞게 면담과정을 잘 이끌어 가야 한다.

내담자의 정신기능의 진단을 위해서는 병력이나 과거력, 가족력 등을 알아본다. 정신 상태의 평가에는 내담자의 옷차림이나 표정, 목소리와 같은 외모와 행동을 평가하는 것, 내담자의 감정을 평가하는 것, 환각이나 착각 등 지각을 평가하는 것, 지남력, 기억력, 지능, 현실판단력, 주의집중력과 같은 인지적 기능을 평가하는 것 등이 포함된다(박경, 최순영, 2009).

3) 면담의 준비

전문상담사는 면담에 앞서 철저한 준비를 해야 한다. 면담에 방해가 될 수 있는 요소를 줄이고 면담을 잘할 수 있는 환경과 분위기를 만들어야 한다. 전문상담사는 앞으로 만나게 될 내담자와 관련된 정보를 미리 알아보고 논의될 주제 영역들에 대한 지식을 갖추어야 한다(Heiden & Hersen, 2001).

면담을 올바로 하기 위해서는 정신병리나 이상행동에 대한 지식, 임상경험 등이 필요하다. 만약 상담자가 만나게 될 내담자가 스마트폰 게임 중독 청소년이라면 상담자는 스마트폰 게임과 게임 중독 그리고 청소년의 발달 특성 등에 대하여 잘 알고 있어야 한다.

4) 면담의 과정

면담은 과정에 따라 시작단계, 중간단계, 종료단계 등으로 구분할 수 있다. 면담의 모든 단계에서 경청과 존중, 적절한 공감이 있어야 한다.

면담의 시작단계에서는 라포가 잘 형성되어야 한다. 내담자의 마음이 편안하고 자신이 존중받고 이해받고 있다고 느낄 때 내담자는 자신의 속내를 충분히 드러낼 수 있다. 내담자가 자기의 심정을 잘 말할 수 있도록 편안함과 신뢰감을 갖게 하고 때로는 격려할 필요가 있다.

상담자가 내담자를 처음 만나게 되면 내담자에게 자기 자신을 소개하면서 날씨나 경치에 대해서 말하거나 혹은 상담자와 내담자가 공통되는 내용을 주제로 삼아 대화를 시작할 수 있다. 상담자는 "지금 기분은 어떤가요?" 등과 같은 것을 물어볼 수 있다. 시작단계에서는 지금 이 시점에 내담자가 면담을 하게 된 이유가 무엇인지를 알아보는 것이 좋다.

정신과적 문제를 가진 사람은 면담 중에 자기중심적이고 비현실적인 내용을 이야기할 경우가 있다. 이때 상담자는 자신의 입장에서는 그렇지 않더라도 내담자의 입장에서는 그렇게 생각하고 느낄 수 있음을 알고 공감해야 한다. 망상증을 보이는 내담자의 경우에는 그 사람의 입장에 대해서 공감해 주되, 망상 내용을 인정하거나 망상의 내용과 논쟁해서는 안 된다.

중간단계는 내담자를 이해하기 위해 필요한 정보를 수집하는 단계다. 내담자가 말하는 언어적 내용과 아울러 행동관찰로 나타나는 비언어적 내용을 수집하여 내담자를 충분히 이해하도록 해야 한다.

정보를 수집하기 위해서는 주로 질문을 사용한다. 질문에는 개방적 질문과 폐쇄적 질문이 있다. 개방적 질문은 "오늘 기분은 어떠한가요?"와 같은 질문으로 반응이 비교적 개방되어 있다. 폐쇄적 질문은 "오늘 기분이 좋으십니까?"와 같이 내담자가 "예" "아니요" 등으로 대답할 수 있는 질문이다. 면담에서 많은 정보를 얻기 위해서는 개방적 질문을 주로 하고, 필요한 것을 확인해야 할 경우에는 폐쇄적 질문을 하는 것이 좋다.

전문상담사는 내담자가 말한 내용에 대해서 좀더 구체적으로 혹은 자세히 말하도록 요구함으로써 내담자를 좀더 깊이 이해할 수 있다.

면담의 중간단계에서는 내담자가 말한 내용에 대해서 때로는 직면이나 명료화, 해석, 요약 등과 같은 방법을 사용하기도 한다(민성길, 2011).

면담과정에서 라포를 잘 유지해 가면서 지금 내담자의 입장이 어떠하고, 어떤 생각과 감정, 욕구를 가지고 있으며, 과거나 현재 환경의 어떤 요인과 관련해서 지금 어떤 생각이나 행동을 하고 있는지를 잘 이해할 수 있어야 한다.

면담의 종료단계에서는 내담자가 면담 전에 비해 편안해지고 이해 받았다는 느낌을 가질 수 있어야 한다. 종료단계에서 상담자는 내담자에게 혹시 더 하고 싶은 말이나 질문이 있는지를 물어볼 수 있다(Heiden & Hersen, 2001).

5) 면담에 미치는 영향

상담자는 면담에 미치는 영향에 대해서 잘 알고 있어야 한다. 면담의 결과는 상담자, 내담자, 상황 등에 영향을 받기 때문이다. 면담에 미치는 영향은 전문상담사와 내담자의 입장에서 구분할 수 있다.

내담자를 대하는 전문상담사의 태도가 면담의 과정에 중요한 영향을 미친다. 전문상담사가 진정성을 가지고 내담자를 존중하고 적절히 공감하면 내담자에게서 더 많은 정보를 얻게 된다. 상담자는 면담 중에 자신의 말과 행동이 내담자에게 미칠 수 있는 영향이 무엇인지를 고려할 필요가 있다.

면담에 임하는 내담자의 동기나 상황도 면담에 영향을 줄 수 있다. 예를 들어, 입사나 진학을 위해서는 실제보다 자신을 더 좋게 보이려고 하거나 자신의 문제를 부인하고 방어하려는 경우가 있다. 범죄를 저지른 후 교도소에 구속되어 있는 사람의 경우 자신의 책임을 덜기 위해서 상담자에게 병리적인 면을 과장하려는 등 내담자는 자신의 문제를 솔직하게 말하지 않을 수도 있다.

일부 비행청소년이나 중독자의 경우에는 자기 문제에 대한 인식과 동기가 낮아 면담에 비협조적인 태도를 보이기도 한다. 비협조적인 내담자를 면담하기 위해서는 내담자가 보이는 태도가 의미하는 것이 무엇인지를 잘 이해하고 나서 공감하고 적절히 대해야 한다. 특히 동기강화적 상담에서는 내담자를 존중하고 공감하며 불일치를 알게 하고, 저항에 맞서지 않는 등의 방법을 사용한다.

6) 기록

면담이 끝난 다음에는 면담의 내용을 잘 정리해야 한다. 면담의 내용을 기록할 때에는 내담자의 허락을 받고서 하는 것이 좋다. 기록 방법에는 글쓰기, 녹음, 비디오 촬영 등이 있다. 상담자는 기록을 다한 후에는 필요한 내용을 보완하고 다시 체계화해서 나중에 내담자를 이해하는 데 필요한 자료로 활용할 수 있다.

7) 면담의 환경

면담은 내담자가 쾌적함을 느낄 수 있는 환경에서 진행되어야 한다. 적절한 조명과 온도, 조용함, 편안한 의자 등이 필요하다. 전문상담사는 면담할 때 주변의 방해를 받지 않도록 잘 준비해야 한다. 전화기를 꺼 놓고, 면담실을 잘 정리해야 한다. 전문상담사는 내담자가 자신의 문제를 편안하게 이야기할 수 있는 분위기가 되도록 노력해야 한다.

8) 전문상담사의 자기 주시

전문상담사는 면담을 하면서 자신의 행동이 내담자에게 미칠 수 있는 영향에 대해 성찰해야 한다. 전문상담사가 자신의 신체 상태와 감정 등을 주시할 수 있으면 편안한 마음으로 내담자를 대할 수 있다. 전문상담사가 편안해야 내담자의 마음을 잘 반영할 수 있다. 전문상담사가 자신과 상황을 잘 살펴보고 이해하는 만큼 내담자에 대한 깊은 이해가 가능하다.

3. 심리검사의 요건

심리검사는 표준화, 신뢰도, 타당도가 갖추어져야 객관성을 높일 수 있다(Anastasi, 1988).

1) 표준화

심리검사의 표준화는 '집단이 검사 대상의 모집단을 대표하는가?' '표준화 집단이 충분이 큰가?' 그리고 '세분화된 하위집단의 규준이 있는가?' 등을 알아보는 것이다. 심리검사에서 표준화는 검사의 제작뿐만 아니라 실시과정과 채점에 있어서도 일정한 기준을 정해 놓고 있다.

표준화 과정에서 가장 중요한 것은 적절한 규준을 정하는 것이다. 규준이란 표준집단에 실시한 검사 점수의 분포로서 개인의 점수를 비교하는 기준이 된다. 일반적으로 피검자의 연령이나 학년, 지역 등에 따라 비교할 수 있다(박경, 최순영, 2009).

2) 신뢰도

신뢰도는 검사가 시간에 따라서 변하지 않는 일관성, 안정성, 예측력, 정확성 등을 말한다. 신뢰도는 상관계수로 측정한다.

(1) 검사-재검사 신뢰도

검사-재검사 신뢰도(test-retest reliability)는 동일한 검사를 동일한 내담자에게 2번 시행하고 그 결과에 대하여 상관관계를 산출하는 것이다.

(2) 반분 신뢰도

반분 신뢰도(split-half reliability)는 한 개의 검사 도구를 한 집단에 실시한 다음 그것을 적절한 방법에 의해서 두 부분의 점수로 나누고 이 부분끼리의 상관을 알아보는 것이다.

(3) 동형검사 신뢰도

동형검사 신뢰도(alternate form reliability)는 한 개인에게 동형의 두 검사를 차례로 실시한 후에 두 검사-점수 간의 상관계수를 알아보는 것이다.

(4) 검사자 간 신뢰도

검사자 간 신뢰도(interscorer reliability)는 한 사람의 검사 점수를 두 채점자에게 채점하도록 한 후에 두 점수 간의 상관관계를 알아보는 것이다.

3) 타당도

타당도는 심리검사의 구성에서 가장 중요한 요소다. 타당도는 한 검사가 측정하고 있는 것을 '정확하게 측정하고 있는가?' '잘 측정되고 있는가?' '무엇이 측정되고 있는가?' '예측할 수 있는가?' 등의 질문으로 알아보는 것이다. 타당도는 주로 전문가에 의해 결정된다.

(1) 내용 타당도

내용 타당도(content validity)는 검사 문항이 측정하고자 하는 영역을 얼마나 잘 대표하는지를 알아보는 것이다. 내용 타당도는 관련 전문가가 검사내용을 점검하는 것으로 결정된다.

(2) 준거 타당도

준거 타당도(criterion validity)는 검사 점수와 외적 준거 측정 간의 관계를 알아보는 것으로, 검사가 준거가 되는 행동을 어느 정도 예언할 수 있는지를 살펴보는 것이다. 이러한 준거 타당도는 공인 타당도(concurrent validity)와 예언 타당도(predictive validity)로 구분된다. 공인 타당도는 검사 점수와 준거 점수 사이의 상관계수를 말한다. 예언 타당도는 한 측정도구가 그 검사 결과로서 내담자의 미래 행동을 어느 정도 예언할 수 있느냐 하는 것이다.

(3) 구성 타당도

구성 타당도(construct validity)는 검사가 이론적인 구성이나 특성을 정확하게 측정하고 있는 정도를 알아보는 것이다.

4. 심리검사의 분류

1) 실시 방법에 따른 분류

(1) 개별검사

개별검사는 전문상담사가 내담자 한 사람을 대상으로 실시하는 검사다. 개별검사는 한 내담자에게 집중할 수 있어 행동관찰이 용이하고 정확성을 높일 수 있다. 내담자의 문제가 심각하고 중요한 사례일 경우에는 개별검사로 실시해야 한다. 지능검사와 투사적 검사 등 일부 검사는 검사 특성상 개별검사를 실시해야 한다.

(2) 집단검사

집단검사는 동일한 시간에 여러 사람을 대상으로 실시하는 검사다. 집단으로 실시하면 시간과 경제적인 면에서 장점이 있다. 집단으로 실시할 수 있는 검사는 MMPI, PAI, MBTI 등이다. 많은 사람을 대상으로 선별검사를 할 경우에는 집단검사가 많이 사용된다.

2) 반응 차원에 따른 분류

(1) 객관적 검사

객관적 검사는 객관화된 질문지로 구성되어 있다. 객관적 검사의 장점은 검사 실시가 간편하고 신뢰도와 객관성이 보장되어 있다는 것이다. 반면에 단점으로는 내담자가 자신의 문제를 방어할 가능성이 있다는 것이다. 내담자가 사회적으로 바람직한 방향으로 반응하는 경향이 많고, 문항 내용이 제한되어 있고, 내담자의 반응 경향성에 영향을 받는다는 점이다.

(2) 투사적 검사

투사적 검사는 검사 자극에 투사하는 반응을 보고 그 개인의 심리를 추정하는 것이다. 주로 모호하고 불분명한 시각적 자극을 내담자에게 제시하고 반응하게 하여 그 반응을 분석하는 것이다. 투사적 검사의 장점은 검사 반응이 독특하고, 방어가 어렵고, 반응 내용이 풍부하며, 무의식적 내용이 반영된다는 것이다. 단점으로는 타당도와 신뢰도가 비교적 낮다는 점 등이 있다(박영숙 외, 2010).

3) 심리검사 배터리

심리검사 배터리는 한 명의 내담자에게 여러 가지의 심리검사를 하나로 묶어서 실시하는 것이다. 예를 들어, K-WAIS-IV, MMPI, SCT, BGT, DAP, 로르샤하 검사, TAT 등의 검사를 하나의 틀로 묶어서 실시하는 것이다. 검사 배터리를 사용하면 내담자에 대한 다양한 측면을 분명하게 알 수 있다는 장점이 있다. 반면에 시간과 경비가 많이 든다는 단점이 있다(박경, 최순영, 2009).

심리검사의 효율성을 높이기 위해서는 현재의 내담자를 이해하는 데 필요한 검사를 위주로 선정하여 사용하는 것이 좋다. 단지 내담자의 지능만 알 필요가 있을 경우에는 K-WAIS-IV와 같은 검사를 사용하고, 내담자의 정신병리를 객관적으로 알아보기 위해서는 MMPI나 PAI 등의 검사를 사용하는 것이 좋다.

5. 한국판 웩슬러 성인지능검사-4판

1) 개요

지능검사의 정의는 학자마다 다양하다. 지능은 한 개의 일반적 요인으로만 볼 수 없고 다양한 요인으로 이해해야 한다. 아직 인간의 다양한 지적 능력의 모두를 완벽하게 측정할 수 있는 지능검사는 개발되지 않고 있다.

지능검사는 그 지능을 정의한 사람에 따라 다르게 구성될 수 있다. 따라서 산출된 지능검사의 결과인 IQ(지능지수)는 그 지능검사의 정의와 측정하고자 하는 목적에 제한된다.

웩슬러(Wechsler, 1958)는 지능은 합리적으로 생각하며, 환경에 효과적으로 대처하는 종합적인 능력이라고 정의했다. 웩슬러 성인지능검사(WAIS)는 이러한 웩슬러(1958)의 정의에 따라 구성된 검사다.

K-WAIS(Korean Wechsler Adult Intelligence Scale)는 웩슬러 성인지능검사의

K-WAIS-IV 기록용지

한국판 웩슬러 성인용 지능 검사 4판

수검자 이름:

검사자 이름:

수검자의 연령계산	년	월	일
검 사 일			
생년월일			
연 령			

환산점수표

소 검 사	원점수	환산점수					준거집단 환산점수
토막짜기(BD)							
공통성(SI)							
숫자(DS)							
행렬추론(MR)							
어휘(VC)							
산수(AR)							
동형찾기(SS)							
퍼즐(VP)							
상식(IN)							
기호쓰기(CD)							
순서화(LN)				( )		( )	( )
무게비교(FW)			( )			( )	( )
이해(CO)		( )				( )	( )
지우기(CA)					( )	( )	( )
빠진곳찾기(PCm)			( )			( )	( )
환산점수 합							
		언어이해	지각추론	작업기억	처리속도	전체검사	

조합점수표

지 수	환산점수 합	조합점수		백분위	신뢰구간 90% 또는 95%
언어이해		VCI			
지각추론		PRI			
작업기억		WMI			
처리속도		PSI			
전체검사		FSIQ			

*신뢰구간 계산에 사용하는 SEMs는 기술 및 해석 요강의 표 4.3 참조

소검사 환산점수 프로파일

	언어이해				지각추론					작업기억			처리속도		
	SI	VC	IN	CO	BD	MR	VP	FW	PCm	DS	AR	LN	SS	CD	CA

19, 18, 17, 16, 15, 14, 13, 12, 11, 10, 9, 8, 7, 6, 5, 4, 3, 2, 1

조합점수 프로파일

VCI	PRI	WMI	PSI	FSIQ

160, 155, 150, 145, 140, 135, 130, 125, 120, 115, 110, 105, 100, 95, 90, 85, 80, 75, 70, 65, 60, 55, 50, 45, 40

PEARSON

PsychCorp

한국심리주식회사

www.koreapsy.co.kr service@koreapsy.co.kr 전화 053-422-4337

출처: 황순택 외(2012).

[그림 9-1] K-WAIS-IV 기록용지

첫 한국판인 KWIS(1963)에 이어 두 번째로 개발된 검사다. 이 검사는 16세 이상부터 64세 이하 성인을 대상으로 하고 있다(임상심리학회, 1992).

웩슬러 성인지능검사-4판(Wechsler Adult Intelligence Scale-IV; Wechsler, 2008)은 16세 0개월부터 90세 11개월까지의 청소년과 성인의 인지능력을 개인적으로 평가할 수 있도록 만들어진 임상도구다(황순택 외, 2012 재인용). WAIS-IV가 중점을 두고 개정한 것은 검사의 구조를 단순화하는 것, 인지능력에서 좀더 독립적인 영역에 관한 수행을 나타낼 수 있는 지수점수(index score)를 강조한 것 등이다. 한국판 웩슬러 성인지능검사 4판(Korean Wechsler Adult Intelligence Scale-IV: K-WAIS-IV)은 WAIS-IV를 우리나라에 맞게 표준화한 것으로, 2012년에 황순택 등에 의해서 개발되었으며 16세부터 69세까지를 대상으로 하고 있다.

2) 구성 내용

K-WAIS-IV는 10개의 핵심 소검사와 5개의 보충 소검사 등 총 15개의 소검사가 있으며, 언어이해, 지각추론, 작업기억, 처리속도 등의 4개의 지수 척도로 구성되어 있다. 언어이해 척도에는 공통성, 어휘, 상식 등의 3개의 핵심 소검사와 1개의 보충 소검사인 이해 소검사가 있다. 지각추론 척도에는 토막 짜기, 행렬추론, 퍼즐 등의 3개의 핵심 소검사와 무게 비교, 빠진 곳 찾기 등의 2개의 보충 소검사가 있다. 작업기억 척도에는 숫자, 산수 등의 2개의 핵심 소검사와 1개의 보충 소검사인 순서화가 있다. 처리속도 척도에는 동형 찾기, 기호 쓰기 등의 2개의 핵심 소검사와 지우기의 1개의 보충 소검사가 있다. 〈표 9-1〉은 K-WAIS-IV 소검사에 대한 설명이다(황순택 외, 2012).

표 9-1 K-WAIS-Ⅳ 소검사의 약어와 설명

소검사	약어	설명
토막 짜기 (Block Design)	BD	빨간색과 흰색의 토막을 사용하여 제한시간 내에 제시된 모형과 그림 혹은 그림만 보고 자극과 똑같은 모양을 만든다.
공통성 (Similarities)	SI	공통적인 사물이나 개념을 나타내는 두 개의 단어가 제시되면 유사점이 무엇인지를 기술한다.
숫자 (Digit Span)	DS	숫자에는 바로 따라 하기와 거꾸로 따라 하기가 있다. 바로 따라 하기에서는 검사자가 읽어 준 일련의 숫자를 동일한 순서로 기억하는 것이며, 거꾸로 따라 하기에서는 검사자가 읽어 준 일련의 순서를 역순으로 기억하는 것이다.
행렬 추론 (Matrix Reasoning)	MR	일부가 빠져 있는 행렬을 본 다음에 이를 완성할 수 있는 반응선택지를 고르는 것이다.
어휘 (Vocabulary)	VC	그림 문항에서는 시각적으로 제시되는 물체의 이름을 말하는 것이다. 언어적 문항에서는 인쇄된 글자와 동시에 구두로 제시되는 낱말의 뜻을 말하는 것이다.
산수 (Arithmetic)	AR	정해진 시간 안에 여러 개의 산수 문제를 암산으로 푸는 것이다.
동형 찾기 (Symbol Search)	SS	정해진 시간 안에 표적 기호와 동일한 것을 탐색 집단에서 찾아서 표시하는 것이다.
퍼즐 (Visual Puzzles)	VP	완성된 퍼즐을 보고서 정해진 시간 안에 그 퍼즐을 만들 수 있는 세 개의 반응을 찾는 것이다.
상식 (Information)	IN	광범위한 영역의 일반 상식에 관한 질문에 답하는 것이다.
기호 쓰기 (Coding)	CD	주어진 시간 안에 숫자와 짝지어진 기호를 옮겨 적는 것이다.
순서화 (Letter-Number Sequencing)	LN	검사자가 여러 가지 숫자와 글자를 읽어 주면 숫자와 글자를 순서대로 회상하는 것이다.
무게 비교 (Figure Weights)	FW	정해진 시간 안에 양쪽 무게가 달라 균형이 맞지 않는 저울을 본 다음, 균형을 맞추는 데 필요한 반응을 찾는다.

이해 (Comprehension)	CO	일반적인 상식과 사회적 상황에 대한 이해에 근거해서 질문하는 것이다.

출처: 황순택 외(2012).

3) 실시방법, 채점 및 분석

K-WAIS-IV 검사를 올바르게 실시하고 채점하기 위해서는 자격있는 전문가로부터 철저한 훈련을 받아야 한다. 검사를 실시할 때에는 검사 요강에 있는 표준검사의 절차에 따라야 한다.

지능검사를 실시하기 전에 라포를 잘 형성해야 한다. 지능검사는 피검자가 최선을 다할 수 있도록 편안한 분위기와 환경을 제공해야 한다. 검사자는 검사를 시작하기 전에 지시 내용, 도구의 조작, 시간 측정, 반응 기록 등 검사 실시의 기계적인 내용을 잘 숙지하고 있어야 한다. 초보 검사자는 먼저 많은 연습과 수퍼비전을 받은 뒤에 내담자를 만나는 것이 좋다.

K-WAIS-IV 검사는 10개의 핵심 소검사를 먼저 실시하고 그 뒤에 보충 소검사들을 실시한다. 10개의 핵심 소검사는 지수점수와 전체 지능 지수(FSIQ)를 산출하는 데 사용된다. 보충 소검사는 임상적인 정보를 제공받기 위해서 사용할 수 있으며 핵심 소검사를 대체해서 사용하기도 한다. 소검사 실시의 표준적인 순서는 '토막 짜기 → 공통성 → 숫자 → 행렬 추론 → 어휘 → 산수 → 동형 찾기 → 퍼즐 → 상식 → 기호 쓰기 → 순서화 → 무게 비교 → 이해 → 지우기 → 빠진 곳 찾기'로 되어 있다.

K-WAIS-IV 검사의 분석 과정은 전체 지능 지수(FSIQ)의 평가, 언어이해 지수(VCI)의 평가, 지각추론 지수(PRI)의 평가, 작업기억 지수(WMI)의 평가, 처리속도 지수(FSIQ)의 평가, 지수 수준에서의 차이 값의 비교와 평가, 개인이 가지고 있는 강점과 약점의 평가, 소검사 수준에서의 차이 값에 대한 비교 평가, 소검사 내에서 점수 형태의 평가, 응답에 대한 질적 분석 등의 단계를 거친다(황순택 외, 2012).

6. 한국판 웩슬러 아동지능검사-5판

1) 개요

아동 · 청소년을 대상으로 사용되는 지능검사에는 카우프만 아동용 지능검사 2판(Kaufman Assessment Battery for Children-II: K-ABC-II)와 한국판 웩슬러 아동지능검사-5판(Korean Wechsler Intelligence Scale for Children-V: K-WISC-V) 등이 있다.

2) 구성 내용

한국판 웩슬러 아동지능검사-5판(Korean Wechsler Intelligence Scale for Children-V: K-WISC-V)은 한국판 웩슬러 아동지능검사-4판(K-WISC-IV)의 개정판이다. K-WISC-V는 만 6세에서부터 16세 11개월 된 아동까지의 인지능력을 평가하기 위한 개인용 검사다. 이 검사는 기존의 K-WISC-IV과 동일한 13개의 소검사와 3개의 새로운 소검사로, 모두 16개의 소검사로 구성되어 있다.

K-WISC-V는 전체검사 IQ와 언어이해지표, 시공간지표, 유동추론지표, 작업기억지표, 처리속도지표 등의 다섯 가지 합산점수를 낼 수가 있다. K-WISC-V는 인지 평가를 위한 포괄적인 평가를 할 때 사용할 수 있다. 그리고 지적장애, 영재의 감별과 인지적인 강점과 약점을 알기 위한 평가의 일부분으로도 사용할 수 있다(곽금주, 장승민, 2019).

① **토막 짜기**(Block Design: BD): 아동이 제한시간 내에 흰색과 빨간색으로 이루어진 토막을 사용하여 제시된 모형이나 그림과 똑같은 모양을 만든다. 14문항으로 되어 있다.

② **공통성**(Similarities: SI): 아동이 공통적인 사물이나 개념을 나타내는 두 개의

K-WISC-V 기록용지
KOREAN-WECHSLER INTELLIGENCE SCALE FOR CHILDREN-FIFTH EDITION

저자 | David Wechsler | 한국판 저자 | 곽금주 · 장승민

연령 계산	년	월	일
검사일			
출생일			
연 령			

아동 이름:		부	학력: ☐ 고졸 이하 ☐ 대졸 ☐ 대학원 이상
소속:	성별: ☐ 남 ☐ 여		직업:
학년(반):	우세손: ☐ 오른손 ☐ 왼손	모	학력: ☐ 고졸 이하 ☐ 대졸 ☐ 대학원 이상
검사자 이름:	검사 기관:		직업:

1. 토막짜기

제한시간: 문항을 참고한다.
각 문항마다 완료시간을 기록한다.

시작
6–7세: 문항 1
8–16세: 문항 3

역순
8–16세
처음 제시되는 2문항 중 *어느 1문항이라도* 만점을 받지 못하는 경우, 2문항 연속으로 만점을 받을 때까지 **역으로** 실시한다.

중지
2문항 연속 0점을 받는 경우

채점
문항 1–3: 0–2점
문항 4–9: 0 또는 4점
문항 10–13: 0 또는 4, 5, 6, 7점

BDn 시간 보너스가 없는 토막짜기
문항 1–3: 0–2점
문항 4–13: 0 또는 4점

BDp 토막짜기 부분점수
문항 1: 0–2점
문항 2–9: 0–4점
문항 10–13: 0–12점

BDde 토막짜기 공간크기 오류
공간 크기 오류가 있는 문항의 총 수

BDre 토막짜기 회전 오류
30° 이상의 회전이 있는 문항의 총 수

시작	문항	모형	제시방법	필요한 토막 수	제한 시간	완성 시간	선택 부분점수	완성 모형	점수
6–7	1.	아동 / 검사자	모형과 그림	4	30"	시행 1 / 시행 2	0 1 2	시행 1 / 시행 2	0 / 시행 2: 1 / 시행 1: 2
	2.		모형과 그림	8	45"	시행 1 / 시행 2	0 1 2 3 4	시행 1 / 시행 2	0 / 시행 2: 1 / 시행 1: 2
8–16	3.	아동 / 검사자	모형과 그림	8	45"	시행 1 / 시행 2	0 1 2 3 4	시행 1 / 시행 2	0 / 시행 2: 1 / 시행 1: 2
	4.		그림	4	45"		0 1 2 3 4		0 4
	5.		그림	4	45"		0 1 2 3 4		0 4
	6.		그림	4	75" (1:15)		0 1 2 3 4		0 4
	7.		그림	4	75" (1:15)		0 1 2 3 4		0 4

계속

Insight of psychology inpsyt 인싸이트 심리검사연구소

출처: 곽금주, 장승민(2019).

[그림 9-2] K-WISC-V

단어를 듣고, 두 단어의 유사성을 찾는다. 23문항으로 되어 있다.

③ **행렬 추리**(Matrix Reasoning: MR): 아동은 불완전한 행렬을 보고 다섯 개의 반응 선택지에서 제시된 행렬의 빠진 부분을 찾아낸다. 35문항으로 되어 있다.

④ **숫자**(Digit Span: DS): 숫자 문제는 바로 따라 외우기 8문항과 거꾸로 따라 외우기 8문항으로 되어 있다. 숫자 바로 따라 외우기는 검사자가 큰 소리로 읽어 준 순서와 같은 순서로 아동이 반복한다. 숫자 거꾸로 따라 하기에서는 검사자가 읽어 준 것과 반대의 순서로 아동이 반복한다.

⑤ **기호 쓰기**(Coding: CD): 기호 쓰기는 간단한 기하학적 모양이나 숫자와 짝지어져 있는 기호를 그대로 그리는 것이다. 아동은 기호표를 이용하여 해당하는 모양이나 빈칸 안에 각각의 기호를 주어진 시간 안에 그리면 된다. 6~7세는 65문항이며, 8~16세는 119문항으로 되어 있다.

⑥ **어휘**(Vocabulary: VC): 그림 문항에서는 아동이 소책자에 있는 그림들의 이름을 말하는 것이다. 말하기 문항에서는 검사자가 읽어 주는 단어의 뜻을 아동이 말하게 된다. 36문항으로 되어 있다.

⑦ **무게비교**(Figure Weights: FW): 아동에게 제한시간 내에 양쪽 무게가 달라 균형이 맞지 않는 저울 그림을 보고 균형을 유지할 수 있는 보기를 찾도록 한다. 34문항으로 되어 있다.

⑧ **퍼즐**(Visual Puzzles: VP): 아동에게 제한시간 내에 완성된 퍼즐을 보고 퍼즐을 구성할 수 있는 3개의 조각을 선택하도록 한다. 29문항으로 되어 있다.

⑨ **그림기억**(Picture Span: PS): 아동에게 제한시간 내에 1개 이상의 그림이 있는 자극페이지를 보게 한 후, 반응페이지에 있는 보기에서 해당 그림을 (가능한 한 순서대로) 찾도록 한다. 26문항으로 되어 있다.

⑩ **동형 찾기**(Symbol Search: SS): 아동은 제한시간 안에 반응 부분을 훑어보고 반응 부분의 모양 중 표적 모양과 일치하는 기호가 있는지를 찾아보고 표시한다. 6~7세는 45문항이며, 8~16세는 60문항이다.

⑪ **상식**(Information: IN): 아동이 일반적 지식에 대한 광범위한 주제와 관련된 질문에 대답을 하게 되어 있다. 33문항으로 되어 있다.

⑫ 공통 그림 찾기(Picture Concept: PCn): 아동에게 두 줄 혹은 세 줄로 이루어진 그림들을 제시하면 아동은 공통된 특성으로 묶일 수 있는 그림을 각 줄에서 한 가지씩 고른다. 28문항으로 되어 있다.

⑬ 순차 연결(Litter-Number Sequencing: LN): 아동에게 연속되는 숫자와 글자를 읽어 주고, 숫자가 많아지는 순서와 한글의 가나다 순서로 암기하도록 한다. 각각 3개의 시행으로 구성된 10문항으로 되어 있다.

⑭ 선택(Cancellation: CA): 선택 문제는 처리 속도의 보충 소검사다. 이 검사에서 아동은 무선으로 배열된 그림과 일렬로 배열된 그림을 살펴보고 제한 시간 안에 목표의 그림에 표시하게 되어 있다. 선택 문항은 모두 136문항인데, 무선배열 68문항, 일렬배열 68문항이다.

⑮ 이해(Comprehension: CO): 아동은 일반적인 원칙과 사회적인 상황에 대한 이해에 기초하여 질문에 답한다. 21문항으로 되어 있다.

⑯ 산수(Arithmetic: AR): 아동이 구두로 주어지는 일련의 산수문제를 제한시간 내에 암산으로 풀게 되어 있다. 34문항으로 되어 있다.

3) 실시방법, 채점 및 분석

검사자는 소검사 실시의 순서, 기록 및 채점에 익숙하도록 자주 연습하고 수퍼비전을 받아야 한다. 검사에 필요한 도구는 실시와 채점 지침서, 기록용지, 소책자 1 · 2, 반응지 1 · 2, 토막 짜기 세트, 기호 쓰기 채점판, 동형 찾기 채점판, 선택 채점판, 지우개가 달리지 않은 연필, 지우개가 달리지 않은 빨간 색연필, 초시계 등이다. K-WISC-V는 16개의 소검사로 되어 있지만, 환산점수를 얻기 위해서는 대부분 10개의 주요 소검사만 실시한다. K-WISC-V의 실시와 채점은 전문가 지침서에 기술된 표준검사의 절차에 따라 시행해야 한다(곽금주 외, 2019).

K-WISC-V 검사 결과는 양적 분석과 질적 분석을 사용하여 해석할 수 있다. 양적 분석은 전체 IQ와 언어이해지표, 시공간지표, 유동추론지표, 작업기억지

표, 처리속도지표 등의 점수로 분석한다. 질적 분석은 검사 도중의 행동관찰이나 이상한 반응 등을 분석하는 것이다.

7. 학습능력검사

학령기에 있는 청소년의 학습상담에 활용되는 검사로는 초등학교 2학년 이상부터 중학생 및 고등학생을 대상으로 하는 학습능력검사가 있으며, 초등학교 4학년 이상부터 중학생, 고등학생 등을 대상으로 하는 U & I 검사 등이 사용된다(박영숙 외, 2010).

학습능력검사는 학생들의 학습에 대한 동기, 기억력, 주의력, 집중력, 실행력 등을 알아보는 검사다. 학습능력검사는 크게 학습능력을 측정하는 문항과 학습활동을 측정하는 문항으로 구성되어 있다. 학습능력에는 어휘력, 수리력, 추리력, 지각력 등이 포함되어 있으며, 학습활동에는 기억력, 집중력, 실행력, 학습동기 등이 포함되어 있다(박병관, 2000; 박영숙 외, 2010). 학습능력검사는 피검자가 최선을 다할 수 있도록 분위기를 조성해야 한다.

제10장
성향검사

박상규

제10장에서는 MMPI, 로르샤하(Rorschach) 검사 등의 성격검사와 홀랜드(Holland) 진로적성검사와 같은 성향검사에 대해서 알아보고자 한다.

성향검사는 MMPI-2, PAI, MBTI 같은 객관적 검사와 로르샤하 검사, TAT, SCT 같은 투사적 검사로 나눌 수 있다. 특히 MMPI-2는 가장 많이 활용되는 객관적인 심리검사라 할 수 있다. 개인의 적성과 흥미를 알아보는 적성검사에는 홀랜드 진로적성검사, 스트롱(Strong) 직업흥미검사 등이 있다.

1. 다면적 인성검사 2(MMPI-2)

1) 개요

다면적 인성검사(Minnesota Multiphasic Personality Inventory: MMPI)는 1942년에 해서웨이(Starke R. Hathaway)와 매킨리(John C. Mckinley)에 의해 고안된 검사다. 한국에서는 1989년에 원판 MMPI가 재표준화되어 사용되어 오다가 2005년에 김중술 등에 의하여 한국판 MMPI-2가 전국 성인 1,352명을 대상으로 표준화하였다. 미국에서 1992년에 개발된 청소년을 대상으로 한 MMPI-A 또한 김중술 등(2005)에 의하여 표준화되었다.

MMPI-2는 원판 MMPI 장점을 유지하면서 수정 · 보완됨으로써 원판 MMPI에 비해 많은 장점을 가지고 있다(한영옥 외, 2011).

MMPI-2로 평가될 수 있는 내용 중의 하나는 검사의 태도다. 검사 태도는 주로 타당도 척도를 평가하여 알아본다. 타당도 척도를 통하여 내담자가 얼마나 검사에 솔직하게 반응하였는지, 자신의 문제를 방어하려고 했는지를 알 수 있다. 뿐만 아니라 타당도 척도로 개인의 임상적 특징도 알아볼 수 있다.

MMPI-2의 임상척도로 개인의 적응 수준을 추정한다. 임상척도의 점수가 상승된 만큼 문제가 더 심각하고 적응에 어려움이 많을 수 있다. 개인의 스트레스 정도나 불안에 대하여 방어하는 특성 등도 MMPI-2를 통해서 알아볼 수 있다. 내담자가 불안한 상황에서 어떤 방어기제를 주로 사용하는지 등을 척도의 상승을 분석함으로써 추정이 가능하다. 또 MMPI-2에 나타난 결과로서 임상적 진단이나 필요한 치료적 제안도 가능하다.

MMPI-2는 원판 MMPI의 기본 척도를 유지하되, 5개의 타당도 척도를 추가하여 보강하였다(박영숙 외, 2010; Graham, 2007). MMPI-2는 타당도 척도와 임상척도, 내용척도, 보충척도, 성격병리 5요인 척도, 재구성 임상척도 등으로 구분할 수 있다.

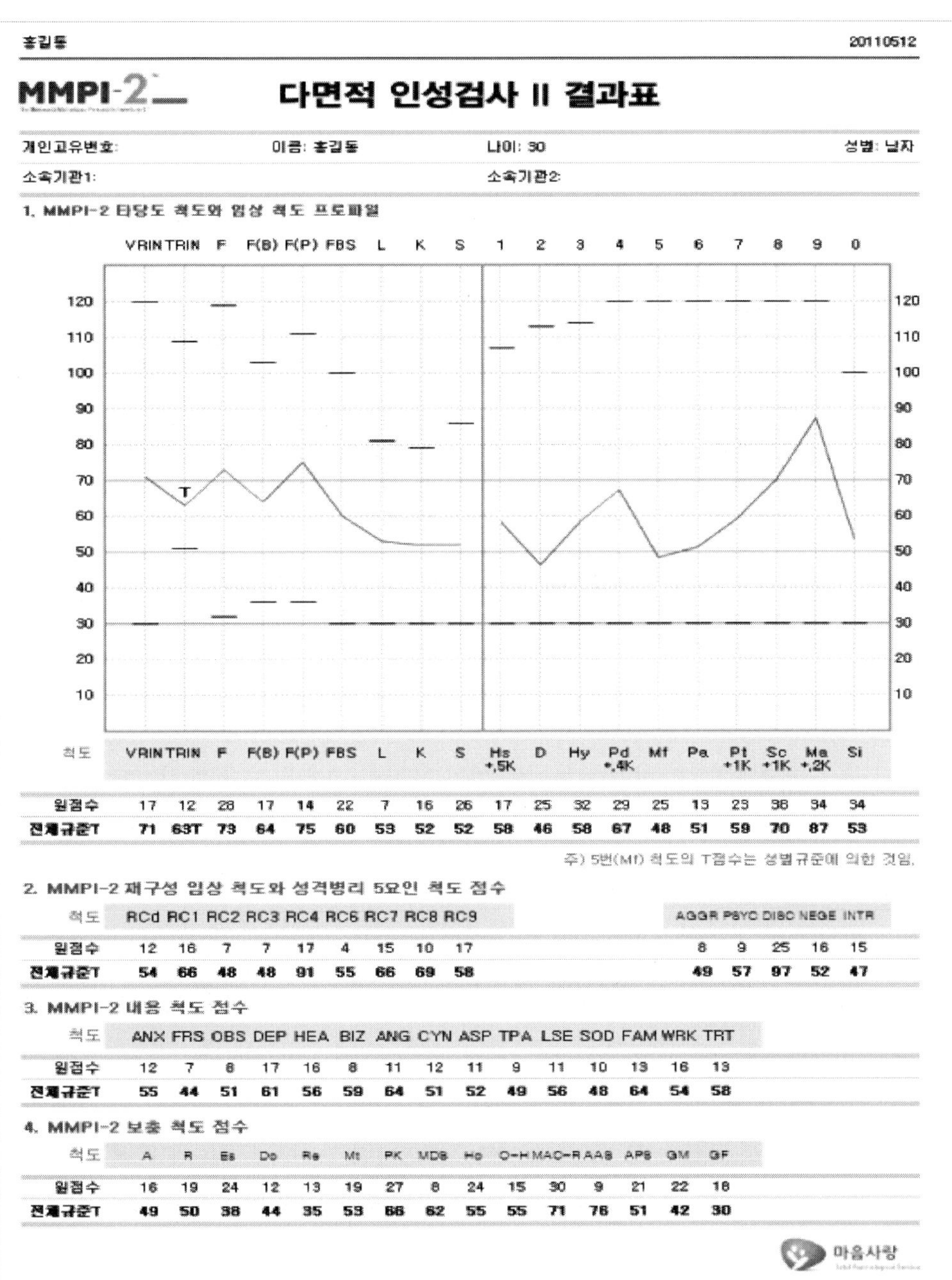

홍길동 20110512

MMPI-2 다면적 인성검사 II 결과표

개인고유번호: 이름: 홍길동 나이: 30 성별: 남자

소속기관1: 소속기관2:

1. MMPI-2 타당도 척도와 임상 척도 프로파일

척도	VRIN	TRIN	F	F(B)	F(P)	FBS	L	K	S	Hs +.5K	D	Hy	Pd +.4K	Mf	Pa	Pt +1K	Sc +1K	Ma +.2K	Si
원점수	17	12	28	17	14	22	7	16	26	17	25	32	29	25	13	23	36	34	34
전체규준T	**71**	**63T**	**73**	**64**	**75**	**60**	**53**	**52**	**52**	**58**	**46**	**58**	**67**	**48**	**51**	**59**	**70**	**87**	**53**

주) 5번(Mf) 척도의 T점수는 성별규준에 의한 것임.

2. MMPI-2 재구성 임상 척도와 성격병리 5요인 척도 점수

척도	RCd	RC1	RC2	RC3	RC4	RC6	RC7	RC8	RC9	AGGR	PSYC	DISC	NEGE	INTR
원점수	12	16	7	7	17	4	15	10	17	8	9	25	16	15
전체규준T	**54**	**66**	**48**	**48**	**91**	**55**	**66**	**69**	**58**	**49**	**57**	**97**	**52**	**47**

3. MMPI-2 내용 척도 점수

척도	ANX	FRS	OBS	DEP	HEA	BIZ	ANG	CYN	ASP	TPA	LSE	SOD	FAM	WRK	TRT
원점수	12	7	8	17	16	8	11	12	11	9	11	10	13	16	13
전체규준T	**55**	**44**	**51**	**61**	**56**	**59**	**64**	**51**	**52**	**49**	**56**	**48**	**64**	**54**	**58**

4. MMPI-2 보충 척도 점수

척도	A	R	Es	Do	Re	Mt	PK	MDS	Ho	O-H	MAC-R	AAS	APS	GM	GF
원점수	16	19	24	12	13	19	27	8	24	15	30	9	21	22	18
전체규준T	**49**	**50**	**38**	**44**	**35**	**53**	**66**	**62**	**55**	**55**	**71**	**76**	**51**	**42**	**30**

마음사랑

[그림 10-1] 다면적 인성검사 2 결과표 예시

2) MMPI-2의 구성

(1) 타당도 척도

MMPI-2에서 타당도 척도는 검사에 대한 태도, 검사에 대한 방어 정도를 알아보는 것이다. 타당도 척도를 통하여 내담자의 증상이나 성격 특징도 추정할 수 있다.

① 무응답 점수

무응답 점수는 내담자가 응답하지 않고 빠뜨린 문항의 개수와 '그렇다' '아니다'에 모두 답한 문항의 개수다. 무응답이 10개 이상인 자료는 매우 조심스럽게 해석해야 한다. 무응답이 30개 이상인 경우에는 해석하지 않는다.

② 무선반응 비일관성(VRIN) 척도

무선반응 비일관성(Variable Response Inconsistency: VRIN) 척도는 MMPI-2에서 개발된 척도다. 이 척도는 내담자가 문항의 내용을 제대로 읽지도 않고 응답했거나, 문항에 거의 대부분 무선적으로 응답한 것이 있는지를 알아보는 것으로, MMPI-2의 문항에 비일관적으로 응답한 경향이 있는지를 확인하는 것이다. 비전형(F) 척도와 VRIN 척도가 함께 상승했을 때에는 내담자가 혼란되었거나 혹은 일관성 없이 무선반응을 했을 가능성이 있다.

③ 고정반응 비일관성(TRIN) 척도

고정반응 비일관성(True Response Inconsistency: TRIN) 척도는 문항 내용과 상관없이 무분별하게 '그렇다'(모두 긍정) '아니다'(모두 부정)로 대답하는 것과 같은 비일관적 반응을 보인 사람들을 알아보기 위한 것이다.

④ 비전형(F) 척도

비전형(Infrequency: F) 척도는 문항 내용을 제대로 읽지 않고 응답하거나 무선적으로 응답하는 등의 이상반응 경향 혹은 비전형적인 반응 경향을 알아보기 위한 것이다. F 척도는 편집증적 사고, 반사회적 태도나 행동, 적대감, 낮은 신체적 건강 수준 등을 평가한다. 혼란스러운 내담자는 F 척도에서 점수가 상승될 것이다. F 척도에는 비전형-후반부(Fa) 척도와 비전형-정신병리(Fp) 척도가 있다.

⑤ 부인(L) 척도

부인(Lie: L) 척도는 자신을 실제보다 더 좋게 드러내려는 의도적이면서도 세련되지 않은 시도를 측정하기 위한 것이다. L 척도가 높으면 내담자가 솔직하게 응답하지 않았을 가능성이 크며, 자신의 부정적 특성은 부인하면서 긍정적 특성을 강조하는 것으로 볼 수 있다. L 척도의 점수가 낮으면 내담자가 자신의 정신병리를 과장하거나 꾸며 대고 있을 가능성이 있다.

⑥ 교정(K) 척도

교정(Correction: K) 척도는 정신병리를 부인하고 자신을 매우 좋게 드러내려는 경향 혹은 이와 반대로 정신병리를 과장하거나 자신을 매우 나쁘게 드러내려는 내담자의 시도를 나타낸다. 일반인에게 있어 경미한 K 척도의 상승은 때때로 자아강도가 강하고 심리적 자원이 풍부함을 반영한다.

⑦ 과장된 자기제시(S) 척도

과장된 자기제시(Superlative Self-Presentation: S) 척도는 자기 자신을 매우 정직하고, 책임감이 있고, 심리적 문제가 없고, 도덕적인 결점이 거의 없으며, 다른 사람과 매우 잘 어울리는 사람인 것처럼 보이고 싶은지를 알아보는 것이다.

(2) 임상척도

① 건강염려증(Hs) 척도

건강염려증(Hypochondriasis: Hs) 척도는 자신의 건강에 대하여 지나치게 걱정하고 있거나 신체 증상에 집착하는지를 알아보는 것이다. T점수 75 이상은 신체 증상을 심하게 호소하고 있고, 때로 신체망상을 가지고 있을 가능성이 있다. T점수 65 이상은 다양한 신체 증상, 만성적인 피로감, 통증, 무력감, 불행감 등을 호소하며 스트레스와 관련하여 신체 증상을 보일 수 있다. 또 비관적이고, 타인에 대한 요구가 많고, 신체 증상을 이용하여 타인을 조정할 가능성도 있는 것으로 시사된다.

② 우울증(D) 척도

우울증(Depression: D) 척도는 우울한 기분, 부정적인 자기평가, 열등감, 미래에 대한 희망이 없음 등과 같은 우울증상을 반영한다. T점수 75 이상의 높은 점수는 우울증, 절망감, 죄책감, 무가치감, 죽음과 자살에 몰두할 가능성이 있다. T점수 65 이상은 우울하고, 에너지가 부족하고, 흥미 범위가 제한되어 있으며, 불안하고 자신감이 부족하며, 죄의식이 많을 수 있음을 시사한다. 우울증 척도의 상승 요인은 현재 자신이 처한 상태에 대한 불만족이나 상실감, 실패 경험 등과 관련된다.

③ 히스테리(Hy) 척도

히스테리(Hysteria: Hy) 척도는 신체적 불편, 스트레스와 불안에 대한 부정, 억압방어, 의존성, 자기도취적 성향, 심리적 불편을 신체적 건강상의 불편을 통해 표현하려는 경향 등을 알아보는 것이다. T점수 75 이상의 높은 점수는 심한 신체 증상을 호소하고 있음을 시사한다. T점수 65 이상은 스트레스와 관련된 신체 증상을 표현하고 불안과 슬픔을 호소하고 있음을 나타낸다. 또한 자기중심적이고 자기도취적이며 관심과 애정에 대한 욕구가 많을 수 있음을 시사한다. 주로 호소하는 신체 증상으로는 구토, 두통, 메스꺼움, 심장이나 가슴의 통증 등이 있다.

④ 반사회성(Pd) 척도

반사회성(Psychopathic Deviate: Pd) 척도는 권위적 대상에 대한 반항, 가족 간의 문제, 충동성, 범법행위, 반사회적 행동, 삶에 대한 불만족 등을 알아보는 것이다. T점수 75 이상은 반사회적 행동과 위법적 행동의 가능성이 있다. T점수 65 이상은 권위적 인물에 대한 적대감과 분노감, 반항적 경향, 충동성, 욕구좌절에 대한 낮은 내성, 법적 문제 등이 있음을 시사한다. Pd 척도의 상승요인 중 하나는 가족 간의 갈등이다.

⑤ 남성성-여성성(Mf) 척도

남성성-여성성(Masulinity-Femininining: Mf) 척도는 원래 정신과적 문제를 알아보기 위해 구성된 척도가 아니다. 이 척도는 성적 정체감에 대한 갈등이나 성적 성향을 알아보는 검사다.

Mf 척도는 남성과 여성에 따라 다르게 평가된다. 남자의 경우에는 전형적인 남성적 흥미로부터의 이탈을, 여성의 경우에는 전형적인 여성적 흥미로부터의 이탈을 시사한다. 남성의 경우 T점수 65 이상은 성적인 문제나 정체감의 갈등, 여성성에 대한 선호성, 남성성에 대한 열등감, 지적인 경향, 양심적인 태도, 창의성, 사교적 경향 등을 나타낸다. T점수 40 이하의 낮은 경우는 전통적인 남성성의 지나친 강조, 공격적이며 모험적 경향을 시사한다.

여성의 경우 T점수 60 이상의 높은 점수는 전통적 여성 역할의 거부, 자신감, 경쟁적 · 능동적 · 자기중심적 · 야심적 경향 등을 시사한다. T점수 35 이하는 전통적인 여성상에 지나치게 집착하는 경향, 수동적 성향, 유혹적 태도 혹은 양성적 경향 등을 시사한다.

⑥ 편집증(Pa) 척도

편집증(Paranoia: Pa) 척도는 대인관계에서의 과도한 민감성, 적대감, 피해의식 등을 알아보는 척도다. T점수 75 이상의 높은 점수는 사고의 혼란, 피해망상을 포함한 정신병적 증상 등이 있음을 시사한다. T점수 65 이상은 의심이 많고, 적대적이고, 타인에 대한 비난이 많은 경향을 시사한다.

⑦ 강박증(Pt) 척도

강박증(Psychasthenia: Pt) 척도는 강박적 사고, 강박적 의식, 긴장과 불안, 융통성의 부족, 주의집중의 곤란, 의사결정의 어려움 등을 알아본다. T점수 75 이상은 두려움과 불안감이 심하고, 주의집중이 잘 안 되고, 강박증상이 있음을 시사한다. T점수 65 이상은 다소 불안하고, 우울하며, 피곤하고, 죄책감이 많음을 나타낸다.

⑧ 조현병(Sc) 척도

조현병(Schizophrenia: Sc) 척도는 망상, 기이한 사고와 행동, 환청과 환시 같은 환각, 현실검증의 장애, 우울, 사회적 위축과 소외감 등을 알아본다. T점수 75 이상은 사고장애, 비현실감, 주의집중의 곤란, 환각, 현실검증력의 장애, 고립과 소외감, 단절감, 열등감, 성적 문제, 충동 통제 등의 어려움을 시사한다. T점수 65 이상은 특별한 신념, 기이한 행동, 두려움과 걱정, 우울, 신체적 호소 경향이 있음을 나타낸다.

⑨ 경조증(Ma) 척도

경조증(Hypomania: Ma) 척도는 에너지 수준의 과도함, 감정적 흥분, 사고의 비약, 충동성, 과잉활동성, 외향적 경향, 사교적 경향 등을 알아본다. T점수 75 이상은 과도한 활동, 사고의 비약, 환각, 과대망상, 혼돈, 충동성 등을 시사한다. T점수 65 이상은 에너지가 많고, 자기평가가 비현실적이며, 좌절에 대한 인내심이 부족하며, 충동적 경향이 있음을 의미한다.

⑩ 내향성(Si) 척도

내향성(Social introversion: Si) 척도는 내향성, 수줍음, 사회적 상황에서 불안감과 불편, 사회적 위축성, 사회적 상황을 회피하려는 경향 등을 알아보는 내용으로 되어 있다. T점수 75 이상은 대인관계로부터의 철수, 불안정을 나타낸다. T점수 65 이상은 내향적이고, 수줍음을 잘 타고, 대인관계에서의 불안과 불편함을 느낌을 시사한다. T점수 45 이하의 낮은 점수는 사교적이며 외향적이고 대인관계가 폭넓지만 피상적으로 관계하는 경향이 있음을 시사한다(김중술, 1998; 김중술 외, 2005; 박영숙 외, 2010).

(3) 내용척도

내용척도에는 소척도와 재구성 임상척도 등의 여러 척도가 있다. 내용척도는 임상척도를 해석하는 데 보완책으로 사용될 수 있다. 내용척도는 T점수가 65 이상의 경우에만 해석할 수 있다.

내용척도의 소척도에는 불안척도, 공포척도, 강박성 척도, 우울척도, 건강염려증 척도, 기태적 정신상태 척도, 분노척도, 냉소적 척도, 반사회적 측정척도, A 유형 행동 척도, 낮은 자존감 척도, 사회적 불편감 척도, 가정문제 척도, 직업적 곤란 척도, 부정적 치료 지표 척도 등이 있다.

(4) 보충척도

보충척도는 타당도 척도와 임상척도의 해석을 보충하는 것이다. 보충척도는 T점수 65 이상을 높은 것으로 하고, T점수 45 이하는 낮은 것으로 한다. 보충척도의 소척도에는 불안척도, 억압척도, 자아강도 척도, 지배성 척도, 사회적 책임감 척도, 대학생활 부적응 척도, 외상 후 스트레스장애 척도, 결혼생활 부적응 척도, 적대감 척도, 적대감 과잉통제 척도, 맥앤드류(McAndrew)의 알코올 중독 척도, 중독 인정 척도, 중독 가능성 척도, 남성적 성역할 척도 등이 있다.

(5) 성격병리 5요인 척도

성격병리 5요인 척도는 내담자의 주요한 성격 영역을 알아보고자 하는 것이다. 성격병리 5요인 척도는 T점수 65 이상을 의미 있는 것으로 해석한다. 여기에는 공격성 척도, 정신증 척도, 통제결여 척도, 부정적 정서성/신경성 척도, 내향성/낮은 긍정적 정서성 척도 등이 있다.

(6) 재구성 임상척도

재구성 임상척도는 T점수 65 이상을 의미 있는 것으로 한다. 여기에는 의기소침, 신체 증상 호소, 낮은 긍정 정서, 냉소적 태도, 반사회적 행동, 피해의식, 역기능적 부정 정서, 이상한 경험, 경조증 상태 등이 포함된다.

3) 실시

MMPI-2는 개인으로 실시할 수도 있고, 집단으로 실시할 수도 있다. 실시 대상자는 초등학교 6학년 수준 이상이어야 하며, 언어성 IQ가 80 이상이어야 한다. 중요한 것은 내담자가 문장을 읽고 이해할 수 있는 독해력을 갖추는 것이다(김중술, 1998).

검사 장소는 충분히 밝은 조명과 공간이 확보되어 있고 환기가 잘 되며 조용한 곳이어야 한다. MMPI-2를 실시할 때에도 라포 형성이 잘되어야 한다. 내담자가 검사에 협조적인 태도를 보이도록 잘 지시해야 한다. 검사자는 내담자가 문장을 제대로 읽고서 문항의 번호와 답지의 번호를 잘 맞추고 있는지를 알아보아야 한다.

내담자가 검사 도중에 "내가 경험해 보지 않은 질문입니다."라고 말하면 검사자는 "실제 그런 것보다는 자신이 대답하고 싶은 대로 대답하면 됩니다."라고 말한다. 그리고 내담자가 "대답하기가 애매합니다."라고 말할 경우에는 "조금이라도 더 가까운 쪽에 대답하면 됩니다."라고 말한다.

4) 채점과 해석

(1) 채점 및 프로파일 작성

MMPI-2의 채점은 컴퓨터로 실시한다.

(2) 해석

MMPI-2를 해석할 때에는 김중술(1998), 김중술 외(2005), 그레이엄(Graham, 2007) 등 여러 책을 참조하는 것이 좋다.

MMPI-2의 해석에는 긍정적 의미와 부정적 의미가 동시에 있다. 대상자가 어떤 집단인지에 따라 MMPI-2의 해석이 다를 수 있다. 일반인을 대상으로 실시한 것인지, 만성 조현병 환자를 대상으로 실시한 것인지에 따라 다른 해석이 가능하다. 특히 정상인을 대상으로 한 경우에는 가능한 한 점수가 가진 긍정적인 의미를 찾아보고 해석해야 한다. 예를 들어, 일반 대학생이 척도 9(Ma)에서 T점수 60 정도에 해당되는 경우에는 에너지가 풍부하고 사교적이고 진취적인 경향이 있는 것으로 볼 수 있다. 대체로 T점수 45에서 60 정도는 정상적인 적응 상태를 반영하는 것을 시사한다.

MMPI-2를 해석할 때에는 검사 결과뿐만 아니라 면담과 행동관찰 그리고 기타 여러 정보를 폭넓게 수집하여 통합해서 해석해야 한다. 단순히 검사 결과로서 얻어진 점수와 프로파일만으로는 정확한 해석을 하기가 어렵다(김중술, 1998).

MMPI-2를 해석할 때에는 타당도 패턴을 해석하는 것, 개별 임상척도를 해석하는 것, 낮은 임상척도를 해석하는 것, 전체 프로파일의 기울기 등을 해석하는 것, 역동적인 해석을 하는 것, 코드 해석을 하는 것 등 여러 방법이 있다.

코드 해석에는 2 코드 해석과 3 코드 해석이 있으나 주로 2 코드 해석을 많이 사용하고 있다. 2 코드 해석은 가장 높이 상승되어 있는 두 개의 임상척도를 가지고 해석하는 방법이다. 예를 들어, 코드 2-7이란 2번과 7번 척도가 T점수 70 이상으로 높고, 2번이 7번보다 점수가 더 높다는 것을 의미한다. 다음은 코드 해석의 한 예를 요약한 것이다(김중술, 1998; 김재환 외, 2006; Graham, 2007).

- 2-7/7-2: 이 유형의 프로파일을 보이는 사람들은 불안하고, 긴장되어 있으며, 걱정이 많고 우울하다. 사소한 스트레스에도 과민반응을 나타낸다. 성취동기가 강하며, 자신이 성취한 일에 대하여 인정받기를 바란다. 자기 자

신에 대하여 높은 기대를 가지고 있으며, 객관적으로는 훌륭하게 성취했음에도 자기가 설정한 목표에 미달했거나 자신에게 어떤 결점이 있다고 생각할 때에는 강박적으로 그것에 집착하고 죄책감을 느낀다. 우유부단하며, 자신감이 없고, 열등감이 심하다. 피로감, 불면증, 식욕부진 등의 신체 증상을 호소할 가능성이 있다. 대인관계에서는 수동적 · 의존적 경향이 강하다. 자기주장성이 부족하고 스트레스를 받으면 다른 사람에게 과도하게 의존할 가능성도 있다. 공격적이거나 싸우는 것을 좋아하지 않으며 다른 사람들로부터 보호본능을 유발하는 경향이 있다. 이 유형을 보이는 대부분의 경우 우울증이나 불안장애로 진단된다. 청소년의 경우에는 강박장애, 중년기의 경우에는 우울증의 가능성이 있다.

- 4-9/9-4: 이 유형의 프로파일을 보이는 사람은 충동적이며 자기중심적이고 법적 문제를 일으키기도 한다. 이런 사람들은 대인관계에서 반항적이고 무책임하고 신뢰감이 없으며 피상적인 대인관계를 할 가능성이 높다. 스트레스나 불안이 심할 경우 행동화할 경향이 있다. 이 유형을 보이는 대부분의 사람은 반사회적 성향이 의심되고 있고, 알코올이나 마약류, 도박 등의 중독에 빠질 수 있다.
- 6-8/8-6: 이 유형의 프로파일을 보이는 사람은 편집증적 경향과 사고장애가 의심된다. 주의집중이 잘되지 않으며 사고가 자폐적이며 단절적이다. 사고가 비현실적이며 기괴한 내용을 보이기도 한다. 체계화된 망상을 나타낼 수 있다. 판단력과 현실검증력의 장애가 있다. 환청, 환시 등 환각을 보이기도 한다. 스트레스를 받으면 긴장하고 깊은 걱정에 빠지거나 우울 증상을 보인다. 감정반응이 둔화되어 있고 부적절하며, 자신감이 저하되어 있고, 열등감이 심하다. 친밀한 대인관계를 회피하고 사회적으로 고립되어 있는 등 사회적응에 어려움이 있다. 이 유형을 보이는 사람들은 대부분 조현병이 의심된다.

5) MMPI-A

14세에서 18세 미만의 청소년에게는 MMPI-A를 사용한다. MMPI-A의 척도들과 MMPI-2의 척도들은 유사점이 많다. MMPI-A에는 청소년에게 고유하게 해당되는 새로운 내용척도 몇 가지가 개발되어 포함하고 있다(Heiden & Hersen, 2001).

MMPI-A는 MMPI의 L(부인) · F(비전형) · K(교정) 척도를 그대로 사용하였고, 무선반응 비일관성(VRIN) 척도와 고정반응 비일관성(TRIN) 척도가 사용되었다(Graham, 2007).

임상척도로는 MMPI-2의 건강염려증(Hs) · 우울증(D) · 히스테리(Hy) · 반사회성(Pd) · 남성성-여성성(Mf) · 편집증(Pa) · 강박증(Pt) · 조현병(Sc) · 경조증(Ma), 내향성(Si) 척도 등 10개의 척도가 그대로 사용되었다.

MMPI-A의 해석을 위해서는 그레이엄(Graham, 2007) 등의 책을 참조하는 것이 도움이 된다.

6) 검사자의 자격

MMPI-2는 자격을 갖춘 전문가가 실시하고 해석해야 한다. 검사자는 심리검사 이론, 성격이론, 정신병리학, MMPI-2 등에 관한 이론적 지식과 임상경험을 가지고 있어야 한다. 초보자는 해석을 할 때 전문가의 지도감독을 받아야 실수를 줄일 수 있다.

2. 벤더-게슈탈트

1) 개요

벤더-게슈탈트 검사(Bender-Gestalt Test: BGT)는 9개의 도형을 그리는 간단한 검사다. BGT는 기질적 장애를 판별하는 데 사용될 뿐 아니라, 정신병, 정신지체, 정서 문제, 성격 문제를 가진 사람들에게도 사용될 수 있다.

BGT는 뇌손상 여부가 의심스러운 사람, 언어적 방어가 심하고 언어적 능력이 제한되어 있는 내담자, 정신지체를 정확히 진단할 필요가 있는 내담자 등에게 실시한다. 뿐만 아니라 BGT는 지능검사나 그 밖의 성격검사를 실시하기 전의 완충검사로서 사용이 가능하다(박경, 최순영, 2009). BGT를 통하여 시지각-운동의 성숙 수준, 정서적 상태, 갈등 영역, 행동통제의 특성 등을 알 수 있다.

연구 결과, 뇌손상 환자와 대학생 집단을 가장 잘 변별해 주는 변인은 단편화, 지각상의 회전, 각의 변화, 곡선 곤란 등으로 나타났다. 우울증 환자는 폐쇄 곤란과 위치 등 몇몇 항목을 제외한 대부분의 항목에서 정상인보다 병리적인 점수가 더 높았으며, 뇌손상 환자보다는 덜 병리적인 점수를 받은 것으로 나타났다(조선미, 최정윤, 1992).

2) 실시

BGT 실시는 시간이 적게 걸리고 간편하다. 실시방법에는 모사단계, 순간노출법, 회상, 변형모사 등이 있다. 뇌의 손상 여부를 알아보기 위해서는 순간노출법과 모사단계, 회상 등의 방법을 사용할 수 있다. 검사 목적에 따라서는 모사단계만 실시할 수도 있다.

3) 채점과 해석

BGT 채점과 해석은 허트(Hutt) 방식이 많이 사용된다. BGT에서 정신병리를 채점하는 내용은 도형의 순서, 첫 번째 그림의 위치, 공간 사용, 중첩, 종이 위치의 회전, 폐쇄곤란, 교차곤란, 곡선곤란, 지각의 회전, 단순화, 단편화, 중복곤란, 보속성, 도형의 재묘사 등이다. 각각의 내용을 채점한 후 이에 따라 해석을 하게 된다.

3. 문장완성검사

1) 개요

문장완성검사(Sentence Complete Test: SCT)는 비교적 간편하고 쉽게 사용할 수 있는 투사적 검사의 하나다. SCT는 무의식 수준 정도의 심리를 알기보다는 비교적 전의식 단계 수준의 심리를 이해하는 데 도움이 된다. SCT는 상담 초기에 라포를 형성하거나 혹은 상담에 거부적인 내담자에게 실시해도 좋은 검사다. 면담이나 상담에 비협조적인 내담자라 하더라도 먼저 SCT를 실시한 다음에 내담자가 반응한 대답에 대하여 질문을 하기 시작하면 대부분의 경우 다른 심리검사나 상담에 협조하게 된다.

SCT는 내담자에게 미완성된 문장을 완성하게 한 다음에 그 문장을 통하여 개인의 심리적 특성을 알아본다. SCT를 통하여 내담자의 가족관계, 성에 대한 태도, 자아개념, 대인관계 등의 네 가지 영역에서 중요한 태도를 추정할 수 있다. 가족 영역은 아버지, 어머니 및 가족에 대한 태도다. 성적 영역은 이성 관계나 부부관계 등에 대한 태도다. 대인관계 영역은 친구와 권위자 등에 대한 태도를 나타낸다. 자아개념의 영역은 자신의 능력, 자신의 과거, 미래, 두려움, 죄책감 등에 대한 태도와 관련된다.

SCT는 MMPI-2 등 객관적 검사자료와 함께 사용하면 내담자에 대한 구체적인 정보를 더 많이 얻을 수 있다. MMPI-2 등의 검사 결과에서 우울증이 의심된다면 SCT에서는 구체적으로 어떤 면과 관련되어 우울한지를 아는 데 도움이 된다.

아동의 경우에는 아동용 SCT가 사용된다. 아동용 SCT는 아동의 가족, 사회, 학교, 자기 등에 대한 4가지 영역으로 구성되어 있다(박영숙 외, 2010).

2) 실시

SCT는 개인으로 실시할 수도 있고 집단으로 실시할 수도 있다. 검사자가 지시문을 읽어 주고 내담자에게 미완성된 문장을 완성하도록 한다. 검사에 대한 지시를 할 때에는 문장을 읽어 보고 생각나는 대로 쓰도록 한다. 시간의 제한은 없으나 너무 오래 생각하지 말고 빨리 쓰도록 한다. SCT는 볼펜이나 연필로 적도록 하되 가능한 한 볼펜으로 하는 것이 좋다.

검사자는 검사를 시작한 시간과 끝난 시간을 기록해 두는 것도 좋다. 정신-운동성 기능이 지체되어 있는 우울한 사람의 경우에는 검사를 하는 데 많은 시간이 걸릴 수 있다.

내담자가 미완성된 문장을 완성하는 자유연상단계가 끝난 다음에는 질문단계를 실시한다. 질문단계는 내담자가 기술한 내용에 대하여 좀 더 구체적이며 자세한 정보를 얻기 위한 것이다. 특히 내담자의 반응에서 중요하거나 숨겨진 의도가 있을 것으로 생각되는 문항에서는 "이것에 대해 좀 더 자세하게 이야기해 주십시오."라고 부탁한다(최정윤, 2002).

3) 채점과 해석

해석은 내담자의 주된 갈등과 혼란 영역, 태도 간의 상호관계, 내적 충동과 외적 자극에 대한 내담자의 반응 정도, 정서적 적응, 성숙도, 현실검증 수준, 갈등을 표현하는 방법 등에 대해서 분석한다. 그리고 반응한 내용에서 일관된 특징이 있는지, 반복되거나 강조되는 것은 무엇인지, 표현상의 모순이 있는지, 특이한 내용이 있는지, 빼 버리는 것은 무엇인지, 자주 지우고 다시 쓰는 문항은 어떤 것인지 등을 알아보고 분석한다. 이와 아울러 문장에 나타난 사고장애, 충동적 경향, 타인에 대한 배려 등에 대해서 평가해 보아야 한다.

SCT를 해석할 때에는 내담자가 완성한 문장의 내용뿐만 아니라 반응하는 데 걸리는 시간, 반응한 단어의 수, 표현의 정확성, 표현의 질, 수식어구의 사용 정도, 표현의 단순성과 강박성, 장황성 등의 질적인 내용도 분석한다.

4. 인물화 검사

1) 개요

인물화 검사(Draw-A-Person Test: DAP)는 내담자에게 사람의 몸 전체를 그리게 한 다음, 그린 인물화를 분석하여 내담자의 성격이나 정서, 갈등 등을 알아보는 것이다. 인물화에 그려진 신체상은 자아상을 반영하고 종이는 내담자의 환경을 가정한다(Harmer, 1958). 인물화 검사의 장점은 검사의 실시가 간단하고 실시시간이 짧다는 것이다. 최근에는 가족화를 통해서 개인의 인지, 정서, 심리적 문제 등을 알아보기도 한다(Miliacca, Gagliardi, & Pescatori, 2010). 가족화에는 가족 간의 관계나 역동 등이 잘 나타난다.

2) 실시

B5 종이, 연필, 지우개를 준비한다. 인물화는 두 장을 그린다. 먼저 어떤 인물상을 그리게 한다. 그리고 다음에는 먼저와 다른 반대의 성을 그리게 한다. 만약 내담자가 남성을 먼저 그렸다면 다음에는 여성을 그리게 한다. 인물화를 그

린 다음에 각 인물화를 그리는 데 걸린 시간을 기록한다.

그림을 다 그린 다음에는 필요한 여러 가지 질문을 할 수 있다. 질문으로는 "이 사람은 누구인가?" "몇 살인가?" "무엇을 하고 있는가?" "기분은 어떤가?" "성격은 어떤가?" "문제점은 무엇인가?" "앞으로 어떻게 될 것인가?" 등과 같은 것이 포함된다.

3) 채점과 해석

DAP는 그림의 형식, 그림의 선, 그림의 내용 등의 차원에서 채점되고 해석된다. 그림의 형식 차원에서는 그림의 순서, 크기, 위치 등을 분석하고, 그림의 선 차원에서는 선의 성질이나 강도 등을 분석한다. 그림의 내용 차원에서는 그림이 표현하고 있는 각 부분의 특징이 해석된다.

정신역동적 관점에서 DAP를 해석할 수도 있다. 그린 그림의 내용을 상징적으로 분석하거나 질문에 대한 답 등에서 투사된 내담자의 역동을 추정한다.

5. 주제통각검사

1) 개요

주제통각검사(Thematic Apperception Test: TAT)는 인물들이 등장하는 모호한 내용의 그림자극을 제시하고 그에 대한 이야기를 구성하도록 하는 검사다. TAT 자극에 내담자가 투사한 내용을 분석해서 내담자를 이해할 수 있다. 반응한 이야기 내용을 통하여 내담자의 과거 경험, 욕구, 갈등 등을 추정한다. 특히 내담자의 대인관계에서 일어나는 다양한 역동적 측면을 알아볼 수 있다. TAT는 백지 카드를 포함해서 총 31장으로 구성되어 있다.

2) 실시

31장의 카드 중 10장은 모든 내담자에게 실시되고, 나머지 카드들은 성별과 연령에 따라 각각 10장씩 실시한다. 한 사람이 20장의 그림을 보게 된다. 16번 카드는 백지카드인데, 이 카드는 제일 마지막에 실시한다.

원래 검사 실시는 20장의 카드를 이틀간 나누어 실시하게 되어 있다. 그러나 임상장면에서는 상황에 따라 융통성 있게 실시한다. 예를 들어, 몇 개의 카드를 선정하여 하루에 모두 시행하기도 한다.

청소년이나 성인을 대상으로 처음 검사를 실시할 경우에는 다음과 같이 지시한다. "지금부터 당신에게 몇 장의 그림을 한 번에 한 장씩 보여 드리겠습니다. 당신은 이 그림을 보면서 이야기를 만들어 보십시오. 그림에 나타난 장면이 있기까지 과거에 어떤 일이 있었습니까? 이 사람이 지금 무엇을 느끼고 있으며, 무엇을 생각하고 있는지 그리고 앞으로 어떻게 될 것인지, 될 수 있는 대로 극적으로 이야기를 만들어 보십시오."

3) 채점과 해석

개인기록용지를 활용하여 내담자의 반응을 요약하기도 한다. 해석방법에는 표준화법, 주인공 중심의 해석법, 욕구-압력분석법 등이 있다.

주로 사용되는 욕구-압력분석법은 이야기 속에 투사된 주인공의 욕구와 압력의 관계를 분석함으로써 내담자의 욕구와 성격을 알아보고자 하는 것이다. 욕구-압력분석법은 주인공을 찾는 것, 환경의 압력을 분석하는 것, 주인공의 반응에서 드러나는 욕구를 분석하는 것, 주인공의 내적인 심리상태를 분석하는 것, 주인공의 행동이 표현되는 방식을 분석하는 것, 이야기의 결말을 분석하는 것 등의 과정을 가진다(박영숙 외, 2010).

6. 로르샤하 검사

1) 개요

가장 잘 알려진 투사적 검사 중 하나는 로르샤하 검사다. 로르샤하 검사에 대한 반응은 검사 자극에 의해 유발된 감각과 개인의 기억이나 정서 상태 등이 통합되어 나타난다고 가정한다.

로르샤하 카드는 모두 10장의 잉크 반점으로 되어 있다. 이 중 5장의 카드는 검은색 또는 회색인 무채색으로 되어 있고, 나머지 5장은 유채색으로 되어 있다. 로르샤하 검사를 통하여 개인의 인지적 내용이나 지적인 면, 감정이나 갈등, 자아기능의 측면 등을 알 수 있다(Exner, 1993).

2) 실시

검사자는 검사를 시행하기에 앞서 검사가 순조롭게 진행될 수 있도록 카드와 기록지가 제대로 준비되어 있는지를 점검해야 한다.

로르샤하 검사의 실시는 크게 자유연상단계와 질문단계로 나뉜다. 질문단계는 내담자가 반응한 내용을 검사자가 정확하게 부호화하여 채점하기 위한 것이다. 질문단계에서는 내담자가 어디에서 그러한 내용을 보았는지와 같은 반응영역, 어떤 점을 보고 그렇게 보았는지와 같은 결정인, 무엇을 보았는지 등에 초점을 두고 질문한다(박경, 최순영, 2009).

검사자는 로르샤하 부호와 채점방식을 잘 알고 있어야 적절한 질문을 할 수 있다. 질문할 때 검사자의 질문과 내담자의 반응 내용, 내담자가 카드를 돌린 위치, 기타 여러 가지 행동관찰을 한 결과도 잘 기록해 두어야 한다.

3) 채점과 해석

반응의 채점은 로르샤하 검사에 대한 반응을 로르샤하 부호로 바꾸는 과정이다. 채점에는 반응의 영역, 발달 질, 결정인, 형태 질, 쌍반응, 반응 내용, 평범반응, 조직활동, 특수 점수 등이 포함된다.

로르샤하 반응을 부호로 바꾼 다음에는 각 부호의 빈도, 백분율, 비율, 특수점수를 산출하여 이러한 자료들을 체계적으로 요약하고 해석한다. 요약 과정을 통하여 내담자의 전반적인 반응 스타일과 심리적 특징이 평가된다. 적절한 검사 수행과 정확한 채점이 있어야 올바른 해석이 가능하다.

반응을 분석하고 해석할 때에는 반응의 형식적 측면과 반응의 내용을 고려한다. 해석에는 내담자가 검사자와 상호작용하는 행동방식에 대한 해석과 구조적·주제적·행동적 특징을 계열 분석적으로 통합하는 방식 등이 있다(김영환 외, 2003).

7. 홀랜드 진로적성검사

1) 개요

적성을 알아보기 위해 사용되는 검사의 하나는 홀랜드 진로적성검사다. 이 검사는 사람의 특성을 실제형(Realistic), 탐구형(Investigate), 예술형(Artistic), 사회형(Social), 기업형(Enterprising), 관습형(Conventional) 등 6개의 유형으로 나누고 있으며, 대부분의 사람은 실제적·탐구적·예술적·사회적·기업적·관습적 유형 등 6가지 중 하나로 분류한다.

홀랜드 진로적성검사에는 가치, 활동, 성격, 유능감, 직업, 능력 등 6개의 하위검사가 있다. 각 하위검사는 6가지의 직업적인 성격 유형, 즉 실제형(R), 탐구형(I), 예술형(A), 사회형(S), 기업형(E), 관습형(C)을 포함하고 있다.

홀랜드(John L. Holland)는 직업 탐색과정에서 중요한 사항은 개인의 성격, 적성, 직업적 흥미 등을 고려한 직업적인 성격을 파악하는 것이라고 보고, 이를 기초로 직업적인 성격 유형을 육각형 모형으로 설명하였다. 육각형에 인접해 있는 유형들(예를 들어, 실제형 R과 탐구형 I)은 가장 일관도가 높고, 이 두 유형의 흥미, 성격 특성 혹은 직무 등은 서로 관련성이 높다. 반면에 예술형(A)와 관습형(C) 같이 육각형에서 대각선으로 서로 반대되는 유형끼리는 일관도가 가장 낮고, 성격적인 특성이나 직업 기능이 거의 관련성이 없다(박경, 최순영, 2000).

2) 실시 및 채점

홀랜드 진로적성검사는 수동 채점과 컴퓨터 채점이 있으나 최근에는 주로 컴퓨터로 채점하고 해석하고 있다.

3) 해석

내담자의 직업적 성격 유형은 적성요인과 관계가 깊다. 예를 들어 검사 결과, 어떤 내담자가 공간지각, 과학적 사고력과 관계있는 실제적 유형과 추리력, 공간 적성, 과학적 사고와 관련된 탐구적 유형이 포함되었다면 이 학생은 공학 적성으로 분류할 수 있다(박선희, 김건형, 최금진, 2011).

8. 인터넷 활용 및 기타 심리검사

인터넷이나 스마트폰을 활용하는 심리검사가 점차 확대되고 있는 추세다. 인터넷이나 스마트폰은 편리성과 간편성, 신속성과 같은 장점이 있어 앞으로 상담과 관련된 일부 영역에서 인터넷이나 스마트폰을 활용한 심리검사가 많이 사용될 것으로 보인다(김태성 외, 2001). 특히 인공지능의 발달로 대부분의 객관적

심리검사가 컴퓨터로 채점되고 해석될 것으로 생각된다. 또 앞으로는 상담자가 심리검사 결과를 상담과 연결하여 곧바로 적용할 수 있도록 개발된 다양한 심리검사가 대두될 것으로 예측된다.

제6부

상담학의 연구

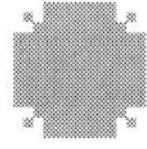

제11장

상담학 연구 1: 연구주제

김계현

상담학의 연구주제들은 여러 가지가 있다. 이 장에서는 우선 상담학의 핵심 주제인 상담의 과정과 효과성 연구를 개관한다. 상담과정에 대한 연구주제로는 상담관계, 전문상담사-내담자 상호작용에 대하여 세부적인 사항들을 다룬다. 그다음 상담 효과성에 대한 연구주제로는 상담효과의 측정, 효과성 연구에 대한 메타분석, 상담효과의 요인 등을 다룬다. 그리고 상담의 분야별로 진로상담 분야의 연구주제들, 집단상담 연구, 예방프로그램 연구들을 설명하고, 끝으로 상담수퍼비전에 관한 연구주제들을 다룰 것이다.

연구의 주제를 개관하기 위한 하나의 편리한 길은 이른바 '핸드북'을 공부하는 것인데, 상담학 분야에는 미국에서 출판하는 『Handbook of Counseling Psychology』(Steven D. Brown과 Robert W. Lent 편저)가 그중의 하나다. 이 핸드북은 1984, 1992, 2000, 2008년에 걸쳐 4개의 판이 출간된 매우 전통 있는 핸드북이며, 상담학의 연구주제와 내용들을 매우 체계적으로 제시하고 있다. 아직 국내 연구를 바탕으로 한 핸드북은 출판되지 못했다.

1. 상담과정 연구

상담과정(counseling process)은 상담학 연구자들에게 가장 중요한 탐구주제들 중의 하나다. 상담과정은 상담실에서 전문상담사와 내담자가 행하는 행동(언어 포함), 전문상담사와 내담자가 경험하는 정서 · 인지적 반응, 전문상담사-내담자 간의 상담관계 등을 통틀어서 지칭하는 복합적 개념이다. 따라서 상담과정 연구의 주제는 매우 다양하고, 따라서 그 연구방법도 매우 다양하다. 여기서는 상담과정 연구의 대표 주제인 상담관계에 대한 연구 그리고 전문상담사-내담자 상호작용에 대한 연구를 중심으로 설명하고자 한다.

1) 상담관계에 대한 연구

상담의 효과성이 상담관계, 즉 내담자와 전문상담사가 어떤 관계를 어떻게 이루어 가는지에 의해서 크게 좌우된다는 주장은 상담학에서 매우 보편적으로 받아들여져 왔다. 따라서 상담관계는 상담학의 주요 연구주제로 다루어져 왔다.

(1) 공감적 관계

공감적 관계에 대한 연구는 주로 로저스(Rogers, 1942)의 공감적 이해에 대한 개념을 기초로 이루어지고 있다. 로저스는 내담자가 표현하는 감정과 정서에 대하여 전문상담사가 정확하게 이해하고 그 이해를 기초로 내담자에게 공감을 전달하는 것이 상담관계의 형성은 물론 내담자의 긍정적 변화를 야기하는 핵심 조건이라고 주장하였다. 특히 로저스는 1940~1950년대에 미국이나 유럽의 심리치료 연구자들이 시도하지 않았던 연구방법을 새로이 도입하였다. 새로운 연구방법이란 상담장면을 비디오 필름으로 녹화하여 그것을 분석의 기본 자료로 사용한 것이다. 당시의 심리치료자 및 정신분석가들은 상담장면을 녹화하거나 녹음하는 것을 시도하지 않았다.

상담자의 공감은 크게 두 가지 방법으로 연구되었다. 첫째는 전문상담사의 공감적 반응을 5개 단계로 나누어서 전문가들로 하여금 상담자의 반응들을 1수준 공감부터 5수준 공감으로 평정하여 분석 자료로 사용하는 방법이다. 이 연구는 주로 카크허프(Carkhuff, 1969)에 의해서 수행되었으며, 우리나라 연구에서도 찾아볼 수 있다(예를 들면, 문현미, 1989; 박성희, 2004). 공감적 관계에 대한 두 번째 부류의 연구는 내담자들에게 그들의 체험을 물어보는 방법을 사용하는 것이다(두경희, 2005). 즉, 전문상담사가 자기를 얼마나 이해하였고 공감해 주었는지를 질문지를 통해서 물어봄으로써 공감적 관계를 파악하는 방법이다. 이 방법에 대한 대표적인 초기 연구자는 바렛-러너드(Barret-Lennard, 1962)다. 그가 개발한 질문지는 우리나라에서도 번안하여 연구를 수행한 바 있다.

(2) 치료적 관계-작업동맹

상담학에서 치료적 관계(therapeutic relationship)는 매우 중요한 개념이다. 그런데 이 개념은 아주 보편적 개념이어서 이론적 관점에 따라서 달리 정의되는 결점이 있다. 이런 문제점을 보완하는 개념이 작업동맹(working alliance)의 개념이다.

보딘(Bordin, 1979)은 여러 심리치료 이론에서 공통적으로 파악되는 치료적 관계를 세 가지 요소로 정리하였다. 그것들은 ① 상담에서 어떤 문제를 다루고 그 목적은 무엇인지를 전문상담사와 내담자가 동의하는지(상담목표에 대한 동의), ② 그 문제들을 다루는 과정과 방법에 대하여 동의하였는지(상담 과제에 대한 동의), ③ 전문상담사와 내담자 간의 신뢰와 정서적 유대감(bond)이 어느 정도인지 등이다. 이 개념은 그 후 여러 학자에 의해 검토되었고, 특히 작업동맹평가질문지(Working Alliance Inventory: WAI)라는 이름의 측정도구가 개발된 이후 그것을 활용한 수많은 연구물이 양산되었다(Horvath & Greenberg, 1989). 많은 연구 중에서 특히 작업동맹의 형성이 상담 효과성 증진에 얼마나 도움이 되는지의 주제가 많이 탐구되었는데, 그 연구들을 메타분석한 바에 의하면(Horvath &

Symonds, 1991) 작업동맹이 상담효과를 예언하는 정도를 상관계수로 표현하면 r=.26 정도로 산출된 바 있다. 이 정도 크기는 그 자체로서는 얼마 되지 않는 것처럼 보일 수 있으나, 상담 효과를 결정짓는 데 영향을 준다고 볼 수 있는 다양한 요인을 고려한다면 상당히 의미 있는 계수로 여겨지고 있다.

(3) 전이와 역전이

전이(transference)와 역전이(counter-transference)는 정신분석학의 핵심 개념으로 잘 알려져 있다. 전이는 내담자가 상담과정 중에 치료자, 즉 전문상담사에 대해서 느끼는 감정이나 생각들을 지칭하는데, 그런 경험은 내담자 자신의 지난 과거 경험, 기억 등에 의해 영향을 받아서 전이가 실제와는 다르게 왜곡된 경우가 많다. 전이는 긍정적 전이, 부정적 전이 그리고 성적 전이(혹은 에로틱한 전이) 세 가지로 구분된다. 전이 이론은 내담자가 어린 시절의 중요한 인물('대상'이라고 함)과의 관계 경험이 오늘날 재현되는 과정이다. 최근에는 대상관계 이론에서 이런 현상을 주로 연구하고 있다.

역전이는 심리치료에 있어서 '이중 나선(double helix)구조'와 같은 것으로 비유되는 현상이다. 초기의 정신분석 이론에서 역전이는 전문상담사 자신의 과거의 미해결된 문제들 때문에 생기는 바람직하지 못한 현상으로 보았다. 그래서 초기 정신분석은 이런 역전이 현상이 발생하지 않도록 치료과정을 최대한 중립적으로 끌고 가는 방법을 택하였다. 그러나 그 후의 정신분석 이론가들은 역전이 현상을 좀 더 확장된 개념으로 이해하여 상담과정 중에 상담자가 경험하는 여러 역전이 현상을 치료적으로 활용하는 새로운 치료 전략들을 고안하기 시작하였다. 역전이 현상은 전문상담사가 회피해야 할 현상이 아니라 전문상담사가 정확하게 이해하고 치료과정에서 활용할 도구로서 탈바꿈하게 되었다. 그래서 이 역전이에 대해서는 수퍼비전 및 전문상담사 교육/훈련 분야에서 더 많이 탐구되는 주제가 되었다.

2) 내담자-상담자 상호작용

상담과정을 탐구하는 또 다른 방법은 행동주의적 접근 방법이다. 내담자와 전문상담사는 상담실에서 지속적으로 어떤 행동을 한다[연구자들은 행동을 다른 말로 반응(responses)이라고 부른다]. 그 행동들 중에는 말로서 표현되는 언어, 동작이나 표정 등으로 표현되는 비언어적 행동 그리고 내면적 현상으로서 인지 등이 해당된다. 상호작용이란 바로 이 행동과 행동들 간의 관계를 파악하기 위한 하나의 관점을 말한다(김계현, 2000).

(1) 상담사 반응과 내담자 반응

- 상담사 반응: 가장 대표적인 상담자 반응은 전문상담사들이 상담 시간에 사용하는 각종 상담기법 혹은 기술들이다. 예를 들면, 감정 반영, 질문, 요약과 환언 등은 상담자가 가장 자주 사용하는 면담 기술이다. 그 외에 해석, 직면, 자기개방 등의 기법이 있다. 상담자 반응 중에는 인지 반응도 있는데, 가장 대표적인 것이 상담사의 의도(intention)다. 예를 들면, 내담자의 감정 경험을 더 강화하기, 전문상담사 자신의 필요를 인식시키기 등의 의도들이 있다. 상담자 반응은 연구자들에 의해 그 유목이 구체적으로 정의되고, 다른 유목과 구별되는 기준이 제시된다. 다시 말해, 그 반응을 한 회기에 몇 회나 발생시켰는지 빈도를 셀 수 있을 만큼 분명하게 각 반응 유목들을 구체적으로 정의한다.
- 내담자 반응: 내담자 반응에도 역시 겉으로 드러나는 행동적인 반응들과 내면적인 인지 반응들이 있다. 내담자 행동에는 감정 말하기, 질문하기, 상황을 기술하기 등 언어를 사용한 행동들이 있다. 이런 행동 반응들은 정의하기가 비교적 용이하다. 반면에 내담자 반응들 중에는 통찰, 감정 탐색, 변화 모색 등 비교적 복잡한 반응들도 있는데, 이것들은 분명하게 정의하기가 쉽지 않다. 연구자들은 상담학을 공부한 다른 전문가들을 활용하여 이런 복잡한 반응들을 유목화하고, 평정하고, 빈도를 계산하는 과정을 거친

다. 따라서 이런 연구에서는 평정자 간의 합치도 혹은 평정자 간 신뢰도(inter-rater reliability)가 매우 중요하다.

(2) 상호보완적 상호작용

상담학에는 전문상담사와 내담자 간 상호작용의 패턴을 분석하는 연구주제가 있다. 상호작용 패턴 중에서 가장 자주 연구된 현상은 '상호보완적(complementary)' 상호작용 패턴이다. 상담과정으로서 상호보완적 패턴은 크게 두 가지 차원에 대해서 탐구되었는데, 그 두 가지는 통제(control) 차원과 친밀(affiliation) 차원이다. 통제 차원에서 상호보완 패턴을 보인다는 것은 한 사람이 통제하려는 행동을 하면 다른 한 사람이 이에 따르는 행동을 한다는 것인데, 예를 들면 지배적 행동에 대하여 순응적 행동을 하는 패턴을 말한다. 다음으로, 친밀 차원에서 상호보완 패턴을 보인다는 것은 한 사람이 친밀을 추구하는 행동을 하면 다른 한 사람도 역시 친밀을 추구하는 행동을 한다는 것으로서, 예를 들면 우호적 행동에 대한 우호적 반응으로 이어지는 패턴을 말한다. 이 주제는 우리나라에서도 자주 연구된 바 있다(예를 들어, 김동민, 1993).

상호작용 패턴 연구들 중에 또 한 가지 대표적 주제는 '관계 통제(relational control)'라고 불리는 주제다. 이것은 다른 말로 '지배성(dominance) 연구'라고도 불리는 주제인데, 그 이유는 관계 통제의 패턴 중 주로 지배성에 대한 현상을 연구해 왔기 때문이다. 상담학에서는 상담의 상호작용 과정을 상담자, 즉 치료자가 지배하고 이끌어 가는 것이 바람직하다는 주장이 일반적이다(로저스의 이론은 예외적으로 보이지만, 로저스도 사실은 꾸준히 내담자의 주도성을 강조하고 내담자로 하여금 주도성을 발휘하게끔 영향을 미친다는 점에서 실제적으로는 상담자가 그 과정을 지배하는 것이라고 해석된다). 지배성 연구의 방법은 화제를 통제하는(topic control) 행동을 분석하거나(Tracey & Ray, 1984; Lichtenberg & Kobes, 1992), 혹은 지배성 지수를 통계학적으로 계산하는 방법 등이 있다(Wampold & Kim, 1889).

(3) 상담관계 패턴의 변화

상담관계 패턴은 상담이 진행되면서 변화하는 것이 일반적이다. 상담학자들이 주목해 온 관계 패턴의 변화는 상담 초기에 매우 동맹적이고 협조적이고 우호적인 관계 패턴이 형성되다가 상담 중기에 그 관계가 악화되는 현상이다. 학자들은 이 현상을 동맹 혹은 상담관계의 결렬(rupture), 난국(impasse) 등의 용어로 표현한다.

구체적 연구주제로는 동맹적 상담관계가 결렬되거나 난국에 빠지는 현상을 인식하는 단서 'marker'에 대한 연구(Safran, 1990), 내담자들이 오해받는다는 느낌을 경험하는 현상에 대한 연구(Rhodes, Hill, Thompson, & Elliott, 1994), 삼각화(triangulation) 관계의 발생 등(예를 들어, 전문상담사-내담자 이외에 제삼자의 개입에 휘말리는 경우) 몇 가지 대표적인 연구주제들이 있다. 그 외에 또 한 가지 주요 연구주제가 있는데, 그것은 결렬 혹은 난국 현상이 생긴 경우에 전문상담사와 내담자가 동맹 관계를 회복시키고 난국에서 빠져 나오는 현상이다. 이는 치료적으로도 매우 중요한 현상으로 받아들여지고 있다.

2. 상담 효과성 연구

효과성 연구는 상담 연구에서 가장 핵심적인 연구주제다. 효과성에 대한 정확한 연구 결과가 없다면 상담에 관한 그 어떤 연구주제도 의미를 찾기 어렵다. 상담의 효과성 연구는 어떤 것이며, 어떤 방법과 절차에 의해서 수행되는가? 그리고 지금까지 어떤 결과가 얻어졌는가? [상담 효과성 연구에 대해서는 필자의 저서 『상담심리학 연구: 주제론 및 방법론』(2000)에 매우 상세하게 설명하고 있으므로 공부를 더 할 독자는 그 책을 참조하기 바란다.]

1) 상담효과의 측정

(1) 상담 효과에 대한 개념 정의

무엇을 상담의 효과로 정의할 것인가? 상담의 최종 결과를 효과로 정의할 것인가, 아니면 상담 중간에 발견되는 조그만 변화를 상담 효과에 포함시킬 것인가? 인지 또는 감정상의 변화를 상담 효과로 간주할 것인가, 아니면 행동이나 증상의 변화가 있어야만 상담 효과로 인정할 것인가? 상담 효과를 정의하는 길은 다양하지만 여기서는 효과를 측정하는 시기를 기준으로 분류한 정의를 살펴본다.

- 즉시적 성과(회기 내 성과): 통찰(insight)은 상담에서 매우 중요하게 여기는 내담자의 경험이다. 이론들에 의하면, 상담회기 중에 내담자가 통찰을 경험하게 되면 인지적 · 정서적 변화를 기대할 수 있고, 나아가 증상의 감소나 행동상의 변화도 기대할 수 있기 때문이다. 따라서 상담회기 중에 내담자가 경험하는 통찰은 물론 통찰에 접근하는 전 단계의 내담자 반응들도 중요한 회기 내 성과로 간주한다. 예를 들면, 자기감정의 이해와 수용은 통찰 이전에 내담자가 자주 보이는 반응이다.
- 회기 성과: 회기를 마친 직후에 성과를 측정하는 경우 이를 '회기 성과'라고 부른다. 회기 성과를 측정하는 유명한 도구가 있는데, '회기 평가 질문지(Session Evaluation Questionaire: SEQ)'가 그것이다. 이 질문지는 회기의 깊이, 순조로움, 회기 직후의 각성 정도 및 긍정적 정서 등 네 가지 요소를 평가한다. 당초에는 스타일스(재인용, Stiles & Show, 1984)에 의해 개발되었으며, 우리나라에서는 오경희(1986), 최윤미(1987), 이상희와 김계현(1993) 등에 의해서 초기에 연구된 바 있다.
- 사례 종결 후 성과: 사례를 종결한 직후에 상담의 성과를 측정하는 경우가 이에 해당한다. 주로 측정되는 내용을 보면 상담의 목적에 대한 달성 정도, 증상의 감소(예를 들면, 우울, 불안), 상담에 대한 만족도 등이다. 경우에 따

라서는 상담의 효과로 인해 야기될 수도 있는 부수적인 효과까지도 성과로 측정하기도 한다. 최근 도입된 기업체 내 직장인들을 위한 상담(이른바, '기업상담')에서는 내담자가 소속한 부서의 팀 빌딩, 조직 분위기, 생산성의 변화까지 상담 효과로 보기도 한다(김하나, 2010; 왕은자, 김계현, 2009).

- **지속적 성과**: 상담의 효과는 장시간 지속되기를 기대하는 것이 당연하다. 예를 들어, 금주를 위한 상담을 받고 상담 종결 직후 1개월 동안은 금주를 하였는데 그 이후에 다시 술을 마시기 시작했다면 이 사례에서 지속적 효과는 없다고 판단해야 할 것이다. 이와 같이 효과가 지속되었는지를 조사하는 것을 추수효과 조사(follow-up)라고 부른다.

(2) 상담 효과의 유의성

상담의 효과성 연구들은 상담을 받은 사람이 상담을 받지 않은 사람과 비교해서 상담에서 목표하는 변화가 발생한다는 가정을 가지고 있다. 그러면 그런 목표행동상의 변화가 발생했는지 여부를 어떤 기준으로 판단하는가? 여기에는 두 가지 기준이 있는데, 하나는 '임상적 유의성'이고 다른 하나는 '통계적 유의성'이다.

- **임상적 유의성**(clinical significance): 도대체 얼마만큼 효과가 있어야 효과가 있다고 판단할 것인가? 예를 들어, 읽기장애가 있는 아동에게 6개월 동안 개별교육을 시킨 후 현재의 읽기능력을 6개월 전과 비교하였더니 35점에서 40점으로 올라갔다. 그런데 만약 이 검사의 문항 수가 20개이고 100점 만점이라면 이 아동은 6개월 전에는 7개 문항을 맞추었고 현재는 8개 문항을 맞춘 것이다. 이 1개 문항의 '향상'은 의미 있는 것인가? 이런 임상적 유의성은 다른 말로 실제적(practical) 유의성이라고도 부른다. 이 임상적 · 실제적으로 유의미한 효과의 크기를 말해 주는 표준적인 기준은 존재하지 않는다. 이는 상담자, 치료자, 교사 등의 전문적 판단과 내담자 본인과 가족 및 친지 등의 주관적 판단에 의존한다.

• **통계적 유의성**(statistical significance): 연구보고서를 한 번이라도 접해 본 독자라면 제시된 통계표에 *, ** 등의 기호가 붙어 있고, 통계표 아래에 * : $p < .05$ 등의 각주가 붙어 있는 것을 보았을 것이다. 이것이 바로 주어진 데이터의 통계적 유의도에 대한 약속된 기호다. 어떤 데이터가 통계적으로 유의미한지, 그렇지 못한지를 추정하고 판단하는 논리와 절차에 대해서는 통계학적으로 표준화되어 있으므로 통계학 책이나 연구방법론 책을 참조하면 정확하게 이해할 수 있다. 상담 효과성 연구는 주로 상담을 받은 사람들의 측정치와 상담을 받지 않은 사람들의 측정치를 비교하여 두 측정치 간의 차이의 크기가 통계적으로 유의미한지 여부를 판단한 결과를 제시한다.

2) 상담 효과성 연구

(1) 집단상담 및 프로그램의 효과에 대한 연구

우리나라에서 가장 많이 연구되는 상담 효과성 연구는 집단상담 및 프로그램의 효과에 대한 연구다. 집단상담이나 프로그램들은 대개 구조화된 것으로서 활동 내용 및 상담목표가 미리 정의되어 있다. 이런 연구에서 사용하는 연구방법은 상담 및 프로그램에 참여한 사람들의 목표 달성도를 참여하지 않은 사람들(통제 집단)과 비교하여 그 효과를 분석하는 것이다. 우리나라에서는 학위논문을 비롯해서 집단상담 효과 및 프로그램 효과를 분석한 연구가 매우 많이 수행되고 있으며, 그것들에 대한 메타분석도 여러 차례 수행된 바 있다(초기 연구의 예를 들면, 김계현, 이윤주, 왕은자, 2002). 단, 프로그램 효과 평가는 한 프로그램 내에 다양한 요소가 복합되어 있어 어느 요소의 효과인지 분석적으로 알아내지 못하고 있으므로 앞으로는 연구방법의 개선이 필요하다.

(2) 개인상담 및 심리치료의 효과성에 대한 초기 연구

상대적으로 개인상담 및 심리치료의 효과성에 대한 연구는 적게 수행되는 편이다. 그러나 미국이나 유럽의 경우에는 반대로 개인상담의 효과성 연구물들이 비교적 많다. 따라서 개인상담의 효과성 연구에 대해서는 미국과 유럽에서 수행된 연구 결과를 참조할 필요가 있다.

아이젱크(Eysenck, 1952)의 연구보고서는 상담과 심리치료를 공부하는 사람은 반드시 알아야 할 유명한 고전적 논문이다. 이 논문에서는 심리치료의 효과성에 대한 당시 연구보고서 24편을 분석한 결과, 신경증에 대한 심리치료의 효과가 '기저선'에도 못 미치거나 혹은 겨우 기저선 정도밖에 되지 못한다는 결과를 제시하여 당시의 심리치료계에 큰 충격과 파장을 일으켰다(여기서 '기저선'이란 심리치료를 받지 않았거나 최소한의 의료 서비스를 받은 경우에 신경증으로부터 벗어나는 비율을 의미한다). 심리치료의 효과에 대한 종합적 분석은 레빗(Levitt, 1957, 1963)이라는 학자에 의해서도 이루어졌는데, 레빗은 주로 아동 및 청소년 심리치료 연구들을 분석한 결과, 치료의 효과는 치료를 받지 않은 사람들의 자연적인 치유율을 넘지 못했다는 결론을 내린 바 있다.

(3) 개인상담 및 심리치료의 효과성에 대한 메타분석

심리치료의 효과에 대한 이러한 부정적 보고서는 당시 심리치료 및 상담학계에 충격과 자극을 주어서 결과적으로는 새로운 치료방법을 고안하는 연구를 촉진시켰고, 또한 치료 효과성 연구자들이 과학적으로 타당한 방법을 도입하도록 자극제가 되었다. 즉, 1950~1960년대의 효과성 연구에서는 실험집단과 통제집단을 비교하는 타당한 연구방법론을 적용한 효과성 연구, 즉 통제 연구(control study)가 거의 없었다. 아이러니컬하게도 심리치료의 효과를 부정했던 연구보고서의 출현이 계기가 되어 그 분야의 연구는 물론 실제적 기법과 이론들이 더욱 발전하는 결과를 낳게 되었다.

스미스와 글래스(Smith & Glass, 1977)의 유명한 메타분석 논문이 나온 것은 아이젱크의 충격적 논문이 나온 지 25년만의 일이다. 이들은 과학적으로 타당한 방법론을 적용한 연구들을 엄선하여 375개의 논문을 분석하였다. 뿐만 아니라, '효과 크기(effect size)'라는 개념과 이를 통계학적으로 분석하는 표준적인 메타분석 절차를 고안하여 치료를 받은 집단과 치료를 받지 않은 집단 간에 변화의 크기를 계량적으로 비교하는 방법을 적용하였다. 이 논문도 역시 상담학을 공부하는 사람이라면 반드시 알아 두어야 할 논문이다(김계현, 2000).

스미스와 글래스의 메타분석 논문은 당시에 수행된 심리치료와 상담의 효과성 연구들을 폭넓게 수집하여 분석한 것으로서 정신역동적 치료, 인지치료, 내담자중심 상담, 행동치료 및 행동수정, 게슈탈트와 교류분석 등 다양한 치료 이론들의 치료 효과를 비교하기도 하였다. 이처럼 다양한 심리치료와 상담의 효과 크기에 대한 메타분석을 한 결과, 심리치료와 상담은 유의미한 수준으로 효과가 있다는 결론을 제시하였다. 이 논문 이후 상담학 및 심리치료학계에서는 유사한 메타분석 논문들이 계속해서 나오고 있다.

3) 상담 효과의 요인

상담과 심리치료의 효과성 연구는 일단은 효과가 있는지 없는지, 즉 효과성 여부를 검토하는 것이 목적이다. 스미스와 글래스의 메타분석 및 그 이후에 나온 메타분석들에 의하면, 상담과 심리치료가 유의미한 수준으로 효과가 있다는 것이 밝혀졌다. 즉, 효과성 여부 자체에 대해서는 별 이견이 없었다(Wampold, 2001; Wampold & Imel, 2015).

효과성 여부 다음의 중요한 연구 질문은 무엇일까? 그것은 '무엇이 효과를 발생시키는가?'다. 심리치료와 상담은 복합적인 현상이기 때문에 매우 다양한 요소가 복잡하게 얽혀 있다. 그래서 그중에서 어떤 요소, 요인(들)이 효과를 발생시키는 원인으로 작용하는지 밝히고자 하는 것은 상담학 및 심리치료학 발전에 필수적인 연구주제이다.

이 주제에 대한 질문들이 해소되려면 앞으로 10년 이상 혹은 20~30년 이상의 기간을 요할 것이다. 현재까지 주로 탐구된 연구 질문은 상담의 치료 효과를 발생시키는 데에는 어떤 특수한 개별 요소들(specific ingredients)이 작용한 것인지, 아니면 여러 심리치료에 공통적으로 존재하는 공통 요인들(common factors)이 작용한 것인지를 구명하고자 하는 것이다. 이 주제에 대해서는 웜폴드(Wampold, 2001; Wampold & Imel, 2015)가 집중적으로 연구를 해 왔는데, 현재까지의 결론은 상담의 치료 효과가 특수 개별 요소(들)보다는 주로 공통 요인(들)의 작용으로부터 발생한다고 보는 것이 타당하다고 했다. 여기서 말하는 공통 요인이란, 예컨대 상담에 대한 내담자의 긍정적 기대, 상담방법과 절차에 대한 전문상담사의 설명, 전문상담사-내담자 간 협조 관계와 작업동맹, 전문상담사의 온정과 긍정적 배려, 치료이론에 대한 전문상담사의 선호도 등이다.

다만, 상담 효과의 요인에 대한 연구는 밝혀진 사실보다는 앞으로 연구되어야 할 주제가 더 많다. 한 가지 예를 들면, 상담치료를 받는 문제별 효과성 연구가 좀 더 수행되어야 한다는 것이다. 현재까지는 미국을 중심으로 우울증에 대한 심리치료 효과성 연구가 비교적 체계적으로 수행되고, 이에 대한 메타분석이 시도되고 있다. 앞으로는 좀더 다양한 문제(예를 들어, 비행, 중독, PTSD)를 대상으로 하여 그에 대한 효과성 연구들이 수행되어야 할 것이다.

3. 기타 연구주제

상담학의 연구주제는 이외에도 매우 다양하다. 그중에서 진로발달 및 진로상담에 관한 주제가 가장 대표적인 연구주제일 것이다. 그다음으로는 집단상담 및 예방프로그램에 관한 연구 그리고 상담자 교육과 수퍼비전에 대한 연구들이 활발히 수행되고 있다. 최근에는 다문화를 중심으로 한 연구들도 활발히 이루어지고 있다.

1) 진로상담 분야

진로상담 분야는 미국의 경우 상담학이 시작된 분야다. 그런 전통 때문에 미국의 상담학은 크게 두 개의 산맥이 있는데, 하나는 심리치료(심리상담)이고 또 하나는 진로상담이다(김계현, 1997). 오래된 연구 영역인 만큼 진로상담 영역의 연구주제는 다양하다. 대표적인 연구주제로는 진로 선택과 결정, 진로의식의 발달과 성숙, 직업흥미와 적성의 발달, 직업 정보, 직업 만족과 적응 등이 있다. 이러한 다양한 주제 중에서 여기서는 가장 대표적인 연구주제인 진로결정-미결정 문제를 소개할 것이다.

(1) 측정

진로결정-미결정과 관련한 측정을 하기 위한 대표적인 척도로는 크게 세 가지가 있다. 그들을 소개하면 다음과 같다. 이들은 모두 우리나라에서도 번안되었고, 연구용으로 사용되고 있다(고홍월, 김계현, 2008, 2009; 김계현, 고홍월, 김경은, 2013).

- CDP: Career Decision Profile(Jones, 1989)
- CDDQ: Career Decision Difficulties Questionaire(Gati, Krausz, & Osipow, 1996)
- CDS: Career Decision Scale(Osipow, 1987)

이 도구들 외에도 진로결정-미결정과 연관이 있는 측정도구로는 진로성숙도 검사(임언, 정윤경, 상경아, 2001), 진로결정 자기효능감 검사(이상민 외, 2007) 그리고 진로정체성 검사(Cho & Kim, 2012) 등이 있다.

(2) 진로미결정 문제 유형

진로미결정은 진로상담 분야에서 가장 중요한 상담 문제로 여겨져 왔다. 그런데 학자들은 미결정 중에 몇 가지 하위 유형이 있다는 견해를 취하고 있는데, 대표적인 유형들을 보면 다음과 같다(김계현, 1997). 첫째는 '만성적인 미결정 성향(chronic indecisiveness)'이라고 부르는 것이다. 이는 일종의 특성(trait)적인 문제로서 개인의 불안 성향, 낮은 자존감, 의존 성향, 외부적인 통제 위치(locus of control)' 등과 깊은 관련이 있다고 알려져 왔다. 둘째는 발달론적인 개념으로서 아직 결정할 준비가 덜 된 상태(unreadiness)라고 불리는 문제다. 자기이해의 부족, 자기정체감의 혼미 상태 등이 주요 요인으로 알려져 있다. 셋째는 정보의 부족 문제다. 진로 정보가 환경적 원인으로 인해 부족한 사람도 있고, 개인의 성향으로 인해 진로 정보에 접근하지 않는 경우도 있다. 넷째는 대인 갈등으로 인한 진로미결정 문제다. 주로 가족과의 관계 속에서 진로에 대한 의견 충돌, 불합리한 경쟁심 등이 문제가 되어 진로미결정이 발생할 수 있다.

(3) 미성숙한 진로결정

진로를 결정한 상태는 상담학적으로 문제가 없는 상태인가? 학자들 중에 진로결정을 한 사람들 중에도 여전히 상담학적인 문제를 보이는 개인들이 있다는 견해를 주장하고 있다. 가장 대표적인 현상은 진로를 결정하는 과정에 문제가 있는 경우다. 첫째는 충분한 자기이해가 부족한 상태에서 진로결정에 이른 경우다. 본인의 관심과 흥미, 적성 등을 충분히 검토하지 않은 채 가족 중에서 그것을 강조하였거나 혹은 다른 이유로 어떤 직업을 자신의 미래 직업으로 정해 버린 경우다. 둘째는 다른 직업 대안들을 검토하지 않은 채 성급하게 정해진 경우다. 진로결정에 이르는 바람직한 과정은 여러 직업 대안에 대해서 매력을 느끼고, 검토하고, 타협하는 경험을 바탕으로 해야 하는데 그런 경험이 없이 어느 하나의 직업이 결정된 경우를 말한다. 셋째는 그 직업의 사회적 명성이나 겉모습에만 영향을 받은 경우다. 전문직 등 사회문화적으로 많이 알아 주는 직업, 예컨대 '유니폼이 멋있어서' 등의 이유로 인한 직업 혹은 연예인 등 TV 매체에 주로 등장하는 직업 등이 이에 해당된다.

이 문제는 주로 외국보다는 우리나라에서 많이 연구되는 주제로 보인다. 그 이유는 우리나라가 문화적 · 교육제도적으로 아동 · 청소년들에게 성급한 진로결정을 요구하는 경향이 있기 때문이라고 짐작된다. 미성숙한 진로결정의 유형에 대한 연구(고홍월, 김계현, 2008), 진로결정의 미성숙함과 조기완료형(foreclosure), 자기정체성과의 관계(Cho & Kim, 2012) 등의 연구주제들이 탐구된 바 있다.

2) 집단상담 및 예방프로그램 분야

상담 실제에서 집단상담은 개인상담과 거의 비슷한 비율로 사용되고 있다(Kivlighan, Coleman, & Anderson, 2000). 전문상담사나 상담기관의 활동 실태에 대한 조사에 의하면 거의 모든 상담기관이 집단상담을 실시하고 있다. 집단상담으로는 치료적 집단상담, 예방적 집단상담, 교육적 집단상담 등이 있으며, 때로는 '집단 프로그램'이라고 불린다. 여기서는 다음의 세 가지 연구주제에 대하여 설명한다.

(1) 집단상담 효과성 연구

집단상담은 효과가 있는가? 개인상담의 효과성과 비교하였을 때 그 효과의 크기에는 차이가 존재하는가? 집단상담에 특별히 더 효과적으로 반응하는 내담자군이나 문제 유형이 있는가? 집단상담의 이론이나 방법들 간에 효과성의 차이가 있는가? 이것들이 집단상담 효과성 연구를 통해서 다루어야 할 연구 질문들이다. 그중 일부의 연구문제에 대해서는 어느 정도 밝혀져 왔다.

첫째, 집단상담의 전반적 효과성에 대해서는 상당히 분명하게 밝혀지고 있다. 이는 앞에서 개인상담의 효과성 연구에서도 소개하였듯이 다수의 효과성 연구들에 대한 메타분석이 수행되고 있기 때문이다. 1990년대 부터 약 10년 동안 미국에서는 집단상담 효과성에 대한 다수의 메타분석이 수행되었다. 우리나라에서도 소수이지만 메타분석이 시도된 바 있다. 집단상담 효과성에 대한 메타분석 연구 결과들은 일관성을 보이는데, 그 효과의 크기는 .70~.80 정도로서 다른 개인상담 효과성 연구의 효과 크기들과 거의 유사하다(Kivlighan et al., 2000).

둘째, 집단상담 효과성에 대한 메타분석들 중에는 특정 문제에 집중한 연구들이 있다. 예를 들면, 우울을 호소하는 노인들에 대한 집단상담 효과성, 아동기에 성학대를 경험한 여성들에 대한 집단상담 효과성, 폭식증(bulimia)을 보이는 내담자에 대한 집단상담 효과성 등 문제 영역을 구분하여 수행된 메타분석들이 있다. 이는 연구의 발전을 위해 매우 바람직한 일이다.

셋째, 집단상담의 방법에 따른 효과성의 차이를 연구한 메타분석들이 있다. 예를 들면, 단기상담과 장기상담 간의 비교, 집단의 크기(예를 들어, 6명 이하 및 이상)에 따른 효과성 비교 등이 시도되었다. 연구 결과는 아직 일관성이 발견되고 있지 못하다.

넷째, 상담의 대상에 따른 효과 크기 비교도 시도되었다. 예를 들면, 임상집단, 예방집단, 교육집단 등 간에 효과 크기 차이가 있는지를 분석하는 것이다. 결과는 예방이나 교육집단에 비해서 임상집단에 대한 효과 크기가 더 크다고 밝혀졌다.

(2) 집단상담 과정 연구

집단상담 이론서 및 실제에 관한 서적들을 보면 상담과정 중에 나타나는 다양한 현상에 대하여 기술하고 있다. 그리고 이런 집단과정(group process)들이 내담자(집단 참여자)들의 치료 경험과 어떻게 연결되는지에 대하여도 설명해 주고 있다. 집단과정에 대한 연구는 이러한 집단상담의 실제와 이론을 기반으로 이루어지고 있다.

집단과정에 대한 연구는 주로 얄롬(Yalom, 1975)의 이론적 주장과 가설들에 기초를 두고 있는 것으로 보인다. 그 이유는 아마도 그가 집단상담의 '치료적 요인들(therapeutic factors)'을 주장한 것과 연관이 있는 것 같다(권경인, 2008).

- 응집력 연구: 치료적 요인들 중에서 가장 많이 연구된 것은 응집력(cohesiveness)이라고 여겨진다. 이론가들은 집단 내에 응집력이 발생해야만 집단이 역동적으로 운영되고, 따라서 응집력은 집단상담의 긍정적 성과를 예언하는 주요 변인이라고 여겨 왔다. 학자에 따라서는 집단의 응집력이 개인상담의 작업동맹과 유사한 것이라고 개념화하기도 한다. 응집력에 대한 대표적인 연구주제 및 질문들은 다음과 같다.
  - 응집력에 대한 개념 정의
  - 응집력이 발생하는 것을 알 수 있는 단서

- 응집력이 발생하고 발전하는 과정
- 응집력을 증강시키는 상담자의 기술
- 상담 진행에 따른 응집력의 변화
- 응집력과 다른 집단 현상들과의 관련성
- 응집력과 상담의 성과

• 대인 간 피드백 연구: 집단상담 과정 중에는 집단원 간에, 혹은 집단원과 리더(상담자) 간에 상호 피드백을 주고받는 경우가 자주 발생한다. 집단 이론에서는 이 현상을 대인 간 피드백(interpersonal feedback)이라고 부르는데, 그것을 통해서 대인 간 학습(interpersonal learning)이 발생한다는 가설을 주장한다. 즉, 대인 간 피드백을 통해서 학습 현상이 발생하고, 그 결과로 상담의 치료 성과가 발생한다는 가설이다. 집단과정 중에는 피드백을 주는 사람과 받는 사람이 있으며, 피드백 중에는 긍정적 피드백과 부정적 피드백이 있다. 집단과정 중 집단원 간에 서로 피드백을 활발하게 주고받는 집단은 그렇지 못한 집단보다 더 역동적이기 때문에 집단 지도자는 집단원 간에 피드백 주고받기가 활발해지도록 촉진시키는 훈련을 받는다. 따라서 연구주제들 중에는 집단과정 중에 발생하는 피드백의 양과 질이 상담 성과와 관련성이 있는지를 분석하는 주제가 있다. 그리고 어떤 특성을 가진 집단원이 피드백으로부터 학습 경험을 더 효과적으로 하는지, 그리고 반대로 어떤 구성원이 피드백을 치료적으로 활용하지 못하는지를 연구하는 주제도 있다. 그리고 리더의 피드백과 동료 집단원의 피드백의 영향력에 차이가 있는지도 중요한 연구주제다. 이 주제에 대해서는 어느 정도 일관성 있는 결과가 있는데, 대체로 리더의 피드백보다는 동료 집단원의 피드백이 더 영향력이 있다(Kivlighan, 1985).

(3) 예방에 관한 연구

상담의 주요 기능들 중 예방이 차지하는 비중은 매우 높다(Kim, 2011). 연구는 주로 두 가지로 정리할 수 있는데, 첫째는 다양한 예방프로그램의 효과성을 알아보는 연구, 둘째는 예방학적 개념 및 이론모델에 관한 연구가 될 것이다.

- 예방프로그램의 효과성 연구: 상담 분야에서는 수없이 많은 프로그램이 수행되고 있다. 이들은 주로 '집단상담' 혹은 '집단상담 프로그램'이라는 이름으로 이루어지고 있으며, 프로그램의 개발 및 효과성 평가 방법에 관한 서적이 나오고 있다(김창대 외, 2011). 프로그램 효과성 연구에 관한 논문으로는 우리나라에서만도 일 년에 수십 편 이상이 나오고 있으며, 주제를 집중시켜서 수행한 메타분석도 나오고 있다. 이처럼 프로그램 효과성 연구는 양적 측면에서는 크게 성장하였는데, 앞으로는 연구의 질적 측면을 향상시키는 노력을 하여야 한다. 특히 프로그램 내용과 효과 간의 인과론적 관련성을 구명하려는 노력이 필요하다. 프로그램들은 내담자들에게 단일 처치요소를 따로따로 제공하는 것이 아니라 여러 가지 처치요소를 묶어서 제공하기 때문에 프로그램의 효과가 어떤 처치요소로 인해서 발생하였는지 구분해 낼 수가 없다. 이 문제점은 현재 모든 프로그램 효과성 연구들이 해결하지 못하고 있는 실정이다.
- 예방상담학의 출현: 예방이 상담의 주요 기능인 데 비해 예방학적 이론은 상대적으로 많이 발달하지 못하였다. 다행히, 최근에 리질리언스(resilience) 개념(Arbona & Coleman, 2007; Rutter, 1990)과 위험-보호 요인의 개념(Haggerty et al., 1996)이 도입되면서 예방학적 논의가 일어나고 있다. 최근에는 예방상담학의 이론적 모델을 제안해 보는 새로운 시도가 나타나고 있다. 예를 들면, 김계현(Kim, 2011)은 예방학이 상담학의 주요한 한 부분으로서 성립할 수 있는 이론적 가능성을 논의한 바 있으며, 미국심리학회 17분과에서는 『Prevention in counseling psychology: Theory, research, practice, & training』이라는 이름의 학술지를 발간하기 시작하였다. 예방상담학은 앞으로 상담학의 가장 핵심 영역으로 발전해야 한다. 상담학은 예방의 기능을 강조해 온 전통에 비해서 예방학적인 이론, 개념 설정, 연구 전략 등에 대해서 상대적으로 노력을 덜 투자한 것으로 보인다. 이 점은 현대

의 상담학자들이 크게 반성해야 할 점이다.

3) 상담자 교육, 수퍼비전 분야

이 분야의 연구주제는 크게 두 가지로 나누어 파악할 수 있다. 첫째는 초보 상담자 교육과정 중 '기본기술(basic skills)'을 가르치는 교육에 관한 것이고, 둘째는 기본기(基本技) 교육 다음 과정이라고 여겨지는 '수퍼비전'에 관한 것이다.

(1) 상담 기본기술 교육에 관한 연구

기본기술 교육에 관한 연구는 일단 초보 상담자 혹은 수련생들에게 기본기를 가르치는 교육 모델을 개발하는 것에서 출발한다. 그리고 연구주제는 주로 각 교육 모델의 효과성을 실증적으로 검증하는 것에 집중해 왔다.

- 대표적인 상담 기본기술 교육 모델
  - HRT(Human Relationship Training): 이것은 로저스의 상담 모델을 기초로 해서 카크허프(Robert R. Carkhuff) 등이 개발한 교육 모델이다. 내담자의 자기탐색, 자기이해 그리고 행동 변화를 돕는 상담 단계별로 기술을 학습한다.
  - MC(Microcounseling Skills Training): 이것은 아이비(Allen Ivey)가 개발한 모델로서, 수련생들은 내담자와의 면담과정 중에 상담자가 경험한 '의도(intention)'에 관해서 집중적이고 체계적으로 배운다. 교육과정은 기초 기술로부터(예를 들면, 주의 집중) 시작하여 좀 더 고급 기술(예를 들면, 감정의 반영)로 발전한다.
  - IPR(Interpersonal Process Recall): 이것은 케이건(Henya Kagan & Norman Kagan)이 개발한 모델이다. 상담과정 중 내담자와의 관계 속에서 경험하게 되는 대인 간 역동을 교육에 활용한다. 상담과정 중 경험했던 생각, 감정, 신체적 감각 등을 회상하여 그것들이 치료과정에 방해가 되거

나 도움이 되었는지를 분석한다.

- 힐(Clara E. Hill)의 조력 기술 모델: 이것은 일종의 통합 모델이다. 상담 과정을 '탐색-통찰(이해)-변화'로 파악하는 점은 HRT와 거의 같으며, 작업동맹을 형성하는 기술, 통찰을 촉진하는 기술, 행동 변화를 촉진하는 기술 등을 가르친다.

- 교육 모델의 효과성 연구: 상담 기본기술 교육 모델의 효과성에 관해서는 상당히 많은 연구가 수행되었고 이미 탄탄한 증거를 축적하였다. 이에 관한 대표적 논문을 들면 베이커, 대니얼스 그리고 그릴리(Baker, Daniels, & Greeley, 1990)의 메타분석 연구다. 이들은 HRT, MC, IPR 세 가지 교육 모델의 효과성 연구들을 메타분석한 결과, HRT의 효과 크기 d=1.07, MC의 효과 크기 d=.63, IPR의 효과 크기 d=.20이라는 결과를 제시하였다. 이 메타분석은 상담학을 공부하는 대학원 수련생 교육에 대해서 이루어졌다. 이 분석결과에 의하면, 구조화된 교육과정에 입각한 교육이(HRT가 가장 구조적이고 MC가 중간) 상대적으로 자기탐색 과정에 집중하는 교육(IPR이 가장 자기탐색적이고 MC가 중간)에 비해서 상담 기본기술 교육에서는 더 효과적이라는 결론을 내릴 수 있다(Ladany & Inman, 2008). 최근에는 힐과 렌트(Hill & Lent, 2006)가 어떤 교육 요소에 의해서 교육 효과성이 발생하는지에 대해 분석한 바 있는데, 이 연구에서 효과가 있다고 파악되는 교육 요소들은 모델링(d=.90), 수업(instruction: d=.63), 피드백(d=.89) 등이다.

(2) 상담 수퍼비전 연구

수퍼비전은 앞에서 설명한 '기본기술을 가르치는 수업 형태의 상담교육'과 차이가 있다. 수퍼비전을 하는 형태로는 1:1의 개인 수퍼비전이 있고, 1:3~4 정도의 소집단 수퍼비전이 있으며, 그 외에도 1:10 정도의 수퍼비전도 있다.

- 수퍼비전과 사례발표회 간의 차이: 우리나라의 상담학계에서는 종종 수퍼비전과 사례발표회가 혼동되는 것을 목격할 수가 있다. 수퍼비전은 수련생,

즉 수퍼바이지를 중심으로 이루어지는 교육활동이고, 사례발표회는 사례에 대한 분석과 이해를 중심으로 이루어지는 교육-학술 활동이라고 보는 관점이 옳다. 이 두 가지가 혼동되는 현상은 사례발표회가 종종 수퍼비전처럼 다루어진다는 점이다. 구체적으로 말해서 사례발표회를 이끄는 분을 '수퍼바이저'라고 칭하는 경우를 볼 수 있으며, 그 분이 발표회를 이끄는 과정에서 사례 분석과 이해보다는 수퍼바이저 개인의 정서발달 이슈들 혹은 너무 사적인 내용까지 공개적으로 다루는 등의 경우도 볼 수가 있다. 수퍼바이저와 사례발표회는 정확하게 구분해서 진행되어야 한다.

- 수퍼비전 연구주제
  - '평행선 과정'에 관한 연구: 수퍼비전 이론에서 이 평행선 과정(parallel process)은 상당히 오래전에 등장한 개념이다(Searles, 1955). 평행선 과정이란 수퍼비전 시간에 수련생과 수퍼바이저 간의 관계 양상은 그 수련생이 내담자와의 관계에서도 유사한 양상으로 관찰되는 현상을 말한다. 이런 평행선은 어느 것이 먼저(원인)이고 어느 것이 나중(결과)인지 분명하지는 않지만, 두 가지 상호작용 과정 간에는 공통점이 발견된다는 것이다. 이 개념은 당초에는 정신분석 계열의 대인치료나 대상관계이론에서 주로 연구되었지만, 내담자 중심 상담을 비롯한 다른 이론의 연구로 일반화되었다(Goodyear & Guzzardo, 2000).
  - 수련생-수퍼바이저 간 작업동맹: 보딘(Edward S. Bordin)의 작업동맹 개념은 앞에서 상세히 설명한 바 있다. 당초 이 개념은 상담자와 내담자 간의 상담에서 서로 협력하는 관계를 지칭하였지만, 수련생과 수퍼바이저 간의 협력관계로 확대되었다. 초기에는 작업동맹 측정에 대한 연구가 이루어졌으며(Efstation, Patton, & Kardash, 1990) 그다음에는 작업동맹과 다른 다양한 변수 간의 관계를 분석하는 연구로 확대되었다. 예를 들면, 수련생-수퍼바이저 간 작업동맹과 상담자-내담자 간 작업동맹이 관계가 있는지를 알아보는 연구(Patton & Kivlighan, 1997; 연구결과 r=.66 정도의 상관이 나왔음), 수련생-수퍼바이저 간 작업동맹이 수퍼비전의 진행

과 함께 변화하는지에 대한 연구 등이 있다.

- 수련생 발달 연구: 수련생의 발달에 대한 이론들은 주로 발달의 과정과 단계에 대한 모델을 제시하고 있다(김계현, 1992). 따라서 연구의 주제들은 주로 이런 발달단계 이론의 타당성을 검증하는 연구, 발달단계에 적합한 수퍼비전 방법이나 내용이 무엇인지 탐색하는 연구 등으로 집약된다. 수련생의 발달에 대한 연구는 국내에서도 자주 수행되고 있어서 문헌이 풍부한 편이다.

여기까지 소개한 연구주제들 이외에도 다문화와 관련한 주제, 상담학적 진단에 관한 주제, 문제의 발달 경로에 관한 주제 등 다양한 주제가 탐구되고 있으며, 앞으로 계속해서 연구될 것이다. 상담학이 담당하는 탐구주제는 점점 확대되고 있다.

제12장

상담학 연구 2: 연구방법

김계현

앞에서는 상담학의 다양한 연구주제, 즉 내용론을 설명하였다. 다음에 설명할 것은 연구의 방법에 관한 것이다. 이것을 연구방법론(methodology)이라고 부른다. 연구의 방법론을 설명하기 위해서는 측정의 본질과 방법들, 자료를 수집하는 절차, 자료를 분석하고 결과를 추론하는 절차, 연구를 수행하기 위한 설계의 작성 등을 설명하여야 할 것이다. 그리고 새로운 연구의 방법으로서 상담 현상의 질적 속성들을 수량적으로 전환하지 않고 있는 그대로 질적 데이터 상태에서 분석을 수행하는 '질적 연구(qualitative research)'에 관해서도 설명할 것이다.

1. 측정과 연구

측정은 상담학 연구에서 가장 기본적인 요소다. 만약 측정의 개념과 기술이 창안되지 못했다면 우리는 상담에 존재하는 모든 측면의 현상을 일반 언어 혹은 다른 매개 수단을 통해서 표현하거나 분석하여야 할 것이기 때문이다. 여기서는 먼저 측정이란 무엇인지, 즉 측정의 본질적 속성에 관하여 알아보자(다음 절의 내용, 즉 '측정'에 관한 내용은 상담학 총서 12권『상담연구방법론』에도 중복되어서 논술됨).

1) 측정이란 무엇인가

측정이란 사물이나 현상에 잠재되어 있는 '양적 속성'을 파악하여 그것을 수로 표현하는 기술이다(Anastasi, 1988). 우리 인간은 일상생활에서 수로 표현되는 각종 측정치를 자주 접하곤 한다. 대표적인 것이 길이(거리), 무게(중량), 온도 등이다. 신발이나 바지를 사고자 할 때 신발의 길이, 바지의 허리 사이즈는 cm 혹은 인치로 표시된 측정치로 나타낸다. 온도는 섭씨 혹은 화씨로 구분되는 '도'를 접하고, 자신의 몸무게는 kg 혹은 파운드로 표시된 측정치로 나타낸다. 생활 속에서 항상 사용하는 '돈'도 역시 측정의 단위다. 돈은 물건의 가치, 서비스의 가치, 일의 가치를 '원' '달러' '엔' 등의 화폐 단위로 수량화한 것이다. 상담학 연구에서는 어떤 측정치들을 접하게 될까?

교육학이나 심리학에서 사용되는 가장 대표적인 측정치는 지능지수로서 우리는 종종 IQ라는 측정치를 접하곤 한다. IQ는 일상생활에서도 접하는 측정치다. IQ라는 측정치의 구체적 속성들을 정확하게 알고 있는 일반인은 그다지 많지 않지만 IQ의 수가 크면 지능이 더 높고, 수가 작으면 지능이 더 낮다는 정도는 누구나 알고 있다. 또한 IQ 130은 매우 높은 지능이고, IQ 80은 매우 낮은 지능이라는 정보를 이해하는 사람은 많이 있다. 그러나 상담학 연구에서 사용되는 측정치들은 IQ처럼 우리의 일상생활에 접목된 경우는 드물다. 예컨대, 상담자와 내담자 간의 상담 작업동맹의 강도를 표시하는 작업동맹(working alliance)은 상담학자 이외에는 알려질 일이 없다. 인터넷 중독이 우리나라 청소년들 사이에 매우 흔히 나타나는 문제이지만 인터넷 중독의 수준을 재는 측정치들도 그 연구자들 이외의 사람들에게는 알려질 일이 없다.

상담학에서 수행되는 측정이 어떤 것인지를 설명하기 위해 보딘(Bordin, 1979)의 개념인 상담자와 내담자 간 작업동맹에 대한 측정을 예로 들어 보자. 작업동맹에 대한 이론에 의하면 상담자와 내담자 간에 형성되는 작업동맹은 상담자와 내담자 간의 ① 정서적 유대감, ② 목표에 대한 상호 동의, ③ 상담에서 수행해야 할 과제에 대한 상호 동의 등 세 가지 요인으로 구성되며, 이 세 요인은 서로 질적으로 구분된다고 한다(Horvath & Symonds, 1991). 즉, ①은 ②, ③과 구분될 뿐만 아니라 ②와 ③도 같은 '동의(agreement)'이지만 하나는 목표에 대한 동의이고 다른 하나는 수행 과제에 대한 동의로서 상호 구분되는 두 요소라는 주장이다. 다시 말해 측정을 하기 위해서 먼저 해야 할 일은 측정하고자 하는 속성이 무엇인지 개념적으로 정의하는 것이다.

즉, 연구자들은 우선 ① 정서적 유대감, ② 목표 동의, ③ 과제 동의 세 가지 요인에 대한 구체적인 정의를 시도한다. 그리고 각 요인이 비교적 단일 요인이며, 각 요인 간에는 질적 독립성이 존재한다는 것을 연구자들 간에 합의할 수 있는지 확인하는 절차를 거친다. 이런 절차가 만족스럽다면, 연구자들은 다음 단계로 나아간다. 다음 단계는 각 요인 내에 존재하는 '양적 속성'이 무엇인지를 탐구하는 것이다. 양적 속성이란 다음과 같은 것이다. 정서적 유대감의 개념에는 어떤 양적 속성이 내재하고 있는가? 유대감에 강하고 약함, 즉 강도(强度)가 있는가? 유대감에서 끈끈함의 정도를 구분해 낼 수 있는가? 유대감에서 오래가고 짧게 끝나는, 즉 지속성을 구분해 낼 수 있는가? 연구자들이 정서적 유대감, 목표 동의, 과제 동의 세 가지 하위 요인에서 양적 속성을 찾아내는 것이 측정의 다음 단계이다. 이미 상담 작업동맹 측정도구를 공부해 본 적이 있는 독자들은 그 측정도구가 탄생하기 이전에 그런 이론적 작업의 과정을 거쳐야 했던 개발

절차를 상상해 보기 바란다.

측정할 요인에서 양적 속성이 무엇인지 알아낸 다음에는 실제로 그 속성에 수(number)를 부여하는 방도를 고안해 내는 과정을 밟는다. 대개의 심리측정 서적이나 교육평가 서적들은 측정의 본질을 설명할 때 바로 이 절차부터 설명하기 때문에 이 단계의 절차에 대해서는 이미 상당히 잘 알려져 있다. 그리고 이 절차는 매우 구체적이고 기술적이기 때문에 다음 절 '측정의 다양한 방법'에서 별도로 설명할 것이다.

2) 측정의 다양한 방법

인간에게 있어서 측정은 매우 자연스러운 활동이다. 인간은 사물과 현상을 이해하는 하나의 방법으로 그 속성에 수량적 개념을 적용하는 방법을 거의 본능적으로 사용하기 시작했던 것 같다. 상담학에서는 다음과 같은 측정 방법들이 자주 활용된다. 더 상세한 내용은 연구방법에 관한 전문서적들을 참조하기 바란다.

(1) 자기보고법

상담학에서 가장 자주 사용되는 측정 방법이다. 독자들은 이 방법을 사용한 측정도구들을 이미 자주 접해 보았다. 대표적 성격검사로 NEO-PIR 5요인 성격검사, 미네소타 다면적 성격검사, CPI 검사, MBTI 검사 등이 모두 자기보고법을 사용한다. 즉, 이 검사들은 개인이 생활 속에서 경험하는 내용들을 문장으로 제시하고(예를 들어, 나는 TV를 볼 때 드라마보다는 코미디 프로를 더 자주 본다), 그 문장에 대한 반응을 '예' '아니요'로 대답하거나 '아주 그렇다'에서 '전혀 그렇지 않다' 사이에 몇 개의 단계를 주는 방식으로 대답하게 한다.

앞 절에서 예로 든 상담 작업동맹 측정도구인 작업동맹평가질문지(Working Alliance Inventory: WAI)의 경우도 자기보고법을 사용한다. 예컨대, 정서적 유대 요인에 대해서 12개의 문장(문항)이 제시되고, 다른 두 요인, 즉 목표 동의와 과제 동의에 대해서도 각각 12개의 문장이 제시되어 모두 36개의 문항이 제시된다. 대답은 내담자 혹은 상담자가 하는데, 각 문항에 대해서 '아주 그렇다'부터 '전혀 아니다' 사이에서 5개 단계로 대답할 수 있다.

이 자기보고법은 왜 상담학 측정에서 자주 사용될까? 자기보고법 검사의 문항들은 피검자의 내면적 생각이나 기분 등을 주로 묻는다. 즉, 개인의 경험 내용을 알아보는 데 적합하다. 이런 내용들을 현상학적(現象學的) 자료라고 부르는데, 자기보고법은 비교적 실시가 용이할 뿐만 아니라 개인의 주관적 경험과 생각, 감정 등을 비교적 정확하게 알아볼 수가 있다. 그러나 자기보고법에는 단점도 있다. 피검자가 연구의 목적이나 가설을 미리 짐작하여 고의적으로 혹은 무의식적으로 대답을 왜곡시킬 가능성이 있다. 그리고 자기보고법은 외현적 행동을 직접 측정하지 못한다는 단점을 가지고 있다.

(2) 행동측정법

행동측정법은 외관으로 관찰되는 행동 자체를 측정의 대상으로 삼는 것이다. 심리학에서는 종종 행동을 외현적 행동과 내면적 행동으로 구분하기도 한다. 여기서 내면적 행동은 사고(생각), 감정(정서), 신념, 태도 등을 지칭하는 용어인데, 이들은 겉으로 드러나는 것이 아니기 때문에 직접 관찰되는 대상은 아니다. 이러한 내면적 행동을 측정하려면 앞에서 설명한 자기보고법 혹은 다른 방법을 사용해야 한다. 그러나 밖으로 드러나는 외현적 행동은 직접 관찰이 가능하기 때문에 행동측정법이 가능하다. 예를 들어 보자.

아동상담학에서 관심을 가지는 ADHD(Attention Deficit Hyperactivity Disorder, 주의력결핍 과잉행동장애) 문제는 교사, 부모, 상담자가 직접 관찰할 수 있는 문제다. 교실, 가정, 운동장 등에서 아동이 보이는 행동 자체가 관찰의 대상이며 문제를 진단하는 데이터로 활용된다. 관찰 대상 아동이 행하는 행동이 어떤 행동인지 정의한 다음(행동의 질적 속성), 그 행동들을 행하는 빈도, 지속 시간, 강도 등(행동의 양적 속성)이 측정의 기본 개념이 된다.

행동측정법은 초기에는 행동수정(behavior modification) 분야에서 집중적으로 개발되었다. 그런데 비디오 촬영 방법이 발달하면서(크기가 큰 비디오카메라 뿐만 아니라 크기가 아주 작은 카메라 및 기타 소형 기구들) 행동을 녹화한 다음에 좀 더 안정적인 상황에서 행동들을 기록, 분류, 분석하는 방법이 가능해졌다. 따라서 상담학 연구에서는 상담실에서 전문상담사와 내담자 간에 상담하는 전 과정을 녹화 및 녹음하여 이를 분석하는 연구가 유행하게 되었다. 뿐만 아니라 가족 상담이나 부부치료 등에서는 가족 간, 부부간에 상호작용하는 모습을 녹음, 녹화하여 거기서 상호작용 패턴을 분석해 내는 연구들을 시도하게 되었다.

(3) 실물 및 기록 지표의 활용

상담학 연구문제들 중에는 자기보고법을 신뢰할 수 없거나 혹은 행동관찰법을 사용할 수 없는 경우가 자주 발생한다. 예컨대, 알코올 의존증 등 문제 음주자에게 '지난 일주일간 마신 술의 양'을 물어보았을 때 그것에 대한 정확한 대답을 얻기는 어렵다. 대개 실제보다 훨씬 적은 양을 보고하는 것이 보통이다. 이 경우 그 사람이 술을 마시는 장소(집, 술집 등)를 파악하여 그 사람이 실제로 마신 술병의 수를 조사하는 것이 오히려 더 정확한 측정이 될 수가 있다. 혹은 술을 마신 이후에 혈중 알코올 농도를 측정하는 방법을 사용할 수도 있다.

가정 폭력의 문제를 측정할 때에도 유사한 문제가 발생한다. 폭력 가해자가 자신의 폭력을 솔직하고 정확하게 보고하지 않기 때문이다. 또한 폭력을 당한 사람의 보고도 역시 정확성이 결여된 경우가 많다. 가정 폭력의 빈도나 강도를 녹화할 방법이 없기 때문에 이런 경우에는 다른 방법을 고안해 내어야 한다. 현재 연구자들이 사용하는 방법 중에는 피해자의 상처를 의사가 면밀히 관찰하여(여기서는 눈으로 관찰하는 방법 이외에 각종 의학적 방법들을 사용하여야 한다) 폭력의 빈도와 그 강도를 측정하는 방법이 있다.

청소년 비행은 상담학의 주요 연구주제다. 그런데 대부분의 비행은 연구자가 관찰할 수 있는 영역 밖에서 행해지기 때문에 측정이 불가능한 경우가 많다. 예컨대, 어떤 도시의 교육청에서 광범위한 학교폭력 예방프로그램을 실시하였다고 해 보자. 학교 폭력의 빈도나 그 성격이 변화하였는지 확인해 보기 위해서는 모종의 측정치가 필요한데, 이 경우 자기보고법이나 직접관찰법은 그다지 추천할 만하지 못하다. 오히려 경찰 기록, 학교 생활지도 기록 그리고 교내 및 학교 인근에 설치된 CCTV 기록 등이 더 정확한 측정 자료가 될 것이다.

(4) 타인에 의한 평정

앞에서 설명한 세 가지 측정법이 모두 적합하지 못하더라도 측정이 불가능한 것은 아니다. 피검자와 가까이 생활하면서 피검자를 관찰할 수 있는 사람[이를 다른 말로 '주요 타자(他者)'라고 부르기도 함]에게 물어봐서 측정 자료를 얻을 수 있다. 예를 들면, 유아의 행동 문제에 대해서는 그의 부모나 유치원 교사, 어린이집 보호자에게 관찰 내용을 물어볼 수 있다. 기업상담에서 자주 문제로 제기되는 부서 내 인간관계의 경우 그 부서장이나 동료 직원들의 의견을 측정 자료로 사용할 수도 있다. 군 상담 연구에서도 지휘관, 부사관 혹은 동료 병사들로부터 측정 자료를 얻는 방안을 강구해 볼 수 있다.

3) 좋은 측정치의 기준

'좋은' 측정치란 무엇일까? 이 말은 '좋지 못한' 측정치가 있음을 가정한다. 이처럼 측정치의 좋고 좋지 못함을 말해 주는 정보를 측정의 양호도라고 부른다. 측정의 양호도를 표시하는 지표로는 크게 신뢰도(reliability)와 타당도(validity)가 있는데, 그 각각은 다시 세분된 신뢰도와 타당도가 있다.

(1) 측정치의 안정성: 신뢰도 1

좋은 측정치는 안정성이 있어야 한다. 예컨대, 길이(거리)는 우리가 평소에 접하는 측정치다. 내가 사용하는 나무 책상의 폭에 대한 길이를 잰다고 하자. 지금 재었을 때 길이가 122cm가 나왔는데 1시간 전에 재었을 때에는(동일한 자, 즉 측정도구를 사용했다고 가정) 119cm가 나왔다면 이는 어찌된 일일까? 예상되는 오차의 원인은 몇 가지가 있다. 일단 책상 자체가 변형되었을 가능성을 생각할 수 있다. 그런데 그 가능성은 매우 낮다. 그렇다면 측정 환경의 변화(실내 공기 등)를 생각해 볼 수 있는데, 1시간 이내에 측정 환경에 큰 변화가 없었다면 다른 원인을 생각해 보아야 한다. 다음 원인은 측정도구, 즉 자의 문제를 생각해 볼 수 있다.

만약 사물의 길이를 잴 때마다 측정치가 달라지는 자를 사용하고 있다면 연구자는 가장 먼저 자의 문제를 제기하여야 할 것이다. 이런 경우를 '측정치의 안정성이 부족하다'라고 말하는데, 이른바 '고무줄 자'라는 비유가 바로 그것이다. 이 안정성의 문제를 측정학 용어로 신뢰도라고 부른다. 안정성이 부족한 경우 신뢰도가 낮다고 하고 안정성이 높으면 신뢰도가 높다고 말한다. 앞에서 예로 든 행동측정법을 상기해 보자. 한 아동의 교실 내 과잉행동을 두 명의 관찰자가 평가하였다면, 관찰자 1에 의한 평가는 측정 1(=자1)이 되고 관찰자 2의 평가는 측정 2(=자2)가 된다. 이 경우 측정 1과 측정 2의 결과가 거의 같다면 안정적인 측정이고(높은 신뢰도) 서로 크게 다르다면 불안정한 측정이 된다(낮은 신뢰도).

그런데 여기서는 왜 '신뢰도 1'이라는 용어를 사용했을까? 그 이유는 다음의 '신뢰도 2'를 설명하면서 언급할 것이다.

(2) 측정 요소의 내적 합치도: 신뢰도 2

독자들은 상담학 연구 논문에서 크론바흐 알파(Cronbach α)라는 용어를 자주 보았을 것이다. 그리고 그 수치가 1.0에 가까운 경우에 측정의 신뢰도가 충분히 높다고 연구자가 주장하는 것을 기억할 것이다. 이 크론바흐 알파는 측정의 내적 합치도를 나타내는 가장 대표적인 지표이기 때문이다.

앞에서 상담자-내담자 간 협력관계를 나타내는 지표로서 작업동맹이라는 개념을 소개하고, 그 첫 번째 요인으로 상담자-내담자 간 정서적 유대감을 소개한 바 있다. 그 측정도구인 WAI에 의하면 정서적 유대감을 12개의 문항으로 측정한다. 여기서 이 측정도구의 개발자들은 상담자-내담자 간 정서적 유대감을 단일 요인으로 가정하는 것이며, 그 12개의 문항은 그 단일 요인을 효과적으로 측정하도록 고안된 것이어야 한다. 만약 이 가정들이 옳다면 12개의 문항을 가지고 계산한 크론바흐 알파 계수는 1.0에 거의 근접해야 한다.

그러면 이 '내적 합치도'가 어째서 신뢰도 2인가? 그것은 신뢰도 1과 어떻게 다른가? 계속해서 WAI의 예를 들어 설명하면, 만약 정서적 유대감 척도의 내적 합치도가 1.0에 훨씬 못 미치는, 즉 0.5 정도로 낮게 나왔다고 하자. 이것은 그 12개의 문항이 하나의 단일 요인에 관한 것이 아니라 이것 저것(연구자로서는 파악하지 못한) 복합 요소를 재고 있었다고 해석해야 한다. 길이를 재는 자에 비유해서 말하면, 그 자를 만든 재료가 한 가지 플라스틱 혹은 금속으로 만들어지지 않고 여러 가지 플라스틱을 무질서하게 섞어서 만들거나 여러 금속을 무질서하게 섞어서 만든 경우다. 즉, 그 자의 어떤 부분에는 신축성이 높은 플라스틱이 들어 있고, 또 어떤 부분에는 신축성이 낮은 플라스틱이 들어 있는 셈이다. 다시 말해서 어떤 단일 요인을 잴 때, 그것을 재는 측정도구(문항들의 조합)는 내적 합치도가 높아야 그것을 '신뢰할 수 있는 도구'라고 말할 수 있는 것이다.

이 두 설명을 세심하게 읽은 독자는 신뢰도 1과 신뢰도 2가 무엇이며, 그 둘은 어떻게 다른 것인지 정확하게 이해하였을 것이다. 신뢰도 1은 안정성에 관한 지표이고, 신뢰도 2는 도구의 단일성에 관한 지표로서 서로 다른 신뢰도다. 그럼에도 대부분의 상담학 논문은 측정의 신뢰도를 보고할 때 거의 항상 크론바흐 알파 한 가지 신뢰도만을 보고한다. 측정의 안정성에 관한 신뢰도, 즉 신뢰도 1(예를 들어, 검사-재검사 신뢰도)을 보고한 논문은 그리 많지 않다. 이는 잘못된 현상이다.

(3) 측정의 타당도(타당성)

측정의 양호도를 표현하는 방법으로서 신뢰도(신뢰성) 이외에 타당도(타당성, validity)라는 개념을 사용한다. 여기서 굳이 '타당도'라는 용어 이외에 '타당성'이라는 용어를 병행시킨 이유는 타당도라는 용어는 타당한 정도, 타당한 수준을 보여 줄 만한 계량적 속성을 내포하고 있는데, 대부분의 타당도 정보는 신뢰도처럼 그것을 지수화하지 못하고 있기 때문이다. 어느 척도의 타당도를 분석한 연구들을 보면 대체로 그 척도의 타당성을 간접적으로 보여 주는 정보들을 체계적으로 제시하는 방식으로 구성되어 있다(단, 여기서 필자가 말하는 것은 척도의 타당성을 지수로 표현하는 것이 더 바람직한 타당화 연구라는 의미는 아니다. 척도의 타당화 연구는 현재와 같이 그 척도의 타당성을 여러 경로를 통해서 직간접적으로 보여 주는 방식을 취하는 것이 맞다고 생각한다. 다만, 타당도라는 용어가 가지는 오해의 소지를 줄이기 위해서 타당성이라는 용어를 병행했을 뿐이다).

- 예측 타당도(예언타당도): 측정의 예측 타당도란 무엇일까? 행동과학의 측정도구들은 피검자들이 실제 상황에서 행하는 행동을 얼마나 정확하게 예측해 주는지가 매우 중요하다. 측정치에서는 그 사람의 성격이 '매우 외향적임'을 말해 주고 있는데, 실제 생활에서의 행동들을 보면 외향적이라기보다 오히려 내성적인 행동들을 많이 보여 준다면 그 측정은 잘못된, 즉 타당성이 부족한, 특히 예측 타당도가 부족하다고 간주한다. 예측 타당도는 다른 말로 예언타당도라고도 부른다.
- 내용 타당도: 내용 타당도란 측정도구가 재고자 하는 속성과 측정도구의 문항이 '내용적으로' 일관성이 있는지에 관한 사항이다. 홀랜드 이론에 근거한 직업흥미검사에 의하면 예술적 직업흥미라는 척도가 있는데, 그 척도를 구성하는 문항들이 과연 예술적 흥미라는 속성을 제대로 반영하고 있는지(예컨대, "재즈 음악에 관한 신문 기사가 보이면 읽고 싶어진다."라는 문항이 있다고 가정하자), 아니면 다른 엉뚱한 흥미 속성을 반영하고 있는지를 알아보는 것은 매우 중요하다. 만약 척도 문항들의 내용이 예술적 직업흥미가 아닌 다른 것들을 주로 담고 있다면 그 척도에 의한 측정 결과를 해석하기가 곤란해진다.
- 공인 타당도(공유 타당도): 공인 타당도(concurrent validity)는 많은 타당화 연구 논문에서 자주 볼 수 있다. 공인 타당도를 제시하는 기본적 틀은 다음과 같다. 내가 타당화 연구를 하는 척도 A가 있다. 그런데 척도 A와 유사한 속성을 재는 다른 척도 갑(甲)이 기존에 존재하고 있어서 나는 척도 A와 척도 갑 간에는 '상당 수준'의 상관관계가 있음을 제시함으로써 새 척도 A가 측

정하고자 하는 속성을 어느 정도 타당하게 측정하였음을 보여 줄 수가 있다. 예를 들면, 흥미검사에 있는 사회형 척도의 결과와 성격검사의 내외향성 및 호감성 척도의 결과 간에 유의미한 상관관계를 기대하는 것이 합리적인 예측일 것이다. 그런데 만약 척도 A와 척도 갑 간의 상관계수가 1.0이 나왔다면 이를 어떻게 해석해야 할까? 일단 척도 A와 척도 갑은 완전히 같은 속성, 즉 하나의 속성을 잰 것은 아닐까 의심해 보아야 할 것이다(물론 두 척도는 다른 속성을 재는 것인데, 그 두 속성 간에 완벽한 상관관계가 존재한 것일 수도 있다). 그리고 반대로 척도 A와 척도 갑 간의 상관계수가 0에 가깝도록 지극히 낮게 나왔다면 이것을 어떻게 해석해야 할까?

- 구인 타당도(구성개념 타당도): 구인 타당도(construct validity)는 매우 이론적인 개념이다. 그리고 그 측정의 타당도를 제시하는 방법도 가장 복잡하고 다양하다. 우선 가장 자주 사용되는 방법은 요인분석(factor analysis) 방법을 사용하는 것이다. 요인분석에는 탐색적 요인분석과 확인적 요인분석이 있는데 최근에는 두 가지 방법이 척도 타당화 연구에서 모두 사용된다. 요인분석을 타당화 연구에 사용하는 논리는 다음과 같다. 어떤 척도를 만든 데에는 이론적 기반이 있는데, 요인분석의 결과가 그 기반 이론에 얼마나 부합하는지를 검토해 보는 것이다. 구인 타당도를 연구하는 또 다른 방법에는(자주 사용되지는 않지만) 수렴-식별(혹은 감별) 타당도라는 방법도 있다. 이 타당도는 같은 속성을 여러 다른 방법으로 쟀을 때, 방법의 차이에 의해 발생하는 변산(변량)을 고려하여 그 측정이 당초에 재고자 했던 속성을 얼마나 제대로 잰 것인지 알아보는 방법이다(김계현, 2000 참조).

2. 연구의 설계

연구방법론에서는 '연구를 설계(design)한다'는 표현을 사용한다. 이는 건물을 짓기 이전에 설계도를 작성하는 절차에 비유한 것이다. 그러면 연구법에서 설계가 의미하는 진정한 뜻은 무엇일까? 그것은 다양한 연구 전략 중에서 어떤 전략을 사용할지에 대한 기본적 사항들을 선택하는 과정이다. 즉, 연구자가 설정한 연구문제를 가장 효과적으로 탐구할 수 있는 현실적인 방법을 구체화시키는 과정이다. 예를 들면, 많은 사례를 대상으로 연구할 것인지, 아니면 한 사례만을 대상으로 연구할 것인지 결정하여야 한다. 비교 전략을 취할 것인지, 아니면 비교가 아닌 전략을 취할 것인지도 중요한 선택사항이 된다.

1) 집단 간 비교 설계

비교(comparison)는 연구자들이 매우 자주 사용하는 연구 전략이다. 비교를 하는 구체적 방법들로는 여러 가지가 있는데, 여기서는 상담학에서 가장 자주 활용되는 방법들을 중심으로 소개할 것이다.

(1) 두 집단 비교를 위한 설계

여러 피험자(혹은 사례)를 대상으로 연구할 때 연구자들은 흔히 비교 전략을 수립한다. 비교 전략 중에서 가장 단순한 전략은 두 집단 간 비교를 하는 것이다. 예를 들면, 연구자가 인터넷 과다사용 청소년들을 대상으로 하는 상담프로그램을 개발하여 그 프로그램의 효과성을 확인하고자 연구를 한다고 하자. 이 프로그램을 30명의 인터넷 과다사용 청소년에게 실시하고, 프로그램 실시 이전과 이후의 인터넷 사용 시간을 측정하였다. 이때 연구자들은 프로그램을 받지 않은 다른 청소년(인터넷 과다사용이라는 점에서는 동일하여야 함) 30명과 비교하는 전략을 취한다. 즉, 프로그램을 받지 않은 청소년들에게서 같은 시기(프로그램 전후)에 같은 측정치를 수집한다.

이것이 집단 간 비교의 가장 전형적인 설계 전략이다. 이를 그림으로 나타내면 [그림 12-1]과 같다.

이 연구 설계에서 프로그램을 실시하는 집단을 '실험집단'이라고 부르고, 프로그램을 실시하지 않는 집단을 '통제집단'이라고 부른다. 여기서 '통제'란

실험집단	O_1	X	O_2
통제집단	O_3		O_4

X: 처치, O: 관찰

[그림 12-1] 연구 설계에서 두 집단의 비교 전략

'control'의 번역어인데, 이와 같이 통제집단을 설정한 연구를 '통제 연구(control study)'라고 칭한다. 통제집단과 실험집단의 측정치들을 비교함으로써 과연 프로그램의 효과가 바로 그 프로그램에 기인한 것인지 아니면 다른 요인들이 혼합된 결과인지를 판단하기 위한 것이다. 이 부분에 대해서는 후속하는 절, 즉 '과학적 연구의 타당도'에서 다시 설명할 것이다.

(2) 세 개 이상의 집단 간 비교를 위한 설계

일반적으로 어떤 처치법, 즉 치료/처치(treatment) 혹은 개입/중재(intervention)에 대한 연구들을 보면, 플라시보(placebo) 효과(위약, 즉 거짓약의 효과라고도 부름) 여부를 분석하는 경우가 자주 있다. 독자들은 두통약이나 소화제 등의 약을 복용하는 즉시 머리가 덜 아프거나 소화가 시작되는 현상을 경험해 보았을 것이다. 즉, 약을 복용하였다는 사실 자체만으로도 진정한 생화학적 효과가 작용하기 이전에 벌써 '심리적으로는' 약효를 발생시키는 현상이다. 이런 현상을 플라시보라고 칭하는데, 각종 상담학적 처치에서도 유사한 현상이 발생한다고 보는 것이다. 이 플라시보와 연관시켜 세 집단 간 비교 전략을 설명하고자 한다.

앞의 두 집단 연구 설계를 통해서 인터넷 과다사용 상담프로그램의 효과성을 검증하였다고 가정하자. 비교집단(통제집단)의 측정치와 비교하였을 때 실험집단의 측정치들이 유의하게 다른 결과이므로 얻은 것이다. 그런데 이 연구 결과에 대해서 이의가 제기되었다고 하자. '그 결과는 프로그램, 즉 처치의 고유한 효과라기보다는 플라시보 효과로 볼 수 있을 것 같다'라는 이의가 제기되었다. 그래서 연구자들은 플라시보 효과를 분석할 수 있는 새로운 연구 설계를 고안하

실험집단	O_1	X_1	O_2
플라시보집단	O_3	X_2	O_4
무처치집단	O_5		O_6

X1: 실험처치, X2: 플라시보 처치
O: 관찰

[그림 12-2] 연구 설계에서 세 집단 간 비교 전략

였다. 그것을 그림으로 표현하면 [그림 12-2]와 같다.

그러면, 여기서 플라시보는 어떤 방법으로 제공하는가? 진통제나 소화제 연구에서는 진짜 약과 똑같이 생긴 가짜 약을 만들면 된다. 그러나 상담프로그램에서 '가짜 프로그램'을 만들기는 매우 어렵다. 피험자들은 자신이 '진짜 프로그램'을 받았다고 믿을 만큼 그럴듯한 프로그램을 제공해 주어야 하기 때문이다. 이 플라시보 연구방법에 관심이 있는 독자는 상담학 연구 관련 전문서적들을 참조하기 바란다.

2) 단일피험자 연구설계

상담자들은 종종 사례발표회에 참여할 것이다. 대개는 한 개의 사례가 발표된다. 그러나 이런 경우를 '단일피험자 연구'라고 부르지는 않는다. 사례발표회를 위한 사례 분석과 단일피험자 연구를 위한 사례 분석 간에는 어떤 차이가 있을까?

(1) 의미

단일피험자 연구 설계에서는 연구를 수행하기 이전에 미리 탐구할 연구문제(연구질문)를 설정한다는 점이 사례발표 준비와 다른 점이다. 우리는 어떤 연구목적을 가지고 상담 사례를 시작하지는 않는다. 사례발표는 사례를 수행하는 도중 혹은 사례를 종료한 다음에 그 사례를 통해서 전문적인 토론을 해 볼 필요나 가치가 있다고 판단되었을 때 하게 된다. 그러나 단일피험자 연구에서는 사례를 시작하기 이전에 연구의 목적, 즉 연구의 질문을 설정하였고 그 사례는 연구를 위해 선발된 사례인 것이다. 이런 점이 사례발표와 단일피험자 연구설계의 주요 차이점이다.

단일피험자 연구에서는 한 사례에 대해서 여러 차례 반복하여 측정치를 수집한다. 이런 방법을 '반복 측정'이라고 부르는데, 장기간에 걸쳐 반복 측정된 데이터를 분석하는 방법을 시계열 분석(time-series analysis)이라고 부른다. 다시 말해서 단일피험자 연구에서는 주로 시간의 흐름에 따라 어떤 현상이 어떻게 변화하는지를 탐구하는 데 적용된다. 예컨대, 내담자와 상담자가 서로 주고받는 반응의 패턴이 회기의 흐름에 따라서 어떻게 변화하는지를 분석할 때 단일피험자 설계법이 유용하다.

(2) ABAB 설계법

단일피험자 연구는 상담학 중, 특히 행동수정 연구에서 많이 사용된다. 그런 이유 때문에 단일피험자 연구법을 다른 말로 '응용행동 분석'이라고 부르기도 한다.

행동수정 연구에서는 주로 어떤 개입 전략 때문에 목표행동이 변화하였는지 인과관계를 구명하려는 연구목적을 취할 때가 많다. 목표행동을 변화시킨 원인과 그 기제를 정확하게 파악하는 경우, 그 연구결과는 다른 유사한 사례에 똑같이 적용될 가능성이 높기 때문이다. 예를 들어 보자.

수업 시간에 교사가 제시하는 수업 내용에 집중하지 않고 산만한 행동을 하는 초등 3학년 아이가 있다. 교사가 주의집중을 위한 시도를 하여도 별 효과가 없어서 행동수정 기법을 시도하기로 하였다. 산만 행동에 대해서는 '소거(extinction)' 기법을 적용하고 집중 행동에 대해서는 '보상(rewarding)' 기법을 적용하였다. 목표행동에 대한 측정은 매 수업 시간마다, 그리고 날마다 반복해서 이루어져서 체계적인 반복 측정치가 수집된다. 그런데 이 아동의 행동 변화가 소거기법과 보상기법에 기인한 것인지의 여부를 확인해 볼 필요가 있다. 그래서 적용하는 연구설계가 바로 ABAB 설계법이다. 즉, 행동수정 기법을 아직 적용하기 전 단계를 기초선단계라고 부르는데, 이는 A 구간에 해당된다. 그리고 행동수정 기법을 적용한 기간이 B 구간이다. 다시 A 구간이 설정된 이유는 행동수정 기법을 철회하였을 때 어떤 반응이 나타나는지, 그리고 다시 행동수정 기법을 재차 적용했을 때에는(두 번째 B 구간) 반응이 어떻게 달라지는지 분석함으로써 아동의 목표행동 변화가 행동수정 기법에 기인한 것인지, 아닌지를 판단하려는 연구 전략이다.

(3) 장단점

단일피험자 연구설계는 장단점을 가진다. 여러 장점 중에서 가장 큰 장점은 아마도 장기간의 반복된 측정치를 분석하기 때문에 '종단적인(longitudinal)' 분석이 가능하다는 점일 것이다. 물론 많은 사례를 가지고도 종단적인 연구를 할 수는 있으나 현실적으로 어렵다. 그러나 단일사례 연구 설계는 원래부터 시간계열적인 연구문제를 가지고 시작하였기 때문에 상담의 과정을 따라서 내담자가 변화해 가는 양상과 기제를 분석하는 데 적합하다.

반면에 단일사례 연구 설계는 단점들을 가진다. 아마 가장 대표적인 단점은 일반화(generalization)의 문제일 것이다. 이런 단점에도 단일사례 연구법이 사용되는 이유는 무엇일까? 그 이유는 아마도 일반화가 과학적 연구의 궁극적 목표는 아니기 때문일 것이다. 물론 일반화 범위가 넓은 연구결과가 바람직한 것은 사실이다. 그러나 일반화를 보장받을 수 없더라도, 연구의 구체성과 정확성이 더 중요한 경우가 많다. 특히 행동 변화의 기제(mechanism)를 구체적으로 밝히거나 변화의 과정과 양상을 기술하는 것을 연구목적으로 설정한 경우는 더 그러하다. 과학연구에서 연구결과의 일반화 범위와 연구의 구체성 간에는 서로 양보해야 할 때가 자주 있는데(일반성과 구체성은 동시에 얻어질 수 없음), 이에 대해서는 다음 절에서 더 자세히 설명할 것이다.

3) 과학적 연구의 타당도

과학적 연구의 타당도란 무엇인가? 타당도는 'validity'에 대한 번역어로서 '타당성'이라고도 번역할 수 있다. 연구의 타당성을 검토하는 기준들은 여러 가지가 있는데, 그중에서 내부(내적) 타당성과 외부(외적) 타당성이 가장 대표적인 개념이다. 연구의 타당성이란 연구결과가 타당하다는, 즉 '맞는다는(혹은 틀리지 않음)' 것을 말해 주는 기준이 된다. 연구의 타당성은 연구의 설계와 관련이 있다.

(1) 연구의 내부(내적) 타당도

연구의 내적 타당도(internal validity)는 연구의 결과(결과는 데이터로 표시된다)가 연구의 가설과 얼마나 일치하는가를 나타내 주는 개념이다. 예를 들면, 인터넷 과다사용 청소년들에게 인지행동 방법을 적용하고 그 효과성을 분석하였다고 하자. 그런데 연구자는 통제집단을 설정할 수가 없어서 피험자들로부터만 상담 이전과 이후의 인터넷 사용 시간을 수집하였다. 이런 경우, 이 연구결과의 타당성을 분석해 보자.

[무통제 연구의 설계] O_1 X O_2

이 연구는 X라고 표시된 상담처치의 효과성을 검증하는 것이 목적이다. 그렇다면 X의 효과, 즉 O_1과 O_2 간의 차이가 X라는 상담처치로 인해서 발생한 것임(즉, 다른 요소에 기인하지 않았음)을 말해 줄 수 있어야 한다. 그런데 불행히도 이 연구에서는 통제집단이 설정되지 못했으므로 상담 이전과 이후 사이에 발생한(상담처치 이외의) 다른 사건으로 인해서 그 차이가 발생했을지도 모른다는 가설(이를 '대안가설' 혹은 '적대가설'이라고 부른다)에 대해서 방어능력이 부족하다. 그만큼 연구의 타당성이 부족한 것이다. 만약에 통제집단을 설정해서 연구설계를 다음과 같이 구성하였다면 그 방어능력이 향상된다.

[통제 연구의 설계] O_1 X O_2

O_3 O_4

연구방법론에서는 이런 문제를 '역사(history) 요인'이라고 부르는데, 연구의 내부 타당성을 위협하는 다른 요인들에 대해서는 연구방법론 전문서적을 참조하기 바란다(예를 들어, 김계현, 2000).

(2) 연구의 외부(외적) 타당도

연구의 외부 타당도(external validity)는 무엇인가? 이것은 연구의 결과를 그 연구 밖으로 확대하여 적용할 수 있는가를 말하는 개념이다. 다르게 표현하면, 이 연구의 결과를 확대, 즉 일반화(generalization)하여도 무방한가에 관한 개념이다. 앞에서 단일피험자 설계법의 대표적 단점은 일반화의 제한이라고 설명한 바 있다. 즉, 단일피험자 연구 설계법은 그만큼 외부 타당도를 확보하는 것이 어렵다는 뜻이다.

외부 타당도를 확보하기 위하여 연구자들은 다양한 전략을 사용한다. 첫 번째 전략은 피험자의 수를 늘리는 것이다. 한 명의 피험자에게서 얻은 결과보다는 다수의 피험자에게서 얻은 결과가 일단은 외부 타당성 면에서 유리하다. 그렇지만 피험자의 수를 늘렸다고 해서 자동적으로 연구의 외부 타당도가 좋아지는 것은 아니다. 외부 타당도를 확보하는 두 번째 전략은 표집, 즉 샘플링을 하는 절차를 체계적으로 만드는 것이다. 샘플링을 한다는 것은 그것의 모(母)집단(population)이 있음을 상정하는 것이기 때문에 연구자가 연구 이전에 그 모집단을 정확하게 정의하는 것이 중요하다. 그렇게 하면 모집단을 최대한 정확하게 반영하는 샘플링 전략을 가질 수 있기 때문이다(대통령이나 국회의원 선거에서 정확한 결과 예측이 가능하게 된 배경에는 샘플링 기법이 그만큼 발달했기 때문이다). 세 번째 전략은 연구자가 추구하는 외부 타당도의 성격을 명확하게 정의하는 것이다. 외부 타당도는 일반화의 범위를 무작정 확대하는 것이 아니기 때문이다. 국회의원 선거의 결과 예측을 가지고 설명하면 쉽게 이해될 것이다. 선거구 A와 선거구 B는 다른 지역이며 다른 유권자들로 구성되어 있다. 따라서 선거구 A에서의 조사결과를 선거구 B로 일반화할 수 없음은 당연하다. 선거구 A의 조사결과는 선거구 A 범위 내에서 일반화하는 것이고, 선거구 B의 조사결과는 선거구 B의 범위 내에서 일반화하는 것이다. 즉, 외부 타당도란 일반화의 범위를 분명히 정의하였을 때 더 정확하게 알 수 있다.

(3) 연구 설계와 연구 타당도 간의 관계

연구의 타당도는 연구의 설계와 연관되어 있다고 앞에서 설명한 바 있다. 그래서 연구에서는 어떤 설계법을 사용하였는지가 중요하다. 여기서는 연구의 설계로 인해 그 연구의 타당성이 달라지는 이유를 간단하게 설명하고자 한다.

'실험 설계법'을 적용하는 경우 실험의 조건들은 자연 상태와 다르다. 상담을 하게 되는 내담자의 이유, 상담을 받게 되는 절차, 상담실의 조건들, 데이터를 수집하는 절차 등등 상담학의 실험연구 절차는 자연 상태의 상담 절차와 차이가 있을 수밖에 없다. 왜냐하면 실험 설계법의 핵심은 연구 외적인 요소의 영향을 최대한 통제하는 것이기 때문이다. 다시 말해서 연구의 내적 타당도를 확보하는 것이 실험 설계법의 주요 목적이다. 반면에 '상관연구 설계법'은 상대적으로 자연 상태에 좀 더 가깝다. 실제의 상담 사례들에서는 데이터를 수집한다거나 상담이 이루어지는 절차를 가급적 훼손시키지 않는 한도 내에서 데이터를 수집하려고 노력한다. 이렇게 하면, 연구의 외적 타당도를 높일 수 있기 때문이다. 반면에 손해 보는 부분이 생기게 마련인데, 연구의 내적 타당도에 대해서는 그만큼 위협요인들이 많아질 수밖에 없다. 다시 말해서, 연구의 내적 타당도와 외적 타당도는 상호 모순적인 관계에 있기 때문에 내적 타당도를 확보하려면 외적 타당도를 어느 정도 양보하여야 하고, 외적 타당도를 확보하려면 내적 타당도를 어느 정도 양보할 수밖에 없다. 연구방법론에서는 이런 현상을 '버블(bubble) 가설'이라고 부른다(Gelso, 1979). 그런 이름이 붙은 이유는 스티커에 공기 버블이 한 번 생기면 없어지지 않는 현상을 비유한 것이다(김계현, 2000).

3. 분석과 추론

분석과 추론은 인간의 가장 복잡한 인지 작용이다. 특히 측정치들을 기반으로 한 데이터를 분석하고, 추론하고, 해석하는 과정은 매우 정교한 절차를 필요로 한다. 왜냐하면 모든 측정치는 그것이 계량화되기 이전에는 질적인, 즉 정성적인 요소를 포함하고 있었기 때문이다. 계량적 데이터를 기반으로 추론과 해석을 하기 위해서는 다시 그 측정치들 이면의 질적 · 정성적 성격을 잘 이해해야만 한다(이 절의 내용, 즉 '분석과 추론'은 상담학 총서 12권 『상담연구방법론』에도 중복되어 논술됨).

1) 측정치의 다양한 특성

상담학에서 모든 측정치(값)는 수로 표시된다. 그런데 그 '수'가 말해 주는 의미는 여러 가지가 있다. 측정치의 속성에 따라서 데이터를 분석하거나 해석하는 방법이 달라진다. 기존의 서적에서는 명명척도, 서열척도, 동간척도의 순서로 설명하곤 하지만, 여기서는 그 순서를 역으로 설명한다. 그렇게 하는 이유는 본문에서 설명된다.

(1) 동간척도(interval scale)와 비율척도(ratio scale)

척도가 동간성(同間性)을 가진다는 것은 무엇을 의미하는가? 측정치가 동간성을 가지면 1과 2의 차이, 2와 3의 차이, 3과 4의 차이 등이 모두 같은 1만큼의 양을 차이로 가진다. 체중 20kg과 30kg 간의 차이는 10kg인데, 이것은 체중 30kg과 40kg 간의 차이와 같은 크기의 차이다. 그리고 20kg과 40kg 간의 차이인 20kg은 10kg 차이보다 두 배 더 큰 차이라는 분석이 가능하다. 그래서 무게나 길이와 같이 '0'이 존재하는 척도는 동간성뿐만 아니라 비율성까지('몇 배 더 크다' '몇 배 더 무겁다') 있기 때문에 비율척도라고도 불린다.

상담학에 이런 측정치가 존재하는가? 성급한 발언이지만, 상담학에서 쓰이는 각종 측정치 중에는 엄격한 의미의 동간척도나 비율척도는 없다고 보는 것이 옳다. 작업동맹 척도의 예를 들어 보자. 상담자와 내담자 간의 작업동맹 척도 중 정서적 유대감 척도에서 15와 20의 차이는 5인데, 이것은 20과 25의 차이 5와 같은 크기라고 분석할 수 있는가? 이 척도는 동간성을 담보해 준다고 주장하기 어렵다. 대부분의(정확히는, 모든) 상담학 척도는 동간척도가 아니다. 그럼에도 우리가 접하는 많은 논문을 보면 이런 척도를 사용한 데이터를 가지고 다양한 가감승제 계산, 즉 통계적 처리를 가하고 그 결과를 해석하곤 한다. 동간성이 결여된 척도의 측정치로는 자유로운 가감승제를 할 수 없다는 것이 일반적인 원칙으로 되어 있으나 연구 논문들은 가감승제 계산을 하고 있다. 어찌된 일인가? 이는 다음의 서열척도를 설명하면서 논의해 보고자 한다.

(2) 서열척도

상담학은 물론 심리학, 교육학 등에서 사용되는 거의 대부분의 척도는 서열척도다. 예를 들어, 지능검사를 생각해 보자. IQ는 상당히 정교한 표준화 절차를 거친 표준점수이지만 동간성을 갖고 있지는 못하다. 즉, IQ 90과 IQ 110 간의 차이 20과 IQ 130과 IQ 150 간의 차이 20이 같은 크기, 같은 양이라고 주장할 만한 근거는 없다. 다만, 그 점수가 표준점수라고 말할 수 있는 것은 그 각각의 점수 차이에 존재하는 표준적인 의미가 있다는 뜻이다. 즉, IQ에는 서열적인 의미 이외에 그 서열의 간격에 표준적인 의미가 있다는 점이 다른 서열척도보다 우월한 점이다.

상담학 연구자들이 사용하는 많은 척도는 동간척도와 서열척도의 중간 정도의 정보력을 가지고 있다고 말할 수 있다. 상담관계를 나타내는 작업동맹 척도 역시 서열척도이지만 그 점수 간의 차이에 '약간의 동간성이 존재'하도록 제작되었다고 가정하는 것이다. 직업에 대한 흥미도 역시 서열척도이지만 그 점수 간에는 약간의 동간성이 존재한다고 볼 수 있다. 엄격히 말하면 서열척도를 가지고 가감승제 계산을 하는 것은 틀린 결과를 야기할 위험이 있지만, 척도들이 서열적 정보뿐만 아니라 '약간의 간격 정보'를 포함하고 있기 때문에 가감승제 계산을 '허용'하는 것이다.

그런 '허용'을 하는 배경을 이해하려면 다음과 같은 통계학적 기반을 이해해야 한다. 우리가 주로 사용하는 통계 기법들은 '모수(母數)적 통계'라고 하여서 자료의 정규분포(normal distribution)를 가정할 수 있을 때 사용하는 방법이다. 자료의 정규분포를 가정하지 못할 때에는 이른바 비(非)모수적 통계 방법을 사용하도록 되어 있다. 그러나 자료가 정규분포를 이룰 때에는 그 이후의 통계적 계산들이 어느 정도 표준화되어 있기 때문에 통계처리 결과를 일정 수준 신뢰할 수가 있다는 것이다. 따라서 상담학 연구에서 사용하는 많은 서열척도는 동간성이 결여되어 있기는 하지만 다양한 통계적 계산이 가능하다고 보는 것이다. 다만, 연구자는 물론 연구물을 읽는 독자들도 척도의 이러한 약점을 인식하여 그 결과를 해석할 때 주의를 기울여야 한다.

(3) 명명(이름) 척도(nominal scale)

이것은 엄격히 말하면 '척도'는 아니다. 예를 들어 보자. 앞 장에서 설명한 상담학 연구주제론에 의하면 상담자와 내담자 간에 실제로 어떤 상호작용을 하였는지 양자 간에 오간 말, 즉 언어를 분석하는 연구들이 있다. 그렇게 하기 위해서 연구자들은 상담자와 내담자가 말한 내용을 분류하는 '코딩 시스템'을 제작하였다. 예를 들면, 내담자의 언어 중에는 '감정을 표현함' '경험한 사건을 기술함' 등이 있고, 상담자의 언어 중에는 '내담자의 감정을 반영해 줌' '정보를 요구하는 질문을 함' 등이 있다. 이런 것은 미리 정해진 유목(類目)을 가지고 내담자와 상담자의 말들을 분류하여 코딩을 매기는 일이므로 엄격히 말하면 측정이라기보다는 '이름을 붙이는' 작업이고, 따라서 명명척도라고 불리는 것이다.

연구에서 가장 흔히 사용되는 명명척도는 성별, 즉 남녀 구분이다. 사회조사 자료를 가지고 통계처리를 해 본 사람이라면 경험해 보았겠지만, 우리는 종종 남성에는 1, 여성에는 2를 부여하곤 한다. 그 순서를 바꾸어서 여성에 1, 남성에 2를 부여하여 통계처리를 하여도 그 결과는 똑같다. 다시 말해 조사연구 분석에서 남성과 여성에는 서열적 정보가 존재하지 않는다는 것이다. 단지 남성과 여성이라는 유목에 대한 이름만 존재하는 것이다. 그럼에도 이런 이름에 숫자를 부여해서 가감승제 계산이 가능한 상황이 존재한다는 점은 매우 경이롭다. 그 이유를 알아보자.

명명척도를 사용한 연구에서는 거의 항상 '빈도(frequency)'를 그 통계치로 사용한다. 대통령이나 의원을 선거할 때마다 등장하는 지지율 조사를 생각해 보면 쉽게 이해할 수가 있을 것이다. 그 지지율이란 바로 후보 1을 지지하는 사람의 빈도, 후보 2를 지지하는 사람의 빈도, 후보 3을 지지하는 사람의 빈도를 가지고 계산하는 것이다. 상담학 연구에서는 상담자가 한 회기 중에 '내담자 감정을 반영해 줌'을 몇 번 하였는지의 빈도, '내담자에게 정보를 요구하는 질문을 함'을 몇 번 하였는지의 빈도 등 빈도가 기본 자료로 사용된다. 이 빈도 자료를 가지고 각종 연구문제들에 대한 통계 분석을 가하는 것이다.

빈도가 측정치로 사용되었을 때 그것은 거의 동간척도와 유사한 성격을 띠게 된다. 그 이유는 쉽게 이해할 수 있을 것이다. 상담자가 1회기에 감정 반영을 10의 빈도로 발생하였는데, 2회기에는 15의 빈도로 발생하였다고 해 보자. 이런 자료에서 10과 15의 차이 5는 15와 20의 차이 5와 같은 크기인가? 그것을 인정한다면(이 경우 인정할 수 있다) 이 빈도는 동간척도와 거의 같은 성격을 부여받게 되며 다양한 계산이 가능해지는 것이다. 다시 말해, 빈도로 표시되는 명명척도는 서열척도보다 오히려 더 엄격한 동간성을 가지기 때문에 통계학적 처리면에서 유리한 점이 있다.

독자들은 대통령 선거에서 그 지지율 조사나 혹은 출구조사의 결과들이 보여주는 그 '예측 정확성'을 기억하고 있을 것이다. 그 예측이 그만큼 정확하고 적은 오차를 가질 수 있게 된 배경에는 그 자료가 '빈도 자료'이기 때문에 그럴 수 있다는 것을 이해할 수 있을 것이다. 빈도는 매우 디지털(digital)한 속성을 가지고 있기 때문에 그 빈도가 신뢰할 수 있고, 타당하고, 객관적으로 수집되었을 경우에 그 자료에 기반한 통계 처리 결과는 매우 정확할 수 있다. 따라서 척도에 대한 기존 서적들은 동간척도나 서열척도에 비해 명명척도를 더 '열등한' 척도로 간주하는 경우가 있는데 이것은 옳지 않다. 명명척도가 오히려 더 유용한 척도가 될 수 있음을 알아야 한다.

2) 기술적 데이터를 기반으로 하는 연구와 해석

기술(description)은 연구의 가장 핵심적 기능이다. 정확한 기술이 없이는 그 어떤 과학적 설명도, 추론도 불가능하다. 그럼에도 상담학계에는 기술 연구에 대해서 "단순한 실태 조사연구에 불과하다." "단지 현상을 기술하는 데 그치고 있다."라는 등 연구의 가치를 지나치게 폄하하는 옳지 못한 평가를 내리곤 한다. 특히 학술지의 논문 심사나 학위논문 심사 등에서 그런 경우를 자주 목격한다. 기술 연구는 다음에 설명할 추론적 연구의 기초가 되는 중요한 부분이다.

(1) 현상(실태)에 대한 조사연구

"우리나라에는 어떤 상담기관이 존재하며, 그 숫자와 규모는 어떠한가?" 이 질문에 대한 대답은 지극히 기술적인(descriptive) 정보를 필요로 한다. 다만, 그 자료를 수집하는 절차가 정밀해야 하고 조사의 결과가 정확하게 제시되어야 한다. 정밀하고 정확한 조사를 요하는 다른 질문을 보자. "우리나라에는 인터넷 게임에 중독된 개인의 수가 얼마나 되는가?" 이 질문에 대한 답을 제대로 하려면 우선 인터넷 게임중독에 대한 정확한 정의가 필요하고, 그것을 신뢰할 수 있고 타당하게 측정하는 도구와 진단 기준이 필요하다. 그다음은 전국적인 인터넷 중독자를 조사하는 정밀한 표집(sampling) 절차가 마련되어야 한다.

상담학에서는 이런 기본적인 조사연구가 부족하다는 것이 매우 기이한 일이다. 아마도 앞에서 말한 것처럼 조사연구를 폄하하는 분위기가 주요 원인이 아닌가 짐작된다. 그러나 각종 상담학적 문제에 대한 기본적인 인구학적(demographic) 조사가 없는 상태에서는 상담학 연구의 발전을 기대할 수가 없다. 인터넷 중독은 물론 청소년 비행, 학교 폭력, 기초학력 미달, 우울, 자살, 은둔형 외톨이, 이혼, 가정 폭력, 성폭력, 도박 중독, 취업 실패, 장기 실업, 성격장애 등등 상담학자들이 기본적으로 조사해야 할 상담학적 문제가 산재해 있다. 그럼에도 상담학계에서는 그런 문제를 겪는 인구가 얼마나 되는지 기본적인 발생률 및 '유병률'에 대한 조사연구를 게을리하고 있다. 상담학 발전을 위해서는 상담학 연구법에 '조사방법론'을 비중 있게 포함시켜야만 한다.

(2) 분류 연구

기술 연구의 두 번째 범주는 분류(classification)다. 합리적인 분류는 모든 학문의 기초다. 식물 분류 및 동물 분류가 없었다고 상상해 보자. 이런 상태에서 생물학적 연구가 수행될 수 있었을까? 물질에 대한 분류(화학에 나오는 주기율표를 기억하기 바람)가 없이 화학 연구가 가능할까? 그 대답은 자명하다. 상담학은 어떠한가?

우선 상담문제 분류론이 제기될 것이다. 일단 정신건강 문제에 대해서는 정신의학 분야에서 개발한 『정신질환 및 통계 편람(Diagnostic and Statistical Manual, 통상적으로는 DSM으로 불리는)』 제4판 및 제5판을 사용하고 있다. 청소년 상담문제에 대해서는 한국청소년상담원에서 발행한 '청소년 문제 유형 분류체계'가 있으나 실제로 연구자나 상담현장에서 자주 사용되지는 않는 것 같다. 다시 말해서 상담학은 분류론이 별로 발달하지 못했음을 대변해 준다.

상담학에서 분류론이 왜 중요할까? 인터넷 중독문제를 예로 들어 설명하고자 한다. '인터넷 중독'이라는 범주명(名)은 매우 애매모호한 명칭이다. 그것은 인터넷 게임에 대한 중독일 수도 있고, 인터넷 도박에 대한 중독일 수도 있고, 이른바 서핑이라고 부르는, 즉 인터넷상에서 여기저기 검색을 하는 데 많은 시간을 허비하는 것일 수도 있다. 혹은 타인에 관한 정보를 SNS를 통해서 들여다보는 것도 있다. 여기서 인터넷 게임에 대한 중독과 인터넷 도박에 대한 중독은 같은 것인가 아니면 다른 것인가? 혹시 전자는 전자게임 중독, 즉 인터넷 게임 이외에도 다른 게임프로그램에 대한 중독까지 포함하는 전자게임 중독으로 분류되고, 후자는 도박 중독으로(인터넷 도박 이외에도 다른 도박에 대한 중독을 포함하는) 분류하는 것이 맞지 않을까? 현재까지 이 질문에 대한 정확한 답은 알려지지 않았다.

(3) 구성요소 분석

심리학 및 교육학에서 구성요소에 대한 가장 대표적인 연구는 지능에 관한 연구와 성격에 관한 연구일 것이다. 이 부분은 워낙 잘 알려져 있기 때문에 여기서 다시 설명하지는 않는다. 다만, 상담학에서도 구성요소에 관한 연구가 자주 수행되고 있고 앞으로도 지속해서 수행되어야 함을 말하고자 한다. 이는 예를 통해서 설명할 것이다.

상담에는 '공감'이라는 중요한 개념이 있다. 그런데 학자들은 공감이라는 현상이 단일한 현상이 아니고 다소 복합적인 현상이라고 보고 있다. 그렇다면 공감이라는 현상을 구성하는 하위 요소들이 있다고 가정할 수가 있고, 그 하위 요소들이 무엇인지 밝혀 보고자 하는 시도가 있을 수 있다. 이 시도를 현실화한 것이 구성요소 연구다. 고전적인 예를 들면, 바렛-레너드(Barret-Lennard, 1962)의 연구가 그런 연구다. 다른 예를 들어 보자. 진로상담 분야에는 '진로성숙'이라는 중요한 개념이 있다. 이것도 역시 단일한 현상이 아니고 복합적인 현상이라고 보고 있다. 진로의식이 성숙한다는 것은 일단 자기가 어떤 종류의 일에 관심이 있고 좋아하는지를 잘 알고 있는지, 직업이란 것이 어떤 것인지 이해하고 있는지, 이 세상에 어떤 종류의 직업이 존재하는지 얼마나 아는지, 자신의 미래의 희망 직업을 뚜렷이 인식하고 있는지, 자기가 왜 그 직업을 희망하는지 이해하고 있는지 등등 진로성숙이란 다양한 요소가 복합되어 있는 현상이다.

구성요소를 연구하는 대표적인 방법으로는 요인분석(factor analysis)과 군집분석(cluster analysis) 등이 사용된다. 이 두 방법은 분석의 목적과 결과가 매우 흡사하다. 즉, 현상을 아주 미세하게 쪼개 놓은 다음에 그것들을 묶는 것이 요인분석과 군집분석의 목적이고 결과다. 앞에서 든 예들을 사용해 보면, 공감이라는 현상, 진로성숙이라는 현상을 아주 잘게 쪼개서 열거한 다음에 요인분석 혹은 군집분석이라는 통계적 절차를 밟으면 그 결과로서 몇 개의 요인 혹은 군집으로 묶음을 얻을 수가 있다. 그리고 그 묶음, 즉 요인 혹은 군집에 적합한 명칭을 부여하여 공감이나 진로성숙이 어떤 요소들로 구성되어 있는지를 설명하게 되는 것이다.

3) 추론 분석을 기반으로 하는 연구와 해석

과학적 연구는 실태와 현상을 기술하는 것뿐만 아니라 그것을 설명하는 기능도 수행한다. 과학적 설명이란 무엇일까? 설명의 첫 번째 범주는 인과관계, 즉 원인과 결과를 설명하는 것이다. 그리고 설명의 두 번째 범주는 요소(요인)들 간의 관계의 구조를 설명하는 것이다. 가장 간단한 관계 구조에는 두 요소 간의 상관관계(보통 상관계수 r로 표현됨)가 있으며, 좀 더 복잡한 관계 구조를 설명하기 위해서는 다변인 간의 구조적 분석 방법들(예를 들어, 다변인분석법, 중다회귀분석, 구조방정식)을 사용한다. 구체적 내용은 전문서적을 참고하기 바란다.

(1) 가설연역적 논리

과학적 추론에서 가장 중요한 논리는 가설연역적(hypothetico-deductive) 논리다. 가설연역적 논리를 알기 쉽게 설명해 보자.

과학자가 아무 연구 목적이 없이 데이터부터 수집하는 경우는 거의 없다. 과학자는 탐구하고 싶은 것을 질문으로 구성한 다음, 그 질문에 대한 답변에 도움이 될 만한 데이터를 수집한다. 그런데 과학자들은 독특한 방식으로 연구 질문을 구성하는데, 그것을 가설(hypothesis)이라고 부른다. 가설은 통상적으로 다음과 같이 구성된다. “만약 ~라면, ~할 것이다.” 이것을 상담학적 현상에 적용해 보자.

“만약 내담자가 상담자에게서 충분히 공감을 받는다면, 상담의 효과가 증진될 것이다.”라는 가설을 구성하였다고 하자. 그다음 이 연구문제(가설)를 탐구하는 상담학자는 연구문제를 구명하는 데 도움이 될 만한 데이터를 수집한다. 즉, 내담자가 느끼는 공감의 정도를 측정할 것이고, 상담의 효과에 대한 측정치를 수집할 것이다. 그리고는 공감의 정도에 따라서 상담의 효과 정도가 일정하게 변화하는지 여부를 분석할 것이다.

여기서 중요한 것은 ‘얻어진 데이터가 가설을 지지하는지 혹은 부정하는지’를 판단해야 한다는 점이다. 만약 얻어진 데이터가 가설을 지지하는 것으로 판단된다면 상담학자는 '내담자가 느끼는 공감은 상담 효과를 증진시킨다'라는 가설의 기반이 되었던 상담학 이론을 검증하는 것이다. 다시 설명하면, 연구자는 상담학 이론에 근거하여 가설을 구성하고, 그 가설을 검증할 수 있는 데이터를 수집하며, 그 데이터 분석의 결과가 가설을 지지하면 다시(순환하여) 당초의 이론이 검증되는 논리과정을 거친다. 이것을 가설연역적 논리라고 부른다. 만약 반대로, 얻어진 데이터가 가설을 지지하지 않으면 가설이 기반했던 이론은 그만큼 근거를 상실하게 된다.

(2) 통계적 추론의 논리

이와 같은 가설연역적 논리의 과정에는 양적(수량적) 데이터가 개입되고, 이 데이터들은 종종 통계적으로 분석된다. 그렇기 때문에 상담학적 연구의 논리를 구체적으로 이해하려면 통계적 추론의 논리를 이해해야 한다.

독자들은 통계학을 배울 때 영가설(null hypothesis)이라는 용어를 접해 보았을 것이다. 그리고 그 영가설이 '기각되었다' 혹은 '지지되었다'라는 말을 들어 보았을 것이다. 통계적 추론을 이해하려면 바로 이 영가설을 정확하게 이해해야 한다. 통계 분석에서 영가설이란 글자 그대로 '0', 즉 '없음'을 지칭한다. 다시 말해서 'A와 B 간에는 관계가 없음' 'A와 B 간에는 차이가 없음' 등 '없음'을 중심으로 표시되는 가설이다. 그런데 한 가지 혼동을 줄 수 있는 요소가 있다. 그 이유는 실제로 연구자가 알고 싶어 하는 것은 'A와 B 간에는 관계가 있음' 혹은 '차이가 있음' 등 '있음'을 중심으로 이루어져 있다는 것이다. 그런데 통계 분석에서는 그 반대, 즉 '없음'을 중심으로 가설을 세운다는 것이다. 이를 다시 말하면, 연구자의 목적은 영가설을 기각(부정)하는 결과를 얻는 것이며, 얻어진 데이터가 영가설을 기각한다면 연구자의 가설이 옳을 것이라는 추론을 한다.

통계적 추론의 두 번째 특징은 표집, 즉 샘플에 대한 데이터를 가지고 전체(전집, 모수치)를 추정한다는 점이다. 추리 통계의 이론에 의하면 수많은 샘플에서 통계치를 얻는다고 가정한다. 쉽게 설명하면 이렇다. 공감과 상담 효과 간의 관계를 분석하는 연구를 수행한다고 하자. 실제로는 그 자료를 한국의 대학생 상담 50사례에서 얻었다고 하자. 그러나 이론적으로는 같은 방식으로 또 50사례, 또 50사례 아주 여러 샘플을, 수없이 많은 샘플을 표집하여 데이터를 얻는다고 가정한다는 것이다. 그러면 실제로 얻은 데이터는 가상으로 얻은 수없이 많은 샘플 데이터(이론적 분포) 중의 하나일 뿐이다. 여기서 만약 실제로 얻은 데이터가 '이론적 분포'를 기준으로 판단할 때 매우 희귀한 경우로 판단해야 할지, 그저 그런 보통의 경우로 판단해도 될지를 분석하는 것이 통계적 추론이라는 것이다.

여기서 만약 실제로 얻어진 데이터가 '이론적 분포'를 기준으로 볼 때 매우 희귀한 경우라고 판단된다는 것은 구체적으로 무엇일까? 독자들은 연구논문에서 '통계적으로 유의한'이라는 표현을 자주 보았을 것이다. 여기서 통계적으로 유의하다는 것은 '이론적 분포'를 기준으로 볼 때 그런 결과가 나올 수 있는 경우는 5% 미만이라고 보는 것이 연구 논리에서 통상적으로 사용하는 기준이다. 그리고 그것을 '$p < .05$ 수준에서 유의하다'라고 말하며, 기호로 * 표시를 붙여 준다. 그리고 이 통계적 유의성이 의미하는 바는 다음의 '추론의 오류(오차)'에서 설명할 것이다.

(3) 추론의 오류(오차) 범위

과학적 논리의 특징 중 하나는 '오류의 가능성을 미리 인정한다'는 점이다. 우리는 과학은 정밀하고 오차를 인정하지 않으며, 과학적으로 밝혀진 사실은 오류가 없다고 생각하기 쉽지만 사실은 그렇지 않다. 과학은 정밀하고자 노력하지만 과학적 연구의 결과에 대하여 오차와 오류의 가능성을 항상 열어 두고 있다.

앞의 '통계적 추론의 논리'에서 $p < .05$의 의미를 '5% 미만의 오차 범위에서 유의함'이라고 소개하였다. 이 의미를 잘 살펴보면, 이런 해석에는 이미 '오차 범위'를 인정하고 들어간다는 것을 알 수가 있다. 공감 연구의 예를 계속 들어 보자. 공감과 상담 효과 간에 관계가 없을 것이라는 영가설을 기각한다고 해석할 때 그런 해석은 오류의 가능성이 매우 적지만 있을 수 있다는 것이다. 그리고 그 오류 범위는 5%를 넘지는 않는다는 해석이다. 이런 오류를 과학에서는 '제1종 오류'라고 칭한다(통상적으로 알파라고 표시함).

1종 오류라는 용어가 있음을 보면 2종 오류가 있을 것이라고 짐작할 수 있다. 과학에서 말하는 2종 오류라는 개념은 1종 오류와 정반대로 생각하면 된다. 계속되는 예, 즉 공감과 상담 효과 간의 관계 연구에서 데이터 분석 결과, 영가설을 부정(기각)하지 못하는 결과가 나왔다고 해 보자. 여기서 영가설을 부정하지 못한다는 것은 '공감과 상담 효과 간에 관계가 없음'이라는 방향으로 해석을 하게 된다는 것인데 이런 해석이 잘못된 해석, 즉 오류일 가능성을 '제2종 오류'라고 칭한다(통상적으로 베타라고 표시함). 만약 공감과 상담 효과 간에 관계가 있다는 것이 '진실'이라면 이 연구결과는 오류를 범한 것인데 그런 오류를 2종 오류라고 표현한다는 것이다.

독자들은 과학적 추론이 항상 오류(오차)의 가능성을 이중적으로, 즉 양쪽으로 열어 두고(알파와 베타) 혹시라도 얻어진 데이터 분석 결과 그리고 그 결과에 기반한 해석이 잘못된 것은 아닐까 의심하고 재검토해 보는 조심스러운 과정임을 알게 되었을 것이다. 과학적 사고와 연구 절차는 약 400년 정도의 역사에 불과하고, 그중에서 과학으로서의 상담학은 50~60년 정도의 역사를 가지고 있지만(미국과 유럽의 경우) 그것이 신뢰할 만한, 즉 믿을 만한 지식을 생산하고 탄탄한 이론을 구성하는 데 역할을 하는 것을 보면 아마도 과학의 그러한 보수적인 연구 논리에 기인한 것은 아닐까 생각한다. 즉, 오류의 가능성을 미리 열어 두되, 오류의 한계 범위를 엄격하게 설정함으로써(예를 들어, 5% 미만) 잘못된 해석을 행할 확률을 미리 통제하는 과학적 추론의 논리는 과학의 발전이 속도는 느리지만 그만큼 탄탄한 과정을 밟게 된다는 장점을 제공하는 것으로 보인다.

4. 질적 연구

상담학에서 질적 연구(qualitative research)방법이 주목을 받고 있다. 그러나 질적 연구방법에 대한 부정확한 이해로 인해서 생기는 몇 가지 문제도 함께 관찰되고 있다. 상담학에서는 어떤 질적 연구방법들이 적용되고 있으며, 질적 연구가 도입됨으로써 상담학 연구에 어떤 생산적 효과를 기대할 수 있고, 질적 연구 방법을 정확하게 이해하기 위한 방안은 무엇인지 알아보자.

1) 상담 연구에서 질적 분석방법의 도입

상담 연구에서 질적 분석방법이 사용된 것은 그다지 오래되지 않았다. 그러나 상담학자들이 탐구하는 현상들 중에는 질적 연구에 적합한 현상들이 많이 있다는 점에서 질적 연구의 필요성은 오래전부터 제기된 바 있다(Heppner, Kivlighan, & Wampold, 2008).

(1) 질적 속성과 양적 속성

상담학에서 관심을 가지는 현상 내에는 질적 속성과 양적 속성이 공존한다. 먼저 질적 속성에 대해서 설명한다. 독자들은 '상담관계'라는 개념을 이미 잘 알고 있을 것이다. 여기서 '관계'는 일단 질적 속성을 지닌다. 다른 예들을 보자. 상담과정 중에 내담자와 상담자가 경험하는 '중요한 사건(significant events)'도 역시 질적 속성의 현상이다. 진로상담학에서 주로 탐구된 '진로결정' 역시 원래는 질적인 현상이다.

그러면 질적인 현상은 연구자들이 어떻게 기술할 수 있으며 다른 연구자들과 어떻게 소통할 수 있는가? 지금까지 질적 연구자들이 질적 현상을 기술하고 소통하기 위해 가장 보편적으로 사용하는 방법은 ① 연구자가 직접 현상을 관찰하여 그것을 언어(말)로 기술하거나, ② 현상에 원래 포함되어 있는 사람에게서 면담을 통해 들은 내용을 그대로 받아 적는 방법이다. 이것이 질적 연구의 기본적인 원자료가 되며, 이렇게 말(글)로 이루어진 원자료를 이른바 '질적 분석 절차'에 의거하여 분석을 하는 것이다.

그러면 양적 속성이란 무엇인가? 앞에서 '상담관계' '주요 사건' '진로결정' 등은 원래 질적 속성의 현상이라고 말하였다. 그런데 이들 질적 속성의 현상 내에는 양적 속성도 들어 있다. 양적 속성의 가장 기초적인 개념화는 그 현상에게서

'서열적'인 속성을 발견하는 것이다. 예를 들면, 상담관계를 '작업동맹'으로 개념화하고, 다시 그것을 '전문상담사-내담자 간 유대감'으로 개념화하였을 때 유대감이 더 강한 관계와 유대감이 덜 강한 관계가 파악될 수가 있다. 연구자들은 질적 속성의 현상으로부터 양적 속성을 찾아내고 그것을 계량화하는 기술을 개발한 것이 '심리측정' 분야이며, 측정된 자료를 기반으로 통계적인 처리를 하는 것이 이른바 '양적 연구'의 과정이다. 상담의 '주요 사건'이나 '진로결정' 등의 현상이 계량적으로 연구되는 과정도 역시 마찬가지의 절차를 거친다.

(2) 상담에 대한 질적 연구

질적 연구의 논리는 주로 문화인류학에 기반을 두고 있으며, 문화인류학자들이 개발한 연구방법들을 사용하였다. 그러나 질적 연구가 여러 다른 분야로 확대되면서 문화인류학과 관계없는 새로운 연구방법들이 탄생하기도 하였다. 상담학에서도 1990년대 이후에 질적 연구가 활발해지면서 상담학 연구에 적합한 질적 분석 방법을 찾는 데 주력하는 모습을 볼 수가 있다.

'근거 이론'이라고 번역되곤 하는 'grounded theory'는 상담학에서 가장 많은 주목을 받은 연구방법이라고 생각된다. 근거이론이라는 연구방법은 원자료(관찰기록이나 인터뷰 기록)를 기반으로 귀납해 가는(induce) 방법들 중의 하나다(Glaser & Strauss, 1967). 원자료들로부터 귀납적 작업을 하기 위해서 원자료를 코드(code)로 정리하고, 이것들을 카테고리들로 분류하고, 핵심 개념을 창출하는 등 일련의 연구 절차를 따른다. 근거이론을 활용한 연구의 결과는 주로 관찰된 내용들로부터 정리된 가설을 도출하는 데 유용하다고 알려져 있다.

'인지지도 그리기(cognitive mapping)'도 상담학에서 자주 사용되는 연구방법이다. 이 방법은 상담의 주요 현상을 개념화하는 데 매우 유용하다고 알려져 있다. 예를 들면, 집단상담이론에서 제시하는 집단역동적 현상들(예를 들면, 집단응집력, 대인 간 피드백; 11장 참조)에 대해서는 이론가들 간에 개념적 합의가 충분히 이루어지지 못하고 있다. 단, 인지지도 그리기 방법은 다차원 분석이라고 하는 통계기법을 활용한다는 점에서 '순수하게 질적인' 연구 절차라기보다는 통합적인(mixed) 연구방법이라고 말하는 것이 옳을 것이다. 이 방법의 목적은 현상을 개념화하는 적절한 차원과 카테고리(보통 군집으로 표현됨)를 발견하는 데 있다.

질적 연구방법들은 연구자 간의 합의를 중요시한다. 그 점을 강조하는 연구방법으로서 합의에 의한 질적 연구법(Consensual Qualitative Research: CQR)이 있다. 원자료를 얻는 방식에 있어서는 근거이론 방법이나 인지지도 그리기 방법과 대동소이하다. 그런데 CQR 방법은 연구참여자들의 합의를 이루어 가고, 판정하는 절차에 대하여 비교적 표준적인 기준들을 제안하고 있다(Hill, Thompson, & Williams, 1997).

2) 질적 연구에 대한 긍정적 기대

상담학에서 질적 연구는 연구방법으로서 그 기능을 인정받아 가고 있다. 질적 연구가 도입되던 초기, 즉 1990년 이전에는 상담학 연구에 적합한 질적 연구방법을 찾는 데 주력했던 것으로 보인다. 2000년 이후 질적 연구를 기반으로 한 상담 연구들이 수행되면서 비로소 시행착오를 경험하고 어떤 연구주제가 질적 연구에 적합한지, 상담학에 유용한 질적 분석방법은 무엇인지 조금씩 알아 가기 시작하고 있는 것 같다.

상담학에서 질적 연구에 가장 기대하는 것은 다음과 같다. 첫째, 기존의 연구방법(이른바, '양적 연구'라고 잘못 불리는)에서 간과하거나 놓치는 부분들을 더 효과적으로 탐구하는 방법이 될 수 있다. 상담 연구에서 중요한 것들 중에 하나는 내담자, 상담자를 비롯한 연구 대상자(참여자)의 관점에 기반한 데이터다. 물론 제삼자의 관점에 기반한 객관적 데이터도 중요하지만, 참여자 본인들의 주관적 관점 역시 중요한 자료를 제공하기 때문이다. 둘째, 질적 연구방법은 현상에 대한 좀 더 철저한 관찰과 기록을 바탕으로 한다는 장점을 가진다. 물론 기존의 연구방법들도 현상에 대한 철저한 관찰과 기록을 전제로 하지만, 일단 측정 도구가 개발되고 사용되기 시작하면 더 이상 현상에 대한 철저한 관찰보다는 계량화된 데이터를 분석하는 데에만 주력하게 되는 단점을 보이는 것이 사실이다. 셋째, 질적 연구방법은 주로 귀납(歸納)의 방법을 사용한다는 점에서 기존의 연구 절차와 차이를 보인다. 기존의 연구방법들은 주로 이론을 바탕으로 연역(deduction)의 절차를 거쳐서 가설을 도출하고 이를 검증하는 연구 논리를 활용한다. 그러나 이 경우 이론이 불확실하면 잘못된 가설을 도출할 가능성이 높다. 상담학은 현상으로부터 귀납을 거쳐 얻은 개념과 가설들을 아직은 좀 더 필요로 한다.

3) 질적 연구방법의 문제점

앞에서 논의한 바와 같이 질적 연구방법은 상담학에서 이미 그 위치를 인정받고 있으며, 앞으로 더 발전할 가능성이 많다. 그러나 질적 연구에 대한 과다한 기대, 오해에서 기인한 잘못된 기대도 역시 공존한다. 또한 기존 연구들을 폄하하는 잘못된 인식도 바로잡아야 할 필요가 보인다.

(1) 기존 연구에 대한 부정적 태도

상담학자 중 1980년대 전반기의 질적 연구 주창자들은 주로 기존의 연구방법을 비판하는 일에 주력했던 것으로 보인다. 반면에 실제로 질적 연구방법을 활용하여 연구를 수행하는 데에는 부족하였다. 이는 마치 인지심리학이 발생했던 초기 현상과 유사하다. 인지심리학을 주창하던 초기에는 주로 행동주의 심리학을 비판하는 일에 주력하였다. 반면에 인지 현상을 실제로 관찰하고, 기록하고, 분석하고, 탐구하는 일에는 상대적으로 부족하였다고 평가된다.

질적 연구자들은 기존의 연구방법 및 연구결과에 대해서 더 이상 부정적인 관점을 강하게 주장할 필요가 없다. 질적 연구가 이미 상담학에서 하나의 중요한 연구 흐름으로 널리 인정받고 있기 때문이다. 앞으로 취해야 할 태도는 기존의 연구방법 및 연구결과들을 어떤 식으로 소화하여 질적 연구와 융합할 것인지를 궁리하여야 한다. 왜냐하면 연구방법에는 완벽한 방법이 없기 때문이다. 모든 연구방법에는 제한점들이 존재하기 때문에 자기 방법의 단점을 정확하게 인지하는 것이 중요하다. 그리고 다른 방법이 자기 방법의 단점을 보완할 수 있는 가능성을 기대하는 열린 태도가 필요하다.

(2) '양적 연구' 용어의 잘못된 사용

질적 연구자들은 기존의 연구들을 통틀어서 '양적 연구'라고 칭한다. 이에 영향을 받아서인지 많은 연구방법론 서적도 연구를 '양적 연구'와 '질적 연구'로 양분하는 어처구니없는 개념화를 하기도 한다(필자의 글 중에도 어쩔 수 없이 '양적 연구'라는 용어를 사용한 경우가 있다).

앞에서 여러 차례 언급하였듯이, 자연 현상(인간들의 인지, 정서, 행동, 문화 등을 포함하여)에는 질적 속성과 양적 속성이 존재한다. 그렇다고 해서 자연 현상이 '질적 속성'과 '양적 속성' 두 가지로 이루어져 있다고 말할 수는 없다. 왜냐하면 '질'과 '양'이라는 두 개의 개념에 포함되지 않는 또 다른 속성들이 있기 때문이다. 전자물리학 개념에 비유한다면, 이 세상의 분자들이 '전자'와 '양자' 두 가지로(만) 구성되어 있다고 말하면 틀린 말이 된다는 것을 상기한다면 이해가 될 것이다. 자연 현상에는 '질적 속성'과 '양적 속성' 두 가지 이외에도 다른 속성들이 더 있을 수 있다.

다시 연구로 돌아가자. 많은 상담학 연구에서 측정, 즉 계량화 방법을 활용한다. 그런데 앞에서 여러 차례 언급하였듯이 계량화를 정확하게(타당하고, 신뢰할 수 있게) 하기 위해서는 계량화하려는 현상 자체를 철저하게 이해하여야 한다. 그렇게 하기 위해서는 현상에 대한 매우 엄밀한 관찰, 기록, 분석 등을 필요로 한다. 계량화된 양적 데이터를 분석한 다음에는 그 결과를 기술하고 해석하는데, 다시 현상에 대한 정확한 지식을 필요로 한다. 현상을 정확하게 기술하고 해석한다는 것은 그 현상 내에 존재하는 의미를 이해해야만 하고, 그렇게 하기 위해서는 현상의 질적 속성들을 알아야 한다. 양적 연구는 '숫자로 시작해서 숫자로 끝나는' 것이 아님을 이해하기 바란다.

제7부
상담학과 현장

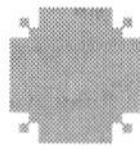

제13장
상담과 현장

최숙경

이 장에서는 우리나라의 상담현장 현황을 살펴보고자 한다. 여기서의 상담현장은 내담자의 문제를 해결하기 위해 전문상담사와 상담자원봉사자 등이 활동하는 장소인 해당 상담기관을 뜻한다. 우리나라의 상담현장은 1950년대의 학교에서 교도상담을 시작으로 전개되었다. 현재는 크게 세 분야로 분류해 보면, 정부의 지원을 받으며 운영되는 국가 정책 차원의 상담기관(한국청소년상담복지개발원, 청소년상담복지센터, 건강가정지원센터, 사회복지기관 등), 교육 차원의 상담기관(초 · 중 · 고등학교, 대학의 학생상담센터 등), 민간 차원의 상담기관(개인 또는 종교단체에서 운영하는 상담소 또는 복지기관 등)으로 상담현장의 범위가 확대되었다. 여기서는 주로 국가 정책 차원의 상담현장인 청소년상담복지센터, 건강가정지원센터와 민간 차원의 상담기관의 현황을 살펴봄으로써 상담현장의 특성을 이해하고 각 현장에 적합한 역할과 기능, 상담자의 자격요건에 대해 고민해 볼 수 있을 것이다.

1. 국가 정책 차원의 상담기관

1) 청소년상담복지센터

「청소년복지지원법」 제29조에 의하면 특별시장 · 광역시장 · 도지사 및 특별자치도지사(이하 '시도지사'라 한다) 및 시장 · 군수 · 구청장은 청소년에 대한 상담 · 긴급구조 · 자활 · 의료지원 등의 업무를 수행하기 위하여 청소년상담복지센터를 설치 · 운영할 수 있다. 전국적으로 228개소의 청소년상담복지센터가 설치되어 운영되고 있다(한국청소년상담복지개발원 홈페이지 2018년 12월 기준). 청소년상담복지센터에서는 지역사회 내 활용 가능한 청소년 관련 자원을 연계하여 위기청소년에게 상담 · 보호 · 교육 등 맞춤형 One-Stop 서비스를 제공함으로써 가정 및 학교, 사회로의 복귀를 지원한다. 주요 사업내용으로는 지역연계협력사업, 청소년상담 및 활동지원, 청소년전화 1388 운영, 위기청소년 긴급구조 활동, 일시보호시설운영, 교육 및 자립 등 맞춤형 서비스 제공 등이다.

(1) 청소년상담사 자격제도

청소년상담사란 「청소년기본법」(제22조 1항)에 의거하여 실시되는 청소년상담 관련 분야의 상담 실무경력 및 기타 자격을 갖춘 자로서 자격시험에 합격하고, 자격연수 100시간을 이수한 자에게 여성가족부 장관이 부여하는 국가자격증이다.

청소년상담사는 일반상담과 차별화된 청소년 문제에 초점을 맞춘 전문상담자의 양성, 청소년상담사의 전문화와 상담자의 자질 향상, 청소년 문제에 대한 열의와 관심 및 높은 자질을 지닌 인력 선발이라는 세 가지 목적을 가지고 있다. 2003년부터 청소년상담사제도를 실시하여 2017년까지 1급, 2급, 3급 청소년상담사 17,187명이 배출되어(청소년상담사 홈페이지 http://www.youthcounselor.or.kr) 다음의 상담 분야에서 활동하고 있다.

표 13-1 청소년상담사 활동 분야

국가 정책 차원의 청소년상담 분야	교육 차원의 청소년상담 분야	민간 차원의 청소년상담 분야
• 한국청소년상담복지개발원 • 시도 청소년상담복지센터 • 시군구 청소년상담복지센터 • 경찰청, 법무부 • 군 • 사회복지기관 • 청소년수련관 • 청소년문화관 • 청소년쉼터 • 청소년 관련 복지시설	• 학교청소년상담사 • 초·중·고등학교 상담교사 • 대학의 학생상담센터	• 개인상담연구소 • 사회복지기관 • 아동·청소년 대상 시설

출처: 청소년상담사 홈페이지.

(2) 청소년상담사 응시자격

청소년상담사는 1, 2, 3급으로 구분되어 있으며, 응시자격 기준은 〈표 13-2〉와 같다. 각급별 자격요건 중 1개 이상의 요건이 되면 해당급 또는 하의급에 응시가 가능하다.

표 13-2 청소년상담사 응시자격

구분	자격요건	비고
1급 청소년 상담사	1. 대학원에서 청소년(지도)학·교육학·심리학·사회사업(복지)학·정신의학·아동(복지)학 분야 또는 그 밖에 여성가족부령으로 정하는 상담 관련 분야(이하 '상담 관련 분야'라 한다)의 박사학위를 취득한 사람 2. 대학원에서 상담 관련 분야의 석사학위를 취득한 후 상담 실무경력이 4년 이상인 사람 3. 2급 청소년상담사로서 상담 실무경력이 3년 이상인 사람 4. 제1호 및 제2호에 규정된 사람과 같은 수준 이상의 자격이 있다고 여성가족부령으로 정하는 사람	1. 상담 분야 박사 2. 상담 분야 석사 +4년 3. 2급 자격증+3년

2급 청소년 상담사	1. 대학원에서 상담 관련 분야 청소년(지도)학 · 교육학 · 심리학 · 사회사업(복지)학 · 정신의학 · 아동(복지)학 분야의 석사학위를 취득한 사람 2. 대학 또는 다른 법령에 따라 이와 동등한 학력을 인정받는 기관에서 상담 관련 분야 학사학위를 취득한 후 상담 실무경력이 3년 이상인 사람 3. 3급 청소년상담사로서 상담 실무경력이 2년 이상인 사람 4. 제1호부터 제3호까지에 규정된 사람과 같은 수준 이상의 자격이 있다고 여성가족부령으로 정하는 사람	1. 상담 분야 석사 2. 상담 분야 학사 +3년 3. 3급 자격증+2년
3급 청소년 상담사	1. 대학 및 「평생교육법」에 따른 학력이 인정되는 평생교육시설의 상담 관련 분야 청소년(지도)학 · 교육학 · 심리학 · 사회사업(복지)학 · 정신의학 · 아동(복지)학 분야 졸업(예정)자 2. 전문대학 또는 다른 법령에 따라 이와 동등한 학력을 인정받는 기관에서 상담 관련 분야 전문학사를 취득한 사람으로서 상담 실무경력이 2년 이상인 사람 3. 대학 또는 다른 법령에 따라 이와 동등한 학력을 인정받는 기관에서 학사학위를 취득한 후 상담 실무경력이 2년 이상인 사람 4. 전문대학 또는 다른 법령에 따라 이와 동등한 학력을 인정받는 기관에서 전문학사학위를 취득한 후 상담 실무경력이 4년 이상인 사람 5. 고등학교를 졸업하고 상담 실무경력이 5년 이상인 사람 6. 제1호부터 제4호까지에 규정된 사람과 같은 수준 이상의 자격이 있다고 여성가족부령으로 정하는 사람	1. 상담 분야 4년제 학사 2. 상담 분야 2년제 학사+2년 3. 타분야 4년제+2년 4. 타분야 2년제+4년 5. 고졸+5년

출처: 한국산업인력공단 홈페이지.

자격검정 응시자격에서 여성가족부령이 정하는 9개의 상담 관련 분야 외에 여성가족부령이 정하는 상담 관련 분야는 상담의 이론과 실제(상담원리, 상담기법), 면접원리, 발달이론, 집단상담, 심리측정 및 평가, 이상심리, 성격심리, 사회복지실천(기술)론, 상담교육, 진로상담, 가족상담, 학업상담, 비행상담, 성상담, 청소년상담 또는 이와 내용이 동일하거나 유사한 과목 중 4과목 이상을 교과과목으로 채택하고 있는 학문 분야(「청소년기본법 시행규칙」 제7조)를 말한다.

필기시험은 객관식이며, 매 과목 100점을 만점으로 하여 매 과목 40점 이상,

표 13-3 청소년 상담사 시험 과목

등급	검정과목		검정방법	
	구분	과목		
1급 청소년 상담사	필수영역	• 상담자 교육 및 사례지도 • 청소년 관련법과 행정 • 상담연구방법론의 실제	필기시험	면접
	선택영역	• 비행상담 · 성상담 · 약물상담 · 위기상담 중 2과목		
2급 청소년 상담사	필수영역	• 청소년상담의 이론과 실제 • 상담연구방법론의 기초 • 심리측정 평가의 활용 • 이상심리	필기시험	면접
	선택영역	• 진로상담 · 집단상담 · 가족상담 · 학업상담 중 2과목		
3급 청소년 상담사	필수영역	• 발달심리 • 집단상담의 기초 • 심리측정 및 평가 • 상담이론 • 학습이론	필기시험	면접
	선택영역	• 청소년이해론 · 청소년수련활동론 중 1과목		

출처: 한국산업인력공단 홈페이지.

전 과목 평균 60점 이상을 득점한 자를 필기시험 합격예정자로 결정한다. 필기시험 합격예정자는 한국산업인력공단에 응시자격 서류를 제출하여야 하며, 필기시험 합격예정자 중 응시자격 서류심사에 통과한 자를 필기시험 합격자로 발표한다. 면접시험을 합격하고 자격연수를 이수하면 청소년상담사 자격증을 취득하게 된다.

청소년상담사 자격검정에 합격한 후 자격증 취득을 위해 자격연수 100시간 이수는 필수사항이다. 최종합격한 이후 자격연수를 받아야 하는 기간은 제한되어 있지는 않지만(예를 들어, 2018년에 면접시험까지 합격한 후, 자격연수를 반드시 2018년에 받아야 되는 것은 아니고 그 이후에 자격연수를 받으면 됨), 일단 연수를 신

표 13-4 청소년상담사 급별 역할

등급	주요 역할	세부 내용
1급	청소년상담을 주도하는 전문가 (지도 인력)	• 청소년상담 정책 개발 및 행정업무 총괄 • 상담기관 설립 및 운영 • 청소년들의 제 문제에 대한 개입 • 2급 및 3급 청소년상담사 교육 및 훈련
2급	청소년 정신을 육성하는 청소년 상담사 (기간 인력)	• 청소년상담의 전반적 업무 수행 • 청소년의 각 문제영역에 대한 전문적 개입 • 심리검사 해석 및 활용 • 청소년상담과 관련된 독자적 연구 설계 및 수행 • 3급 청소년상담사 교육 및 훈련
3급	유능한 청소년 상담사 (실행 인력)	• 기본적인 청소년상담 업무 수행 • 집단상담의 공동지도자 업무 수행 • 매체상담 및 심리검사 등의 실시와 채점 • 청소년상담 관련 의뢰체계를 활용 • 청소년상담실 관련 제반 행정적 실무를 담당

출처: 한국청소년상담복지개발원 홈페이지.

청하면 해당 연수기간 내에 100시간을 이수해야 한다. 연수를 통해 청소년상담 관련 이론 및 실제적인 실무를 익힐 수 있다. 교육내용은 급별 특성에 맞게 다르게 구성되어 있고, 교육은 이론 강의, 세미나, 실습 형태로 진행된다. 청소년상담사의 급별 역할은 〈표 13-4〉와 같다.

2) 건강가정지원센터

건강가정지원센터는 2005년부터 시행된「건강가정기본법」에 따라 가족정책의 전달체계로서 정부의 가족정책 추진 방향에 부응하여 건강가정사업을 실시하기 위해 설립되었다. 국가 및 지방자치단체는 가정문제의 예방, 상담 및 치료, 건강가정 유지를 위한 프로그램의 개발, 가족문화운동의 전개, 가정 관련 정보 및 자료 제공을 위하여 중앙, 시 · 도 및 시 · 군 · 구에 건강가정지원센터의 설치 및 운영을 의무화하고 있다.

건강가정지원센터는 요보호가족뿐 아니라 모든 가족 구성원을 위한 서비스 제공 및 평등하고 민주적인 가족관계 지향, 가족 전체를 고려한 통합적 서비스, 가족문제 예방, 돌봄 및 가족기능 강화를 위한 포괄적 서비스, 건강가정 서비스의 전문화를 위한 유관기관과 긴밀한 네트워크를 형성하여 효과적인 서비스 제공 등의 일을 한다. 가족상담, 가족생활교육, 가족친화적 문화 조성, 정보 제공 및 지역사회 네트워크 사업을 추진하고 있다. 아울러 한부모가족, 조손가족, 다문화가족, 일탈청소년가족, 군인가족, 수용자가족, 이혼 전후 가족 등 다양한 가족지원을 위한 상담, 교육 및 문화 프로그램이 결합된 맞춤형 통합서비스와 아이돌보미 지원 등 기타 타부처와 유관기관과의 협력사업 등을 통해 다양한 가족사업을 수행하고 있다. 건강가정지원센터는 전국적으로 187개소가 설치되어 있으며(건강가정지원센터 홈페이지, 2018년 12월 기준), 구체적인 사업운영 및 사업영역은 〈표 13-5〉와 같다.

표 13-5 건강가정지원센터 사업내용

주요사업	사업내용
가족교육	• 생애주기별 부모교육 • 가족생활교육 • 남성대상교육 • 가족간 의사소통교육 • 가족성장 아카데미 • 자녀대상교육 등
가족상담	• 예비부부, 신혼기, 중년기, 노년기 등 생애주기에 따라 발생되는 가족 내 갈등과 가족의 기능상의 문제 등 상담
가족돌봄 나눔 · 문화	• 가족단위로 참여할 수 있는 프로그램 * 가정 내 물적 · 인적 자원, 돌봄을 나누고 실천함으로써 돌봄 대상 가족의 행복과 삶의 질 향상에 기여
아이돌봄지원	• 아이돌보미가 돌봄장소에 찾아가 가정 내 개별 돌봄 서비스 제공 • 한부모, 맞벌이 등 취업부모의 만 12세 이하 자녀를 대상으로 돌봄 활동 • 이용요금은 소득 수준 및 아동 연령에 따라 차등 지원

취약 · 위기가족지원	• 경제, 심리 · 정서, 양육 등 다양한 어려움을 겪고 있는 취약가족, 사회적 외상으로 인해 직간접적으로 피해를 경험한 위기가족 등 다양한 가족을 대상으로 '가족단위' 맞춤형 서비스
공동 육아 나눔터 운영	• 자녀들이 육체적, 정서적, 사회적으로 건강하게 성장할 수 있는 힘을 제공하기 위해 지역사회의 다양한 자원을 네크워킹하는 공간
미혼모 · 부자 가족지원	• 자녀양육, 경제적 자립, 공동생활공간 제공 등 다양한 서비스
타부처 협력	• 법무부, 국방부, 교통안전공단 등과 연계하여 수용자 가족, 군인가족, 교통사고피해자가족 등 특별한 요구가 있는 가족들을 위한 맞춤형 서비스

출처: 건강가정지원센터 홈페이지.

(1) 건강가정사 자격제도

건강가정사는 「건강가정기본법」에 규정된 건강가정사업을 수행하기 위하여 관련 분야에 대한 학식과 경험을 가진 전문가다. 건강가정사는 대학 또는 이와 동등 이상의 학교에서 사회복지학 · 가정학 · 여성학 등 여성가족부령이 정하는 관련 교과목을 이수하고 졸업한 자여야 한다(「건강가정기본법」 제35조 제2 제3항).

대학에서 자격을 취득하려면 건강가정사 이수 교과목 중 총 12과목(핵심과목 5과목, 기초이론 4과목, 상담 · 교육 등 실제 3과목) 이상을 이수하면 자격을 취득할 수 있고, 대학원에서 자격을 취득하려면 건강가정사 이수 교과목 중 총 8과목(핵심과목 4과목, 기초이론 2과목, 상담 · 교육 등 실제 2과목) 이상을 이수하면 자격을 취득할 수 있다. 다만, 핵심과목 1/2, 관련과목 1/2 범위 안에서 대학 또는 이와 동등 이상의 학교에서 이수한 교과목도 이를 대학원에서 이수한 것으로 본다. 건강가정사 이수 교과목은 〈표 13-6〉과 같다.

○○○ **표 13-6** 건강가정사 이수 교과목

<table>
<tr><th colspan="2">구분</th><th>교과목</th><th>대학 졸업</th><th>대학원 졸업</th></tr>
<tr><td colspan="2">핵심과목</td><td>건강가정론, (건강)가정(가족)정책론, 가족상담(및 치료), 가정(가족)생활교육, 가족복지론, 가족과 젠더, 가족(가정)과 문화, 건강가정현장실습, 여성과 (현대)사회, 비영리기관 운영관리</td><td>5과목 이상</td><td>4과목 이상</td></tr>
<tr><td rowspan="2">관련 과목</td><td>기초 이론</td><td>가족학, 가족관계(학), 가족법, 아동학, 보육학, 아동(청소년)복지론, 노년학, 노인복지론, 인간발달, 인간행동과 사회환경, 가족(가정)(자원)관리, 가계경제, 가사노동론, 여가관리론, 주거학, 생애주기 영양학, 여성복지(론), 여성주의 이론, 정신건강(정신보건사회복지)론, 장애인복지론, 가정생활복지론, 상담이론, 자원봉사론, 사회복지(개)론, 성과 사랑, 법여성학, 여성과 문화, 일과 가족(가정)</td><td>4과목 이상</td><td>2과목 이상</td></tr>
<tr><td>상담 · 교육 등 실제</td><td>생활설계상담, 아동상담, 영양상담 및 교육, 소비자상담, 주거상담, 부모교육, 부부교육, 소비자교육, 가정생활과 정보, 가계재무관리, 주택관리, 의생활관리, 지역사회 영양학, 프로그램 개발과 평가, 사회복지실천기술론, 지역사회복지론, 연구(조사)방법론, 부부상담, 집단상담, 사회복지실천론, 가족(가정)과 지역사회, 여성과 교육, 여성과 리더십, 여성주의 상담, 위기개입론, 사례관리론</td><td>3과목 이상</td><td>2과목 이상</td></tr>
</table>

출처: 건강가정지원센터 홈페이지.

교과목의 명칭이 동일하지 아니하더라도 교과의 내용이 동일한 것으로 여성가족부 장관이 인정하는 경우에는 동일 교과목으로 본다.

건강가정사는 전국 시 · 도 및 시 · 군 · 구 건강가정지원센터에서 다음과 같은 업무를 담당한다(「건강가정기본법 시행령」 제4조).

① 가정문제의 예방, 상담 및 개선
② 건강가정의 유지를 위한 프로그램의 개발
③ 건강가정 교육(민주적이고 양성평등한 가족관계 교육을 포함)
④ 가정생활문화운동의 전개
⑤ 가정 관련 정보 및 자료 제공
⑥ 가정에 대한 방문 및 실태 파악
⑦ 아동보호전문기관 등 지역사회 자원과의 연계
⑧ 그 밖에 건강가정사업과 관련하여 여성가족부 장관이 정하는 활동

2. 민간 차원의 상담기관

아동, 청소년, 여성, 가정 분야 등에서 많은 민간 상담기관이 있지만 관리체계가 미흡하여 정확한 현황을 파악하기 어려운 실정이다. 한국상담학회에 등록되어 있는 인증교육 연수기관은 196개소다(한국상담학회, 2018년 12월 기준). 한국상담학회는 2000년에 출범하여 1급 전문상담사 1,323명, 2급 전문상담사 5,666명을 배출하였다(한국상담학회, 2018년 1월 1일 기준).

한국상담학회의 전문상담사 자격의 취득 절차는 지원자격 심사를 거쳐 등급별 필기시험 과정과 함께 합격한 이들을 대상으로 실무적 역량의 검증과정인 교육연수 및 수련내용 심사과정, 최종면접과정을 거쳐 자격을 발급한다. 또한 취득한 자격에 대한 전문성 유지를 위하여 5년마다 전문상담사 자격을 갱신하여야 한다. 즉, 한국상담학회의 전문상담사 자격요건에는 교육 및 실습시간 등의 상담 경험이 필요하다. 이러한 상담 경험 이수를 위해 2004년부터 교육연수기관 지정제도를 시행하여 엄정한 심사기준을 거쳐 2018년 현재 196개소의 기관이 지정되어 전국 어디서나 연구와 교육 및 실습을 할 수 있게 되었다. 한국상담학회에 등록되어 있는 연수기관 현황은 〈표 13-7〉과 같다.

표 13-7 (사) 한국상담학회 교육연수기관 현황

번호	지역	기관명	대표자	수련감독자
1	서울	한국상담학회	천성문	박제일
2	서울	홍경자심리상담센터	홍경자	최혜란
3	대구	한국조화상담연구소 (구, HITS정신건강연구원)	김성회	김규식
4	서울	일산세움심리상담센터 (구, 세움심리상담센터)	구미례	윤인
5	서울	결혼과가족관계연구소MnF	김덕일	김용태
6	경남	경남가족상담연구소	김도애	이은화
7	광주	광주심리상담센터 (구, 광주심리상담연구소)	윤관현	오오현
8	서울	김영애가족치료연구소	김영애	정은
9	서울	단국상담아카데미 (구, 단국상담학회)	김병석	유현실
10	경북	대한심리상담센터	이수용	신종우
11	서울	맑은샘심리상담연구소	이옥경	윤향숙
12	부산	ABC심리상담원 (구, 부산가족발달상담센터)	김사훈	김용수 양종국
13	부산	TS부산심리상담센터	하도겸	이희백
14	대구	계명대학교학생상담센터	박재황	고기홍
15	전북	온다라심리교육상담실	양경화	김태호
16	서울	서울대학교대학생활문화원	강상경	김동일 이도형
17	부산	신라대학교가족상담센터	전영주	유영달
18	서울	한국단기상담연구소	강진구	이명우
19	대전	인간발달상담연구소	서동진	서혜석 엄혜정
20	대전	한국심리상담교육센터 (구, 예수대학교정신건강상담연구소)	서혜석	이대식 김용임
21	경남	좋은벗상담교육센터	김홍숙	고기홍
22	서울	서울보웬가족클리닉	황영훈	이현숙
23	서울	카운피아(원격)교육연수원 (구, 카운피아닷컴)	이성직	이명우
24	서울	한국가족상담센터	오제은	이성직
25	서울	한국기업컨설팅	유동수	김영순

26	부산	로뎀상담센터 (구, (사)한국발달상담연구소)	강연정	최승애
27	대구	(사) 한국발달상담연구소	김정희	김은정
28	대구	한국TA연구소	제석봉	조삼복
29	대구	(사) 한국가족복지연구소대구가족	김영호	문경숙
30	경남	한마음상담센터	장민정	홍대우
31	충남	백석대학교학생생활상담센터	조성희	한재희 최혜란
32	서울	한국심리상담연구소	김인자	박재황
33	경기	수원대학교아동가족상담센터	차승은	최규련
34	전북	전주대학교카운슬링센터	이호준	김인규 조남정
35	경남	우리들심리상담센터 (구, 타라심리상담센터)	이선화	이혜안
36	제주	제주국제명상센터	박태수	송남두
37	서울	아하가족성장연구소	이화자	엄혜정
38	서울	횃불트리니티 기독상담센터	최은영	김용태 최민영
39	광주	한국아유르베다연구소 (구, 아유르베다힐링연구소)	정미숙	이복순
40	부산	사단법인가족상담센터희망의전화	류도희	이동훈
41	부산	동아대학교학생상담센터	김효달	장은영 박춘자
42	서울	한국단기가족치료연구소	정문자	이영분
43	부산	부산상담및심리치료연구소	이상훈	이희백
44	서울	한스카운셀링센터	김유숙	이현숙
45	대구	서은주심리상담센터 (구, 대구심리상담연구소)	서은주	김홍숙
46	경기	평택대학교부설피어선심리상담원	양유성	구자경
47	서울	이음세움심리상담센터	김창대	최한나
48	광주	마음숲심리상담센터	박희석	오세덕
49	대전	아라상담연구소	정현주	장현덕
50	대구	한국진로코칭연구원	이현림	윤호열
51	부산	경성대학교학생상담센터	천성문	이영순
52	서울	한국가족사랑연구원	김옥희	김희수
53	경기	(사)경기가족치료연구소	이원영	최경희

54	경북	경북대학교학생상담센터 (구, 경북대학교인재개발원상담팀) (구, 경북대학교학생상담부)	박경희	김진숙
55	대전	대전대학교상담대학원(부설)심리상담연구소 (구, 대전대학교교육대학원(부설)심리상담연구소)	정성경	장현덕
56	경기	루터대학교루터상담소	김옥진	김형수
57	전북	우석대학교학생상담센터	김현미	김용임 서혜석
58	대구	사단법인한국매체상담협회학회	김종호	박의순
59	부산	Holland(홀랜드)진로상담연구소 (구, 한국진로상담연구소)	안창규	조옥진
60	서울	한국집중력센터	이명경	김광수
61	경기	화성시건강가정지원센터	한은주	최규련 김경자
62	서울	소열심리상담센터	유계식	김명권
63	서울	백석상담센터	손철우	한재희 최혜란
64	서울	숭실대학교부부가족상담연구소	박승민	신선임
65	서울	광운상담치유센터	권경인	민경화
66	서울	아가페심리상담센터 (구, 다솜심리상담센터)	임윤희	김용태
67	부산	신라대학교학생상담센터	유영달	신경일
68	대구	심리상담연구소양지뜰	조삼복	오오현
69	제주	지혜상담치료센터	백은숙	전요섭
70	대구	카운스타심리상담연구소	이영옥	김은지
71	서울	한국진로상담연구원	김숙자	황윤미
72	경북	한동대학교상담센터	신성만	강은희
73	경기	한세대학교학생생활상담센터	김희수	김옥희
74	경북	해피인상담연구소 (구, 해피인심리상담연구소)	김정희	김은정
75	경남	C&C심리상담교육센터	김미경	송은미
76	경기	가족연구소마음	박의순	김종호
77	부산	한솔심리상담연구원	류정자	황임란
78	전북	전주시건강가정지원센터	정유진	정혜정 엄혜정

79	대구	한국Y교육 · 상담연구소	김정희	이윤주
80	제주	사단법인제주아동심리상담센터	김양순	송재홍
81	부산	(사) 가건모부설우리가족아동상담센터 (구, (사)가정을건강하게하는시민의모임 -부산지부부설우리가족아동상담센터)	김수연	김명권
82	서울	희망나무(장신상담)센터	홍인종	정성경
83	충남	순천향청소년연구센터	남상인	신혜종
84	충남	해드림상담센터	김영순	김광은
85	서울	상명가족아동상담교육센터	장석진	최연실 조은숙
86	부산	한국교육상담협회	천성문	이영순
87	경기	다리꿈발달상담교육센터	김형숙	이기춘
88	서울	한국가족상담코칭센터 (구, 한국아동가족상담센터)	송정아	김형화
89	대구	대구복지상담교육원	김미애	장해숙
90	서울	실존통합심리상담연구소	한재희	박연수
91	광주	TA진로심리상담연구소 (구, 밝은미래상담연구소)	김미례	이정상
92	충남	참사랑가족상담연구소	오규영	이영순
93	서울	김혜영마음연구소	김혜영	고병인
94	경남	맘빛깔미술심리연구소 (구, 가족화목심리상담센터)	강윤궁	최성례
95	서울	연세대학교상담코칭지원센터	권수영	유영권 신나라
96	대전	침례신학대학교학생상담및취업지원센터	권선중	유재성
97	광주	로뎀나무상담센터	정귀례	오오현
98	경북	최승애심리상담센터	최승애	강연정
99	부산	동서대학교학생상담센터	신희건	이희백 이상훈
100	서울	한국상담대학원대학교상담센터	강순화	왕은자
101	대전	엄혜정가족상담센터이랑	엄혜정	이화자
102	전북	김용임심리상담센터	김용임	진명일 민요달
103	광주	김미란심리상담센터	김미란	정정애
104	대구	J심리상담센터 (구, J성장상담센터)	정욱호	추석호

105	서울	한국사회상담연구소	윤향숙	김희수
106	경기	마음빛심리상담센터	윤정화	윤선자
107	서울	강서심리상담교육센터	김태호	김영혜
108	경기	누리사랑심리치료상담연구소	이대식	김용임 서혜석
109	대전	인덕심리상담센터 (구, 인덕심리상담연구소)	한영숙	양명숙
110	서울	숙명여자대학교성평등상담소	최한나	김봉환
111	포항	153심리상담센터	김상철	장성화
112	광주	광주교육대학교아동청소년상담센터	손현동	오익수
113	서울	REBT인지행동치료연구소	박경애	조현주
114	서울	광운대학교심리건강증진센터	박경애	조현주
115	강원	누리심리상담연구소(누리pci 누리PCI)	류제용	김미란
116	서울	숙명여자대학교학생생활상담소	최한나	김봉환
117	서울	서울외국어고등학교학생심리상담센터	이수영	김희진 송정아 홍숙자
118	대구	한국문제해결상담연구소	박재황	신종우
119	서울	명지대학교아동가족심리치료연구	김정민	박의순
120	경기	한국행동심리연구소	양종국	김용수
121	경기	새중앙상담센터	임윤희	이성직
122	대전	대한상담협동조합연합회	서동진	서혜석 엄혜정
123	강원	한국위기상담연구원	김인규	김종호
124	경기	강남대학교학생생활상담소	구본용	박제일
125	부산	동명대학교학생상담센터	최성진	강은주
126	서울	서울교육대학교교육연수원	김광수	이명경
127	서울	용문심리상담센터	김선경	김수임 이성직
128	서울	(사)은행나무부부상담연구소	이선희	홍숙자 권수영 이혜옥
129	부산	부산대학교 한국학교상담교육센터	유순화	이동형
130	서울	한국상담교육연구소	유정인	송순옥
131	부산	화신사이버대학교 심리상담센터	박해임	서혜석
132	경남	에스트로러닝센터	최성례	강윤궁

133	전북	전북대학교부설행복드림센터	김순규	이영순
134	서울	생각과마음상담&코칭센터	노문선 박효순 김동주	오현수
135	부산	연아심리상담연구소	박현주	신경일
136	경북	김은지상담교육센터	김은지	이영옥
137	서울	상담교육연구소도현	류진혜	유정인
138	서울	HOME상담센터	채경령	윤선자
139	대전	충남대학교 교육연수원	손은령	이순희
140	경기	로저스심리상담센터	권형자 남정아	정욱호 김영경
141	서울	국제심리연구원	구만호	이원영
142	부산	동의대학교 학생상담센터	김영석	박애영
143	경기	KTAC한국교류분석센터	오수희	김장회
144	경기	라파상담센터	김명애	성혜옥
145	부산	행복을여는문상담센터	김영순	박현주
146	부산	늘푸른심리상담연구소 (구, 브레인업)	안미영	유채은
147	전북	희망샘심리상담센터	김현미	이길구
148	광주	정선주심리상담연구소	정선주	김영순
149	제주	제주대학교학생상담센터	박정환	송재홍 김선미
150	전남	동신대학교학생상담센터	박은민	김사라 형선
151	경남	경남대학교 대학생활문화원 (구, 경남대학교학생상담센터)	이임숙	하수경
152	부산	KGS 상담교육연구소	유채은	하도겸
153	서울	아름다운동행상담센터	김희정	김은이 황임란
154	경남	행복찾는가족상담연구소	유인숙	강윤궁 김민순
155	부산	참사람심리상담센터	박춘자	이현림
156	세종	치유상담센터꿈	허지선	박은민
157	경기	최규련가족상담연구소	최규련	홍숙자
158	서울	행복디자인 심리상담센터	박명희	강진구 김연옥
159	경북	강은희심리상담센터	강은희	김경주

160	서울	대한가족상담연구소	임향빈	홍영식 하현숙
161	전북	호원대학교학생상담센터	이미영	장은진
162	서울	미담상담센터	성혜옥	최규련 홍인종
163	서울	한국표현예술치료마음평화상담센터	황보유순	김희정 임용자
164	서울	(주)다움상담코칭	박순	권수영 최규련 김요완
165	서울	심리친구이정상부부가족상담센터	이정상	김미례
166	대전	대전심리상담코칭센터	김병화	김미화
167	서울	이인수심리상담연구소 & Other Life	이인수	홍숙자
168	충북	한국교원대학교 knue심리상담센터	선혜연	정여주 신윤정
169	대전	비움심리상담센터-연구회	한재순	김광은
170	경북	심리상담센터쉴만한 물가	김혜정	류수정
171	서울	한국상담임상교육센터 (구, 한국상담심리연구소)	이승진	정인숙
172	대전	유영숙심리상담연구소	유영숙	하창순
173	부산	로뎀상담교육센터	최미선	박춘자
174	서울	푸른숲심리상담센터	김현옥	김진분
175	서울	로고스카운슬링 아카데미	박성수	김병석 김창대 오종현
176	대전	그린상담심리교육연구소	정인숙	이승진
177	충남	선문대학교학생상담센터	석창훈	손진희 이윤희
178	경북	영남신학대학교학생생활상담소	김규식	김정미
179	경남	인제대학교	박석근	김명찬 하도겸
180	충남	단국대학교(천안)대학생활상담센터	채순옥	오현수
181	경기	용인대학교학생생활상담센터	박제일	구본용
182	경남	경상대학교학생상담센터	김장회	고경숙
183	경남	이영순마음회복연구소	이영순	남윤지
184	경남	미소인상담소	장미연	이선화

185	서울	홍익심리상담연구소	정진선	권형자 임은미
186	광주	한국격려코칭상담연구소	김광운	박희석
187	부산	FindMe부산심리상담연구센터	김은선	박진희 최미숙
188	경기	닥터오심리상담센터	오종현	박성수 김병석
189	부산	마음소리심리상담연구소	최미숙	김은선 장은영
190	광주	김일순심리상담연구소	김일순	신창임
191	대전	라이프웨이상담복지연구소	유재성 강은영	정성경
192	전북	군산대학교학생상담센터	심중표	임은미 김완순
193	인천	경인교육대학교상담센터 마음	공윤정	황매향 정애경
194	부산	마음의봄상담센터	이정희	하은경
195	서울	호시담연구소	조수연	이도형 김경은 김현령
196	충북	김영옥심리치료연구소	김영옥	이은화 김명애 박경은

한국상담학회 연수기관으로 지정받는 절차는 한국상담학회 기관회원으로 가입한 후 교육연수기관 신청을 하면 된다. 신청서류가 접수되면 한국상담학회 교육연수위원회에서 신청서를 검토한 후 기관에 대한 인증을 학회 운영위원회에 추천하고, 운영위원회에서 확정하게 된다.

제14장 상담과 행정

최숙경

상담기관은 전문상담사가 내담자에게 상담서비스를 제공하여 문제해결에 도움을 주는 곳이다. 공식적인 조직 안에서 절차에 따라 도움을 필요로 하는 내담자에게 도움을 주는 과정을 상담행정이라 볼 수 있다.

상담기관에서 내담자를 돕는 과정은 계획과 지침을 가지고 활동하게 된다. 상담행정이 어떻게 이루어지느냐에 따라서 내담자에게 효과적으로 상담서비스를 제공할 수 있다. 이를 위해 상담현장에서 전문상담사가 자신의 역할을 명확히 이해하고, 상담의 효율성을 높일 수 있는 자원을 확보하여 효과적인 관리를 통해 소진을 줄이면서 만족도와 생산성을 최대화하는 것이 필요하다.

그러므로 이 장에서는 공식적인 조직 안에서 절차에 따라 전문상담사가 자원활용을 포함하여 내담자에게 도움을 주는 전 과정을 상담행정으로 볼 때, 전문상담사의 책무와 작업을 구체적으로 이해하고 상담현장에서 부족한 인적 자원을 확보하여 효과적으로 관리하기 위한 상담자원봉사자의 구성 및 운영에 관하여 생각해 볼 것이다.

1. 전문상담사의 역할

1) 전문상담사의 역할

한국상담학회는 전문상담사의 역할을 전문상담사 자격규정 제5조에 의거하여 그 숙련 정도에 따라 1급 전문상담사, 2급 전문상담사로 구별하여 서술하였으며, 그 내용은 〈표 14-1〉과 같다.

표 14-1 전문상담사의 역할

등급	역할
1급 전문상담사	1급 전문상담사는 전문적 상담 능력과 상담자 교육 및 훈련 능력을 보유한 최고 전문가로서 그 역할은 다음과 같다. • 다양한 전문영역에서 개인 및 집단의 정신건강 증진을 위한 문적인 조력 및 지도 • 다양한 전문영역에서 심리적 장애를 겪는 개인 및 집단에 대한 진단, 평가 및 개입 • 상담 및 심리치료에 대한 연구와 상담 프로그램의 개발 · 보급 · 평가 • 상담기관의 설립 및 운영과 전문상담인력의 양성을 위한 교육 · 훈련 • 국가 및 지역사회, 기업체 등 조직의 상담 활동에 대한 정책적 참여와 자문
2급 전문상담사	2급 전문상담사는 전문적 상담 업무를 수행할 수 있는 실무 능력을 보유한 자로서 그 역할은 다음과 같다. • 개인 및 집단의 정신건강 증진을 위한 조력 및 지도 • 심리적 장애를 겪는 개인 및 집단에 대한 진단, 평가 및 개입 • 상담 및 심리치료에 대한 연구와 상담 프로그램의 운영 • 상담에 관한 전반적인 업무(접수면접, 사례관리, 상담행정 등) 수행

출처: 한국상담학회 전문상담사 자격규정.

2) 전문상담사의 책무와 작업

책무(duty)는 어떤 관련된 작업을 임의로 묶어 놓은 것으로, 직무를 수행하는 데 있어서 가장 주가 되는 책임이며, 작업(task)은 한 가지 직무를 체계적 절차에 따라 작은 단위로 나눈 것으로, 자체적으로 독립될 수 있으며 측정이 가능한 행동의 범위를 총칭하는 개념이다. 전문상담사가 수행하는 작업을 묶은 책무는 수련감독 전문상담사, 1급 전문상담사, 2급 전문상담사, 3급 전문상담사 모두에 해당하는 것으로, 개인상담, 집단상담, 심리검사, 상담자 교육 및 훈련, 연구, 지역사회 및 기업체 자문과 교육, 상담행정 등 총 7가지 책무다. 각 책무당 작업요소는 각 4~8개씩 있으며, 그 내용은 〈표 14-2〉와 같다(송재홍 외, 2012).

표 14-2 전문상담사의 역할

구분	책무	작업
1	개인상담	1. 접수면접 2. 사례배정 3. 상담계획 4. 상담실시 5. 상담종결 6. 추수면접 진행
2	집단상담	1. 집단상담 기획 2. 집단상담 홍보 3. 집단상담 구성원 선발 4. 집단상담 준비 5. 집단상담 실시 6. 집단상담 종결 및 평가 7. 집단상담 추수면접
3	심리검사	1. 심리검사 접수면접 및 검사선정 2. 심리검사 실시 3. 심리검사 채점 4. 심리검사 해석 및 평가
4	상담자 교육 및 훈련	1. 상담자 교육 2. 수퍼비전 실시 3. 수퍼비전 이수 4. 전문성 향상
5	연구	1. 연구주제 선정 2. 연구 설계 3. 연구수행 및 해석 4. 보고서 작성 및 결과 발표 5. 상담 실제 적용
6	지역사회 및 기업체 자문과 교육	1. 기업체 자문 2. 기업체 교육 3. 지역사회 상담요구 분석 4. 지역사회 상담교육
7	상담행정	1. 조직관리 2. 예산업무 3. 유관기관 연계 4. 시설관리 5. 홍보 및 출판 6. 실적관리 7. 문서작성 8. 홈페이지 운영

출처: 송재홍 외(2012).

전문상담사가 이러한 직무를 수행하기 위해서 요구되는 직업 적성은 타인을 도와주고 봉사하려는 마음, 인간 존재에 대한 깊은 관심, 사람에 대한 깊은 사려, 진취적인 사고를 가지고 지속적인 자기계발과 성장에 대한 의지다. 정신적으로는 사람을 위해 일하므로 대화하고 상호교감을 형성할 수 있는 이해력, 판단력, 기억력, 협조력, 인내력, 대인관계 능력이 요구되며, 친절, 봉사의 태도를 필요로 하며, 다양하고 애매모호한 상황에 적절히 대처하기 위해 객관적 판단력, 분석력이 요구되고, 다학문적 지식이 필요하며, 또한 내담자의 권리 보호를 위해 노력하며, 비밀을 유지하고 정신적 스트레스와 감정의 고갈을 감당할 수 있는 정신적 에너지가 요구된다. 신체적으로는 내담자에게 편안함과 신뢰감을 줄 수 있는 단정한 용모와 자태가 요구되며, 내담자의 비언어적인 표현을 감지할 수 있는 시각의 예민성과 내담자의 특성, 처해진 상황 등을 파악하여 적절한 상담 접근 방법을 선정하기 위해 잘 들을 수 있는 청각의 예민성과 건강한 체력이 요구된다(송재홍 외, 2012).

2. 상담자원봉사자 운영

상담센터에서 추진하는 사업들에 비해 상담인력이 부족하다. 이를 보완하기 위해 각 상담센터에서 상담자원봉사자들을 선발하여 교육하고 상담현장에 투입시키고 있다. 이러한 과정에서 상담자원봉사자들의 욕구(동기)를 알고 관리할 때 상담센터와 상담자원봉사자 모두가 win-win할 수 있다.

1) 자원봉사의 개념

자원봉사자란 라틴어인 'Voluntas(자유의지)'와 'eer(사람)'의 복합어에 연유한 것으로 이해되고 있다. 따라서 자원봉사자란 자유의지를 가지고 자기 스스로 강제 받지 않은 상태에서 다른 사람이나 사회를 위해 헌신하는 사람을 일컫는 개념으로서 의미를 지닌다(박차상 외, 2011).

2) 자원봉사의 특징

다양하지만 몇 가지 공통적인 자원봉사의 특성을 살펴보면 다음과 같다(김기태, 박병현, 최송식, 2009).

(1) 이타성

자원봉사는 어떤 보상이나 대가를 얻고자 미리 계산된 것이 아니라 타인을 존중하고 이웃과 더불어 살아간다는 이타주의적 정신에서 비롯된다. 그러나 자원봉사활동을 행함에 있어 이타주의적 동기에서 시작되는 것이 바람직하다고 하더라도 절대적인 이타성을 바라는 것은 불가능하며, 또한 활동 초창기에는 이타주의가 없이 시작했다 하더라도 활동이 진행되면서 적절한 훈련과 교육을 통해 이웃을 사랑하는 마음과 타인에게 도움을 주려는 이타주의적 정신이 내재될 수 있도록 해야 한다.

(2) 자발성

자발성이란 다른 개인, 집단, 조직에 의해 강요받지 않고 스스로 선택하고 결정하는 것으로, 자원봉사활동이 금전적인 이득이나 대가가 없이도 오랫동안 다양한 형태로 지속될 수 있었던 것은 다름 아닌 그러한 활동이 타인의 강요나 억압에 의해 행해진 것이 아니라 타인을 돕고자 하는 자신의 자발적인 의지에서 비롯된 자유로운 활동이기 때문이다. 따라서 자원봉사활동을 활성화하기 위해 우선적으로 고려되어야 할 점은 자원봉사자의 자발적인 동기를 어떻게 조직화해서 자원봉사활동으로 연결해 나갈 것인가 하는 점이며, 또한 법이나 제도적 장치가 이들의 자발성을 침해하지 않고 이들의 활동을 지원해 나갈 것이냐 하는 점이다.

(3) 무보수성

자원봉사는 금전적인 보수나 대가를 목적으로 해서는 안 된다. 그러나 최근에 와서 자원봉사활동을 행함에 있어 약간의 경제적 보상을 받는 사례가 있지만 자원봉사는 자원봉사활동 그 자체에 최우선적인 목표를 두어야 한다. 그리고 이러한 경제적 보상이 자원봉사활동을 잘 유지되도록 하는 매개체에 불과하다면 교통비나 식사비와 같은 최소한의 실비지원은 허용될 수 있다고 보고 있다.

(4) 자아실현성

자원봉사를 통해 자신이 이전까지 느끼지 못하였던 자신에 대한 가능성과 잠재능력을 발견하고 무엇인가를 해냈다는 만족감, 성취감을 갖게 될 뿐 아니라 새로운 사람들과의 관계 형성을 통해 인격적 성장과 더불어 자신을 사회적 존재로 자각하는 경험을 갖게 된다. 물론 모든 자원봉사자가 이런 동기를 의식하고 활동을 시작하는 것은 아니며, 또한 항상 이런 동기가 존재하는 것은 아니지만 이러한 자아실현성은 자원봉사활동의 지속성과 만족성에 영향을 미치는 중요한 요인이다.

(5) 조직성

현대 사회의 복잡하고 다양한 사회문제에 대응하기 위해서는 자원봉사활동을 조직화, 체계화시켜 나가는 것이 필요하다. 즉, 자원봉사에 대한 욕구를 파악하여 그들의 욕구에 맞는 자원봉사자를 모집하고 교육한 뒤 적합한 곳에 배치하고 자원봉사 전문관리자로 하여금 관리 · 감독하게 함으로써 자원봉사자가 최대한의 기능을 수행할 수 있도록 한다.

(6) 교육성

자원봉사는 몸소 참가해서 얻는 체험학습임과 동시에 복지교육이며 민주시민교육의 효과를 갖게 한다. 따라서 자원봉사활동이 타인에게 얼마나 도움이 되었는가도 중요하지만 봉사활동의 준비나 실천과정에서 얼마나 교육적 효과를 얻었는가도 중요하다.

(7) 지속성

자원봉사는 일회성이나 일시적인 충동적 활동으로 끝나서는 안 된다. 비록 자원봉사활동이 자발적인 동기에 의해 시작된다 하더라도 일방적으로 끝나서는 곤란하며 일정 기간 동안 계속되어야 한다.

(8) 복지성

자원봉사는 개인의 자아실현뿐 아니라 지역주민이나 욕구를 지닌 사람들의 복지 향상과 관련되어야 한다. 자원봉사는 상부상조, 공동체의식에 바탕을 둔 쌍방의 경험이며, 상호 발전의 기회를 제공하고, 어려움에 처한 사람들이 인간의 존엄성을 유지하며 인간다운 생활을 보장받을 수 있도록 하는 데 이바지한다.

(9) 민주성

자원봉사는 자발적인 참여를 통한 활동이므로 민주주의 철학과 관련이 깊다. 자원봉사활동을 행함에 있어 다양한 욕구를 가진 사람들과의 상호작용을 통해 서로의 의견을 절충하고 공동선을 지향할 수 있도록 함으로써 민주시민으로서의 자질을 배양하게 된다.

(10) 개척성

자원봉사는 시민들의 자발적인 활동이므로 개별성, 창조성, 실험적인 노력 등을 발휘해서 공적 사회복지사업의 한계를 보완한다. 뿐만 아니라 자원봉사활동은 지역에 사는 주민들의 활동이므로 지역사회의 문제를 발견하는 것이 용이하며, 이들의 욕구에 쉽고 빠르게 대응할 뿐 아니라 개별적으로 다루어 왔던 문제들을 사회문제화하고, 보다 적극적이고 다양한 대응방안을 제시하는 등 개척적이고 사회개발적인 기능을 한다.

(11) 공공성

자원봉사는 특정 개인, 단체의 이익이나 정당, 종교 등을 초월하여 모든 사람을 위해 행해지는 공공성에 바탕을 둔다. 따라서 자원봉사활동은 특정 개인이나 집단의 이익이 아닌 공익을 제일 목적으로 추구해야 하며 자기 자신, 가족, 친족을 돕거나 영리를 목적으로 해서는 안 된다.

3) 자원봉사자의 동기

자원봉사자는 자원봉사활동을 함에 있어 개인적인 동기를 가지고 있다. 효율적인 자원봉사활동을 수행하여 자신은 물론 상담센터, 지역사회 및 내담자가 상호 유익한 결과를 가져오기 위해서는 자원봉사자의 동기에 대한 이해가 필요하다.

일즐리(Ilsley, 1990)는 자원봉사활동 동기에 대하여 몇 가지로 요약하였다.

- 즐거움 혹은 삶의 변화 동기: 자원봉사활동 경험을 통해 좋은 시간을 가지고, 느긋한 여유를 가지고 흥밋거리를 발견하는 것 등으로 표현된다.
- 박애주의적 동기: 특별한 사람들, 예컨대 문맹자, 노인, 암환자 등을 돕는 데에서 잘 드러난다.
- 이상주의적이고 영적인 동기: 영적이거나 혹은 사회적인 이상 등의 신념에 기반을 둔 동기로서, 이상을 실현하기 위해서 자원봉사활동을 실천한다. 이러한 동기를 가진 사람들은 종교적인 조직, 여성운동, 시민권운동, 평화운동 등과 같은 조직에서 흔히 볼 수 있다.
- 타인 지향적 동기: 다른 사람의 기대나 열망에 기반을 둔 것으로서 카리스마 있는 지도자들의 기대나 열망에 주로 동기화된다. 이들은 클럽, 병원, 법인체 조직 및 종교 조직을 위해 봉사한다.
- 성격에 기초한 동기: 천성적인 개인의 세계관에 바탕을 두고 있다.
- 반대급부 동기: 선행으로서 사회에 환원하려는 동기다. 이러한 동기를 가진

자원봉사자는 인간의 상호 의존성이라는 신념을 반영하는 개인적인 윤리 의식을 가지고 있다.

- 개인 성장 동기: 자원봉사를 통하여 직업, 가족 혹은 사회생활에 유익할 것으로 보이는 개인적 성장, 지식, 태도 및 기술의 획득을 기대하고 있는 동기다.
- 사회적 동기: 자원봉사를 수행함으로써 친구관계를 확대하고, 사회적 지위를 확대하며, 집단에 소속되기를 열망하는 동기를 가진 것을 말한다.
- 부정적인 감정을 극복하기 위한 동기: 대부분의 자원봉사자는 긍정적인 동기를 가지고 자원봉사활동에 참여하지만, 종종 부정적인 감정을 제거하기 위하여 참여하는 사람들도 있다. 이러한 형태에는 삶의 권태에서 벗어나거나 정치 · 사회적인 학대를 회피하며, 실패의 두려움이나 고독, 다른 사람의 관심을 받지 못함 등을 해소하기 위하여 자원봉사활동에 참여하는 사람들이 있다.

자원봉사는 상담기관 차원에서는 상담서비스를 확대하고, 자원봉사자 개인 차원에서는 자아실현에 기여하고, 사회적 차원에서는 사회문제의 예방과 해결이라는 맥락에서 의미가 있다.

4) 자원봉사활동 과정

자원봉사활동의 과정은 자원봉사활동을 위한 기획, 자원봉사자의 모집, 자원봉사자의 교육, 자원봉사자의 적재적소 배치, 자원봉사활동의 평가 등의 제반과정을 말한다.

(1) 기획

자원봉사란 자유의지에 의해서 타인이나 지역사회, 공공의 안녕과 이익(공익성, 이타성)을 위해서 헌신하는 것이고, 자원봉사자란 이러한 활동을 통해서 자기계발과 자아실현을 추구하는 사람이다. 상담기관은 자원봉사 프로그램을 기획하여 자원봉사자들에게 제공하고자 할 경우 자원봉사활동의 4대 원칙인 자발성, 무보수성, 이타성(공익성), 지속성의 원칙을 기반으로 하여 다음의 사항들을 고려하여 기획해야 할 것이다(김은수, 윤익세, 2010).

첫째, 자원봉사 프로그램을 통해서 무엇을 성취하려 하는가의 목적 또는 사명을 명확히 하고 이에 따른 구체적인 목표를 설정한다. 둘째, 자원봉사 프로그램을 확립하고 운영하는 데 대해 상담기관운영위원회(이사회) 그리고 상급관리자들이 얼마나 책임감을 느끼고 있는가를 확인한다. 셋째, 자원봉사자들에 대한 직원의 태도는 어떠하며 직원들이 자원봉사자들과 함께 일할 수 있도록 동기화되고 필요한 훈련을 제공하고 지도 · 감독의 의무를 감당할 사명감을 가지고 있는가를 알아야 한다. 넷째, 기관이 자원봉사자들에 대한 확고한 정책을 가지고 있거나 가지려고 하고 있는가를 확실히 해야 한다(이성록, 1998).

(2) 모집

자원봉사자를 모집하는 요소로서 첫째, 자원봉사를 하고자 하는 사람의 개인적인 관심이나 욕구를 파악해야 하고, 둘째, 기관의 목적 및 철학을 고려한 모집이 되어야 하며, 셋째, 프로그램 내에서 자원봉사자의 업무 및 역할이 구체적으로 명시되어야 하고, 넷째, 현재 기관 및 지역사회를 고려한 프로그램의 목표에 따른 모집활동인지 파악하고, 다섯째, 기관에서 제시하는 자원봉사자 훈련 프로그램의 내용이 고려되어야 한다(한국복지연구회, 1997).

상담기관은 이러한 자원봉사자 모집요소를 고려하여 상담자원봉사 내용, 대상자, 방법 등을 구체적으로 제시해야 할 것이다. 특히 접수(in take) 단계에서는 상담자원봉사 내용에 관한 사항들에 대해 친절하고 명확한 설명을 제공해야 한다. 상담자원봉사활동을 통해 자아실현의 기회를 가질 수 있도록 자원봉사자의 적성, 가치관, 특성 등도 파악해야 할 것이다.

자원봉사자를 구체적으로 모집하는 방법으로는 해당지역 TV방송, 라디오, 신문 등의 언론매체, 전단 및 포스터, 평소의 지원자, 종교 및 사회단체, 교육 등이 있다.

(3) 교육

교육을 통하여 자원봉사자를 그 활동 분야의 준전문가로 양성하고, 자원봉사 활동 업무에 필요한 기술을 보충하게 된다. 교육설계를 할 경우 교육의 내용을 단계별로 구성하여 기초교육, 심화교육으로 구성하기도 하며, 이 과정을 모두 마친 후 상담봉사를 하게 될 때에는 재교육, 세미나, 워크숍, 상담봉사 후에 이루어지는 수퍼비전 등을 통한 교육을 계속적으로 제공해 줄 수 있어야 한다. 이러한 교육을 통하여 자원봉사자들의 상담역량이 향상될 수 있다.

① 수퍼비전

수퍼비전은 수련생의 실습을 감독, 지도하면서 그의 실습경험이 이론 및 연구 결과와 연계성을 갖도록 지도하는 특수한 형태의 교육이다(김계현, 1992). 수퍼비전은 자원봉사자가 전문상담사로 성장하는 데 반드시 필요하다. 자신의 부적절한 반응이 무엇으로 이루어져 있는지 이해하여야 하고, 실수가 일어났을 때 피드백을 통해 수정할 기회를 가져야만 상담 수행 능력을 향상시킬 수 있다(Dawes, 1994). 자원봉사자들 중에는 자신의 상담에 대한 확신이 부족하기 때문에 수퍼비전을 통하여 자신감을 가지고 상담봉사에 보람을 가지고 임하게 된다. 자원봉사자들은 상담기관에 따라 다를 수 있지만 개인상담, 메일상담, 전화상담, 집단상담 등에서 상담자의 역할을 담당한 후 자신들의 사례에 대한 수퍼비전을 통하여 상담역량이 증가된다.

(4) 배치

자원봉사활동에 관한 기획, 모집, 교육훈련이 끝나면 자원봉사자를 배치하게 된다. 자원봉사자의 기술, 흥미, 능력, 개인적 특성 등을 고려하여 상담기관이 필요로 하는 구체적인 활동 분야와 자원봉사자를 조화롭게 연결하여 활동 분야를 제공해야 한다.

자원봉사자들의 불만과 중도 탈락의 중요한 이유에 대해서 조휘일(1995)은 첫째, 자원봉사활동이 시간낭비이고, 둘째, 기술과 재능이 적절히 활용되지 않으며, 셋째, 적합한 업무에 배치되지 않는 경우를 언급하였다. 길병석(1994)은 연령별, 학력별, 혼인별, 참여동기별 등 모든 분야에서 시간 및 거리상의 이유로 자원봉사활동을 중단하는 것이라고 하였다. 따라서 자원봉사자를 배치할 경우에는 자원봉사자가 접수와 교육훈련과정 등에서 보여 준 자원봉사 참여동기, 기대하는 직무와 욕구, 실제로 그가 가지고 있는 기술과 잠재력 등을 충분히 파악하고 게다가 자원봉사자의 성별, 연령, 취미, 소요시간, 개인적 특성이나 가치관 등을 고려하여 배치가 이루어지도록 해야 한다.

자원봉사자를 적재적소에 배치하여 중도탈락을 최소화하기 위한 방법들 중에 여기서는 면접, 상담자원봉사자 등록카드 작성, 오리엔테이션을 살펴보면 다음과 같다.

① 면접

면접은 방문이나 전화로 이루어지는 경우가 흔하다. 면접에서는 지원자의 활동 적격성 여부, 가족관계, 재능, 학력 등의 전반적인 인적 사항을 파악하고, 자원봉사 동기, 관심영역, 원하는 활동 분야 등에 관한 정보를 수집하여 기관이 목표로 하고 또 필요로 하는 자원봉사 프로그램에 배치하기 위한 상담이 이루어진다.

② 상담자원봉사자 등록카드 작성

상담자원봉사자 등록카드를 작성해 놓으면 자원봉사자의 적재적소 배치나 재배치를 할 경우에 용이하게 사용할 수 있다. 상담자원봉사자 등록카드는 〈표 14-3〉과 같다.

③ 오리엔테이션

오리엔테이션의 내용으로는 상담기관의 역사와 개요, 자원봉사 프로그램, 활동내용에 관한 설명, 상담기관 직원의 소개, 상담기관의 주요사업, 활동내용과 시기에 관한 설명, 비품 사용에 관한 설명, 구체적인 자원봉사활동에 관한 설명, 활동 후 기록 방법, 교육, 수퍼비전 계획 등이 포함되어야 한다. 오리엔테이션

방법으로는 센터 안내책자, 파워포인트 등의 시청각 자료, 선배 자원봉사자와의 만남 등이 있다.

(5) 평가

모든 사업이 끝나거나 일정 기간이 진행되고 나면 평가가 따른다. 자원봉사 활동도 일정 단계가 지나거나 사업이 종료되면 실천과정의 마지막 단계로 평가를 하게 된다. 이것은 프로그램이 효과적이고 효율적으로 활용되었는가의 여부를 측정하고 그 프로그램의 성공과 지속 여부를 동시에 판단하는 근거가 된다. 또 일정 기간 또는 일정 단계에서의 평가를 통해 실천과정상의 문제를 발견하고, 계획된 프로그램을 수정 · 변경 · 중단하는 기회를 갖는다. 즉, 평가는 프로그램의 중단 · 축소 · 유지 · 확대 여부를 결정하는 데 필요한 정보를 제공하고, 또한 프로그램의 내용을 수정하거나 보다 효율적인 운영에 필요한 정보도 제공해 준다(남세진, 최성재, 1997).

표 14-3 상담자원봉사자 등록카드

상담자원봉사자 등록카드(기)

사진

1. 인적사항 접수번호: ( )

<table>
<tr><td>성 명</td><td colspan="3"></td><td colspan="2">주민번호</td><td colspan="2"></td></tr>
<tr><td>주 소</td><td colspan="5"></td><td>e-mail</td><td></td></tr>
<tr><td rowspan="2">자원봉사자
신청 경위</td><td rowspan="2" colspan="4"></td><td>전화번호</td><td colspan="2"></td></tr>
<tr><td>핸드폰</td><td colspan="2"></td></tr>
<tr><td rowspan="4">가족관계</td><td>관계</td><td>성명</td><td>나이</td><td>직업</td><td colspan="2">근무처</td><td>비고</td></tr>
<tr><td></td><td></td><td></td><td></td><td colspan="2"></td><td></td></tr>
<tr><td></td><td></td><td></td><td></td><td colspan="2"></td><td></td></tr>
<tr><td></td><td></td><td></td><td></td><td colspan="2"></td><td></td></tr>
<tr><td rowspan="3">2. 학력</td><td colspan="2">년 월 일</td><td colspan="5">고등학교 졸업</td></tr>
<tr><td colspan="2">년 월 일</td><td colspan="5">대학교 재학 · 졸업(전공:)</td></tr>
<tr><td colspan="2">년 월 일</td><td colspan="5">대학원 재학 · 졸업(전공:)</td></tr>
<tr><td rowspan="5">3. 자격증
(수료증)
※복사본
제출 요망</td><td colspan="2">발행년도</td><td colspan="4">자격증 및 수료증 명</td><td>발행처</td></tr>
<tr><td colspan="2"></td><td colspan="4"></td><td></td></tr>
<tr><td colspan="2"></td><td colspan="4"></td><td></td></tr>
<tr><td colspan="2"></td><td colspan="4"></td><td></td></tr>
<tr><td colspan="2"></td><td colspan="4"></td><td></td></tr>
<tr><td rowspan="4">4. 타기관
봉사경력
※확인서
제출 요망</td><td>활동기간</td><td colspan="2">활동기관명</td><td colspan="4">활동내용</td></tr>
<tr><td></td><td colspan="2"></td><td colspan="4"></td></tr>
<tr><td></td><td colspan="2"></td><td colspan="4"></td></tr>
<tr><td></td><td colspan="2"></td><td colspan="4"></td></tr>
<tr><td rowspan="2">5. 취업경력</td><td colspan="7">(1) 현재 ① 있음(직장명: 직종:) ② 없음</td></tr>
<tr><td colspan="7">(2) 과거 ① 있음(직장명: 직종:) ② 없음</td></tr>
<tr><td>6. 활동희망
시간</td><td colspan="7">① 언제든지 ② 매월 ( )회 ③ 매주 ( )회 ④ 기타( )</td></tr>
<tr><td>7. 활동희망
내용</td><td colspan="7">(1) (2) (3)</td></tr>
</table>

자기소개서
1. 성격의 장단점
2. 지원동기
3. 상담자원봉사자로서의 포부

5) 자원봉사활동 시 주의할 사항

자원봉사활동에 있어서 주의할 사항은 다음과 같다(박차상 외, 2011).

(1) 금품지원의 신중성

봉사활동 시작단계에서의 금품지원은 신중을 기할 필요가 있다. 자기 삶의 소중함을 이해시키며, 자기 생활이나 미래 발전을 위한 본인의 자발적인 참여동기를 개발하고, 생활에 대한 의욕과 스스로의 노력을 점진적으로 유발시키는 성장지원 인간관계 형성이 자원봉사활동의 궁극적인 목적이다.

(2) 무분별한 약속의 금지

성급하고 즉흥적이며 일방적인 약속은 의타심 형성 등 문제를 야기시킨다. 어려운 여건 속에 있다고 해서 즉시 '내가 무엇무엇을 해 주겠다'고 즉흥적인 약속을 하는 것은 약속 이행이 되지 않았을 때 깨질 수 있다.

(3) 비밀보장

상담봉사활동 수행과정에서 알게 된 내담자의 개인적인 사항과 문제에 대해서 비밀이 보장되어야 한다.

(4) 타인과의 비교 금지

도움을 받는 내담자의 능력, 성격, 외모, 주거환경 등에 관하여 다른 사람과 비교하고, 차별 평가하는 언행이 금지되어야 한다. 현재의 상태도 가치가 있는 것이며, 성장과 발전의 가능성을 가지고 있는 상태임을 이해할 수 있도록 돕는 것이 필요하다.

(5) 비판적인 언행의 금지

내담자의 성격, 행동, 태도, 활동, 학업성적 등에 관하여 비판적이고 심판자적인 언행을 금지해야 한다. 변화, 개선의 속도가 늦어져도 스스로의 분석, 반성이 이루어질 수 있도록 격려의 대화가 있음으로써 자발적인 발전의 노력을 시작하게 되는 데 도움이 될 수 있다. 비판적인 언행은 열등감과 반항의식을 유발시켜 도움을 주는 인간관계의 기초를 파괴할 가능성이 있다.

(6) 정치활동과 영리활동의 배제

특정 정치활동 혹은 영리활동이 직간접적으로 관여되어서는 안 되며, 종교활동도 강요되어서는 안 된다.

(7) 임의적인 모금활동 금지와 선의적인 금품처리

어려운 내담자를 돕는다는 이유로 이웃 주민들에게 임의적인 금품 모금활동을 하거나 금품 강요 활동을 할 수 없다. 임의적인 모금활동과 금품처리의 불확실성으로 봉사활동의 신뢰와 의의를 상실할 수 있는 요인들이 있기 때문에 이와 같은 취약성을 예방할 필요가 있다.

(8) 언어와 복장 단정 및 예절 준수

지나치게 화려하거나 혹은 지나치게 단정하지 못한 복장은 혐오감을 주어 역효과를 초래한다. 봉사 중에도 정중한 인사예절을 갖추는 것이 필요하다.

(9) 불안한 마음상태에서는 상담 금지

봉사자 본인이 불안하고, 다른 스케줄에 쫓기는 상태에서 상담을 진행하거나 혹은 잡념 속에서의 대인관계는 역효과를 초래할 수 있다.

(10) 신빙성, 효율성 있는 정보의 준비

봉사활동 과정 중에 생활정보, 취업정보, 건강유지에 관한 정보 등을 제공하고자 할 경우, 이때 제공되는 정보는 반드시 재점검하고 확인해야 한다. 이러한 정보들은 신빙성이 있어야 하고, 내담자 생활 향상에 실질적인 효과가 있어야 한다.

(11) 봉사활동의 중단

주거이동 등 여러 가지 원인에 의하여 봉사활동을 중단하고자 할 때에는 정중한 인사가 필요하며, 다음 봉사활동 참여자에게 지금까지 관계의 내용 등에 관하여 상세한 인수인계가 필요하다.

참고문헌

강봉규(1999). 심리검사의 이론과 기법. 서울: 동문사.
강진령(2008). 상담심리 용어사전. 경기: 양서원.
강진령, 연문희(2009). 학교상담. 경기: 양서원.
고기홍, 김경복, 양정국(2011). 밀턴 에릭슨과 혁신적 상담. 서울: 시그마프레스.
고수현(2010). 사회복지사업현장론. 경기: 양서원.
고홍월, 김계현(2008). 한국 대학생의 진로의사결정 성숙수준과 의사결정 상태와의 관계. 상담학연구, 9(1), 147-164.
고홍월, 김계현(2009). 진로의사결정 측정도구에 대한 고찰. 상담학연구, 10(2), 967-987.
곽금주, 장승민(2019). 한국 웩슬러 아동용 지능검사(K-WISC-V). 서울: 학지사심리검사연구소.
권경인(2008). 한국 집단상담 대가의 발달과정 분석. 초등상담연구, 7(1), 3-27.
권석만(2005). 현대 이상심리학. 서울: 학지사.
권석만(2012). 현대 심리치료와 상담이론. 서울: 학지사.
권유정(2004). 중학교 생활지도 실태와 교직과목에 대한 중등교사의 요구 조사. 경북대학교 대학원 석사학위논문.
길병석(1994). 자원봉사활동 중도탈락의 실태와 그에 따른 대책. 충북사회복지연구, 제3호. 충북사회복지연구소. 98-107.
김계현(1992). 상담교육방법으로서의 개인 수퍼비전 모델에 관한 복수 사례연구. 한국심리학회지: 상담 및 심리치료, 4(1), 19-53.
김계현(1992). 카운슬링의 이론과 실제. 서울: 성원사.

김계현(1997). 상담심리학: 적용 영역별 접근(개정판). 서울: 학지사.

김계현(2000). 상담심리학 연구: 주제론 및 방법론. 서울: 학지사.

김계현(2002). 카운슬링의 실제. 서울: 학지사.

김계현(2011a). 상담서비스의 경제적 가치와 마케팅 이슈. 2011년 한국상담학회 연차대회 발료자료집.

김계현(2011b). 예방학 개념을 통한 상담학의 새 지평 탐색. 2011년 한국상담학회 연차학술대회 기조강연.

김계현, 고홍월, 김경은(2013). 대학생의 진로의사결정 상태의 하위유형 분석. 상담학 연구, 14, 3633-3652.

김계현, 김창대, 권경인, 황매향, 이상민, 최한나, 서영석, 이윤주, 손은령, 김용태, 김봉환, 김인규, 김동민, 임은미(2011). 상담학개론. 서울: 학지사.

김계현, 이윤주, 왕은자(2002). 국내 집단상담 성과연구에 대한 메타분석. 상담학연구, 3(1), 47-62.

김계현, 황매향, 선혜연, 김영빈(2004). 상담과 심리검사. 서울: 학지사.

김계현, 황매향, 선혜연, 김영빈(2012). 상담과 심리검사(2판). 서울: 학지사.

김기태, 박병현, 최송식(2009). 사회복지의 이해. 서울: 박영사.

김동민(1993). 상담초기 작업동맹 형성에 관한 상담자와 내담자의 언어상호작용 연구: 힘과 관여를 중심으로. 서울대학교 사범대학원 석사학위논문.

김미리혜, 김진영, 이주성, 최윤경, 윤선아, 임성문, 조선미, 이형초, 조윤경(2000). 심리치료: 절충 · 통합적 접근. 서울: 정민사.

김민예숙, 김혜경, 배인숙, 이문자, 이미혜, 정춘숙, 황경숙(2005). 왜 여성주의 상담인가: 역사, 실제, 방법론. 경기: 한울.

김성회(2010). 성과와 전망. 한국상담학회 편, 한국상담학회 10년사. 서울: 한국상담학회.

김영근, 김현령, 이정인, 신재훈, 신동미, 이상민(2012). 한국 상담사법 제정에 관한 예비연구. 한국심리학회지: 상담 및 심리치료, 24(3), 641-670.

김영진(1993). 임상철학을 위하여. 철학과 현실, 제16권, 26-37.

김영환, 김지혜, 홍상황, 강덕규, 장문선, 박은영(2003). 로르샤하 해석의 원리. 서울: 학지사.

김옥진(2012). 심리상담과 철학상담: 오해와 딜레마. 한국상담학회지, 13(5), 2417-2428.

김용태(2000). 가족치료 이론. 서울: 학지사.

김용태(2006). 기독교 상담학. 서울: 학지사.

김은수, 윤익세(2010). 사회복지학개론. 서울: 홍익재.

김인규(2009a). 전문상담교사제도 발전방안 연구. 상담학연구, 10(1), 617-634.

김인규(2009b). 학교상담법제화 방향탐색 연구. 교육학연구, 47(1), 19-47.

김인규(2009c). 학부 상담학과 교육의 현황과 발전방안 연구. 상담학연구, 10(2), 793-811.

김인규(2012a). 한국학교상담원 설립 및 운영에 관한 연구. 서울: 한국교육개발원.

김인규(2012b). 청소년상담사 자격검정 개선방안에 대한 토론. 청소년상담사국가자격제도 개선방안에 대한 콜로키움 자료집. 서울: 여성가족부.

김인규(2018). 국내 상담자격의 현황과 발전방안. 한국심리학회지: 상담 및 심리치료, 30(3), 475-493.

김인규, 조남정(2016). 학부 상담교육 인증기준 개발. 상담학연구, 17(6), 87-104.

김인규, 최현아(2017). 한국형 상담교육인증체제 구축방안 연구. 상담학연구, 18(3), 43-57.

김재환, 오상우, 홍창희, 김지혜, 황순택, 문혜신, 정승아, 이장환(2006). 임상심리검사의 이해. 서울: 학지사.

김정진(2016). 상담사 등의 처우 및 지위향상을 위한 법률(안) 제안. 입법과 정책, 8(2), 247-271.

김종학, 최보영(2018). 대학상담서비스의 경제적 가치추정 및 영향요인 탐색. 한국심리학회지: 상담 및 심리치료, 30(3), 663-687.

김중술(1998). 다면적 인성검사. 서울대학교 출판부.

김중술, 한경희, 임지영, 이정흠, 민병배, 문경주(2005). 다면적 인성검사II 매뉴얼. (주)마음사랑.

김창대, 박성수, 정원식(1999). 카운슬링의 원리. 서울: 교육과학사.

김창대, 이상희, 신을진, 김형수, 최한나(2011). 상담 및 심리교육 프로그램 개발과 평가. 서울: 학지사.

김태성, 김형수, 이영선, 박정민, 임은미(2001). WEB를 활용한 청소년 심리검사 프로그램 개발. 청소년 상담연구, 93. 서울: 한국청소년상담원.

김하나(2010). 기업상담 운영 효과성 평가지표의 상대적 중요도 산출: 내부모델을 중심으로. 서울대학교 사범대학원 석사학위논문.

김혜영(2009). 한 · 미 · 일 학교상담제도 비교 분석. 경북대학교 대학원 석사학위논문.

남기민(2011). 사회복지학개론. 경기: 양서원.

남상인, 김인규(2009). 상담교육인증체제 도입의 필요성과 방향. 2009 한국상담학회 연차대회 자료집 II, 380-403.

남세진, 최성재(1997). 사회복지조사방법론. 서울대학교 출판부.

노성덕, 배영태, 김호정, 김태성(2011). 지역사회청소년통합지원체계(CYS-Net) 발전방안 연구. 서울: 한국청소년상담원.

노성숙(2009). 철학상담과 여성주의상담. 여성학논집, 26(1), 3-39.

노성숙(2013). 상담철학과 윤리. 서울: 학지사.
노안영(2005). 상담심리학의 이론과 실제. 서울: 학지사.
두경희(2005). 내담자가 공감적으로 지각하는 상담자 반응 분석. 서울대학교 사범대학원 석사학위논문.
명대정(2000). 상담의 전문직화 방안. 서울대학교 대학원 석사학위논문.
문현미(1989). 공감적 이해와 상담효율성의 관계. 서울대학교 사범대학원 석사학위논문.
민성길(2011). 최신정신의학. 서울: 일조각.
박경, 강문희(2000). MBTI 성격유형과 Holland의 직업적 유형과의 관계. 한국심리학회지: 상담 및 심리치료, 12(1), 109-125.
박경, 최순영(2009). 심리검사. 서울: 학지사.
박병관(2000). 학습능력검사 검사 실시와 활용안내. 서울: 어세스타.
박선희, 김건형, 최금진(2011). 공과대학 비적성 학생들의 진로지도 프로그램 개발을 위한 기초연구. 공학교육연구, 14(2), 21-29.
박성수(1987). 아동생활지도. 서울: 한국방송통신대학 출판부.
박성희(2001). 상담과 상담학-새로운 패러다임. 서울: 학지사.
박성희(2004). 공감학: 어제와 오늘. 서울: 학지사.
박성희(2007). 동양상담학 시리즈(1~9권). 서울: 학지사.
박성희(2013). 상담이론과 실제. 서울: 학지사.
박성희, 이동렬(2003). 상담의 실제. 서울: 학지사.
박승민(2012). 상담학분야의 질적연구 경향 분석-국내 학술지 논문을 중심으로-. 상담학연구, 13(2), 953-977.
박영숙, 박기환, 오현숙, 하은혜, 최윤경, 이순묵, 김은주(2010). 아동・청소년・성인대상 최신심리평가. 서울: 하나의학사.
박차상, 강세현, 김옥희, 남진열, 이현주, 전영록(2011). 사회복지학개론. 경기: 학현사.
박태수, 고기홍(2007). 개인상담의 실제. 서울: 학지사.
박태영, 최경익 역(1995). 자원봉사활동조정자. 서울: 해와달.
방기연(2011). 상담 수퍼비전의 이론과 실제. 경기: 양서원.
서영석, 정향진, 김민선, 김시연(2011). 상담사 자격제도 개선방안 연구: 학교상담을 중심으로. 서울: 한국교육개발원.
손종현(1993). 일제 제3차 조선교육령기하 학교교육의 식민지 지배관행. 경북대학교 대학원 박사학위논문.
송재홍, 김규식, 김봉환, 김현아, 이형국(2012). 전문상담사 자격검정제도 개선을 위한 기초연구. 서울: 한국상담학회.

신기철, 신용철(1990). 새우리말 큰 사전. 서울: 삼성출판사.
안현의(2003). 과학자-실무자 모델의 국내 적용 가능성에 관한 논의. 한국심리학회지: 상담 및 심리치료, 15(3), 462-475.
양명숙, 김동일, 김명권, 김성회, 김춘경, 김형태, 문일경, 박경애, 박성희, 박재황, 박종수, 이영이, 전지경, 제석봉, 천성문, 한재희, 홍종관(2013). 상담이론과 실제. 서울 : 학지사.
오경희(1986). 초기 상담에서 상담자의 반응의도 전달이 내담자의 의도지각 및 상담의 효율성 평가에 미치는 영향. 서울대학교 사범대학원 석사학위논문.
왕은자, 김계현(2009). 기업상담 효과에 대한 세 관련 주체(내담자, 관리자, 상담자)의 인식. 상담학연구, 10(4), 2115-2135.
유은주(2001). 중등학교 교사들의 생활지도 실태 및 학교사회사업에 대한 태도 분석. 성균관대학교 대학원 석사학위논문.
유정이(1997). 한국 학교상담 형성과정 연구. 서울대학교 대학원 박사학위논문.
유형근(2012). 청소년상담사 등급제도 및 응시자격기준에 관한 개선방안: 델파이 조사를 중심으로. 청소년상담사 국가자격제도 개선방안에 대한 콜로키움 자료집. 서울: 여성가족부.
윤순임(1999). 독일정신분석 치료의 현황과 교육. 한국정신치료학회 발표자료.
이무석(2004). 정신분석에로의 초대. 서울: 이유.
이상로, 이형득(1971). 행동변화를 위한 소집단활동으로서의 Encounter운동. 학생지도연구, 4, 30-46.
이상민, 남숙경, 박희락, 김동현(2007). 단축형 진로결정 자기효능감척도의 구인 타당도 재점검: 진로지속 여성과 중단 여성 간의 비교. 상담학연구, 8(3), 1047-1062.
이상민, 남숙경, 이미경(2009). 정신건강서비스의 경제적 가치: 대학상담활동을 중심으로. 한국심리학회지: 일반, 28(2), 363-384.
이상희, 김계현(1993). 상담회기 평가 질문지(Session Evaluation Questionnaire)의 타당화 연구. 한국심리학회, 5(1), 30-47.
이성록(1998). 자원봉사활동 관리조정론. 서울: 학문사.
이수영, 김경미, 김미애, 나혜숙, 박상규, 신종우, 이영순, 한재희(2010). 사회복지실천 상담 기술론. 서울: 학지사.
이숙영, 김창대(2002). 상담전공 대학원 교육과정 표준화연구. 교육학연구, 40(2), 231-250.
이영덕, 정원식(1962). 생활지도의 원리와 실제. 서울: 교학도서.
이장호(1986). 상담심리학 입문. 서울: 박영사.
이장호(1999). 상담심리학. 서울: 박영사.

이장호(2005). 상담심리학 제4판. 서울: 박영사.

이장호(2013). 상담철학: 어떻게 접근할 것인가. 상담철학과 윤리. 서울: 학지사.

이장호, 김정희(1992). 집단상담의 원리와 실제. 서울: 법문사.

이장호, 정남운, 조성호(2005). 상담심리학의 기초. 서울: 학지사.

이종헌 역(1990). 현대 성장상담요법. 서울: 대한예수교장로회총회출판국.

이형득(1973). 상담 및 심리치료의 새로운 방법. 학생지도, 15, 113-122.

이형득(1992). 상담이론. 서울: 교육과학사.

이형득, 김성회, 설기문, 김창대, 김정희(2002). 집단상담. 서울: 중앙적성 출판사.

이혜성(1996). 상담 및 심리치료학회: 상담 및 심리치료학회 연보. 한국심리학회 편, 한국상담심리학회 50년사(pp. 269-300). 서울: 교육과학사.

이혜성(1998). 여성상담. 경기: 도서출판 정일.

임상심리학회(1992). K-WAIS 실시요강. 경기: 한국가이던스.

임언, 정윤경, 상경아(2001). 진로성숙도 검사개발보고서. 서울: 한국직업능력개발원.

장혁표, 박재황, 오익수, 황순길, 이창호(2000). 청소년상담 관련법과 행정. 서울: 한국청소년상담원.

전찬화(1963). 생활지도 프로그램의 설계. 서울: 현대교총.

정성란(2011). 가족상담 및 치료. 경기: 양서원.

정순례, 양미진, 손재환(2011). 청소년상담 이론과 실제. 서울: 학지사.

정원식, 박성수(1978). 카운슬링의 원리. 서울: 교육과학사.

조선미, 최정윤(1992). 우울증 환자의 BGT 수행 특성 및 감별진단. 한국심리학회지: 임상, 11(1), 77-89.

조휘일(1995). 사회복지와 자원봉사. 한국사회복지의 선택. 경기: 나남.

최광만(1993). 한국카운셀링의 초기 형성 과정. 한국카운슬러협회 편, 한국카운슬링 30년(pp. 7-66). 서울: 한국카운슬러협회.

최보영, 이지희, 이상민(2010). 경제적 가치 추정을 통한 전문상담교사제도의 성과분석. 교육방법연구, 22(1), 243-263.

최윤미(1987). 상담자의 반응의도와 상담회기의 효율성에 관한 분석적 연구. 이화여자대학교 사범대학원 박사학위논문.

최정아(2018). 법률 분석을 통한 상담전문직의 사회적 위상: 현황과 과제. 상담학연구, 19(3), 341-366.

최정윤(2002). 심리검사의 이해. 서울: 시그마프레스.

학지사심리검사연구소(2011). K-WISC-IV 검사도구. 서울: 학지사.

한국복지연구회(1997). 현대사회의 자원봉사론. 서울: 유풍출판사.

한국상담학회(2010). 한국상담학회 10년사. 서울: 한국상담학회.

한국심리학회(1996). 한국심리학회 50년사. 서울: 한국상담학회.

한국카운슬러협회(1993). 한국카운슬링 30년. 서울: 한국카운슬러협회.

한영옥, 김한우, 김태우, 이재갑, 정준용(2011). MMPI-2 프로파일을 통해 본 남성 병적 도박자의 특성. 한국심리학회지: 임상, 30(2), 519-536.

홍강의(1993). 청소년상담의 이론적 경향 고찰: 치료적 관점. 청소년상담연구, 1(1), 41-62.

황순택, 김지혜, 박광배, 최진영, 홍상황(2012). K-WAIS-IV 한국판 웩슬러 성인용 지능검사-4판 실시 및 채점요강. 대구: 한국심리주식회사.

황준성, 김성기, 정은하, 이덕난, 안병천, 유지연(2010). 학교상담법제화 추진전략 연구. 서울: 한국교육개발원.

Achenbach, G. B. (2010). *Zur Einführung in die Philosophische Praxis: Vorträge, Aufsätze, Gespräche, Essays*. Köln: Verlag für Philosophie Dinter.

Amundson, N. (2006). Challenges for career interventions in changing contexts. *International Journal for Educational and Vocational Guidance, 6*(1), 3-14.

Anastasi, A. (1988). *Anastasi, Anne Psychological testing* (6th ed.). New York: Macmillan.

Anastasi, A. (1988). *Psychological Testing*. New York: Macmillan Publishing Company.

Arbona, C., & Coleman, N. (2007). Risk and resilience. In S. D. Brown & R. W. Lent (Eds.), *Handbook of counseling psychology* (4th ed.). Hoboken, NewJersy: John Wiley & Sons.

Association for Specialists in Group Work (1992). Professional standards for training of group workers. *Journal for Specialists in Group Work, 17*, 12-19.

Association for Specialists in Group Work (2000). Professional standards for training of group workers. *Journal for Specialists in Group Work, 25*, 327-342.

Astramovich, R. L., & Harris, K. R. (2007). Promoting self advocacy among minority students in school counseling. *Journal of Counseling and Development, 85*, 269-276.

Baker, S. B., Daniels, T. G., & Greeley, A. T. (1990). Systematic Training of Graduate-Level Counselors: Narrative and Meta-Analytic Reviews of Three Major Programs. *The Counseling psychologist, 18*(3), 355.

Bandura, A. (1965). Influence of a model's reinforcement contingencies on the acquisition of imitative responses. *Journal of Personality and Social Psychology, 11*, 589-595.

Barret-Lennard, G. T. (1962). Dimensions of therapy response as causal factors in therapeutic change. *Psychological Monographs, 76*, 1-33.

Barrow, J. C., & Prosen, S. S. (1981). A model of stress and counseling interventions. *Personnel and Guidance Journal, 60,* 5-10.

Bass, B. M. (1985). *Leadership and performance beyond expectations.* New York: Free press.

Beatch, J., Dienhart, A., Schmidt, J., & Turner, J. (2009). Clinical practice patterns of Canadian couple/martial/family therapists. *Journal of Marital & Family Therapy, 35*(2), 193-203.

Becvar, D. S. (1982). The family is not a group: Or is it? *Journal for Specialists in Group Work, 7,* 88-95.

Bedard, L., & Spain, A. (1999, November 11-17). Diversification of career choices: The relational aspect. *Zoom: On women and non-tradition occupations, Montreal international forum*(pp. 99-107).

Befrienders International (2007). *Befrienders Worldwide.* Retrieved from www.befrienders.org/index.asp.

Bloom, M. (1996). *Primary prevention practices.* Thousand Oaks, CA: Sage.

Bordin, E. S. (1979). The generalizability of the psychoanalytic concept of the working alliance. *Psychotherapy: Theory, Research, and Practice, 16*, 252-260.

Brown, S. D., & Lent, R. W. (1984). *Handbook of counseling psychology.* Hoboken, NewJersy: John Wiley.

Brown, S. D., & Lent, R. W. (1992). *Handbook of counseling psychology* (2nd ed.). Hoboken, NewJersy: John Wiley.

Brown, S. D., & Lent, R. W. (2000). *Handbook of counseling psychology* (3rd ed.). Hoboken, NewJersy: John Wiley.

Brown, S. D., & Lent, R. W. (2008). *Handbook of counseling psychology* (4th ed.). Hoboken, NewJersy: John Wiley.

Burck, H. D., & Peterson, G. W. (1975). Needed: More evaluation, not research. *Personnel and Guidance Journal, 53,* 563-569.

Burke, M. T., Hackney, H., Hudson, P., Miranti, J., Watts, G. A., & Epp, L. (1999). Spirituality, religion, and CACREP curriculum standards. *Journal of Counseling and Development, 77,* 251-257.

Butcher, J. N., Perry, J., & Hahn, J. (2004). Computers in Clinical Assessment: Historical developments, present status, and future challenges. *Journal of Clinical Psychology, 60*(3), 331-345.

CACREP (2009). *CACREP Standards.* Council for Accreditation of Counseling and Related Educational Programs.

Carkhuff, R. R. (1969). *Human and Helping Relations.* New York: Holt, Rinehart & Winston.

Cho, A-R., & Kim, K-H. (2012). Ego Identity Status and Confirmation Bias in the Career Information Search process. *Journal of Asia Pacific Counseling, 2*(2), 187-208.

Collins, B. G., & Collins, T. M. (1994). Child and adolescent mental health: Building a system of care. *Journal of Counseling and Development, 72,* 239-243.

Collison, B. B. (1982). Needs assessment for guidance program planning: A procedure. *School Counselor, 30,* 115-121.

Constantine, M. G., Hage, S. M., Kindaichi, M. M., & Bryant, R. M. (2007). Social justice and multicultural issues: Implications for the practice and training of counselors and Counseling psychologists. *Journal of Counseling and Development, 85,* 24-29.

Conyne, R. K. (1975). Environmental assessment: Mapping for counselor action. *Personnel and Guidance Journal, 54,* 150-154.

Corey, G. (2003). **심리상담과 치료의 이론과 실제(제6판).** (조현춘, 조현재 역). 서울: 시그마프레스. (원전은 2001년에 출판)

Corsini, R. J., & Wedding, D. (Eds.) (2004). **현대 심리치료(Current Psychotherapies) (6th ed.).** (김정희 역). 서울: 학지사. (원저는 2000년 출간)

Crites, J. O. (1969). *Vocational psychology.* New York: McGraw-Hill.

Crites, J. O. (1981). *Career counseling: Models, methods, and materials.* New York: McGraw-Hill.

Cushman, P. (1992). Psychotherapy to 1992: A historically situated interpretation. In D. K. Freedheim (Ed.), *History of psychotherapy: A century of change* (pp. 21-64). Washington, DC: American Psychological Association.

Dawes, R. M. (1994). *House of carda: Psychology and psychotherapy built on myth.* New York: Free Press.

Dinkmeyer, D. C. (1971). The "C" group: Integrating knowledge and experience to change behavior. *Counseling Psychologist, 3,* 63-72.

Dinkmeyer, D. C., & Carlson, J. (1973). *Consulting: Facilitating human potential and processes.* Upper Saddle River, NewJersy: Prentice Hall.

Dworkin, S., & Pincu, L. (1993). Counseling in the era of AIDS. *Journal of Counseling Development, 71,* 275-281.

Efstation, J. F., Patton, M. J., & Kardash, C. M. (1990). Measuring the working alliance in counselor supervision. *Journal of Counseling Psychology, 37,* 322-329.

Ellis, A., & Harper, R. A. (1961). *A guide to rational living.* Englewood Cliffs, NewJersy: Prentice Hall.

Exner, J. E. (1993). *The Rorschach a comprehensive system vol 1.* New York: John wiley & Sons, Inc.

Eysenck, H. J. (1952). *The scientific study of personality.* London: Routledge & Kegan Paul.

Eysenck, H. J. (1966). *The effects of psychotherapy.* New York: International Science Press.

Frankl, V. (1963). *Man's search for meaning.* Boston: Beacon.

Friedman, L. (1988). The Clinical Popularity of Object Relations Concepts. *Psychoanal Q, 57*(4), 667-691.

Garfield, S. L. (1995). *Psychotherapy: An Eclectic-Integrative Approach* (2nd ed.). New York: John Wiley & Sons, Inc.

Gati, I., Krausz, M., & Osipow, S. H. (1996). A Taxonomy of Difficulties in Career Decision Making. *Journal of Counseling Psychology, 43*(4), 510-526.

Gelso, C. J. (1979). Research in counseling: Methodological and professional issues. *The Counseling Psychologist, 8,* 7-35.

Gibson, R. L., & Mitchell, M. H. (1981). *Introduction to guidance.* New York: Macmillan.

Gladding, S, T. (2007). *Family therapy: History, theory, and practice* (4th ed.). Upper Saddle River, NewJersy: Merrill/Prentice Hall.

Gladding, S. T., & Alderson, K. G. (2012). *Counselling: a comprehensive profession.* Toronto: Pearson Canada Inc.

Glanz, E. C. (1974). *Guidance: Foundation, principle and techniques* (2nd ed.). Boston, MASS: Allyn & Bacon.

Glaser, B. G., & Strauss, A. L. (1967). *The discovery of grounded theory: Strategies for qualitative research*. Chicago: Aldine Pub.

Glasser, W. (1961). *Mental health and mental illness*. New York: Harper & Row.

Goodyear, R. K., & Guzzardo, C. R. (2000). Psychotherapy supervison and training. In S. D. Brown & R. W. Lent (Eds.), *Handbook of Counseling Psychology* (3rd ed.). New York: Wiley.

Graham, J. R. (2007). MMPI-2: 성격 및 정신병리평가(MMPI-2: Assessing Personality and Psychopathology). (이훈진, 문혜신, 박현진, 유성진, 김지영 역). 서울: 시그마프레스. (원저는 2005년 출간)

Greenleaf, R. K. (1977). *Servant Leadership*. New York: Paulist Press.

Guzman, J., Yassi, A., Baril, R., & Loisel, P. (2008). Decreasing occupational injury and disability: The convergence of systems theory, knowledge transfer and action research. *Journal of Prevention, Assessment & Rehabilitation*, *30*(3), 229-239.

Haggerty, R. J., Sherrod, L. R., Garmezy, N., & Rutter, M. (1996). *Stress, risk and resilience in children and adolescents*. New York: Cambridge University Press.

Harmer, E. F. (1958). *The Clinical application of projective drawing*. Springfield, IL: Charles C. Thomas, Publisher.

Harris, A. H. S., Thoresen, C. E., & Lopez, S. J. (2007). Integrating positive psychology into counseling: Why and (when appropriate) how. *Journal of Counseling and Development, 85,* 3-13.

Havighurst, R. J. (1959). Social and psychological needs of the aging. In L. Gorlow & W. Katkovsky (Eds.), *Reading in the psychology of adjustment* (pp. 443-447). New York: McGraw-Hill.

Heiden, L. A., & Hersen, M. (2001). 임상심리학 입문(Introduction to clinical psychology). (이영호 역). 서울: 학지사. (원저는 1995년 출간)

Heppner, P. P., & Frazier, P. A. (1992). Social psychological process in psychotherapy: Extrapolating basic research to counseling psychology. In S. d. Brown & R. W. Lent (Eds.), *Handbook of counseling psychology*, 141-176. NY: Wiley.

Heppner, P. P., Kivlighan, D. M., & Wampold, B. E. (2008). *Research design in counseling* (3rd ed.). Australia: Thomson Brooks/Cole.

Herr, E. L., Cramer, S. H., & Niles, S. G. (2004). *Career guidance and counseling through the lifespan: Systematic approaches* (6th ed.). Boston: Allyn & Bacon.

Hill, C. E., & Lent, R. W. (2006). A narrative and meta-analytic review of helping skills training: Time to revive a dormant area of inquiry. *Psychotherapy: Theory, Research, Practice, Training, 43*, 154-172.

Hill, C. E., Thompson, B. J., & Williams, E. N. (1997). A Guide to Conducting Consensual Qualitative Research. *The Counseling Psychologist, 25*(4), 517-572.

Hines, M. (1988). Similarities and differences in group and family therapy. *Journal for Specialists in Group Work, 13*, 173-179.

Hinkelman, J. M., & Luzzo, D. A. (2007). Mental health and career development of college students. *Journal of Counseling and Development, 85*(2), 143-147.

Hinterkopf, E. (1998). *Integrating spirituality in counseling: A manual for using the experiential focusing method.* Alexandria, VA: American Counseling Association.

Hjelle, L. A., & Ziegler, D. J. (1981). *Personality theories, research, and applications* (2nd ed.). San Francisco, CA: McGraw-Hill.

Holloway, J. D. (2004). Genes and disease: More knowledge can equal more fear. *APA Monitor, 3,* 52.

Hopper, S., Kaklauskas, F., & Greene, L. R. (2008). Group psychotherapy. In M. Hersen & A. M. Gross (Eds.), *Handbook of clinical psychology, vol 1: Adults* (pp. 647-662). Hoboken, NewJersy: John Wiley & Sons.

Horne, A. M. (2000). *Family counseling and therapy* (3rd ed.). Itasca, IL: F.E. Peacock.

House, R. J. (1977) A 1976 theory of charismatic leadership. In J. G. Hunt & L. L. Larson (Eds.), *Leadership: The Cutting Edge* (pp. 189-207). Carbondale, IL: Southern Illinois University Press.

Hovarth, A. O., & Greenberg, L. S. (1989). Development and validation of the Working Alliance Inventory. *Journal of Counseling Psychology, 36*, 223-232.

Hovarth, A. O., & Symonds, B. D. (1991). Relation between working alliance and outcome in psychotherapy: A meta-analysis. *Journal of Counseling Psychology, 38*(2), 139-149.

Howard, C. (1981). *Contemporary Growth Therapies: Resources for Actualising Human Wholeness.* Nashville: Abingdon Press.

Hulse-Killacky, D., Killacky, J., & Donigian, J. (2001). *Making task groups work in your world.* Upper Saddle River, NewJersy: Prentice Hall.

Hutchinson, N. L., Freeman, J. G., & Quick, V. E. (1996). Group counseling intervention for solving problems on the job. *Journal of Employment Counseling, 33,* 2-19.

Ilsley, P. J. (1990). *Enhancing the Volunteer Experience.* San Francisco: Jossey-Bass Publishers.

Ingersoll, R. E. (1994). Spirituality, religion, and counseling: Dimensions and relationships, *Counseling and Values, 38,* 98-111.

Jacobson, N. S., & Gurman, A. S. (Eds.). (2003). *Clinical handbook of couple therapy* (3rd ed.). New York: Guilford.

Jones, L. K. (1989). Measuring a Three-Dimensional Construct of Career Indecision Among College Students: A Revision of the Vocational Decision Scale-The Career Decision Profile. *Journal of Counseling Psychology, 36*(4), 477-486.

Kahn, W. J. (1976). Self-management: Learning to be our own counselor. *Personnel and Guidance Journal, 55,* 176-180.

Kelly, E. W., Jr. (1995). *Spirituality and religion in counseling and psychotherapy.* Alexandria, VA: American counseling Association.

Kim, K-H. (2011). Toward a science of preventive counseling. *Journal of Asia Pacific Counseling, 1,* 13-28.

Kiselica, M. S., & Robinson, M. (2001). Bringing advocacy counseling to life: The history, issues, and human drama of social justice working in counseling. *Journal of Counseling and Development, 79,* 387-397.

Kitchener, K. S. (1884). Intuition, critical, evaluation and ethical principle: The foundation for ethical decisions in counseling psychology. *The Counseling Psychologist. 12,* 43-55.

Kivlighan, D. M., Jr. (1985). Feedback in group psychotherapy: Review and implications. *Small Group Behavior, 16,* 373-385.

Kivlighan, D. M., Jr., Coleman, M. N., & Anderson, D. C. (2000). Process, outcome, and methodology in group counseling research. In S. D. Brown & R. W. Lent (Eds.), *Handbook of counseling psychology* (3rd ed., pp. 769-796). New York: Wiley.

Krauskopf, C. J. (1982). Science and evaluation research. *Counseling Psychologist, 10,* 71-72.

Krumboltz, J. D. (1966). Prompting adaptive behavior. In J. D. Krumboltz (Ed.), *Revolution in counseling* (pp. 3-26). Boston: Hough Mifflin.

Krumboltz, J. D. (1994). Integrating career and personal counseling. *Career Development Quarterly, 42,* 143-148.

Kurpius, D. J. (1998). *Handbook of consultation: An intervention for advocacy and outreach*. Alexandria, VA: American Counseling Association.

Ladany, N., & Inman, A. G. (2008). Developments in Counseling Skills Training and Supervision. In S. Brown & R. Lent (Eds.), *Handbook of Counseling Psychology* (4th ed.). New York: Wiley.

LaFountain, R. M., & Bartos, R. B. (2002). *Research and statistics made meaningful in counseling and student affairs*. Pacific Grove, CA: Brooks/Cole.

Lawson, G., Venart, E., Hazler, R. J., & Kottler, J. A. (2007). Toward a culture of counselor wellness. *Journal of Humanistic Counseling, Education and Development, 46,* 5-19.

Layne, C. M., & Hohenshil, T. H. (2005). High tech counseling: Revisited. *Journal of Counseling and Development, 83,* 222-226.

Lee, C. C. (Ed.). (2006). *Counseling for social justice* (2nd ed.). Alexandria, VA: American Counseling Association.

Lee, C. C., & Walz, G. R. (Eds.). (1998). *Social action: A mandate for counselors.* Alexandria, VA: American Counseling Association.

Lehman, C. (1993, January 30). Faith-based counseling gains favor: Approach combines spirituality, sciene. *The Washington Post,* B7-B8.

Levinson, H. (2009). How organizational consultation differs from counseling. In H. Levinson, A. M. Freedman, & K. H. Bradt (Eds.), *Consulting psychology: Selected articles by Harry Levinson* (pp. 209-210). Washington, DC: American Psychological Association.

Levitt, E. E. (1957). The Results of Psychotherapy with Children: An Evaluation. *Journal of Consulting Psychology, 21*(3), 189-196.

Levitt, E. E. (1963). Psychotherapy with children: A further evaluation. *Behavior Research and Therapy*, *60*, 326-329.

Lichtenberg, J. W., & Kobes, K. J. (1992). Topic control as relational control and its effect on the outcome of therapy. *Psychological Reports*, *70*(2), 391-401.

Livneh, H., & Evans, J. (1984). Adjusting to disability: Behavioral correlates and intervention strategies. *Personnel and Guidance Journal, 62,* 363-368.

Livneh, H., & Sherwood-Hawes, A. (1993). Group counseling approaches with persons who have sustained myocardial infarction. *Journal of Counseling and Development, 77,* 57-61.

Long, L. L., & Young, M. E. (2007). *Counseling and therapy for couples* (2nd ed.). Belmont, CA: Thomson Brooks/Cole.

Lucia, A. D., & Lepsinger, R. (2000). 알기 쉬운 역할 모델링(The art and science of competency models: Pinpointing critical success factors in organizations). (정재창, 민병모, 김종명 역). 서울: PSI컨설팅. (원저는 1999년 출간)

Marotta, S. A., & Asner, K. K. (1999). Group psychotherapy for women with a history of incest: The research base. *Journal of Counseling and Development, 77,* 315-323.

Maslow, A. H. (1943). A theory of human motivation. *Psychological Review, 50,* 370-396.

May, R. (1950). *The meaning of anxiety*. New York: Ronald Press.

McClelland, D. C. (1973). Testing for competence rather than for intelligence. *American Psychiligist, 28*, 1-14.

McDaniels, C. (1984). The work/ leisure connection. *Vocational Guidance Quarterly, 33,* 35-44.

McEneaney, A. M. S., & Gross, J. M. (2009). Introduction to the special issue: Group interventions is college counseling centers. *International Journal of Group Psychotherapy, 59*(4), 455-460.

McEwan, K. L., Donnelly, M., Robertson, D., & Hertzman, C. (1991). *Mental health problems among Canada's seniors: Demographic and epidemiologic consideration*. Ottawa: Health and Welfare Canada.

McGoldrick, M., Gerson, R., & Petry, S. (2008). *Genograms: Assessment and intervention* (3rd ed.). New York: Nortin.

Miliacca, C., Gagliardi, G., & Pescatori, M. (2010). The 'Draw-the -Family Test' in the preoperative assessment of patients with anorectal disease and psychological distress: Anorectal controlled study. *Colorectal Disease*, *12*, 792-798.

Montréal International Forum (1999). Zoom on Women and Non-Traditional Occupations (Forum Proceedings). Retrieved from http://emploiquebec.net/publications/pdf/06_etude_emp-zoom1999.pdf

Morrill, W. E., Oetting, E. R., & Hurst, J. C. (1974). Dimentions of counselor functioning. *Personnel and Guidance Journal, 52*, 354-359.

Morrissey, M. (1998, January). The growing problem of elder abuse. *Counseling Today, 14.*

Myers, J. E., Sweeney, T. J., & Witmer, J. M. (2000). The wheel of wellness: Counseling for wellness: A holistic model for treatment planning. *Journal of Counseling Development, 78,* 251-266.

Myers, J., & Sweeney, T. J. (2005). *Counseling for wellness: Theory, research, and practice.* Alexandria, VA: American Counseling Association.

Neukrug, E. (2007). *The world of the counselor: An Introduction to the counseling profession* (3rd ed.). Belmont, CA: Brooks/Cole.

Nichols, M. (1988). *The self in the system: Expanding the limits of family therapy.* New York: Brunner/Mazel.

Nichols, M., & Schwartz, R. C. (2006). *Family therapy: Concepts and methods* (7th ed.). Boston: Allyn & Bacon.

Osipow, S. H. (1987). *Manual for the Career Decision Scale.* Odessa, FL: Psychological Assessment Resources.

Osipow, S. H. (1991). Developing Instruments for Use in Counseling. *Journal of Counseling & Development, 70*(2), 322-326.

Osipow, S. H., & Winer, J. L. (1996). The use of the career decision scale in career assessment. *Journal of Career Assessment, 4*(2), 117-130.

Ottens, A. J., & Klein, J. F. (2005). Common factors: Where the soul of counseling and psychotherapy resides. *Journal of Humanistic Counseling, Education and Development, 44,* 32-45.

Patton, M. J., & Kivlighan, D. M., Jr. (1997). Relevancy of the supervisory conjunction about the counseling conjunction and to cure adherence in counsellor coaching. *Journal of Counseling Mindset, 44,* 108-115.

Perusse, R., Goodnough, G. E., & Lee, V. V. (2009). Group counseling in the schools. *Psychology in the Schools, 46*(3), 225-231.

Peterson, N., & Priour, G. (2000). Battered women: A group vocational counceling model. In N. Peterson & R. C. Gonzalez (Eds.), *Career counseling models for diverse populations* (pp. 205-218). Pacific Grove, CA: Brooks/Cole.

Pistole, M. C. (1997). Using the genogram to teach systems thinking. *Family Journal, 5,* 337-341.

Pollock, S. L. (2006). Internet counseling and its feasibility for marriage and family counseling. *The Family Journal: Counseling and Therapy for Couples and Families, 14,* 65-70.

Pyle, K. R. (2000). A group approach to career decision-making. In N. Peterson & R. C. Gonzalez (Eds.) *Career counseling models for diverse populations* (pp. 121-136). Belmont, CA: Wadsworth/Thompson Learning.

Randolph, D. L., & Graun, K. (1998). Resistance to consultation: A synthesis for counselor-consultants. *Journal of Counseling and Development, 67,* 182-184.

Resnikoff, R. D. (1981). *Teaching family therapy: Ten key questions for understanding the family Therapy, 7,* 135-142.

Rhodes, R., Hill, C. E., Thompson, B. J., & Elliott, R. (1994). Client retrospective recall of resolved and unresolved misunderstanding events. *Journal of Counseling Psychology, 41,* 473-483.

Rogers, C. R. (1942). *Counseling and psychotherapy: Newer concepts in practice.* Boston: Houghton Mifflin.

Rogers, C. R. (1951). *Client-centered therapy.* Boston: Houghton Mifflin.

Rogers. C. R. (1957). The necessary and sufficient conditions of therapeutic personality change. *Journal of consulting psychology. 21,* 95-103.

Rogers, C. R. (1998). 칼 로저스의 카운슬링의 이론과 실제(Counseling and Psychotherapy: Newer Concept in Practice). (한승호, 한성열 역). 서울: 학지사. (원저는 1942년 출간)

Rueth, T., Demmitt, A., & Burger, S. (1998, March). *Counselors and the DSM-IV: Intentional and Unintentional consequences of diagnosis.* Peter presented at the American Counseling Association Convention. Indianapolis, IN.

Rutter, M. (1990). Psychosocial resilience and protective mechanisms. In J. Rolf, A. S. Masten, D. Cicchetti, K. H. Nuechterlein, & S. Weintraub (Eds.), *Risk and protective factors in the development of psychopathology.* New York: Cambridge.

Safran, J. D. (1990). Toward a refinement of cognitive therapy in light of interpersonal theory. *Clinical Psychology Review, 10,* 87-105.

Schmidt, J. J., & Osborne, W. L. (1981). Counseling and consultation: Separate processes or the same? *Personnel and Guidance Journal, 60,* 168-170.

Searles, H. F. (1955). The Informational Value Of The Supervisor's Emotional Experience. *Psychiatry, 18,* 135-146.

Segal, Z. V., Williams, J. M., & Teasdale, J. D. (2002). *Mindfulness-based cognitive therapy for depression: A new approach to preventing relapse*. New York: The Guilford Press.

Seilgman, M. E. P., & Csikszentmihalyi, M. (2000). Positive psychology: An introduction. *Amarican Psychologist, 55*(1), 5-14.

Seligman, L. (2011). 상담 및 심리치료의 이론(Theories of Counseling and Psychotherapy: Systems, Strategies and Skills) (2nd ed.). (김영혜, 박기환, 서경현, 신희천, 정남운 역). 서울: 시그마프레스. (원저는 2006년 출간)

Senf, W., & Broda, M. (1996). *Praxis der psychotherapie*. Stuttgart: Thieme.

Shanks, J. L. (1982). Expanding treatment for the elderly: Counseling in a private medical practice. *Personnel and Guidance Journal, 61,* 553-555.

Shaw, H. E., & Shaw, S. F. (2006). Critical ethical issues in online counseling: Assessing current practices with an ethical intent checklist. *Journal of Counseling and Development, 84,* 41-53.

Shertzer, B., & Stone, S. C. (1980). *Fundamentals of counseling* (3rd ed.). Boston: Houghton Mifflin.

Smith, M. J., & Glass, G. V. (1977). Meta-analysis of Psychotherapy outcome studies. *American Psychologist, 32*, 752-760.

Southern, S., Gomez, J., Smith, R, L., & Devlin, J. M. (2010). *The transformation of community counseling for 2015 and beyond*. Retrieved from http://counselingoutfitters.com/vistas/vistas10/article_75.pdf

Spears, L. C. (Ed.). (1998). *Insights on Leadership: Service, Stewardship, Spirit, and Servant-leadership*. New York: John Wiley & Sons, Inc.

Sperry, L., & Shafranske, E. P. (Eds.). (2005). *Spiritually Oriented Psychotherapy*. Washington, DC: American Psychological Association.

Stadler, H. A. (1990). Counselor impairment. In B. Herlihy & L. Golden (Eds.), *Ethical standards casebook*. Alexandria, VA: American Association for Counseling and Development.

Stanard, R. P., Sandhu, D. S., & Painter, L. C. (2000). Assessment of spirituality in counseling. *Journal of Counseling and Development, 78,* 204-210.

Statistics Canada. (2009, December 31). Immigrant status (4) for the population of Canada, provinces and territories, 1911 to 2006 censuses? 20% sample data.

Steen, S., Bauman, S., & Smith, J. (2008). The preparation of professional school counselors for group work. *Journal for Specialists in Group Work, 33*(3), 253-269.

Stiles, W. B., & Show, J. S. (1984). Counseling session impact as viewed by novice counselors and clients. *Journal of Counseling Psychology, 31*(1), 3-12.

Super, D. E. (1957). *The psychology of careers*. New York: Harper.

The newsletter (2011). 서울: 한국상담학회.

Thomas, A. J. (1998). Understanding culture and worldview in family systems: Use of the multicultural genogram. *The Family Journal, 6,* 24-32.

Tracey, T. J., & Ray, P. B. (1984). Stages of successful time-limited counseling: An interactional examination. *Journal of Counseling Psychology, 31*(1), 13-27.

Trotzer, J. P. (1998). Family theory as a group resource. *Journal for Specialists in Group Work, 13,* 180-185.

Tyber, E. (2006). 상담 및 심리치료-대인과정접근(Interpersonal Psychotherapy: A Relational Approach). (장미경, 김동민, 김인규, 유정이, 장춘미 역). 서울: 시그마프레스. (원저는 2000년 출간)

Teyber, E., & McClure, F. M. (2014). 상담 및 심리치료: 대인과정접근(*Interpersonal Process in Therapy: An Integrative Model*). (장미경, 김동민, 김인규, 유정이, 장춘미 역). 서울: 센게이지러닝. (원저는 2011년 출간)

UNAIDS. (2009, April). *Disability and HIV policy brief.* Retrieved from http://aids.about.com/od/ legalissues/a/disability.him

Viney, L. L., Henry, R. M., & Campbell, J. (2001). The impact of group work on offender adolescents. *Journal of Counseling and Development, 79,* 373-381.

Waldo, M., & Bauman, S. (1998). Regrouping the categorization of group work: A goal and process (GAP) matrix for groups. *Journal for Specialists in Group Work, 23*, 164-176.

Wampold, B. E., & Kim, K-H. (1989). Sequential Analysis Applied to Counseling Process and Outcome: A Case Study Revisited. *Journal of Counseling Psychology*, *36*(3), 357-364.

Wampold, B. E., & Imel, Z. E. (2015). The Great Psychotherapy Debate (2nd ed.). NewYork: Routledge.

Wampold, B. E. (2001). *The great psychotherapy debate: Models, methods and findings*. Mahwah, NewJersy: Lawrence Erlbaum Publishers.

Wechsler, D. (1958). *The measurement and appraisal of adult intelligence* (4th ed). Baltimore: Williams & Wilkins.

Wechsler, D. (2008). *Wechsler adult intelligence scale* (4th ed.). San Antonio, TX: Pearsen.

Welfel, E. R., Danzinger, P. R., & Santoro, S. (2000). Mandated reporting of aduse/ maltreatment of older adults: A primer for counselors. *Journal of Counseling and Development, 78,* 284-292.

Westgate, C. E. (1996). Spiritual wellness and depression. *Journal of Counseling and Development, 75,* 26-35.

Whalen, D. (n.d.) The mental health needs of an aging population. *Canadian Mental Health Association.* Retrieved from www.cmhanl.ca/pdf/Healthy%20 Aging.pdf

Wheeler, P. T., & Loesch, L. (1981). Program evaluation and counseling: Yesterday, today, and tomorrow. *Personnel and Guidance Journal, 59,* 573-578.

Whiston, S. C., & Quinby, R. F. (2009). Review of school counseling outcome research. *Psychology in the Schools, 46*(3), 267-272.

Whitaker, C. (1977). Process techniques of family therapy. *Interaction, 1,* 4-19.

Wilber, K. (1986). *Transformation of consciousness.* Colorado: Shambhala Publications.

Wilcoxon, S. A., & Fenell, D. (1983). Engaging the nonattending spouse in marital therapy through the use of therapist? initiated written communication. *Journal of marital and Family Therapy, 9,* 199-203.

Williams, J. M., Ballard, M. B., & Alessi, H. (2005). Aging and alcohol abuse: Increasing counselor awareness. *Adultspan Journal, 4,* 7-18.

Wolpe, J. (1958). *Psychotherapy by reciprocal inhibition.* Stanford, CA: Stanford University Press.

Yalom, I. D. (1975). *The Theory and Practice of Group Psychotherapy.* New York: Basic Books.

Young, M., & Dulewicz, V. (2005). A model of command, leadership and management competency in the British Royal Navy. *Leadership and Organization Development Journal, 26*(3), 228-241.

건강가정지원센터 홈페이지 http://www.familynet.or.kr

국가인권위원회 홈페이지 http://www.humanrights.go.kr

미국학교상담학회 홈페이지 http://schoolcounselor.org
여성가족부 홈페이지 http://www.mogef.go.kr
청소년상담사 홈페이지 http://www.youthcounselor.or.kr
통계청 홈페이지 http://kostat.go.kr
한국관광공사 홈페이지 http://www.visitkorea.or.kr
한국상담학회 홈페이지 http://counselors.or.kr
한국청소년상담복지개발원 홈페이지 http://www.kyci.or.kr
NCS홈페이지 http://www.ncs.go.kr

찾아보기

인명

내용

저자 소개

김규식
경북대학교 교육학박사(상담심리 전공)
현 영남신학대학교 상담심리학과 교수

고기홍
동아대학교 교육학박사(교육상담 전공)
현 계명대학교 Tabula Rosa College 교수

김계현
미국 오리건 대학교 철학박사(상담심리 전공)
현 서울대학교 교육학과 명예교수

김성회
계명대학교 교육학박사(상담심리 전공)
현 경북대학교 교육학과 명예교수

김인규
서울대학교 교육학박사(교육상담 전공)
현 전주대학교 상담심리학과 교수

박상규
계명대학교 문학박사(임상 및 상담심리 전공)
현 꽃동네대학교 사회복지 · 상담심리학부 교수

최숙경
영남대학교 교육학박사(상담심리 전공)
현 산림청산림교육원 교수

한국상담학회 상담학 총서 편집위원

KCA 한국상담학회 상담학 총서 01

상담학 개론(2판)

Introduction to Counseling(2nd ed.)

2013년 4월 20일 1판 1쇄 발행
2014년 8월 20일 1판 2쇄 발행
2019년 6월 25일 2판 1쇄 발행
2022년 8월 10일 2판 2쇄 발행

지은이 • 김규식 · 고기홍 · 김계현 · 김성회 · 김인규 · 박상규 · 최숙경
펴낸이 • 김진환
펴낸곳 • (주) 학지사
04031 서울특별시 마포구 양화로 15길 20 마인드월드빌딩
대표전화 • 02)330-5114 팩스 • 02)324-2345
등록번호 • 제313-2006-000265호

홈페이지 • http://www.hakjisa.co.kr
페이스북 • https://www.facebook.com/hakjisabook

ISBN 978-89-997-1609-6 93180

정가 22,000원

이 도서의 국립중앙도서관 출판시도서목록(CIP)은 서지정보유통지원시스템 홈페이지(http://seoji.nl.go.kr)와 국가자료공동목록시스템(http://www.nl.go.kr/kolisnet)에서 이용하실 수 있습니다.
(CIP 제어번호: CIP2019023174)